U0150427

"十三五"国家重点图书
2019年度国家出版基金资助项目

总顾问：李　坚　刘泽祥　胡景初
总策划：纪　亮　总主编：周京南

中国古典家具技艺全书

（第一批）

匠心营造 IV

第六卷

（总三十卷）

主　编：刘　岸　袁进东　梅剑平
副主编：贾　刚　卢海华　李　鹏

中国林业出版社
·北京·

图书在版编目（CIP）数据

匠心营造．Ⅳ / 周京南总主编．-- 北京 ：中国林业出版社，2020.5
（中国古典家具技艺全书．第一批）

ISBN 978-7-5219-0612-7

Ⅰ．①匠… Ⅱ．①周… Ⅲ．①家具－介绍－中国－古代 Ⅳ．① TS666.202

中国版本图书馆 CIP 数据核字 (2020) 第 093869 号

责任编辑：**王思源**

出 版：中国林业出版社（100009 北京西城区德内大街刘海胡同 7 号）
印 刷：北京雅昌艺术印刷有限公司
发 行：中国林业出版社
电 话：010-8314 3518
版 次：2020 年 10 月 第 1 版
印 次：2020 年 10 月 第 1 次
开 本：889mm × 1194mm，1/16
印 张：18
字 数：200 千字
图 片：约 800 幅
定 价：360.00 元

《中国古典家具技艺全书》
总编撰委员会

总 顾 问：李　坚　刘泽祥　胡景初

总 策 划：纪　亮

总 主 编：周京南

编委成员：

周京南　袁进东　刘　岸　梅剑平　蒋劲东

马海军　吴闻超　贾　刚　卢海华　董　君

方崇荣　李　峰　李　鹏　王景军　叶双陶

《中国古典家具技艺全书——匠心营造Ⅳ》

总主编：周京南

主　编：刘　岸　袁进东　梅剑平

副主编：贾　刚　卢海华　李　鹏

序　言

李　坚　中国工程院院士

讲到中国的古家具，可谓博大精深，灿若繁星。

从神秘庄严的商周青铜家具，到浪漫拙朴的秦汉大漆家具；从壮硕华美的大唐壶门结构，到精炼简雅的宋代框架结构；从秀丽俊逸的明式风格，到奢华繁复的清式风格，这一漫长而恢宏的演变过程，每一次改良，每一场突破，无不渗透着中国人的文化思想和审美观念，无不凝聚着中国人的汗水与智慧。

家具本是静物，却在中国人的手中活了起来。

木材，是中国古家具的主要材料。通过中国匠人的手，塑出家具的骨骼和形韵，更是其商品价值的重要载体。红木的珍稀世人多少知晓，紫檀、黄花梨、大红酸枝的尊贵和正统更是为人称道，若是再辅以金、骨、玉、瓷、珐琅、螺钿、宝石等珍贵的材料，其华美与金贵无须言表。

纹饰，是中国古家具的主要装饰。纹必有意，意必吉祥，这是中国传统工艺美术的一大特色。纹饰之于家具，不但起到点缀空间、构图美观的作用，还具有强化主题、烘托喜庆的功能。龙凤麒麟、喜鹊仙鹤、八仙八宝、梅兰竹菊，都寓意着美好和幸福，这些也是刻在中国人骨子里的信念和情结。

造型，是中国古家具的外化表现和功能诉求。流传下来的古家具实物在博物馆里，在藏家手中，在拍卖行里，向世人静静地展现着属于它那个时代的丰姿。即使是从未接触过古家具的人，大概也分得出桌椅几案，柜架床榻，这得益于中国家具的流传有序和中国人制器为用的传统。关于造型的研究更是理论深厚，体系众多，不一而足。

唯有技艺，是成就中国古家具的关键所在，当前并没有被系统地挖掘和梳理，尚处于失传和误传的边缘，显得格外落寞。技艺是连接匠人和器物的桥梁，刀削斧凿，木活生花，是熟练的手法，是自信的底气，也是“手随心驰，心从手思，心手相应”的炉火纯青之境界。但囿于中国传统各行各业间“以师带徒，口传心授”的传承方式的局限，家具匠人们的技艺并没有被完整的记录下来，没有翔实的资料，也无标准可依托，这使得中国古典家具技艺在当今社会环境中很难被传播和继承。

此时，由中国林业出版社策划、编辑和出版的《中国古典家具技艺全书》可以说是应运而生，责无旁贷。全套书共三十卷，分三批出版，并运用了当前最先进的技术手段，最生动的展现方式，对宋、明、清和现代中式的家具进行了一次系统的、全面的、大体量的收集和整理，通过对家具结构的拆解，家具部件的展示，家具工艺的挖掘，家具制作的考证，为世人揭开了古典家具技艺之美的面纱。图文资料的汇编、尺寸数据的测量、CAD和效果图的绘制以及对相关古籍的研究，以五年的时间铸就此套著作，匠人匠心，在家具和出版两个领域，都光芒四射。全书无疑是一次对古代家具文化的抢救性出版，是对古典家具行业“以师带徒，口传心授”的有益补充和锐意创新，为古典家具技艺的传承、弘扬和发展注入强劲鲜活的动力。

党的十八大以来，国家越发重视技艺，重视匠人，并鼓励“推动中华优秀传统文化创造性转化、创新性发展”，大力弘扬“精益求精的工匠精神”。《中国古典家具技艺全书》正是习近平总书记所强调的“坚定文化自信、把握时代脉搏、聆听时代声音，坚持与时代同步伐、以人民为中心、以精品奉献人民、用明德引领风尚”的具体体现和生动诠释。希望《中国古典家具技艺全书》能在全体作者、编辑和其他工作人员的严格把关下，成为家具文化的精品，成为世代流传的经典，不负重托，不辱使命。

2020年5月

前　言

纪 亮　全书总策划

中国的古家具，有着悠久的历史。传说上古之时，神农氏发明了床，有虞氏时出现了俎。商周时代，出现了曲几、屏风、衣架。汉魏以前，家具形体一般较矮，属于低型家具。自南北朝开始，出现了垂足坐，于是凳、靠背椅等高足家具随之产生。隋唐五代时期，垂足坐的休憩方式逐渐普及，高低型家具并存。宋代以后，高型家具及垂足坐才完全代替了席地坐的生活方式。高型家具经过宋、元两朝的普及发展，到明代中期，已取得了很高的艺术成就，使家具艺术进入成熟阶段，形成了被誉为具有高度艺术成就的“明式家具”。清代家具，承明余绪，在造型特征上，骨架粗壮结实，方直造型多于明式曲线造型，题材生动且富于变化，装饰性强，整体大方而局部装饰细致入微。到了近现代，特别是近20年来，随着我国经济的发展，文化的繁荣，古典家具也随之迅猛发展。在家具风格上，现代古典家具在传承明清家具的基础上，又有了一定的发展，并形成了独具中国特色的现代中式家具，亦有学者称之为中式风格家具。

中国的古典家具，通过唐宋的积淀，明清的飞跃，现代的传承，成为“东方艺术的一颗明珠”。中国古典家具是我国传统造物文化的重要组成和载体，也深深影响着世界近现代的家具设计，国内外研究并出版的古典家具历史文化类、图录资料类的著作较多，而从古典家具技艺的角度出发，挖掘整理的著作少之又少。技艺——是古典家具的精髓，是原汁原味地保护发展我国古典家具的核心所在。为了更好地传承和弘扬我国古典家具文化，全面系统地介绍我国古典家具的制作技艺，提高国家文化软实力，提升民族自信，实现古典家具创造性转化、创新性发展，中国林业出版社聚集行业之力组建“中国古典家具技艺全书”编写工作组。技艺全书以制作技艺为线索，详细介绍了古典家具中的结构、造型、制作、解析、鉴赏等内容，全书共三十卷，分为榫卯构造、匠心营造、大成若缺、解析经典、美在久成这五个系列，并通过数字化手段搭建“中国古典家具技艺网”和“家具技艺APP”等。全书力求通过准确的测量、绘制、挖掘、梳理，向读者展示中国古典家具的结构美、造型美、雕刻美、装饰美、材质美。

《匠心营造》为全书的第二个系列，共分四卷。照图施艺是木工匠人的制作本领。木工图的绘制是古典家具制作技艺中的必修课，这部分内容按照坐具、承具、卧具、庋具、杂具等类别进行研究、测量、绘制、整理，最终形成了近千款源自宋、明、清和现代这几个时期的古典家具CAD图录，这些丰富而翔实的图录将为我们研究和制作古典家具提供重要的参考和学习研究资料。为了将古典家具器形结构全面而准确地呈现给读者，编写人员多次走访各地实地考察、实地测绘，大家不辞辛劳，力求全面。研讨和编写过程都让人称赞。然而，中国古典家具文化源远流长、家具技艺博大精深，要想系统、全面地挖掘，科学、完善地测量，精准、细致地绘制，是很难的。加之编写人员较多、编写经验不足等因素导致测绘不精确、绘制有误差等现象时有出现，具体体现在尺寸标注方法不一致、不精准，器形绘制不流畅、不细腻，技艺挖掘不系统、不全面等问题，望广大读者批评和指正，我们将在未来的修订再版中予以更正。

最后，感谢国家新闻出版署将本项目列为“十三五”国家重点图书出版规划，感谢国家出版基金规划管理办公室对本项目的支持，感谢为全书的编撰而付出努力的每位匠人、专家、学者和绘图人员。

纪亮

2020年5月

目
录

目　　录

匠心营造 I（第三卷）

序　言
前　言
一、中国古典家具木工营造图解之坐具
（一）坐具
（二）古典家具木工营造图解之坐具
附录：图版索引

匠心营造 II（第四卷）

序　言
前　言
二、中国古典家具木工营造图解之承具
（一）承具
（二）古典家具木工营造图解之承具
附录：图版索引

目录

匠心营造III（第五卷）

序　言

前　言

三、中国古典家具木工营造图解之卧具①

（一）卧具①

（二）古典家具木工营造图解之卧具①

附录：图版索引

匠心营造IV（第六卷）

序　言

前　言

四、中国古典家具木工营造图解之卧具②

（一）卧具② 2

（二）古典家具木工营造图解之卧具② 2

卧具图版② 3

现代中式拐子螭龙纹沙发九件套 4

现代中式如意拐子纹卷书式沙发九件套 6

现代中式拐子云纹沙发九件套 8

现代中式拐子纹沙发九件套 10

现代中式卷云纹沙发九件套 12

现代中式福寿吉祥沙发九件套 14

现代中式山水园林图沙发九件套 16

现代中式吉祥狮纹沙发十件套 18

现代中式婴戏图沙发十件套 20

现代中式松鹤延年沙发十件套 22

现代中式岁朝图沙发十一件套 24

目录

目　　录

现代中式云龙纹沙发十一件套 26
现代中式竹节竹叶纹沙发十一件套 28
现代中式螭龙纹沙发十一件套 30
现代中式四季花卉沙发十一件套 33
现代中式狮纹沙发十一件套 36
现代中式双龙戏珠沙发十一件套 38
现代中式吉祥沙发十一件套 40
现代中式卷草拐子纹沙发十三件套 42

五、中国古典家具木工营造图解之庋具

（一）庋具 46

（二）古典家具木工营造图解之庋具 46

庋具图版 47
明式品字围栏架格 48
明式风车式棂格架格 49
明式三面围栏架格 50
明式双抽屉架格 51
明式铜钱纹卡子花架格 52
明式拐子纹亮格柜 54
明式三抽屉亮格柜 55
明式带栏杆亮格柜 56
明式带几座圆角柜 57
明式圆角柜 58
明式带柜膛圆角柜 59
明式方角柜 60
明式圆包圆罗锅枨方角柜 61
明式棂格柜门方角柜 62
明式直棂小方角柜 63
明式万字纹小方角柜 64
明式双屉柜橱 65
明式带闩杆四件柜 66
明式扯不断纹顶箱柜 68

明式洼堂肚牙板顶箱柜 69
明式卷草纹联二橱 70
明式带翘头螭龙纹联二橱 71
明式带翘头联三橱 72
明式直棂条碗柜 73
清式品字围栏架格 74
清式棂格柜门架格 75
清式镶玻璃架格 76
清式拐子夔龙纹亮格柜 77
清式三弯腿亮格柜 78
清式卷草纹亮格柜 79
清式竹节纹亮格柜 80
清式三抽屉亮格柜 81
清式冬瓜桩圈口亮格柜 82
清式螭龙纹亮格柜 83
清式琴棋书画文士图亮格柜 84
清式山水人物图亮格柜 85
清式西番莲纹万历柜 86
清式壶门开光柜门圆角柜 87
清式云龙纹喷面圆角柜 88
清式圆月方角柜 89
清式四合如意团龙纹方角柜 90
清式龙凤纹方角柜 91
清式夔龙蝙蝠纹方角柜 92
清式十字连方纹小方角柜 93
清式嵌竹丝小方角柜 94
清式山水图多宝格 95
清式月洞门式多宝格 96
清式龙凤纹多宝格 98
清式圆形多宝格 99
清式卷草纹多宝格 100
清式暗八仙纹多宝格 101
清式卷云纹多宝格 102
清式八角形多宝格 103
清式填漆描金芦雁图多宝格 104
清式半月形多宝格 105

目　　录

清式四季花卉多宝格 106
清式描金夔凤纹多宝格 107
清式博古图多宝格 108
清式云蝠纹多宝格 109
清式拐子纹圈口多宝格 110
清式描金夔凤纹多宝格 111
清式天圆地方多宝格 112
清式拐子纹多宝格 114
清式盘长纹多宝格 115
清式葵花形开光多宝格 116
清式梅花纹多宝格 117
清式月洞门式多宝格 118
清式夔龙纹多宝格 119
清式云纹圈口多宝格 120
清式卷云纹梯状小多宝格 121
清式回纹多宝格 122
清式勾云纹多宝格 123
清式十字枨攒四合如意纹书柜 124
清式博古纹书柜 125
清式福寿拐子纹柜橱 126
清式福寿拐子纹书柜 127
清式冰梅纹顶箱柜 128
清式西番莲纹顶箱柜 129
清式拐子纹顶箱柜 130
清式雍正耕织图四件柜 131
清式西番莲纹四件柜 132
清式暗八仙纹四件柜 133
清式螭龙纹联二橱 134
清式三屉柜橱 135
清式夔龙纹五斗橱 136
清式三屉带翘头柜橱 137
清式云纹牙子柜橱 138
清式福寿双全纹柜橱 139

目录

清式素面带翘头柜橱 140
清式夔龙纹柜橱 141
清式带柜门闷户橱 142
清式宝相花纹圆角炕柜 143
清式拐子纹五斗柜 144
清式拐子纹六斗柜 145
现代中式拐子纹亮格柜 146
现代中式园林湖景图方角柜 147
现代中式四美图多宝格 148
现代中式拐子夔龙纹多宝格 150
现代中式松鹤延年图多宝格 152
现代中式福庆有余纹书柜 154
现代中式卷叶拐子纹书柜 155
现代中式福在眼前纹书柜 156
现代中式福寿双全纹书柜 157
现代中式口字棂格书柜 158
现代中式攒万字纹书柜 160
现代中式致远书柜 161
现代中式双龙拱璧纹书柜 162
现代中式暗八仙纹书柜 163
现代中式卷草卡子花组合书柜 164
现代中式七屉五层书桌 165
现代中式云龙纹写字台 166
现代中式写字台 167
现代中式莲花拐子博古图写字台 168
现代中式花开富贵写字台 169
现代中式拐子夔龙纹写字台 170
现代中式冰裂纹写字台 171
现代中式清韵写字台 172
现代中式写字台 173
现代中式八屉花鸟图写字台 174
现代中式攒棂格花鸟图写字台 175
现代中式七屉花开富贵办公台 176
现代中式十屉拐子龙纹办公台 178
现代中式福在眼前拐子纹大班台 180
现代中式清韵大班台 182

目录

目　　录

现代中式一帆风顺大班台 183
现代中式佛八宝纹大班台 184
现代中式外翻马蹄足卷草纹办公桌两件套 186
现代中式双夔如意纹多层办公桌 188
现代中式四合卷云纹电脑桌两件套 189
现代中式对开门电视柜 190
现代中式双层电视柜 191
现代中式扯不断纹电视柜 192
现代中式拐子夔龙纹海棠开光电视柜 193
现代中式拐子纹电视柜 194
现代中式竹节纹梅兰竹菊图电视柜 195
现代中式松鹤延年图电视柜 196
现代中式拐子纹电视柜 197
现代中式云龙纹电视柜 198
现代中式暗八仙纹电视柜 199
现代中式三屉电视柜 200
现代中式福在眼前纹电视柜 201
现代中式拐子回纹带翘头电视柜 202
现代中式福喜拐子纹电视柜 203
现代中式夔龙纹电视柜 204
现代中式静远电视柜 205
现代中式夔龙纹电视柜 206
现代中式带翘头四合云纹电视柜 207
现代中式直棂电视柜 208
现代中式拐子纹电视柜 209
现代中式床头柜 210
现代中式三屉矮柜 211
现代中式立柱大衣柜 212
现代中式四季花鸟竹节纹大衣柜 213
现代中式夔龙纹花板大衣柜 214
现代中式如意卷草纹大衣柜 215
现代中式卷草拐子纹大衣柜 216
现代中式旭日东升大衣柜 217

现代中式冰裂纹月洞门罩隔断柜 218
现代中式福寿纹隔断柜 219
现代中式五屉柜 220
现代中式餐边柜 221
现代中式二龙戏珠茶叶柜 222
现代中式福寿纹酒柜 224
现代中式花卉拐子纹玻璃酒柜 225
现代中式六角形酒柜 226
现代中式如意拐子纹梳妆台 227
现代中式六屉梳妆台 228
现代中式拐子夔龙纹梳妆台两件套 229
现代中式五屉卷草纹梳妆台两件套 230
现代中式五屉三弯腿梳妆台两件套 232
现代中式五屉梳妆台两件套 234

六、中国古典家具木工营造图解之杂具

（一）杂具 238

（二）古典家具木工营造图解之杂具 238

杂具图版 239
清式拐子云纹宫灯 240
清式四方毗卢帽卷云纹宫灯 241
清式六角龙凤纹宫灯 242
清式牡丹纹灯架 243
清式夔龙纹花瓶架 244
清式螭龙纹笔架 245
清式凤首衣架 246
清式夔龙纹衣架 247
清式夔龙纹衣架 248
清式螭龙纹衣架 249
清式螭龙万字纹衣架 250
清式二龙戏珠纹衣架 251
清式螭龙纹中牌子衣架 252
清式衣帽镜 253
清式海屋添筹图落地屏 254
清式海屋添筹图落地屏 255

目　　录

清式素面落地屏　256
清式黑漆描金边纳绣屏　257
清式莲花边嵌玉鱼插屏　258
清式嵌螺钿进宝图插屏　259
清式提盒　260
清式莲花纹首饰盒　261
清式盝顶官皮箱　262
清式平顶官皮箱　264
附录：图版索引

中国古典家具木工营造图解之卧具②

四

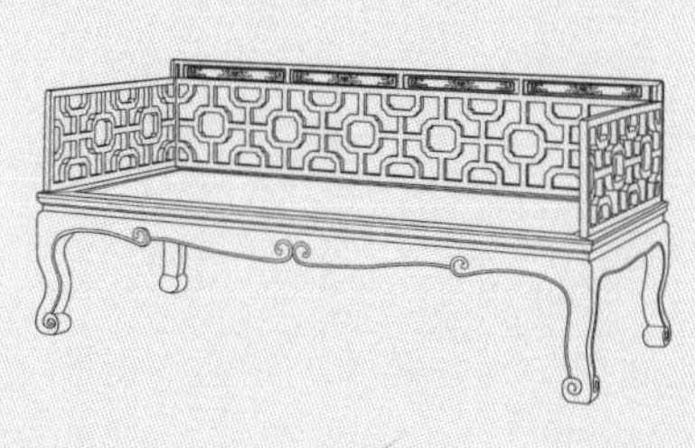

四、中国古典家具木工营造图解之卧具②

（一）卧具②

卧具中的床榻历史悠久，种类繁多，传统古典家具主要有：拔步床、架子床、罗汉床、贵妃榻等。随着历史的发展，到了清末民国初，出现了沙发这一新的门类，沙发由于舒适且美观，发展迅速。沙发出现后，也更好地满足了人民生活、休息的需要，更好地与近现代室内装修风格相互融合。

（二）古典家具木工营造图解之卧具②

本章选取卧具沙发中的现代中式代表性家具，对其木工营造图进行深度解读和研究，并形成珍贵而翔实的图片资料。

主要研究的器形如下：

现代中式拐子螭龙纹沙发九件套、现代中式如意拐子纹卷书式沙发九件套等。

图片资料详见 P4 ～ 44。

说明：在卧具的测量和绘制过程中存在少量国标允许的误差。

卧具图版②

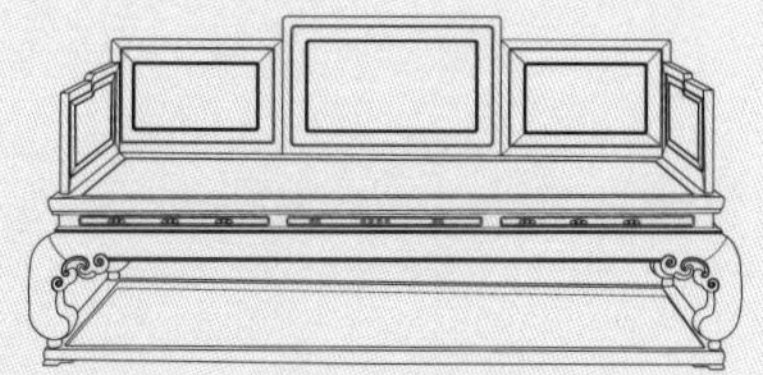

现代中式拐子螭龙纹沙发九件套

材质：缅甸花梨

年款：现代

三人沙发－主视图

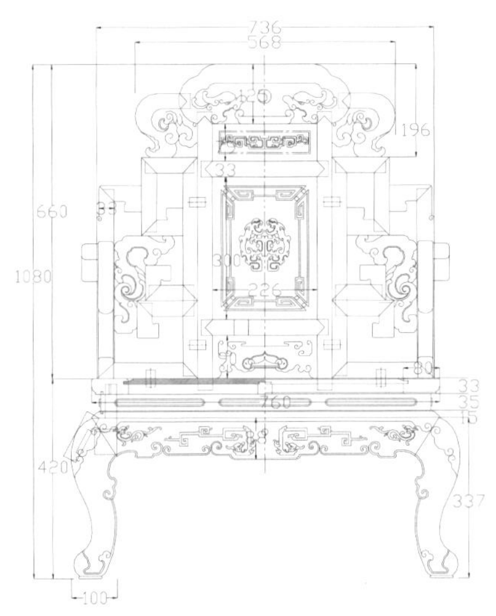

单人沙发－主视图

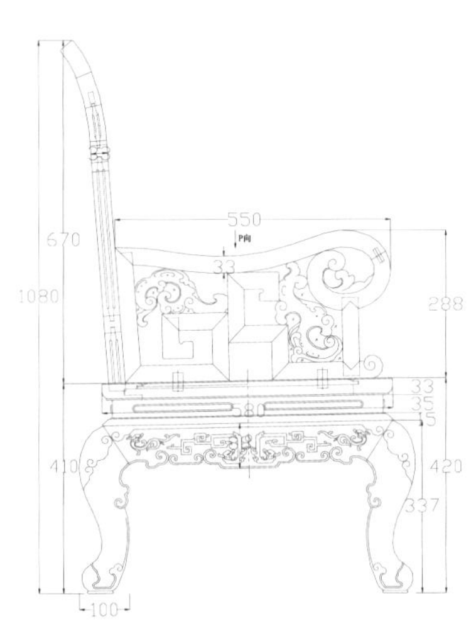

单人沙发－左视图

注：此九件套中三人沙发为 1 件，单人沙发为 4 件，茶几为 1 件，小几为 2 件，炕桌为 1 件。全书计量单位为毫米（mm）。

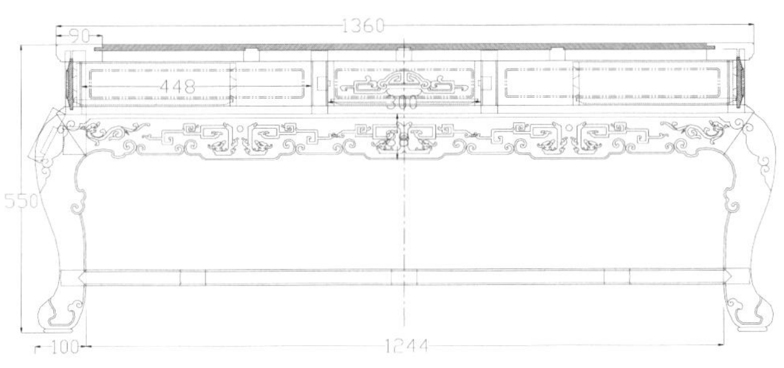

茶几－主视图

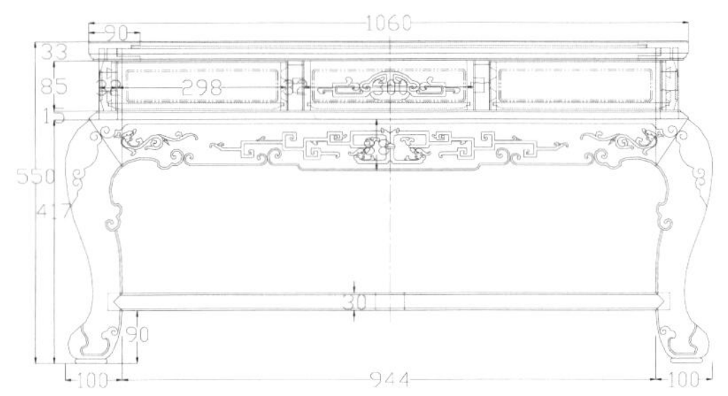

茶几－左视图

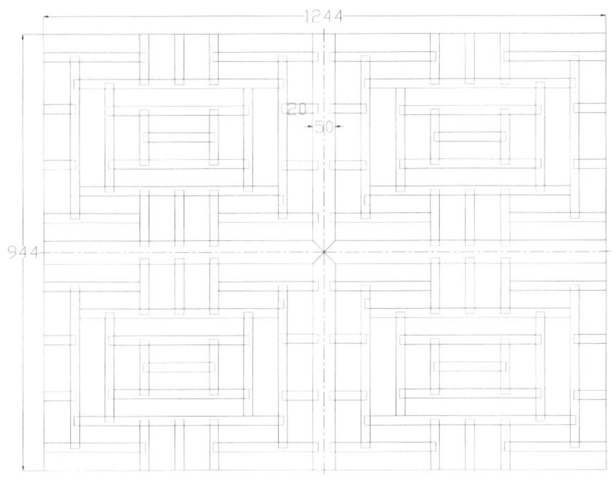

茶几－剖视图（屉板）

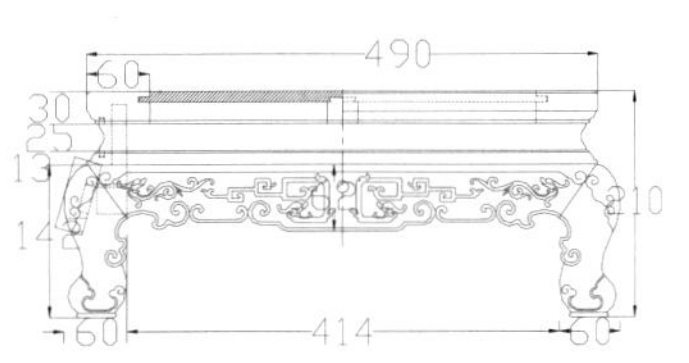

炕桌－左视图

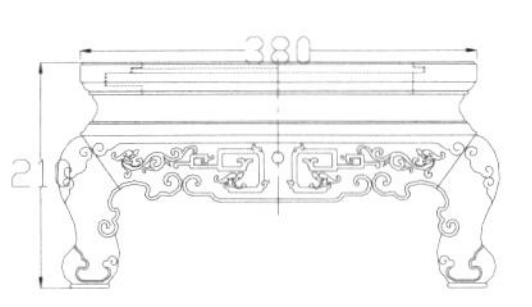

炕桌－主视图

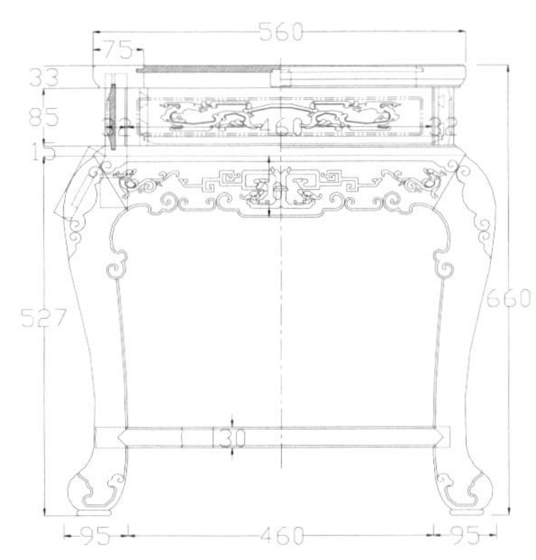

小几－主视图

小几－左视图

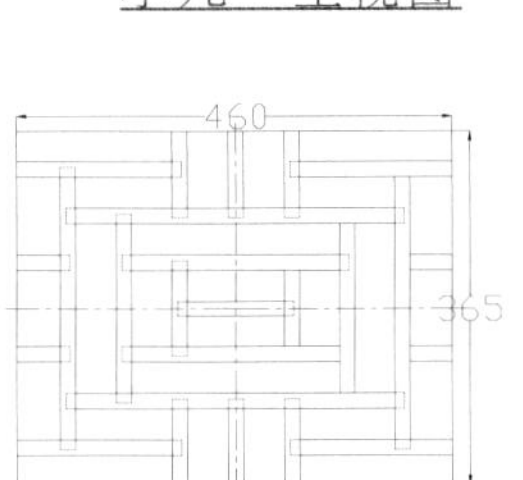

小几－剖视图（屉板）

图版清单（现代中式拐子螭龙纹沙发九件套）：

三人沙发—主视图
单人沙发—主视图
单人沙发—左视图
茶几—主视图
茶几—左视图
茶几—剖视图（屉板）
炕桌—主视图
炕桌—左视图
小几—主视图
小几—左视图
小几—剖视图（屉板）

现代中式如意拐子纹卷书式沙发九件套

材质：红酸枝

年款：现代

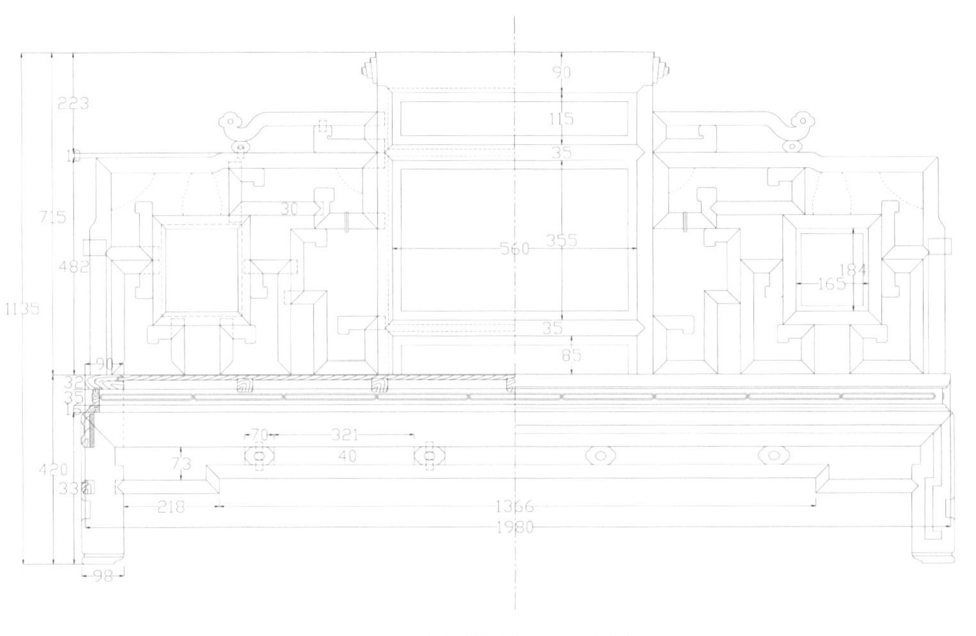

三人沙发－主视图

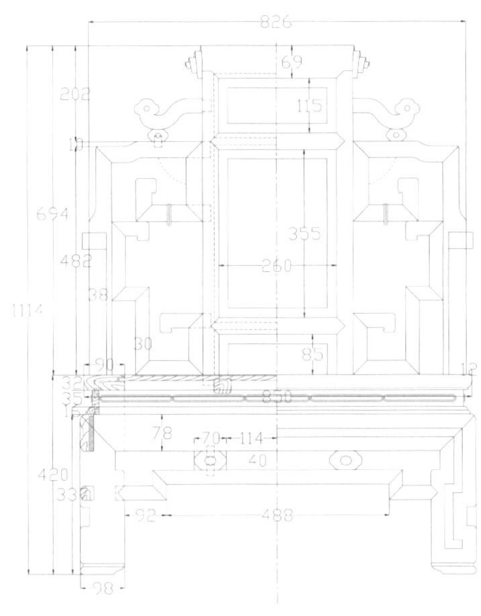

单人沙发－主视图

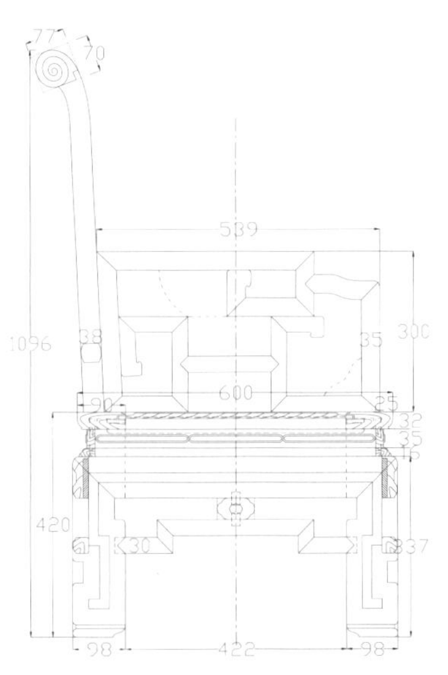

单人沙发－左视图

注：此九件套中三人沙发为 1 件，单人沙发为 4 件，茶几为 1 件，炕桌为 1 件，小几为 2 件。

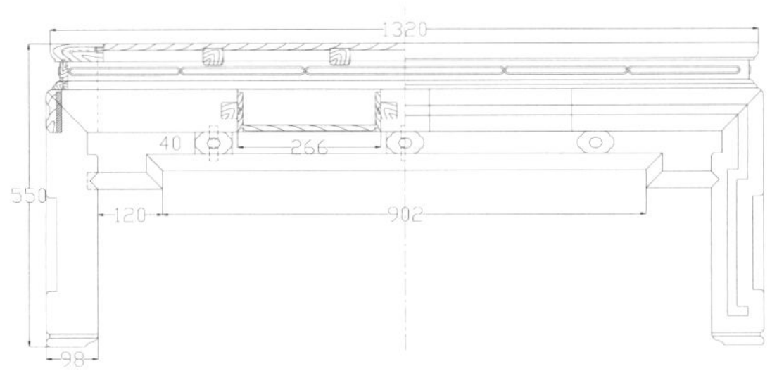

茶几－主视图

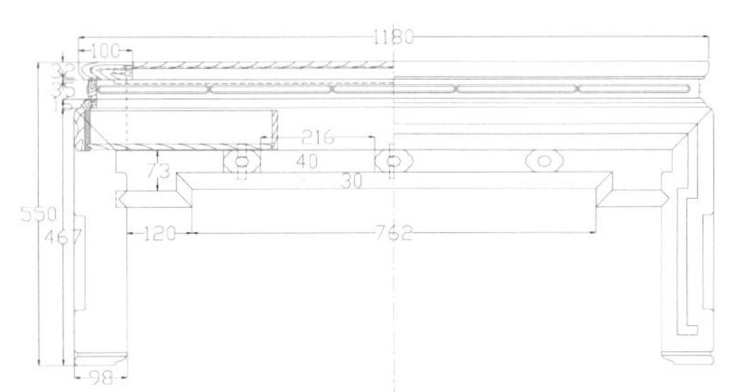

茶几－左视图

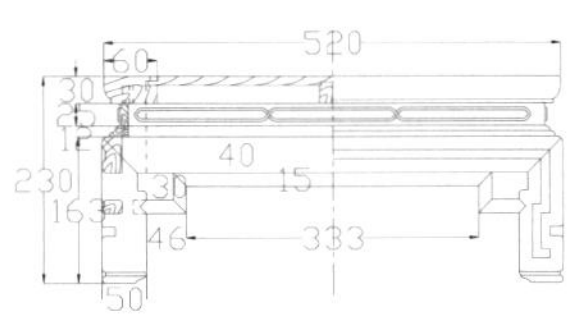

炕桌－主视图

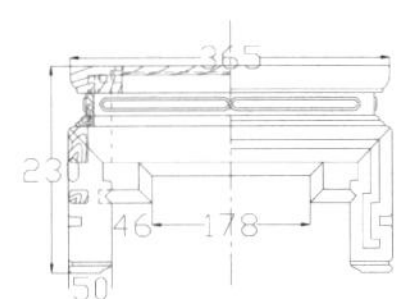

炕桌－左视图

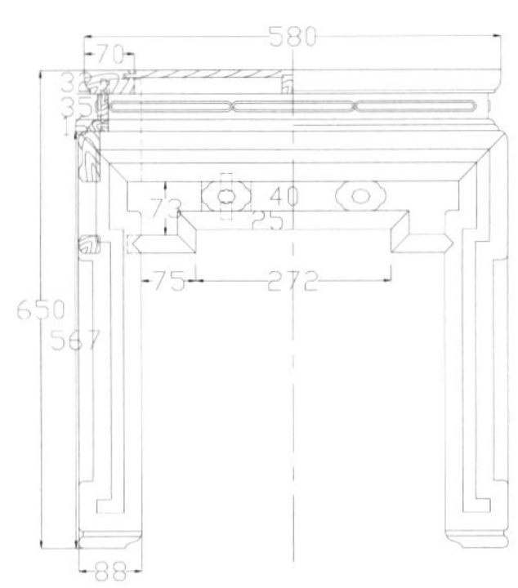

小几－主视图

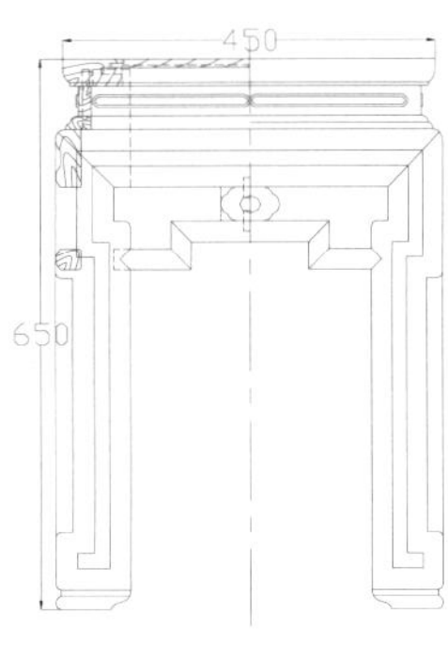

小几－左视图

图版清单（现代中式如意拐子纹卷书式沙发九件套）：

三人沙发—主视图
单人沙发—主视图
单人沙发—左视图
茶几—主视图
茶几—左视图
炕桌—主视图
炕桌—左视图
小几—主视图
小几—左视图

现代中式拐子云纹沙发九件套

材质：缅甸花梨

年款：现代

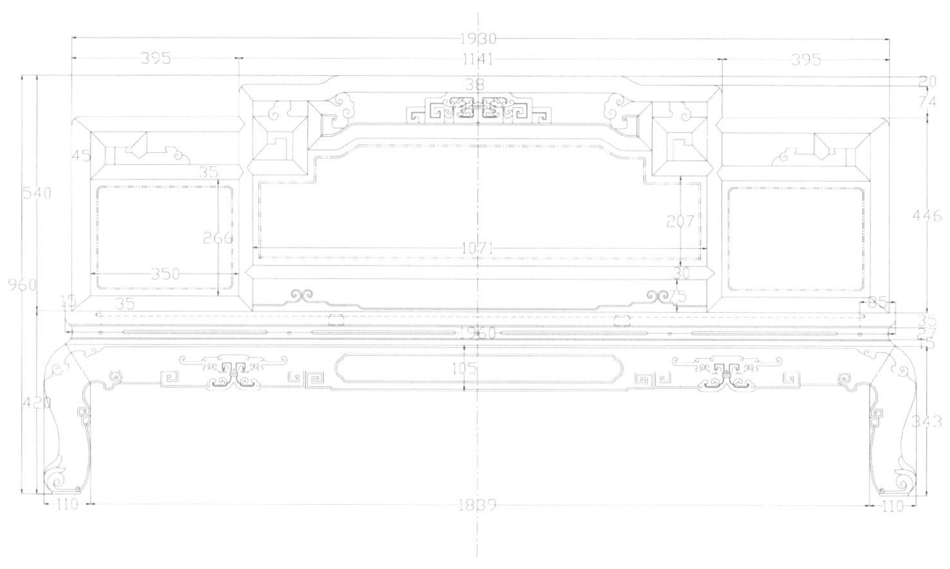

三人沙发－主视图

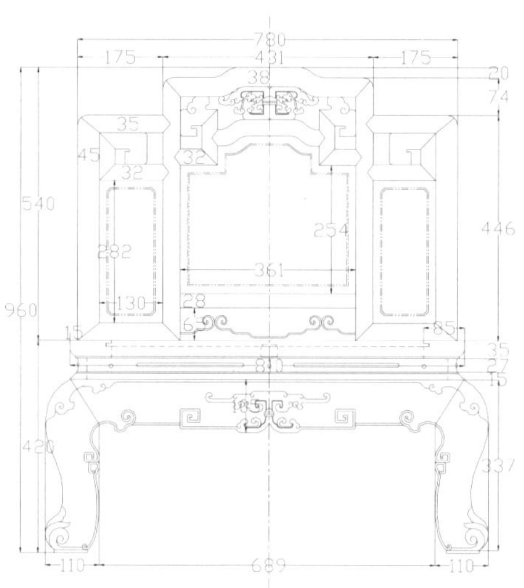

单人沙发－主视图

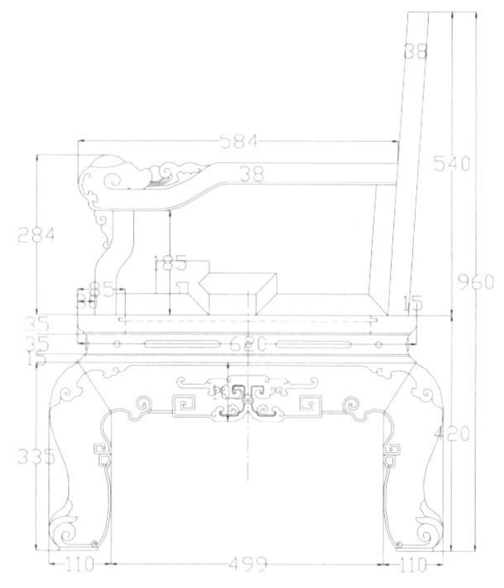

单人沙发－右视图

注：此九件套中三人沙发为 1 件，单人沙发为 4 件，炕桌为 1 件，小几为 2 件，茶几为 1 件。

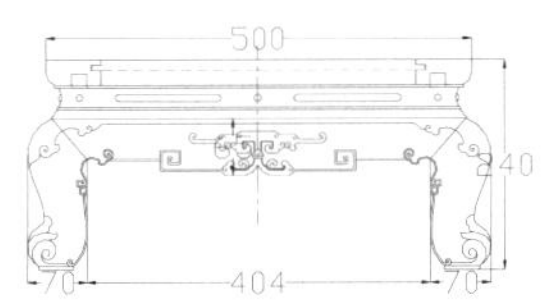

炕桌－主视图

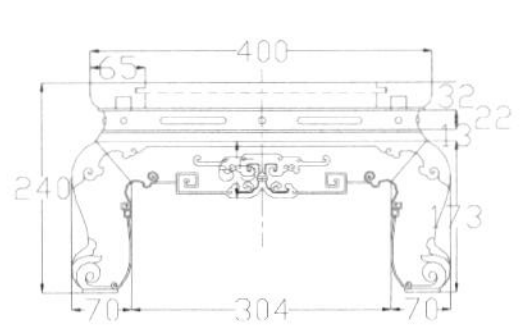

炕桌－左视图

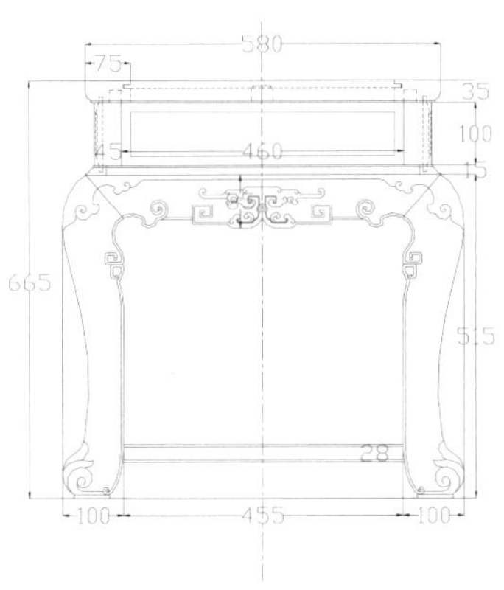

小几－主视图

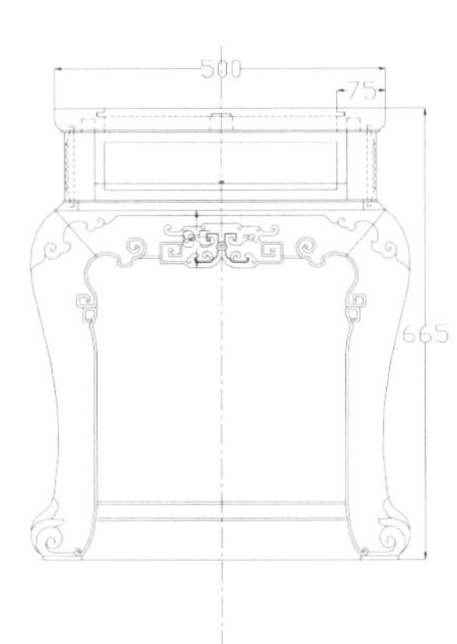

小几－左视图

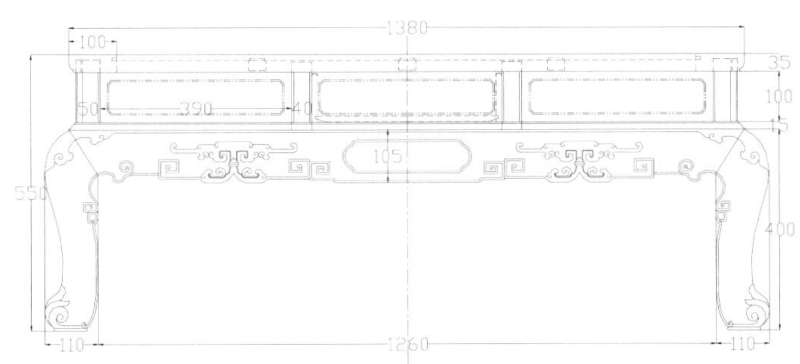

茶几－主视图

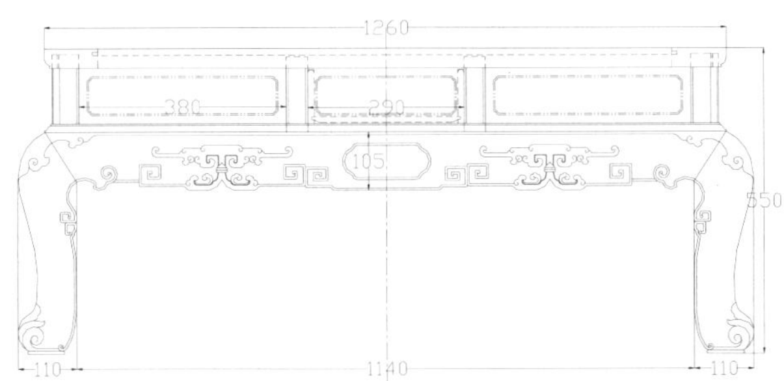

茶几－左视图

图版清单（现代中式拐子云纹沙发九件套）：

三人沙发—主视图

单人沙发—主视图

单人沙发—右视图

炕桌—主视图

炕桌—左视图

小几—主视图

小几—左视图

茶几—主视图

茶几—左视图

现代中式拐子纹沙发九件套

材质：缅甸花梨

年款：现代

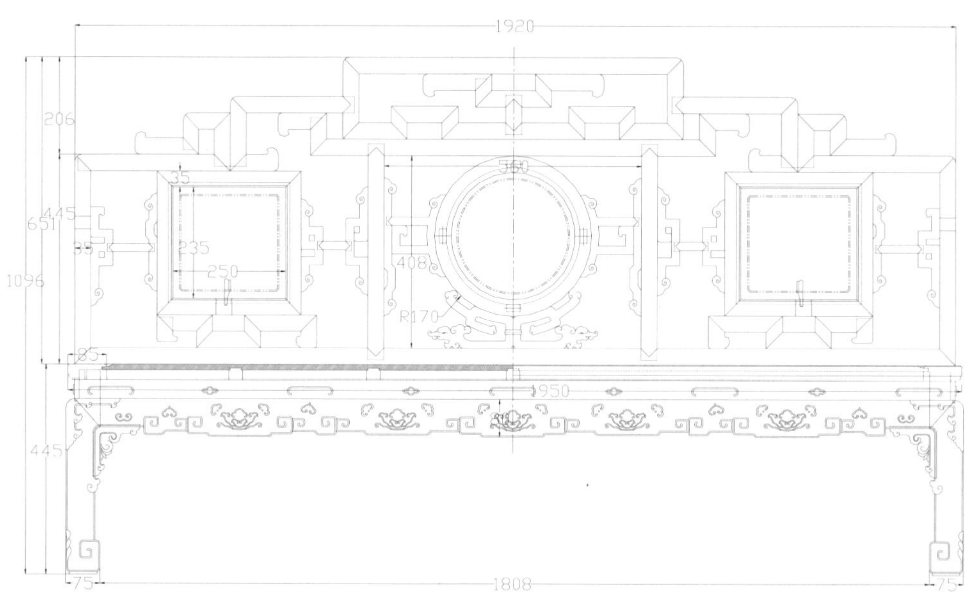

三人沙发－主视图

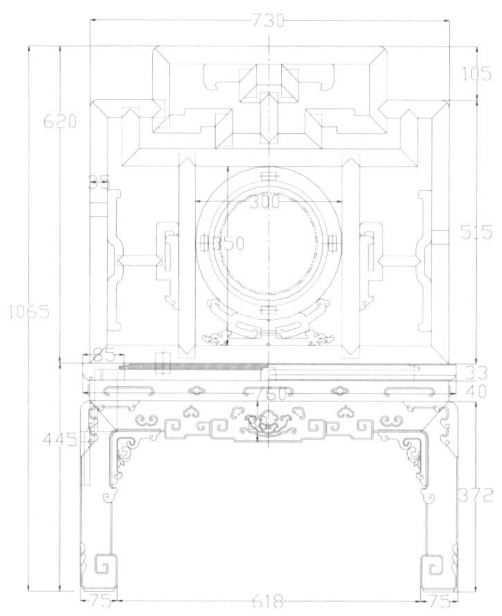

单人沙发－主视图

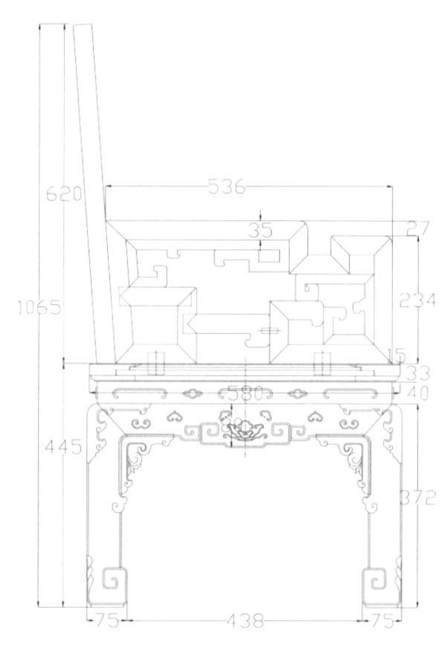

单人沙发－左视图

注：此九件套中三人沙发为 1 件，单人沙发为 4 件，茶几为 1 件，小几为 2 件，炕桌为 1 件。

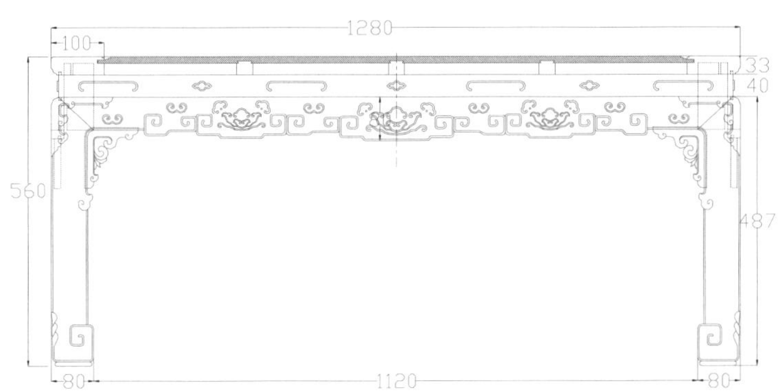

茶几－主视图

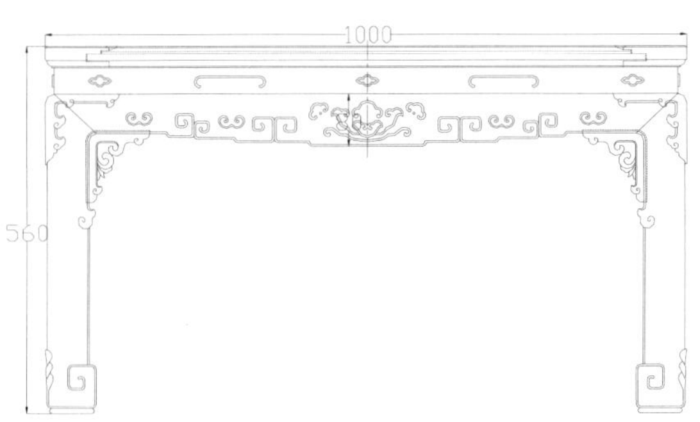

茶几－左视图

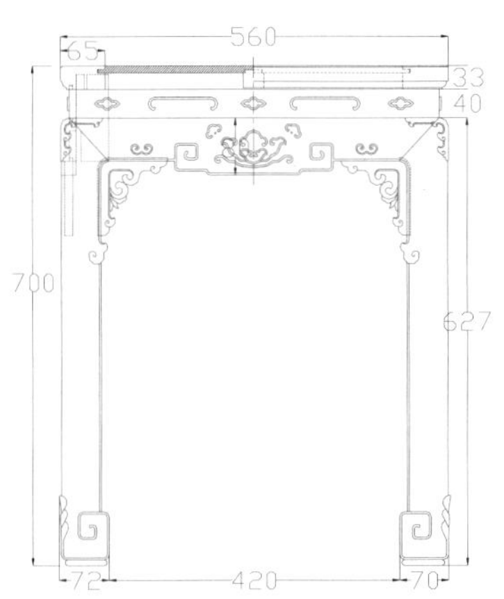

小几－主视图

小几－左视图

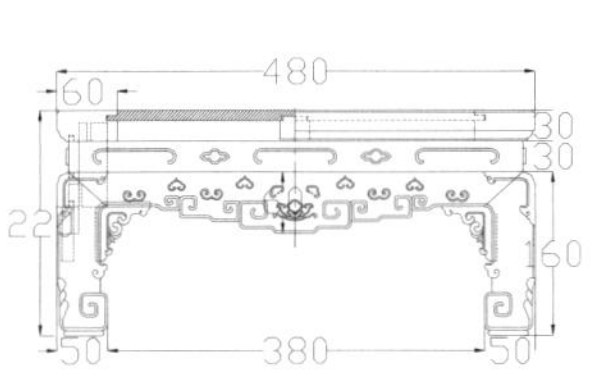

炕桌－主视图

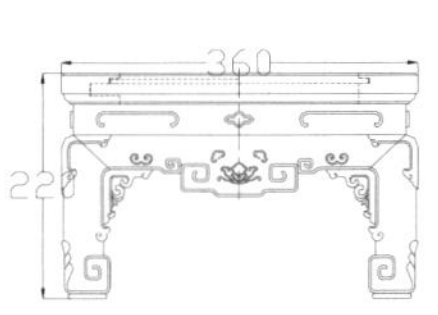

炕桌－左视图

图版清单（现代中式拐子纹沙发九件套）：

三人沙发—主视图

单人沙发—主视图

单人沙发—左视图

茶几—主视图

茶几—左视图

小几—主视图

小几—左视图

炕桌—主视图

炕桌—左视图

现代中式卷云纹沙发九件套

材质：红酸枝

年款：现代

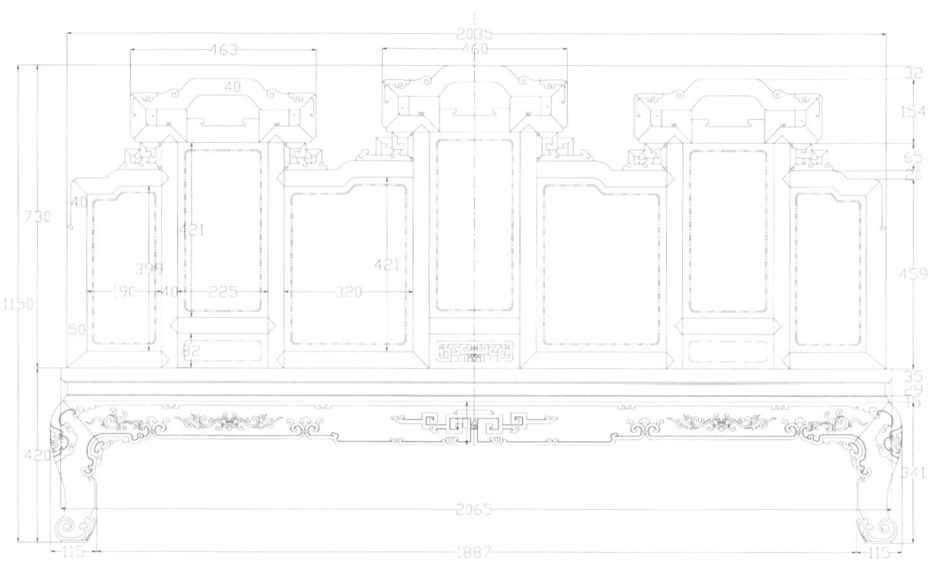

三人沙发－主视图

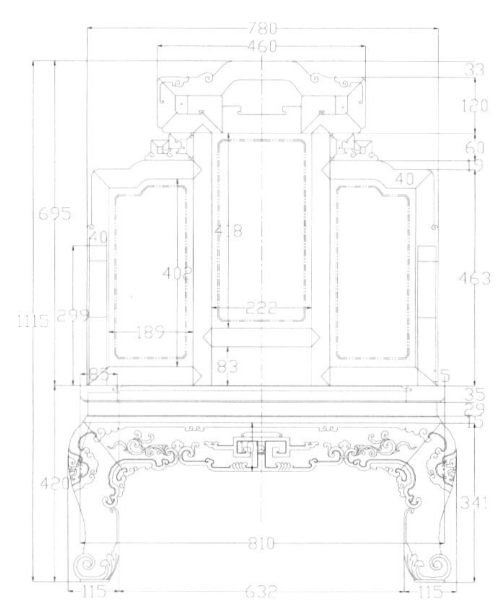

单人沙发－主视图

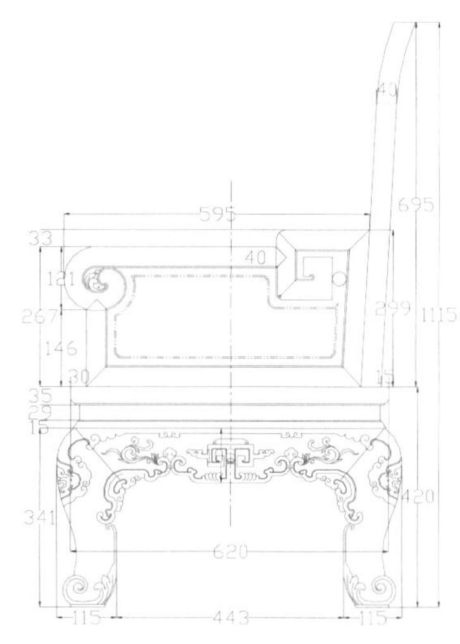

单人沙发－右视图

注：此九件套中三人沙发为 1 件，单人沙发为 4 件，茶几为 1 件，炕桌为 1 件，小几为 2 件。

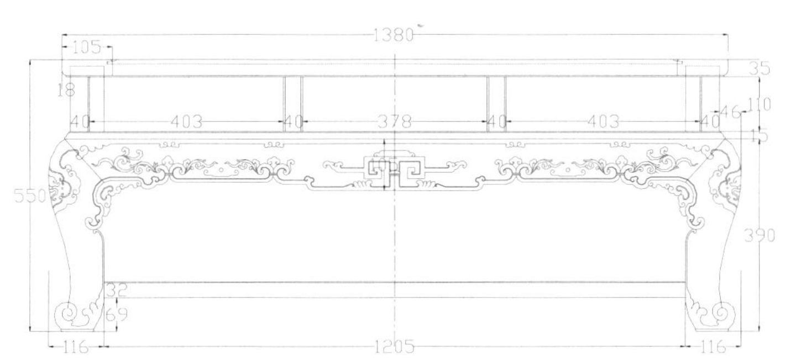

茶几－主视图

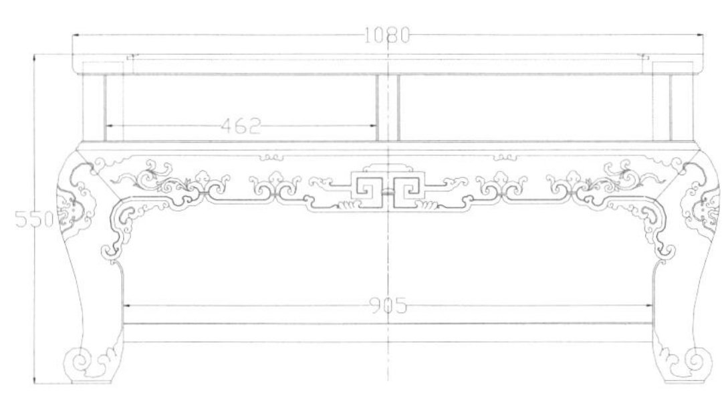

茶几－左视图

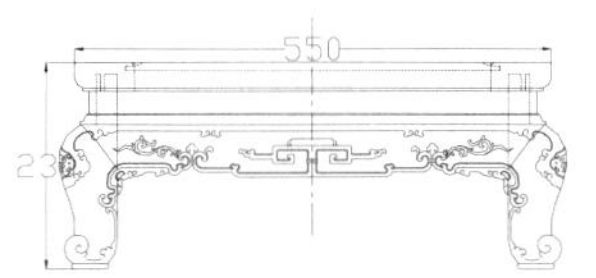

炕桌－主视图

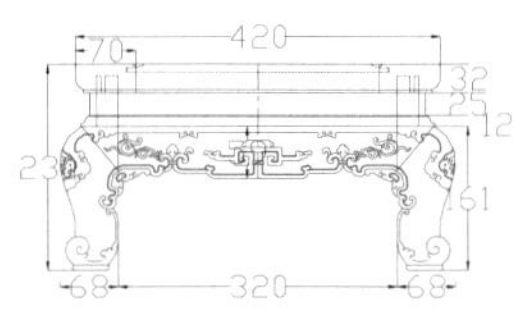

炕桌－左视图

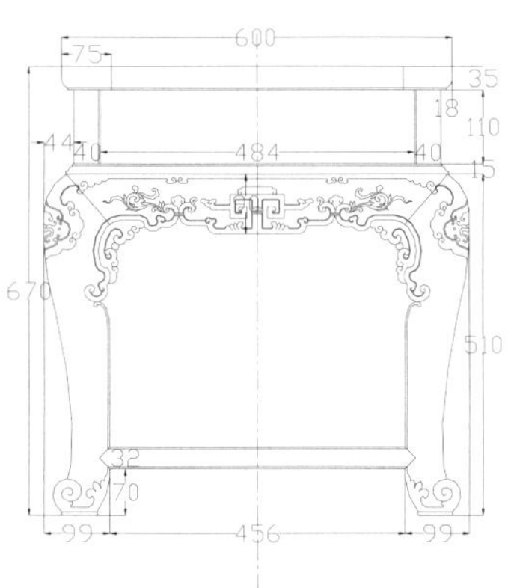

小几－主视图

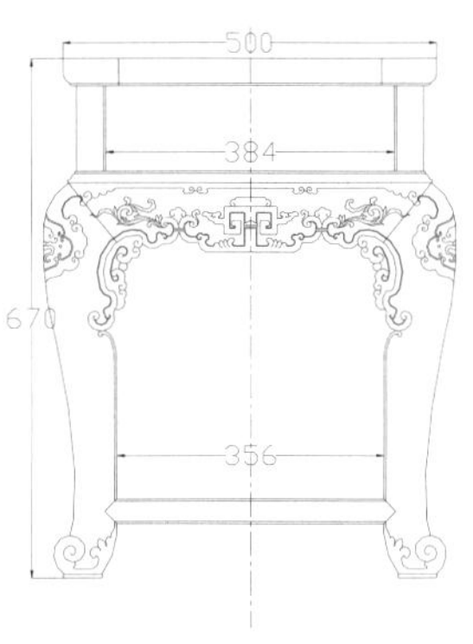

小几－左视图

图版清单（现代中式卷云纹沙发九件套）：

三人沙发－主视图
单人沙发－主视图
单人沙发－右视图
茶几－主视图
茶几－左视图
炕桌－主视图
炕桌－左视图
小几－主视图
小几－左视图

现代中式福寿吉祥沙发九件套

材质：红酸枝

丰款：现代

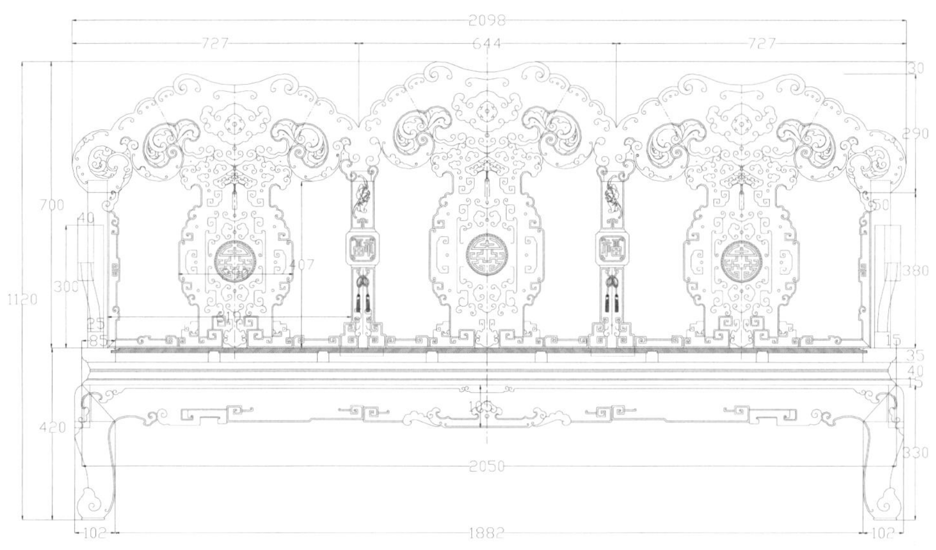

三人沙发－主视图

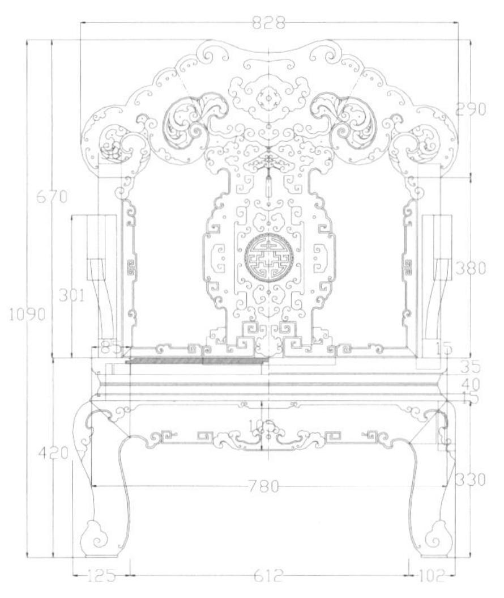

单人沙发－主视图

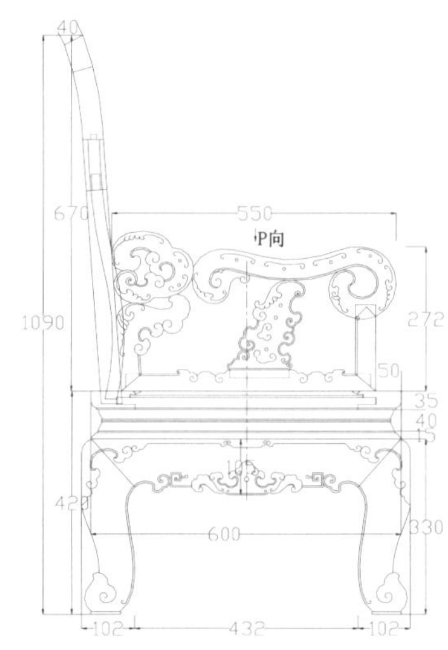

单人沙发－左视图

注：此九件套中三人沙发为 1 件，单人沙发为 4 件，茶几为 1 件，小几为 2 件，炕桌为 1 件。

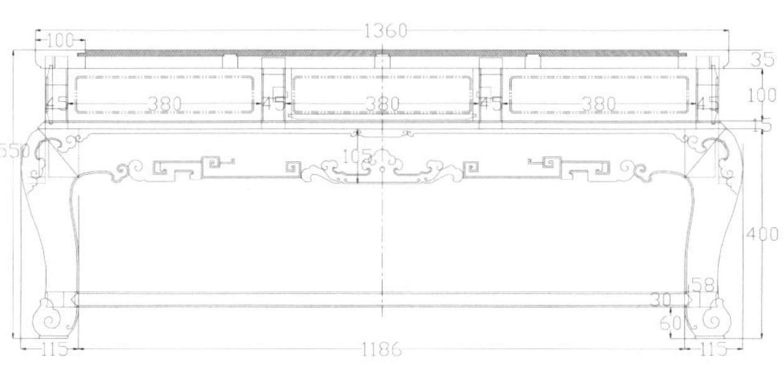

茶几－主视图

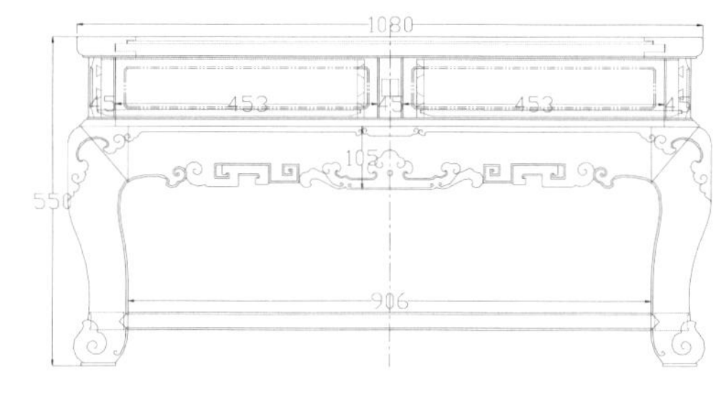

茶几－左视图

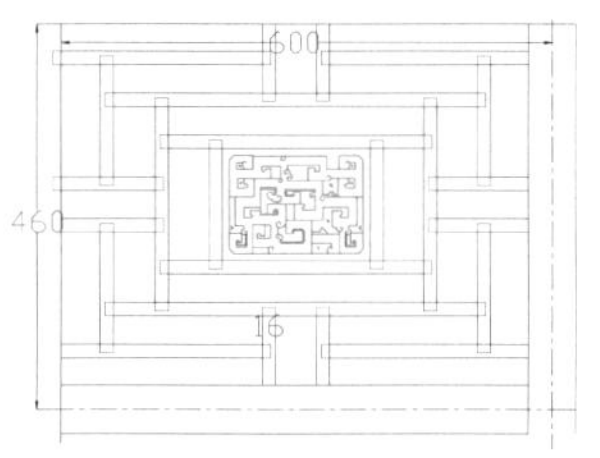

茶几－剖视图（屉板）

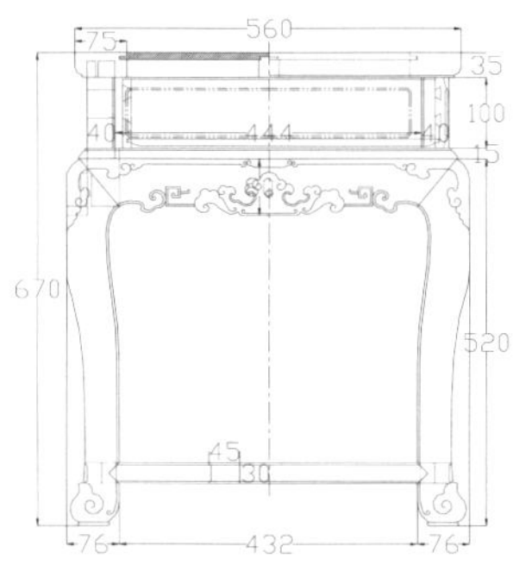

小几－主视图

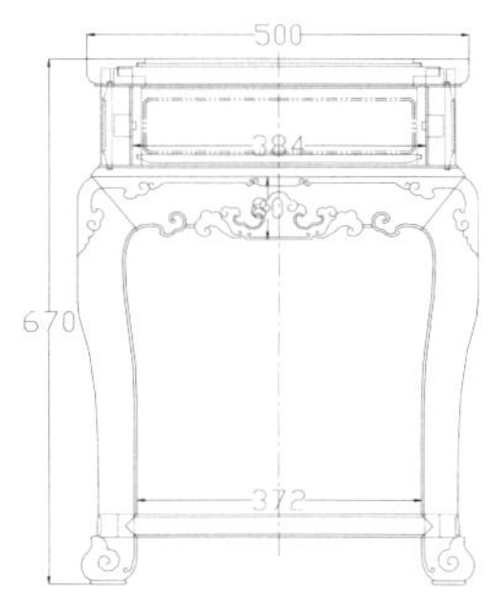

小几－左视图

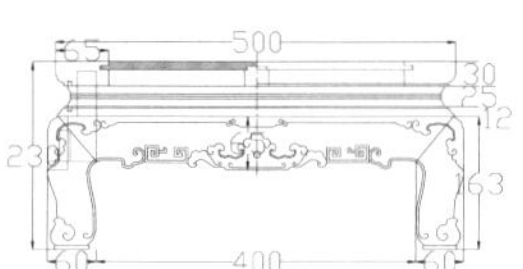

炕桌－主视图

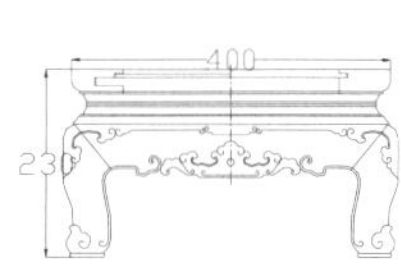

炕桌－左视图

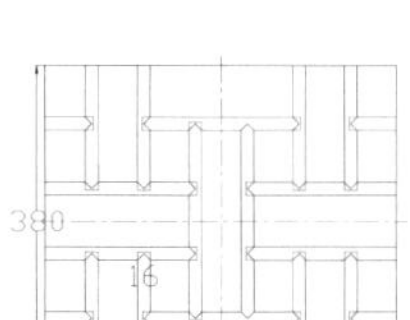

炕桌－剖视图（屉板）

图版清单（现代中式福寿吉祥沙发九件套）：

三人沙发—主视图
单人沙发—主视图
单人沙发—左视图
茶几—主视图
茶几—左视图
茶几—剖视图（屉板）
小几—主视图
小几—左视图
炕桌—主视图
炕桌—左视图
炕桌—剖视图（屉板）

现代中式山水园林图沙发九件套

材质：红酸枝

年款：现代

三人沙发－主视图

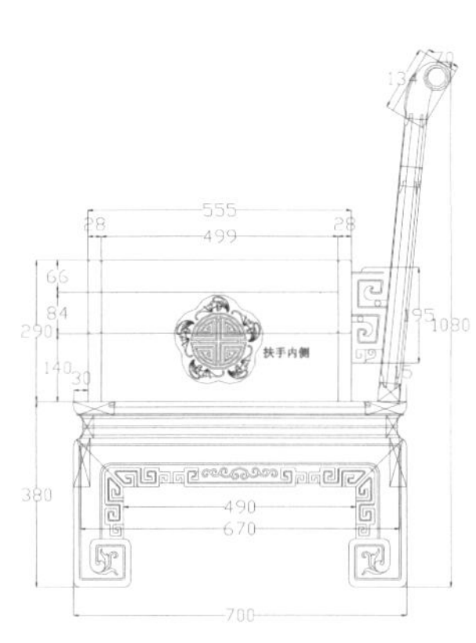

三人沙发－右视图

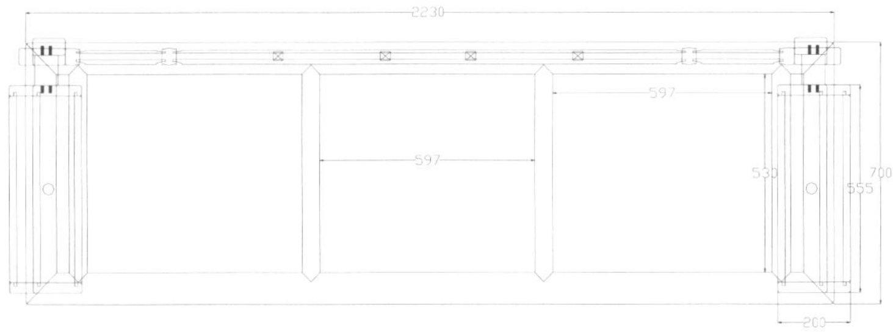

三人沙发－俯视图

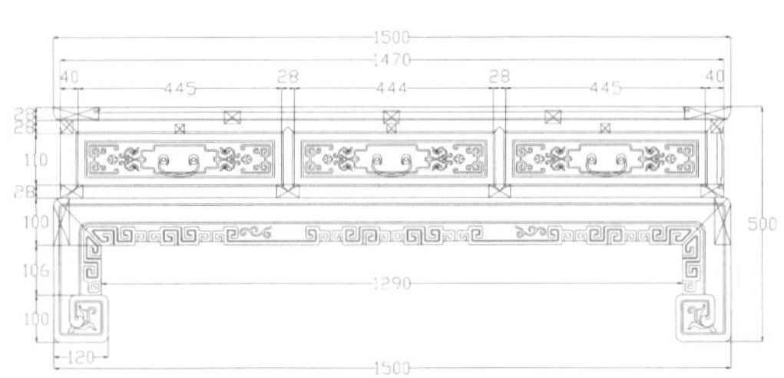

茶几－主视图

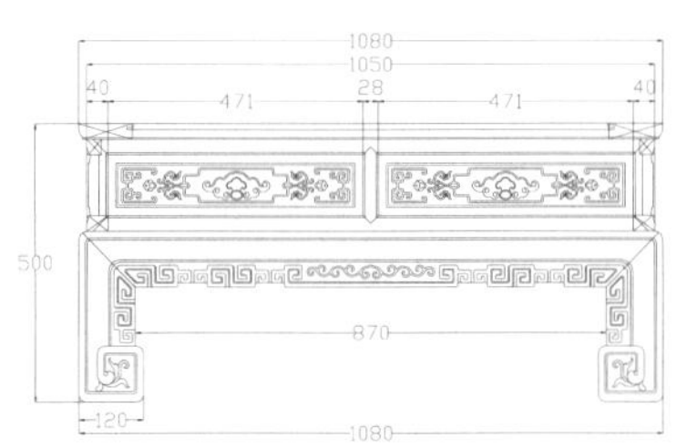

茶几－左视图

注：此九件套中三人沙发为 1 件，单人沙发为 4 件，茶几为 1 件，炕桌为 1 件，小几为 2 件。

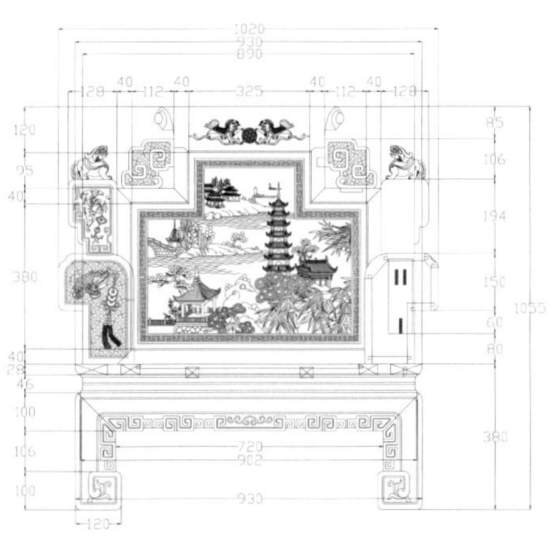

单人沙发－主视图

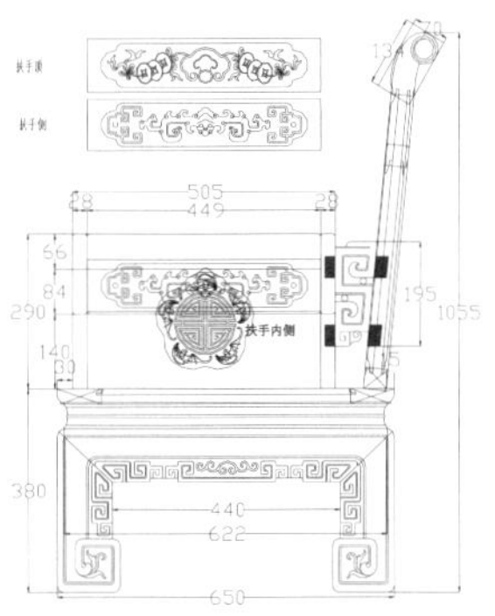

单人沙发－右视图

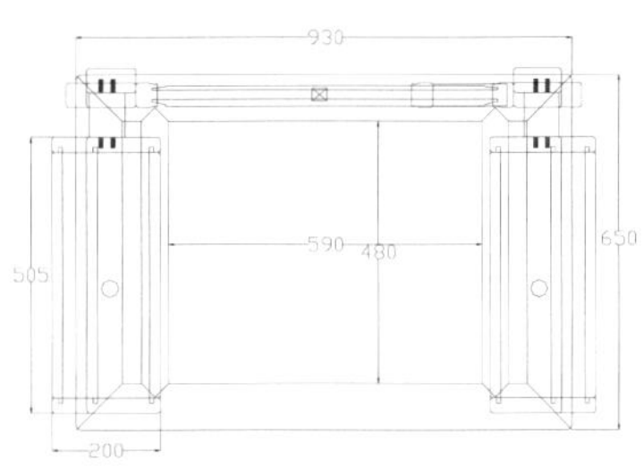

单人沙发－俯视图

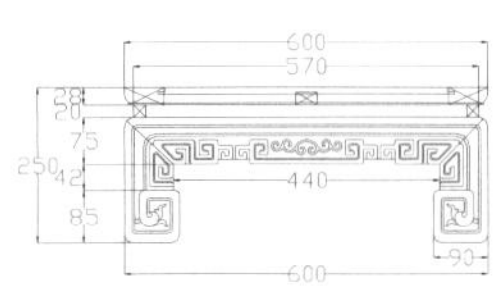

炕桌－主视图

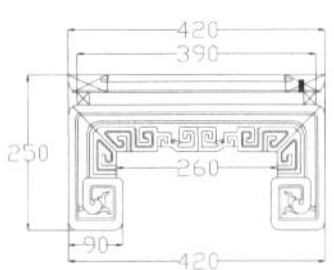

炕桌－左视图

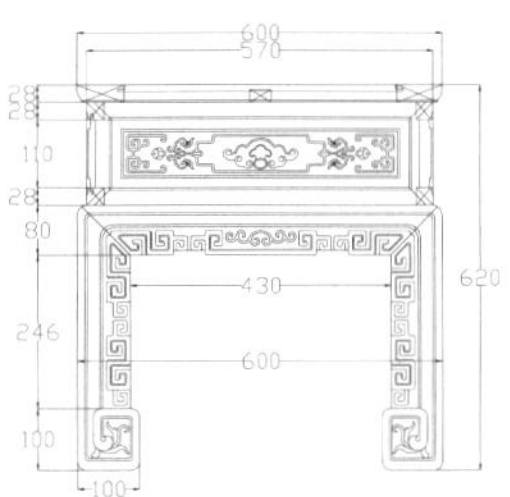

小几－主视图

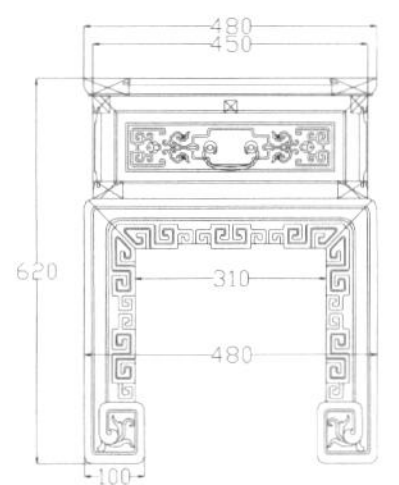

小几－左视图

图版清单（现代中式山水园林图沙发九件套）：

三人沙发—主视图
三人沙发—右视图
三人沙发—俯视图
茶几—主视图
茶几—左视图
单人沙发—主视图
单人沙发—右视图
单人沙发—俯视图
炕桌—主视图
炕桌—左视图
小几—主视图
小几—左视图

现代中式吉祥狮纹沙发十件套

材质：缅甸花梨

年款：现代

三人沙发－主视图

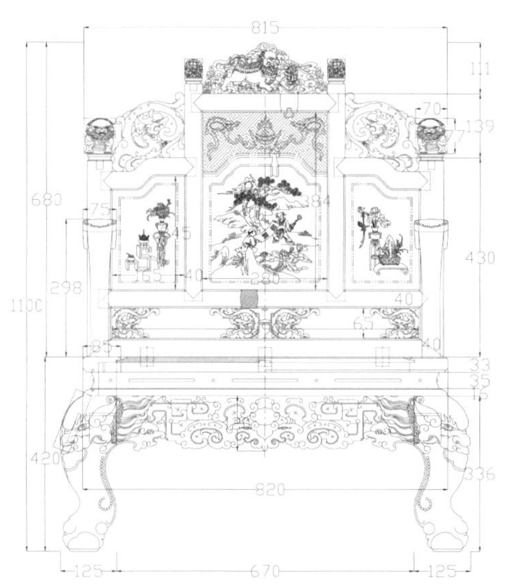

单人沙发－主视图

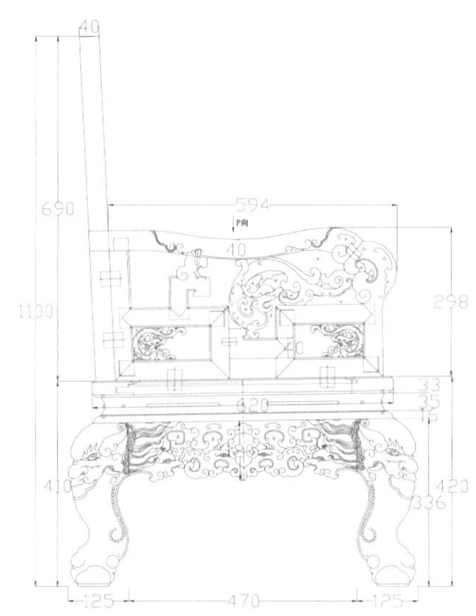

单人沙发－左视图

注：此十件套中三人沙发为 1 件，单人沙发为 4 件，茶几为 1 件，长方凳为 2 件，小几为 2 件。

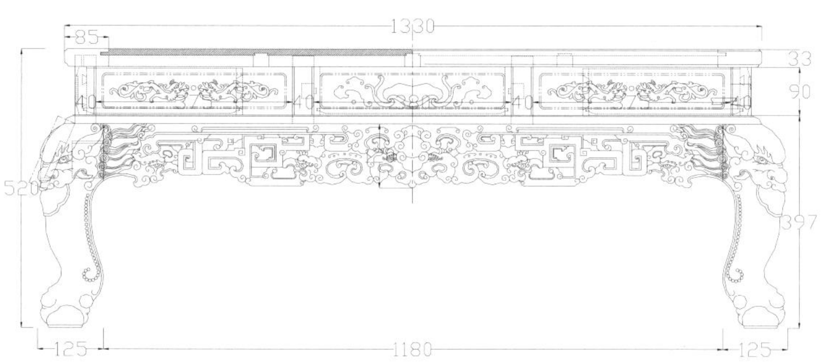

茶几－主视图

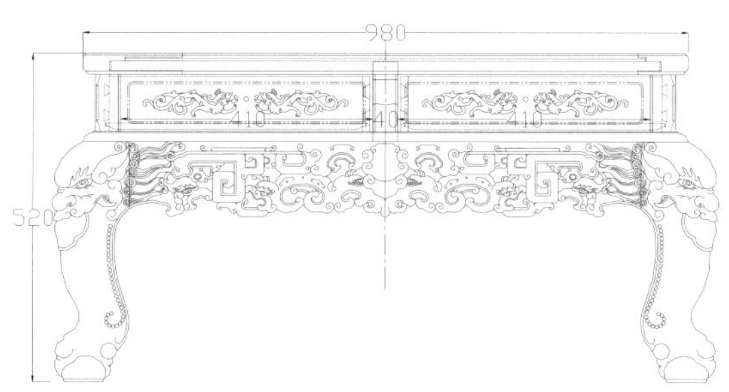

茶几－左视图

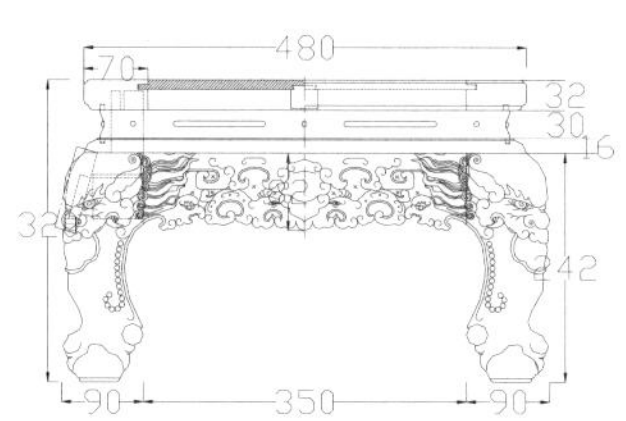

长方凳－主视图

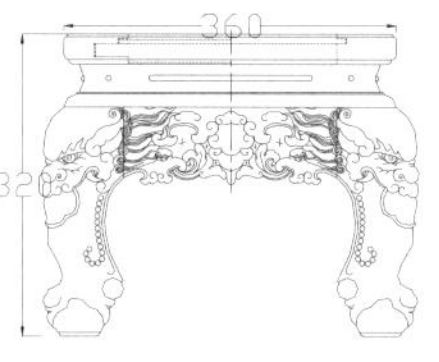

长方凳－左视图

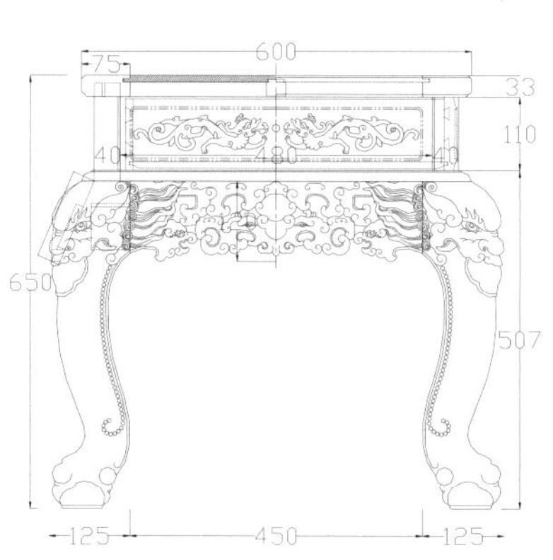

小几－主视图

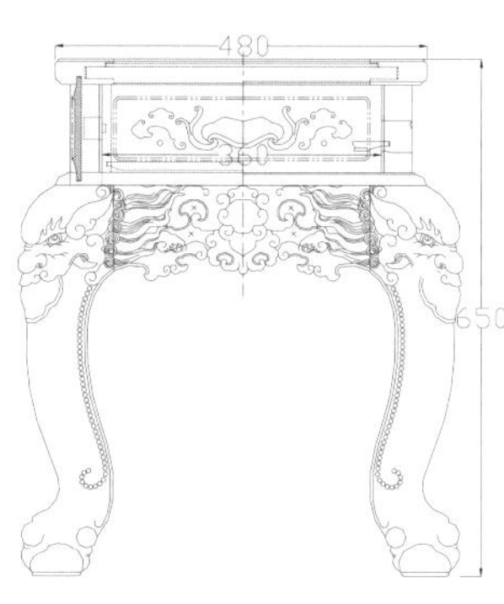

小几－左视图

图版清单（现代中式吉祥狮纹沙发十件套）：

三人沙发—主视图

单人沙发—主视图

单人沙发—左视图

茶几—主视图

茶几—左视图

长方凳—主视图

长方凳—左视图

小几—主视图

小几—左视图

现代中式婴戏图沙发十件套

材质：红酸枝

年款：现代

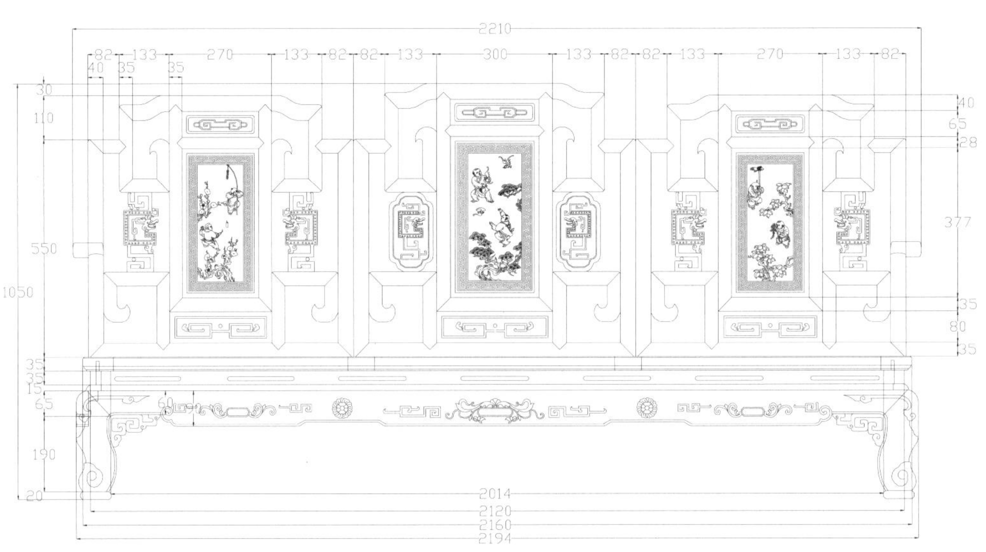

三人沙发－主视图

单人沙发－主视图

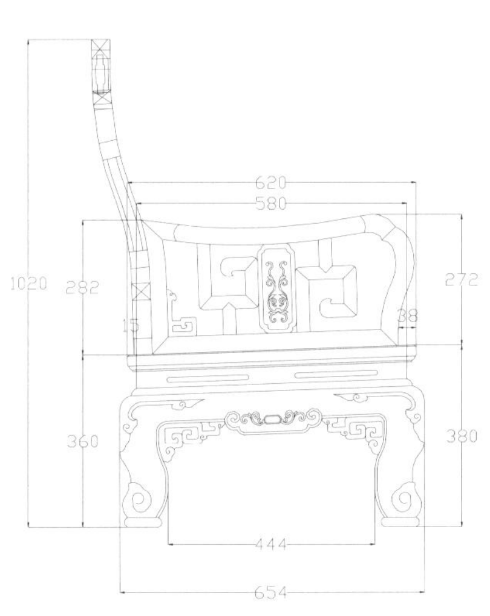

单人沙发－左视图

注：此十件套中三人沙发为 1 件，单人沙发为 4 件，茶几为 1 件，小几为 2 件，长方凳为 2 件。

茶几－主视图

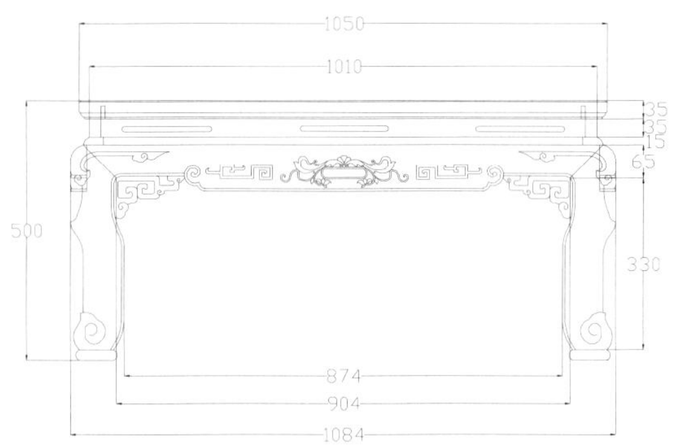

茶几－左视图

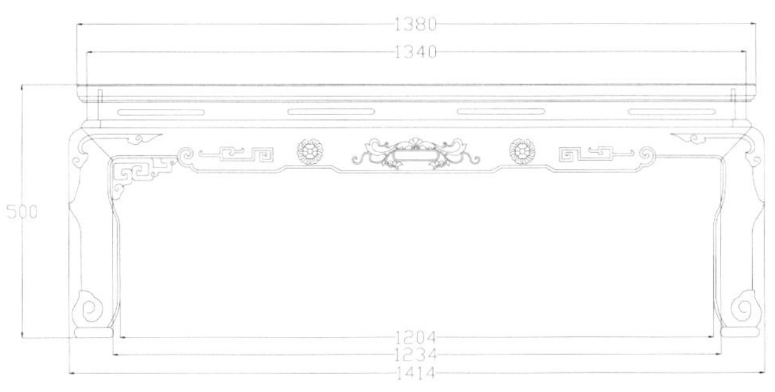

小几－主视图

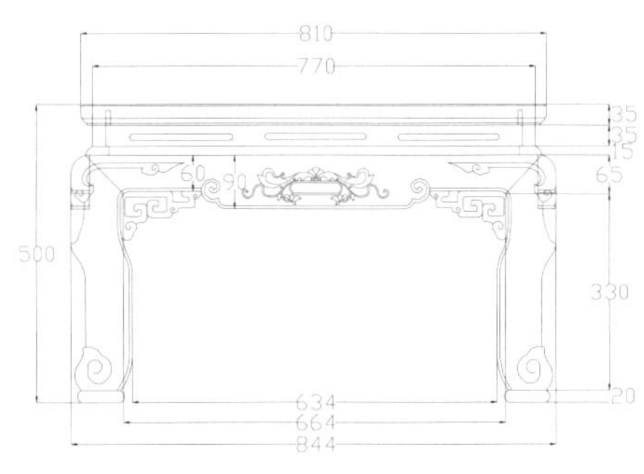

小几－左视图

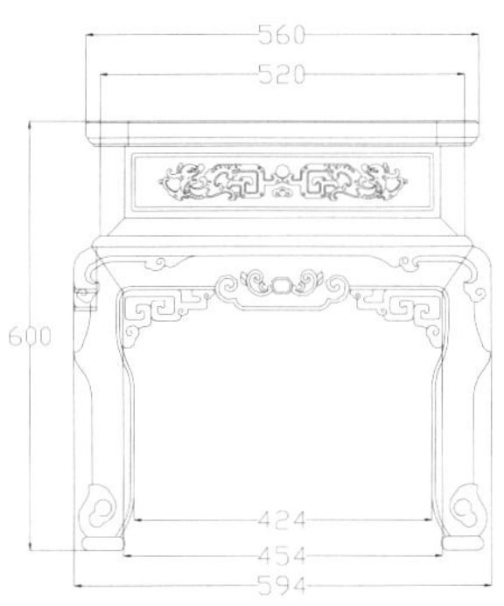

长方凳－主视图

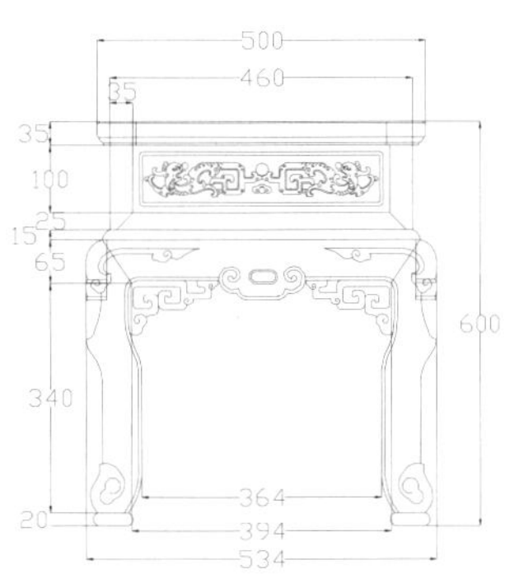

长方凳－左视图

图版清单（现代中式婴戏图沙发十件套）：

三人沙发—主视图
单人沙发—主视图
单人沙发—左视图
茶几—主视图
茶几—左视图
小几—主视图
小几—左视图
长方凳—主视图
长方凳—左视图

现代中式松鹤延年沙发十件套

材质：缅甸花梨

年款：现代

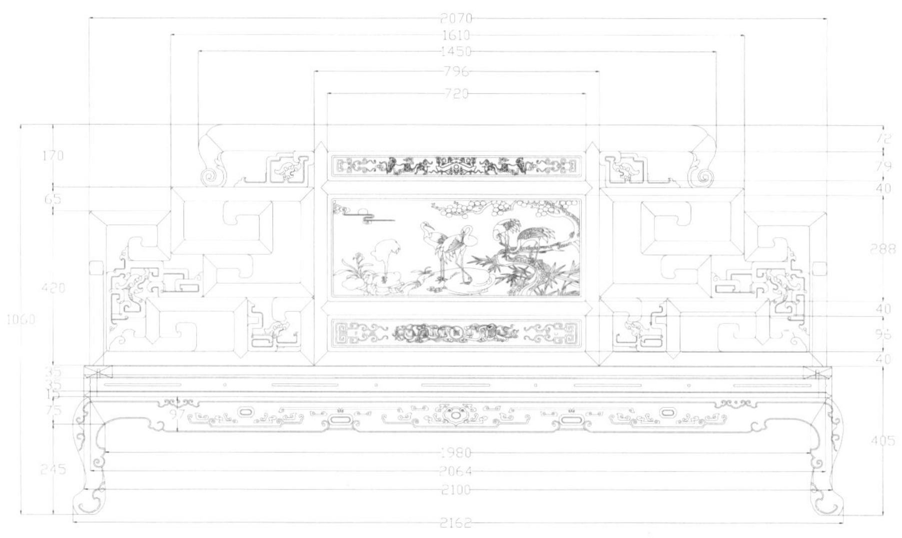

三人沙发－主视图

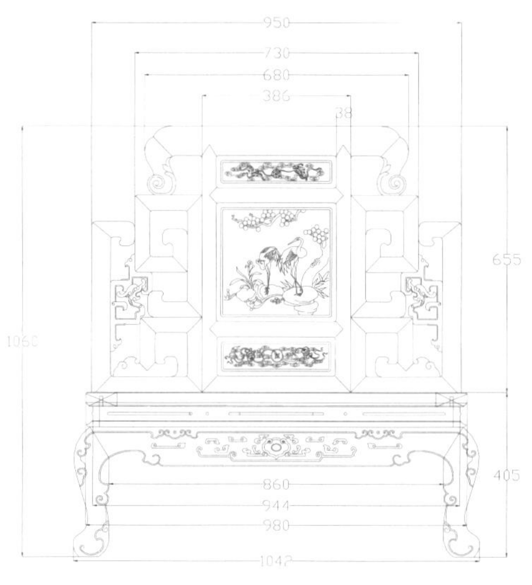

单人沙发－主视图

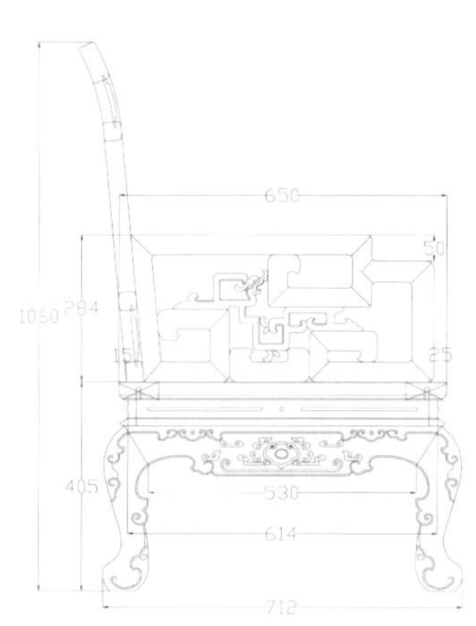

单人沙发－左视图

注：此十件套中三人沙发为 1 件，单人沙发为 4 件，茶几为 1 件，小几为 2 件，长方凳为 2 件。

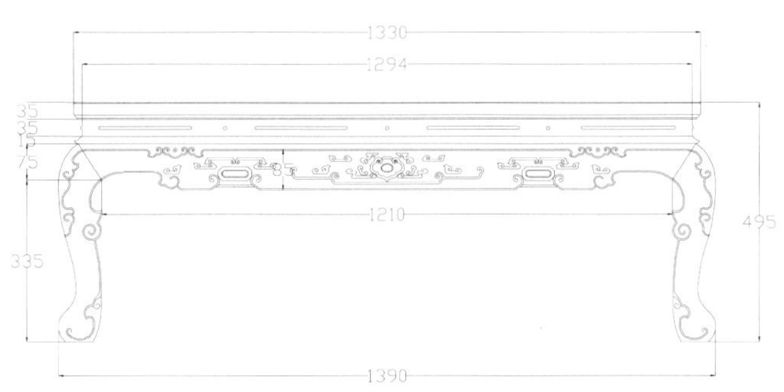

茶几－主视图

茶几－左视图

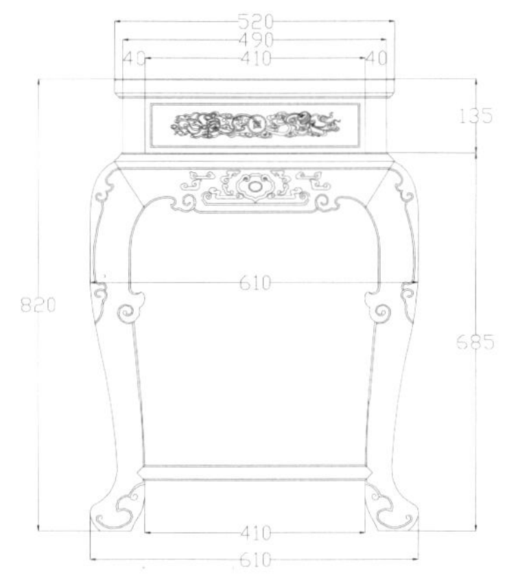

小几－主视图

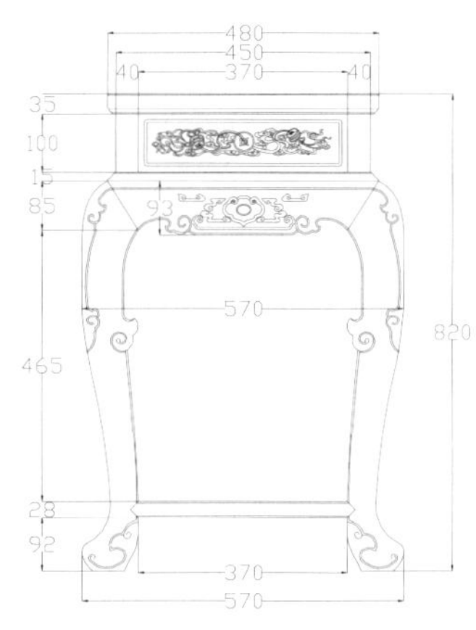

小几－左视图

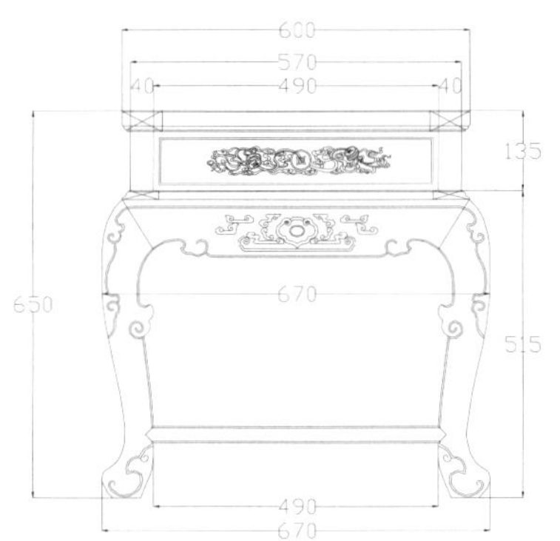

长方凳－主视图

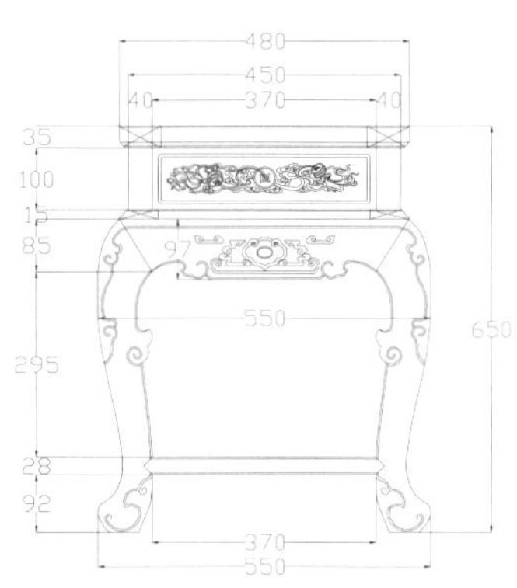

长方凳－左视图

图版清单（现代中式松鹤延年沙发十件套）：

三人沙发—主视图

单人沙发—主视图

单人沙发—左视图

茶几—主视图

茶几—左视图

小几—主视图

小几—左视图

长方凳—主视图

长方凳—左视图

现代中式岁朝图沙发十一件套

材质：红酸枝

年款：现代

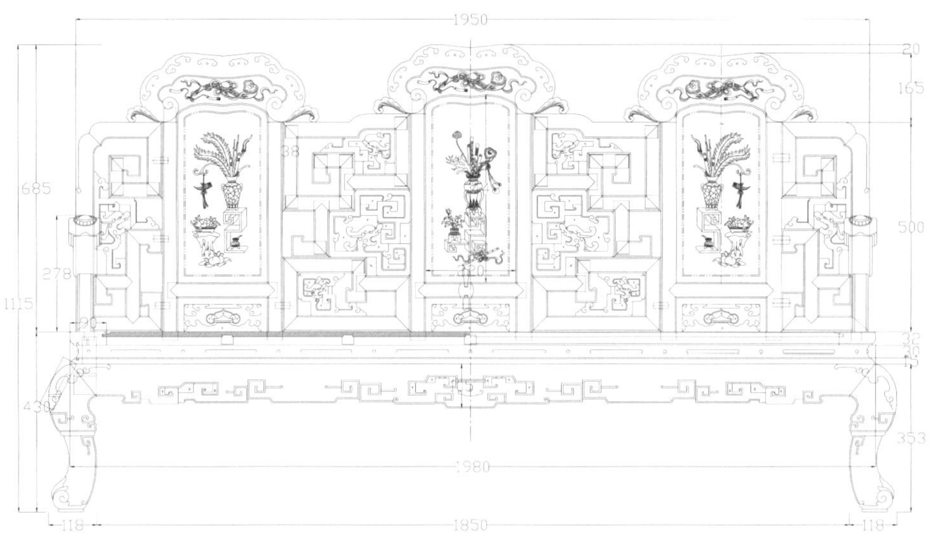

三人沙发－主视图

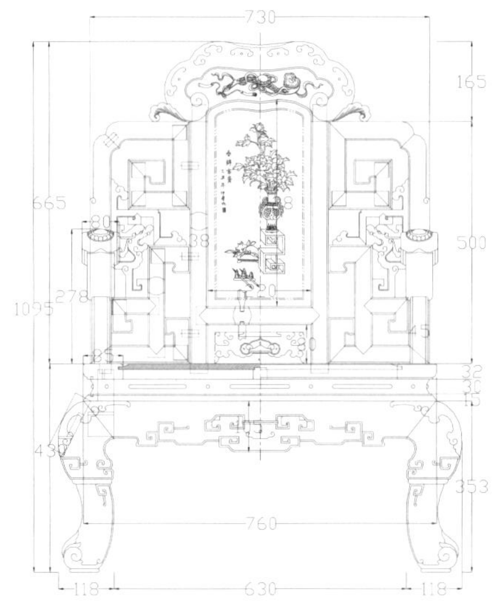

单人沙发－主视图

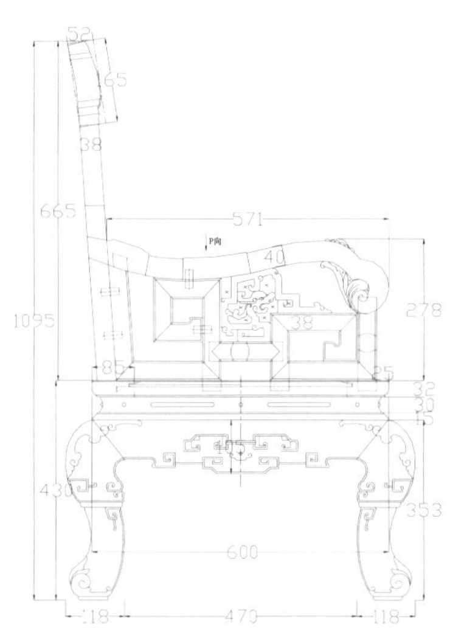

单人沙发－左视图

注：此十一件套中三人沙发为 1 件，单人沙发为 4 件，茶几为 1 件，长方凳为 2 件，小几为 2 件，炕桌为 1 件。

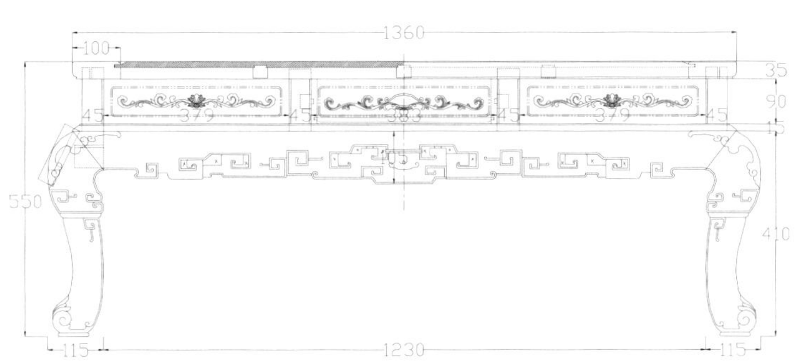

茶几－主视图

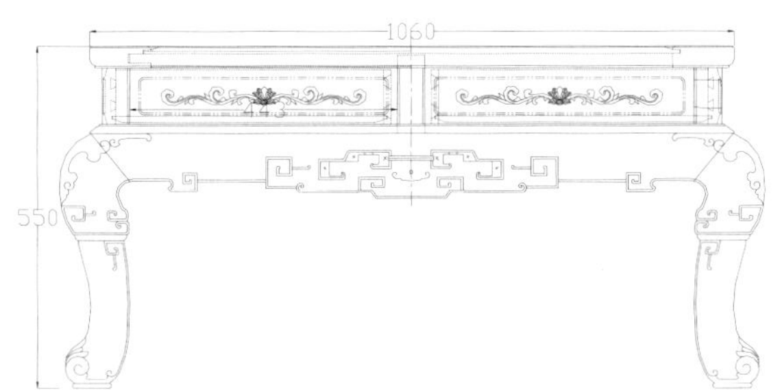

茶几－左视图

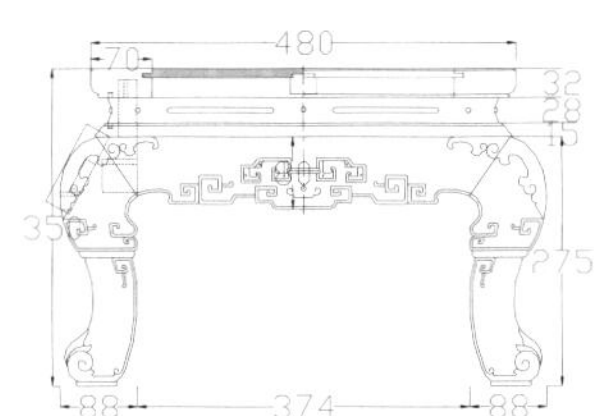

长方凳－主视图

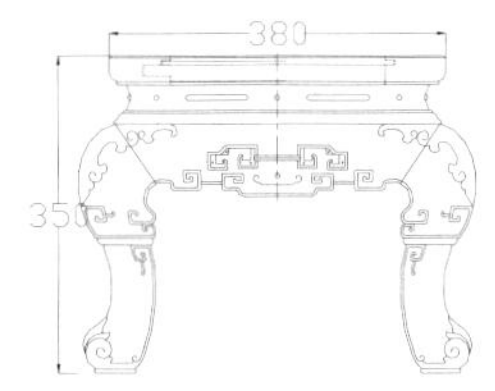

长方凳－左视图

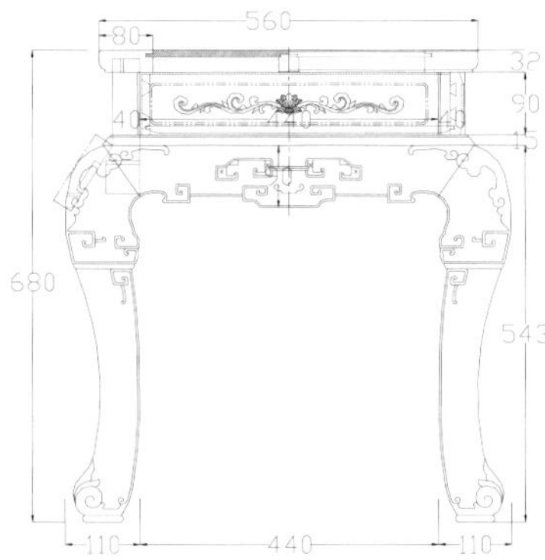

小几－主视图

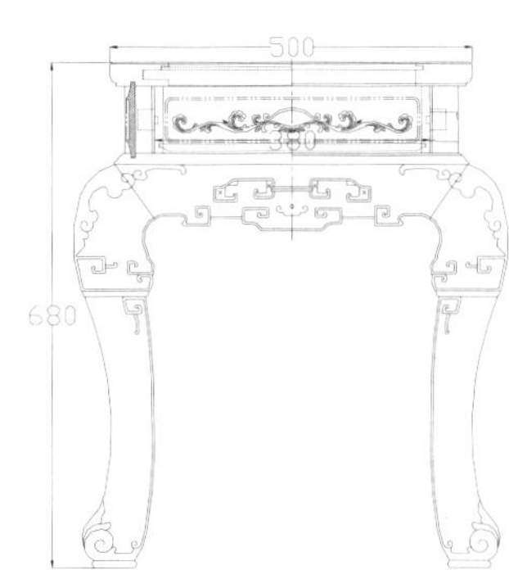

小几－左视图

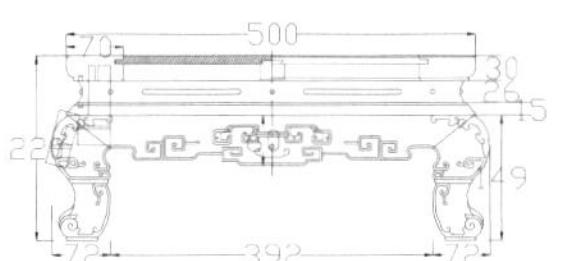

炕桌－主视图

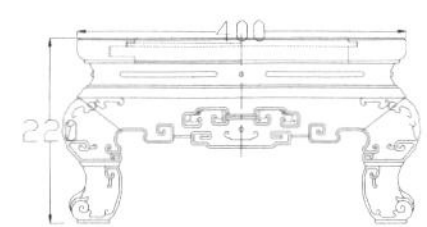

炕桌－左视图

图版清单（现代中式岁朝图沙发十一件套）：

三人沙发—主视图
单人沙发—主视图
单人沙发—左视图
茶几—主视图
茶几—左视图
长方凳—主视图
长方凳—左视图
小几—主视图
小几—左视图
炕桌—主视图
炕桌—左视图

现代中式云龙纹沙发十一件套

材质：红酸枝

年款：现代

三人沙发－主视图

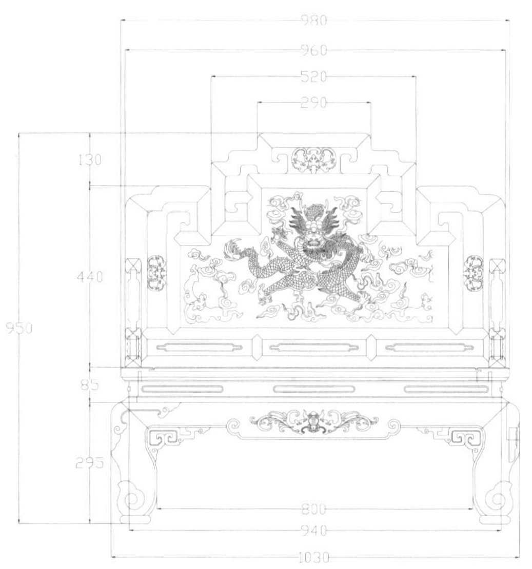

单人沙发－主视图

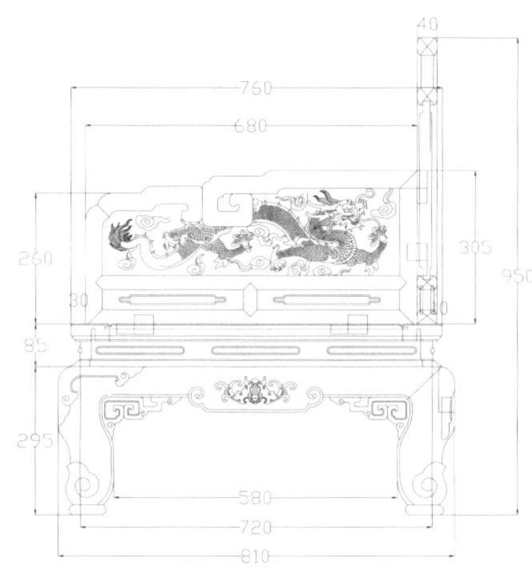

单人沙发－右视图

注：此十一件套中三人沙发为 1 件，单人沙发为 4 件，茶几为 1 件，香几为 2 件，炕桌为 1 件，长方凳为 2 件。

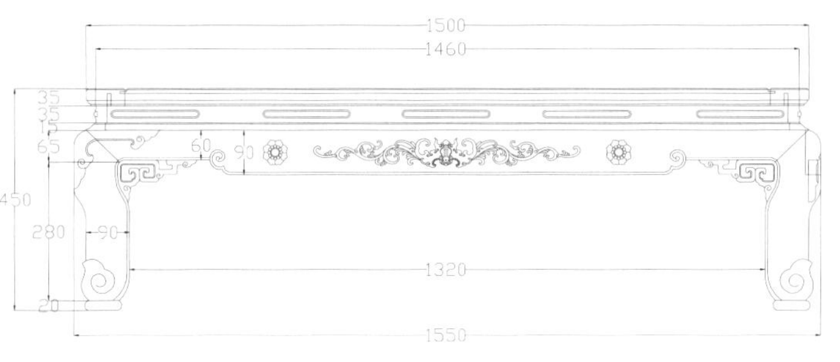

茶几－主视图

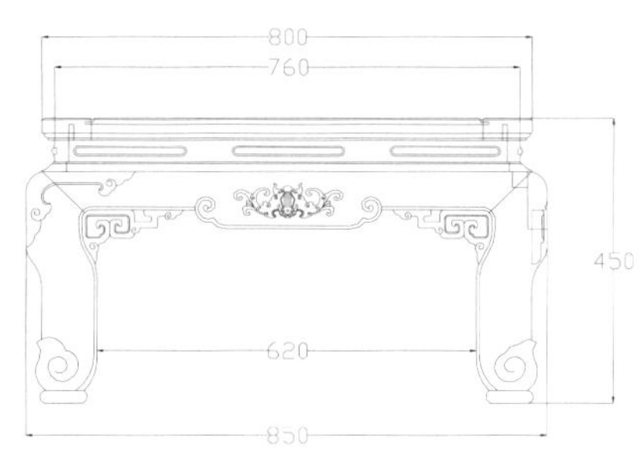

茶几－左视图

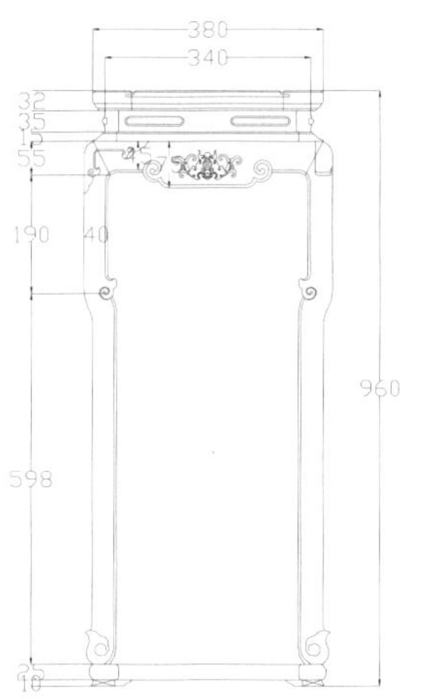

香几－主视图

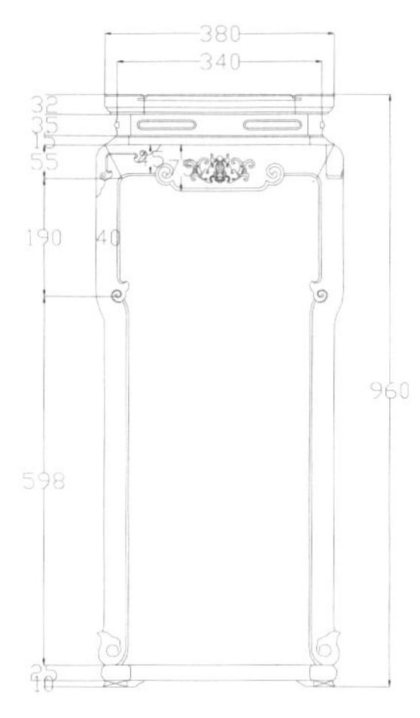

香几－左视图

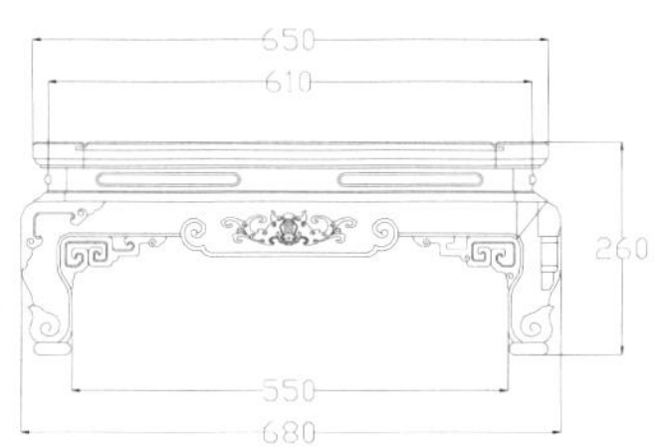

炕桌－主视图

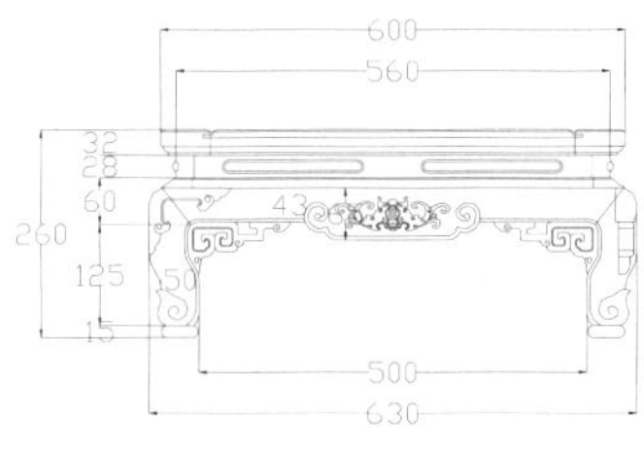

炕桌－左视图

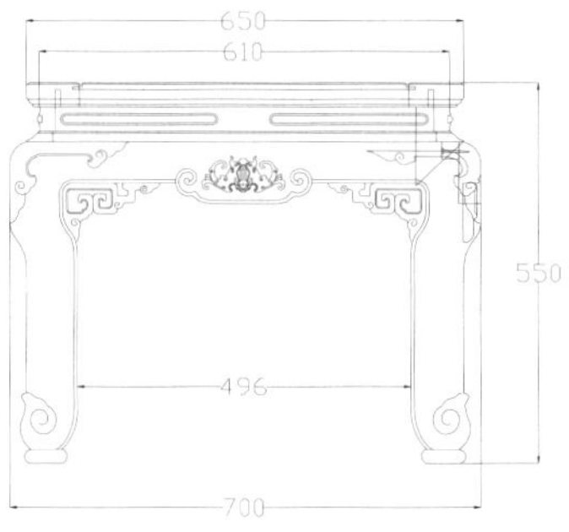

长方凳－主视图

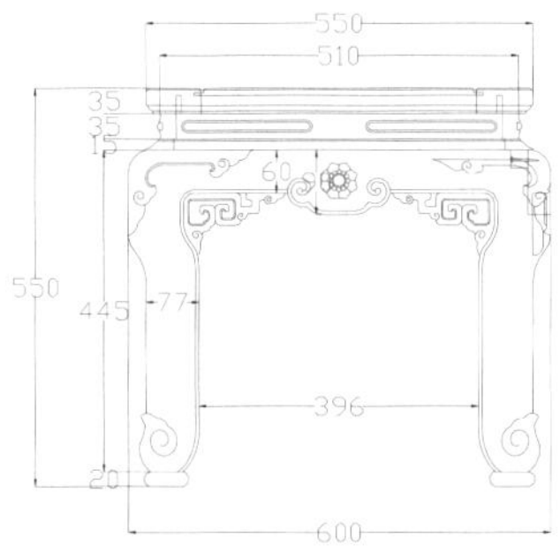

长方凳－左视图

图版清单（现代中式云龙纹沙发十一件套）：

三人沙发－主视图
单人沙发－主视图
单人沙发－右视图
茶几－主视图
茶几－左视图
香几－主视图
香几－左视图
炕桌－主视图
炕桌－左视图
长方凳－主视图
长方凳－左视图

现代中式竹节竹叶纹沙发十一件套

材质：缅甸花梨

年款：现代

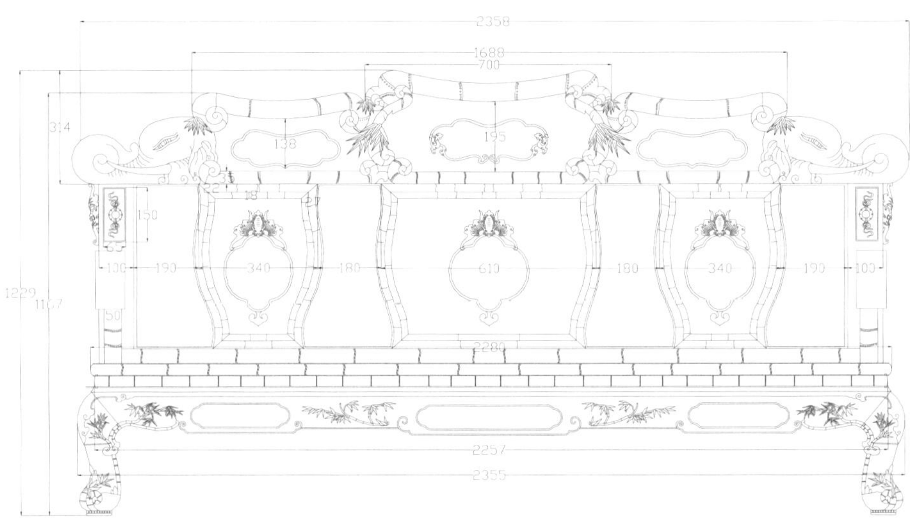

三人沙发－主视图

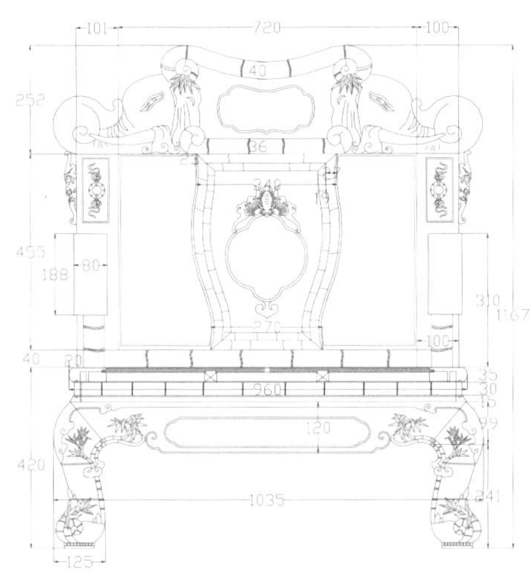

单人沙发－主视图

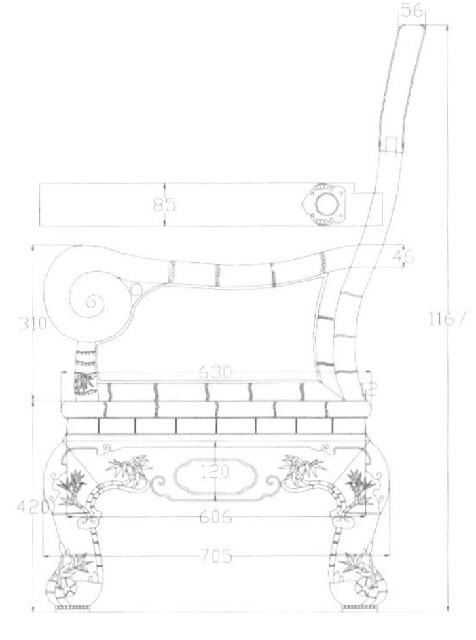

单人沙发－右视图

注：此十一件套中三人沙发为 1 件，单人沙发为 4 件，茶几为 1 件，炕桌为 1 件，小几为 2 件，方凳为 2 件。

茶几－主视图

茶几－左视图

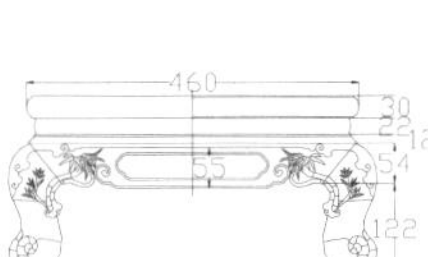

炕桌－主视图

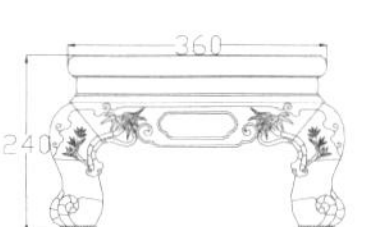

炕桌－左视图

小几－主视图

小几－左视图

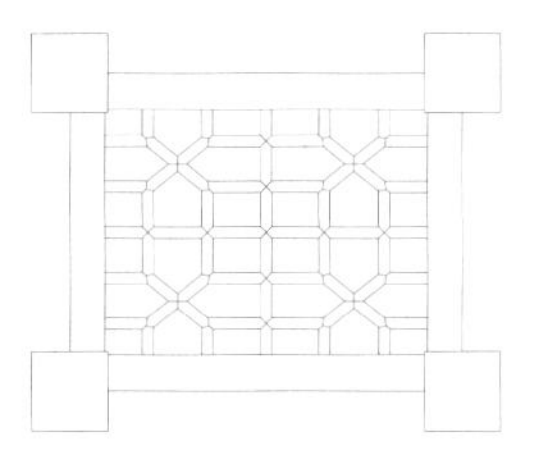

小几－剖视图（屉板）

图版清单（现代中式竹节竹叶纹沙发十一件套）：

三人沙发—主视图

单人沙发—主视图

单人沙发—右视图

茶几—主视图

茶几—左视图

炕桌—主视图

炕桌—左视图

小几—主视图

小几—左视图

小几—剖视图（屉板）

方凳—主视图

方凳—剖视图（屉板）

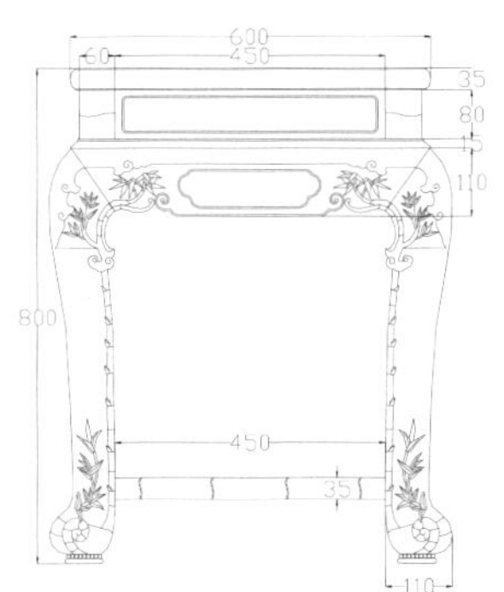

方凳－主视图

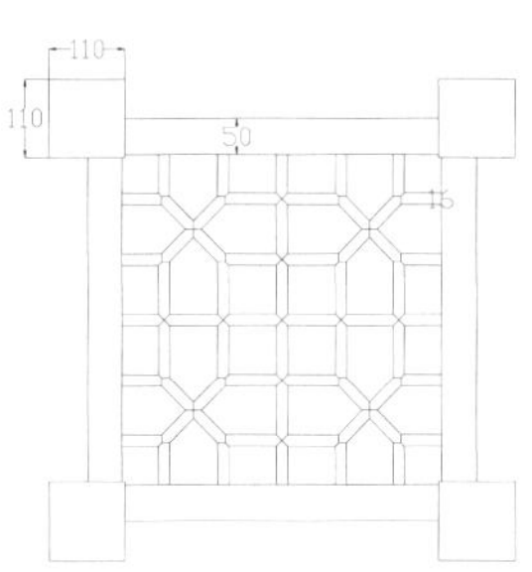

方凳－剖视图（屉板）

现代中式螭龙纹沙发十一件套

材质：缅甸花梨

年款：现代

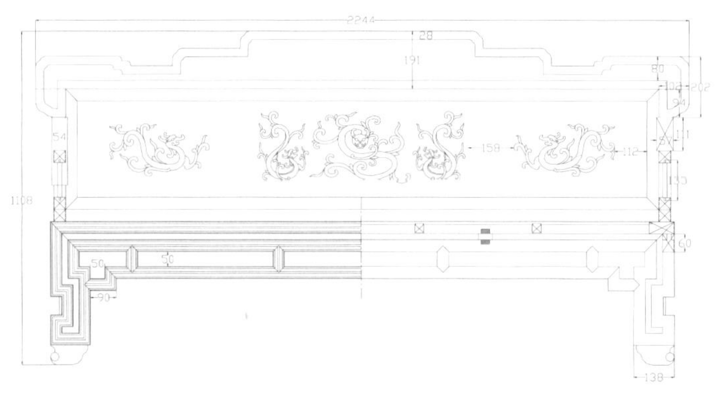

三人沙发－主视图

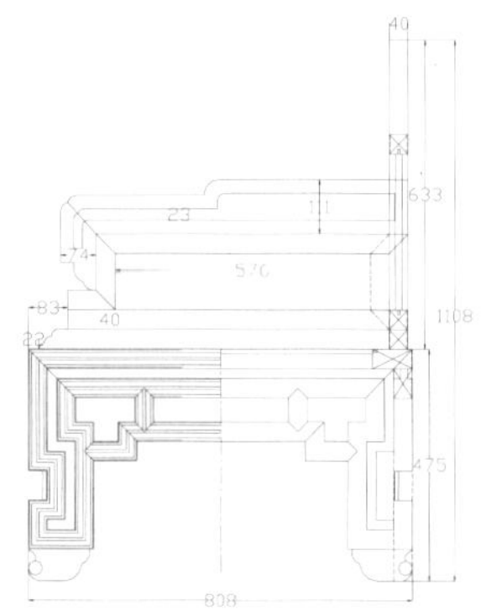

三人沙发－右视图

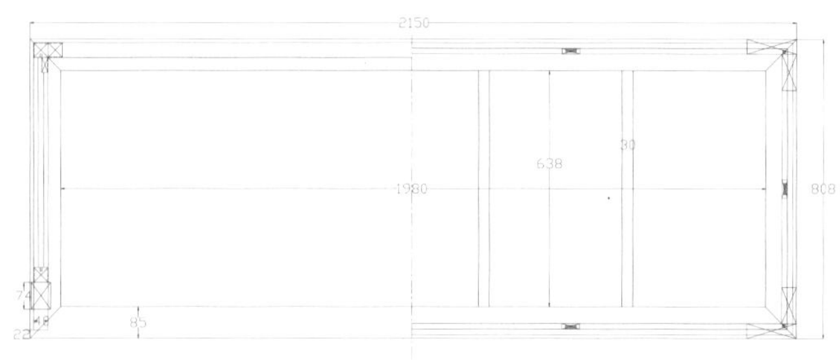

三人沙发－剖视图（座面）

注：此十一件套中三人沙发为 1 件，单人沙发为 4 件，方凳为 2 件，小几为 2 件，茶几为 1 件，脚踏为 1 件。

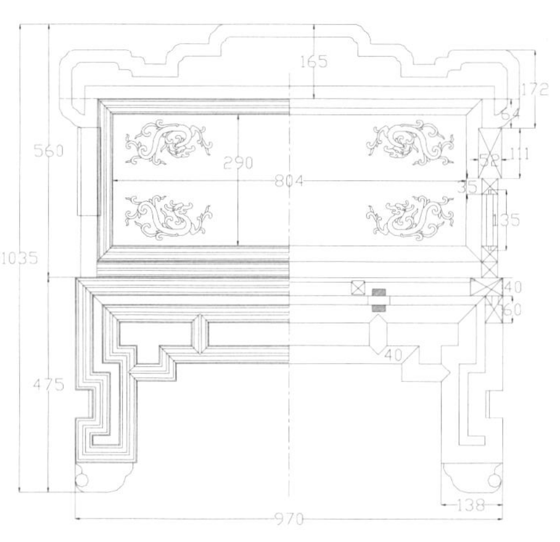

单人沙发－主视图

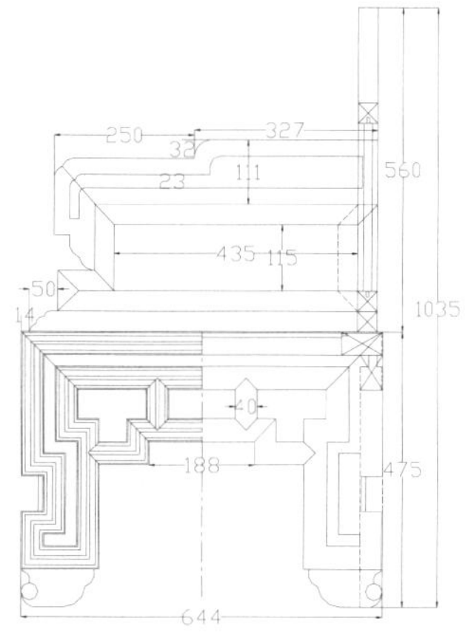

单人沙发－右视图

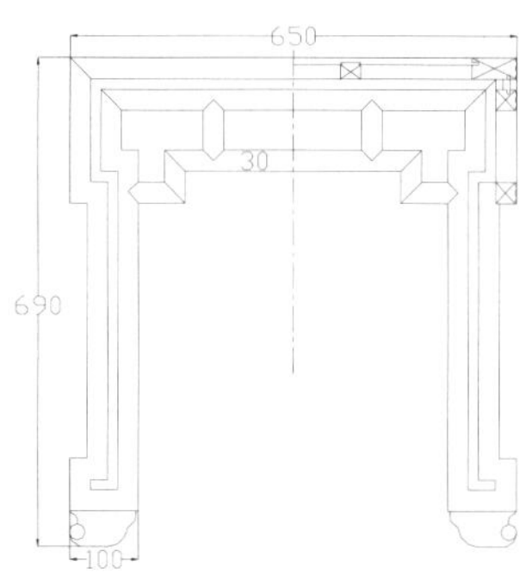

方凳－主视图

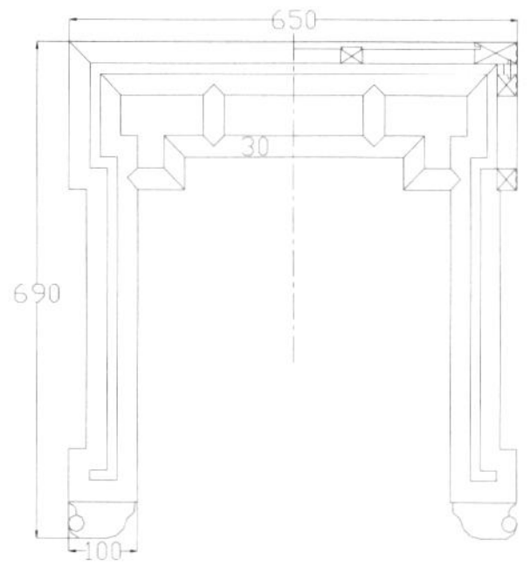

方凳－左视图

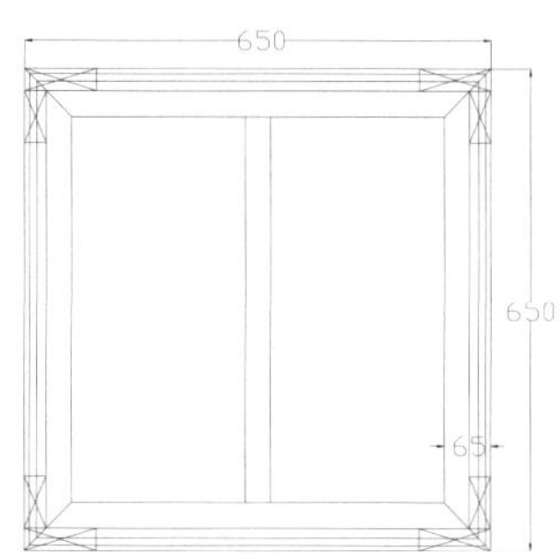

方凳－俯视图

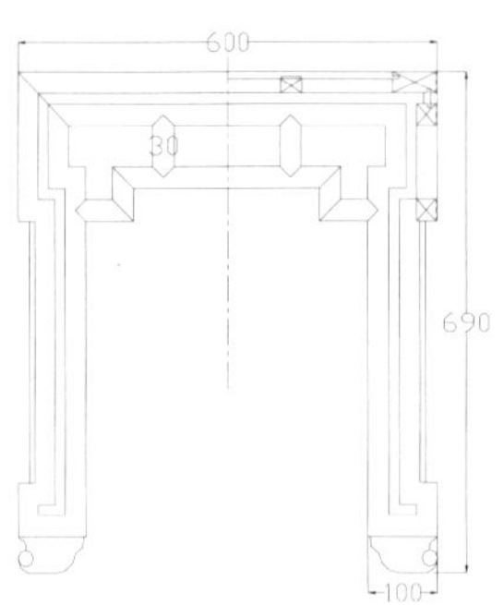

小几－主视图

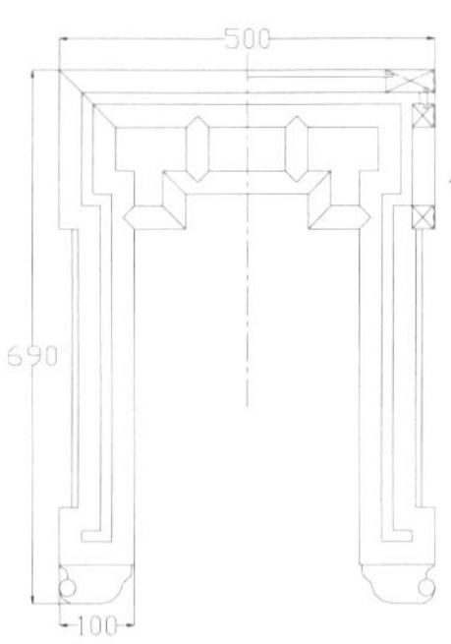

小几－左视图

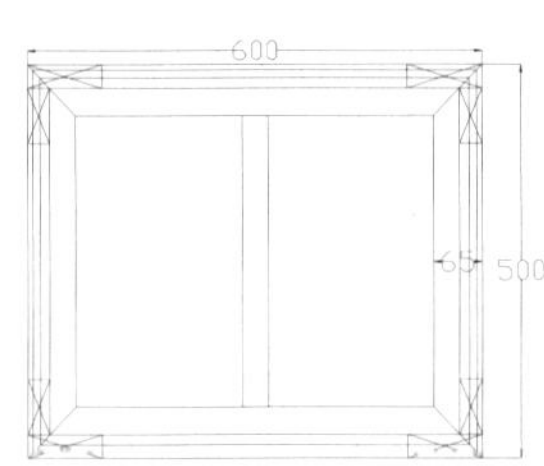

小几－俯视图

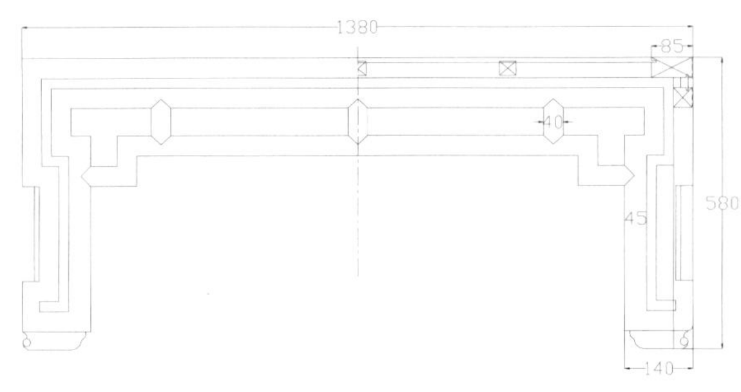

茶几－主视图

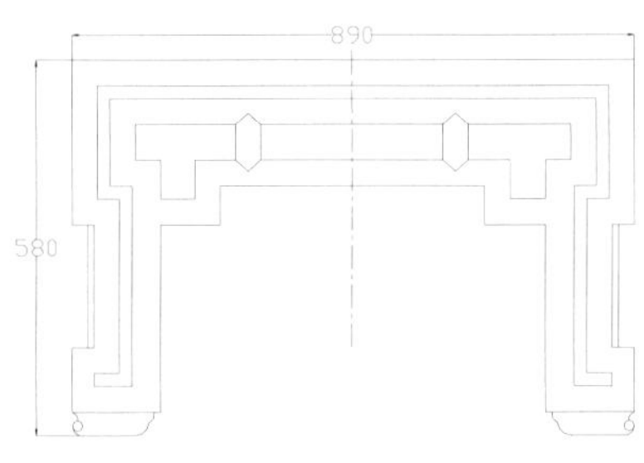

茶几－左视图

图版清单（现代中式螭龙纹沙发十一件套）：

三人沙发—主视图
三人沙发—右视图
三人沙发—剖视图（座面）
单人沙发—主视图
单人沙发—右视图
方凳—主视图
方凳—左视图
方凳—俯视图
小几—主视图
小几—左视图
小几—俯视图
茶几—主视图
茶几—左视图
脚踏—主视图
脚踏—左视图

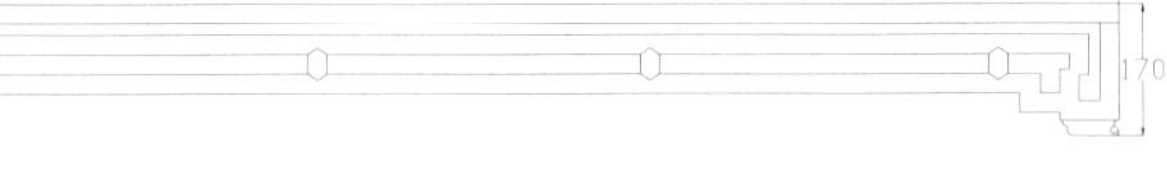

脚踏－主视图

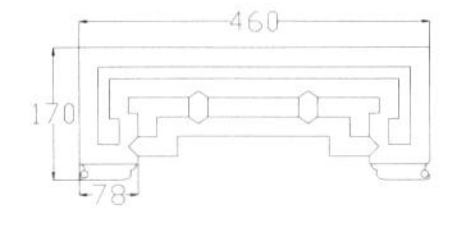

脚踏－左视图

现代中式四季花卉沙发十一件套

材质：缅甸花梨

年款：现代

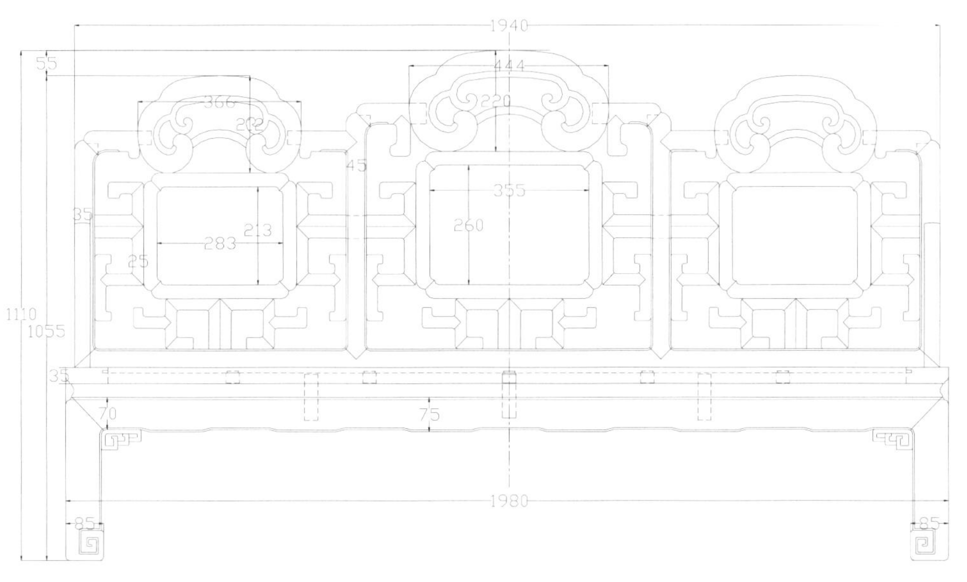

三人沙发－主视图

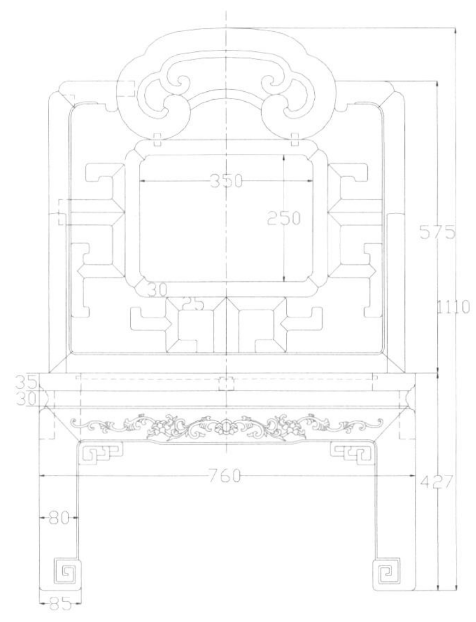

单人沙发－主视图

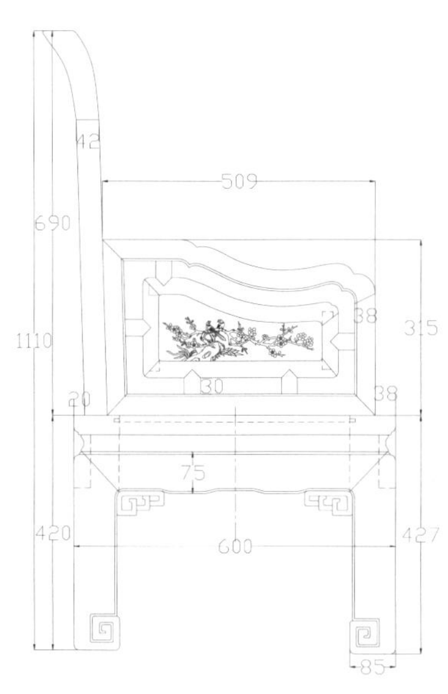

单人沙发－左视图

注：此十一件套中三人沙发为 1 件，单人沙发为 4 件，茶几为 1 件，小几为 2 件，长方凳为 2 件，炕桌为 1 件。

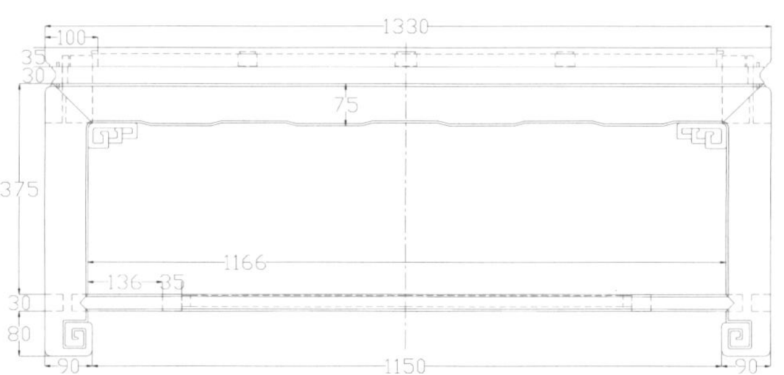

茶几－主视图

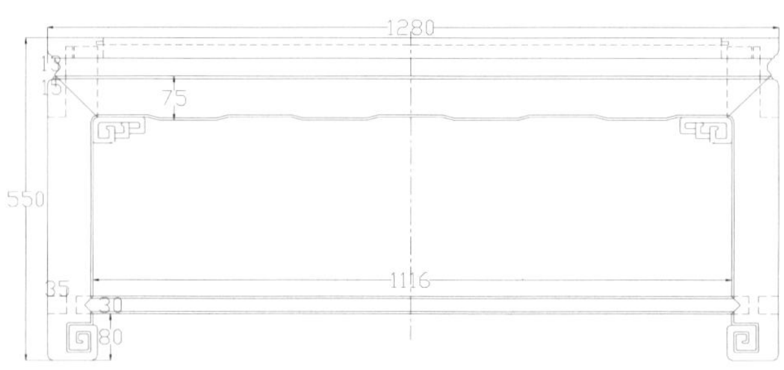

茶几－左视图

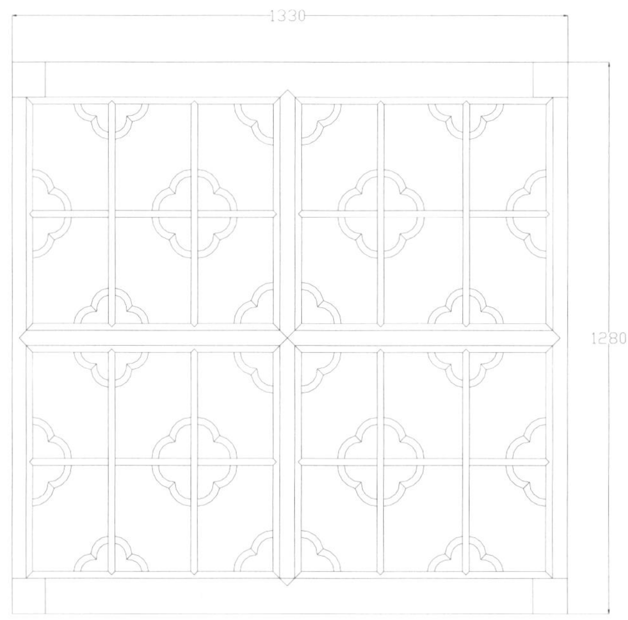

茶几－俯视图

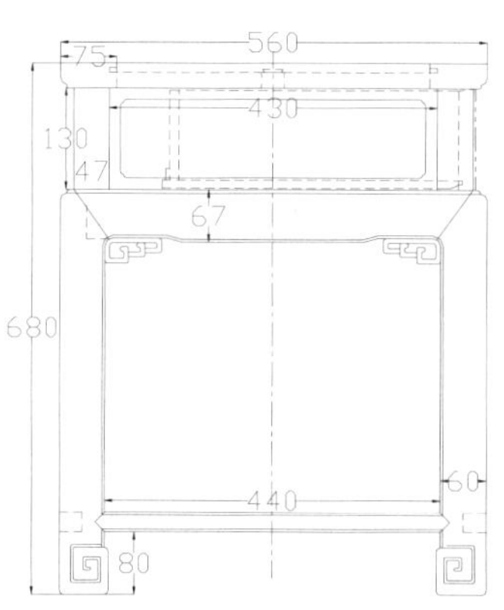

小几－主视图

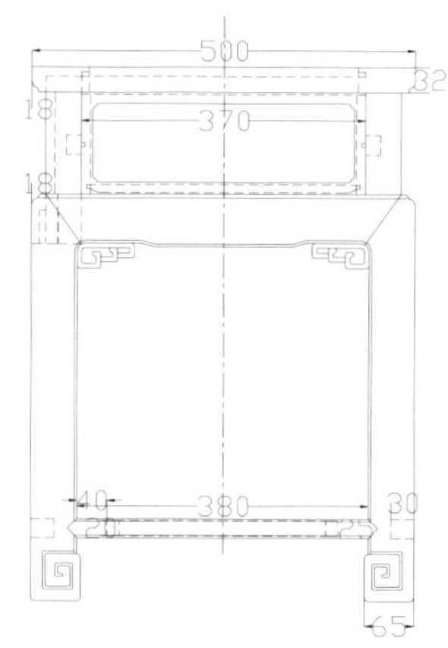

小几－左视图

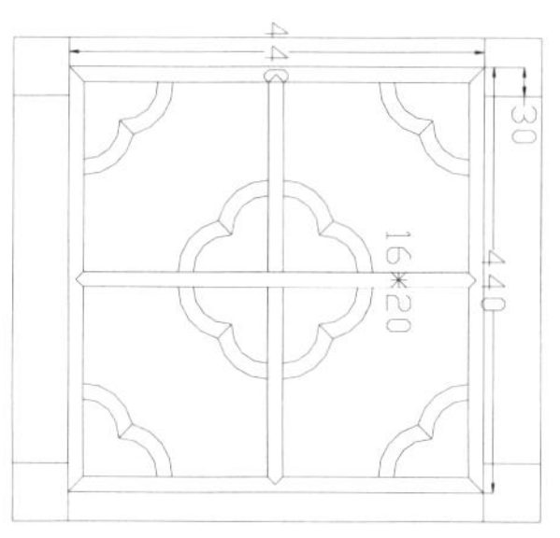

小几－俯视图

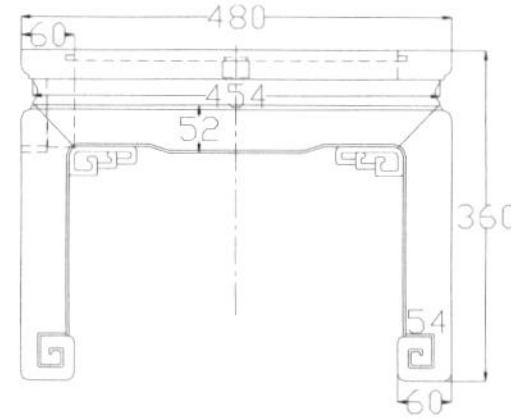

长方凳－主视图

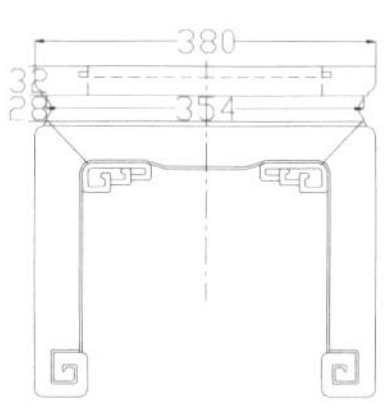

长方凳－左视图

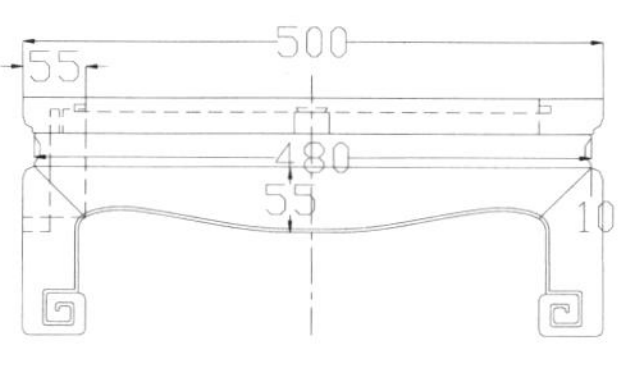

炕桌－主视图

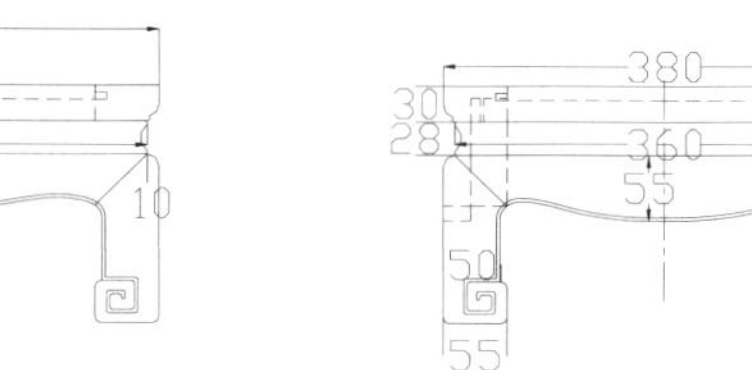

炕桌－左视图

图版清单（现代中式四季花卉沙发十一件套）：

三人沙发—主视图
单人沙发—主视图
单人沙发—左视图
茶几—主视图
茶几—左视图
茶几—俯视图
小几—主视图
小几—左视图
小几—俯视图
长方凳—主视图
长方凳—左视图
炕桌—主视图
炕桌—左视图

现代中式狮纹沙发十一件套

材质：白酸枝

年款：现代

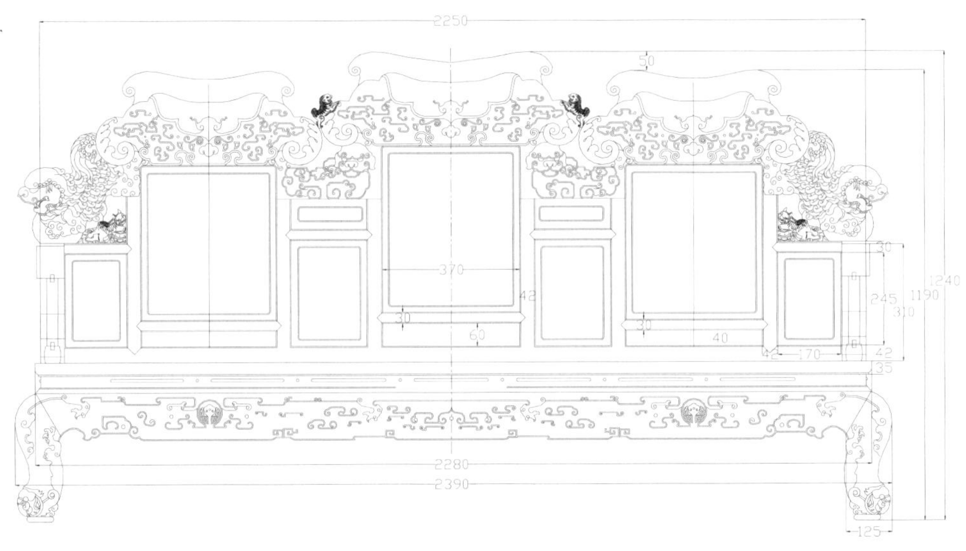

三人沙发－主视图

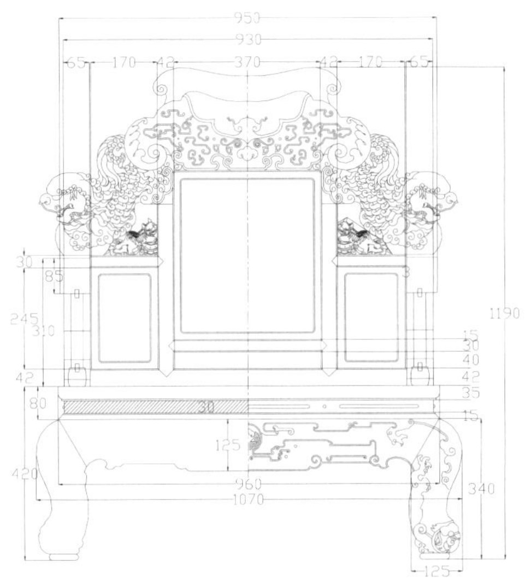

单人沙发－主视图

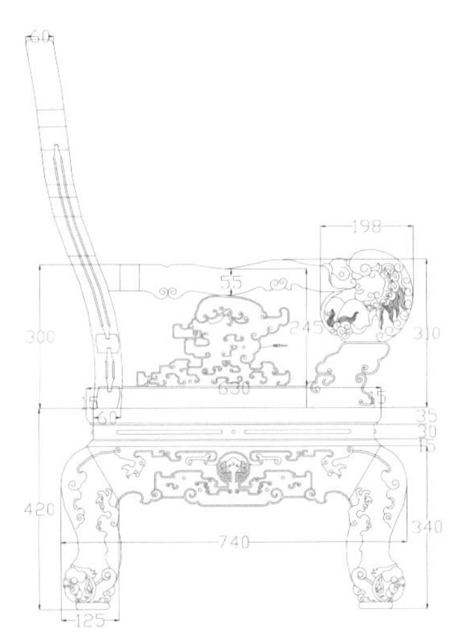

单人沙发－左视图

注：此十一件套中三人沙发为 1 件，单人沙发为 4 件，茶几为 1 件，炕桌为 1 件，小几为 2 件，长方凳为 2 件。

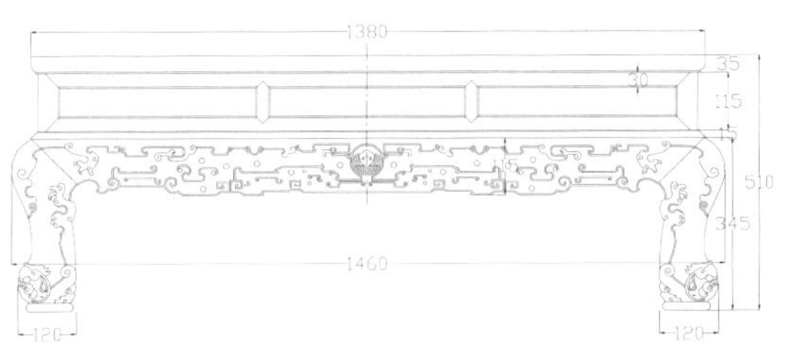

茶几－主视图

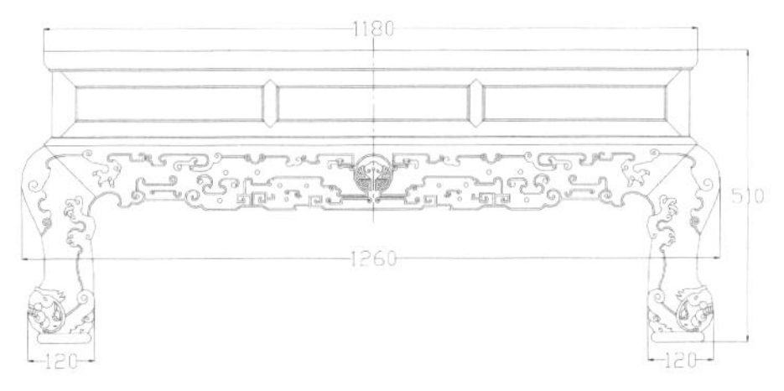

茶几－左视图

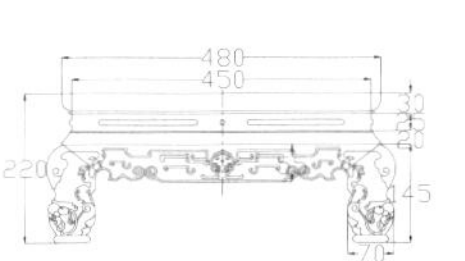

炕桌－主视图

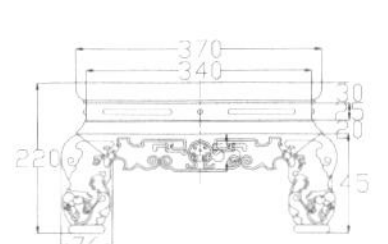

炕桌－左视图

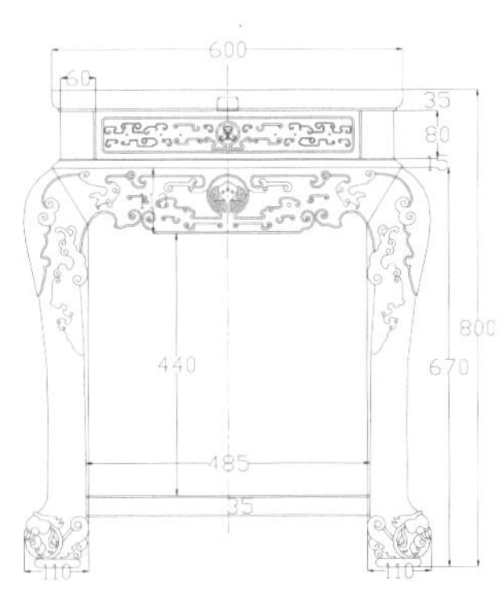

小几－主视图

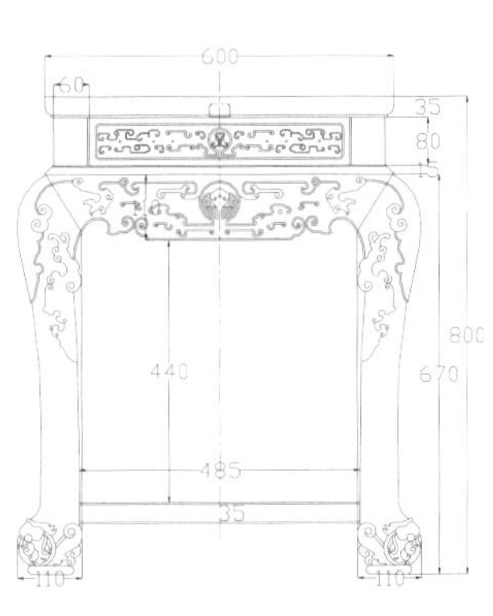

小几－左视图

图版清单（现代中式狮纹沙发十一件套）：

三人沙发—主视图
单人沙发—主视图
单人沙发—左视图
茶几—主视图
茶几—左视图
炕桌—主视图
炕桌—左视图
小几—主视图
小几—左视图
长方凳—主视图
长方凳—左视图
长方凳—剖视图（屉板）

长方凳－主视图

长方凳－左视图

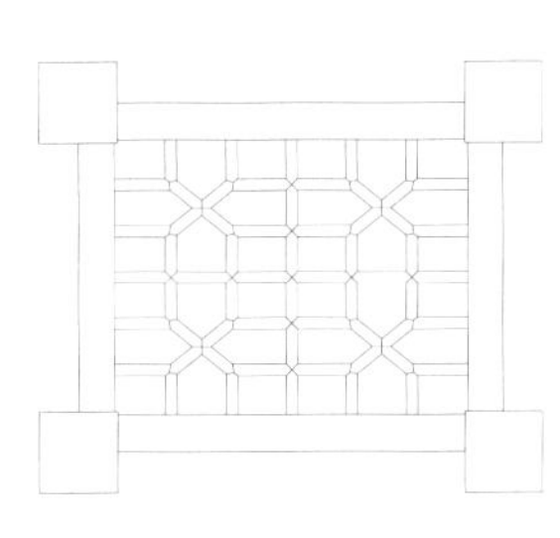

长方凳－剖视图（屉板）

现代中式双龙戏珠沙发十一件套

材质：缅甸花梨

年款：现代

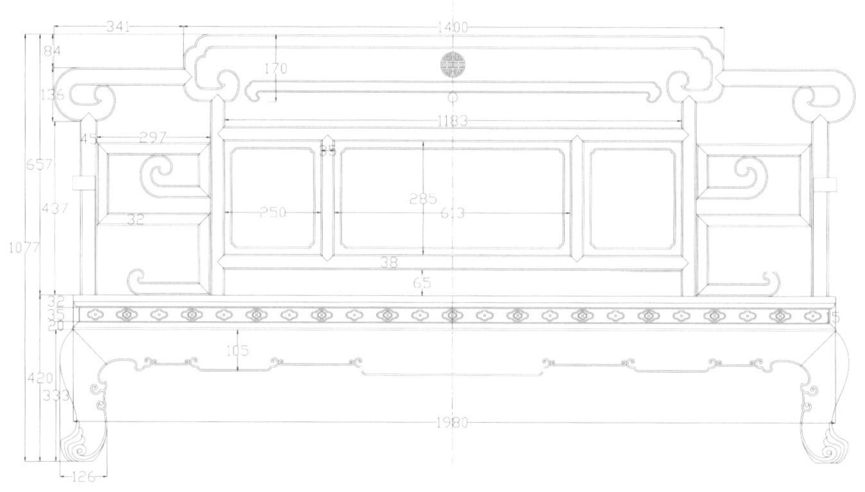

三人沙发－主视图

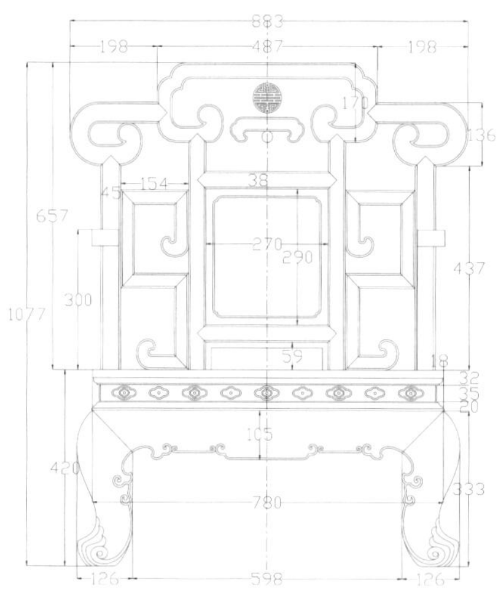

单人沙发－主视图

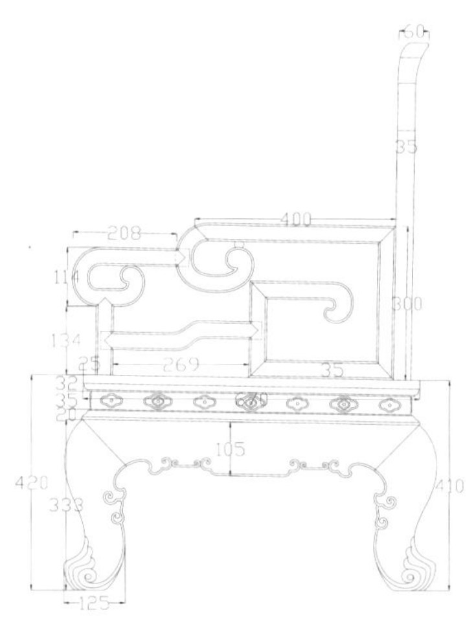

单人沙发－右视图

注：此十一件套中三人沙发为 1 件，单人沙发为 4 件，茶几为 1 件，炕桌为 1 件，长方凳为 2 件，小几为 2 件。

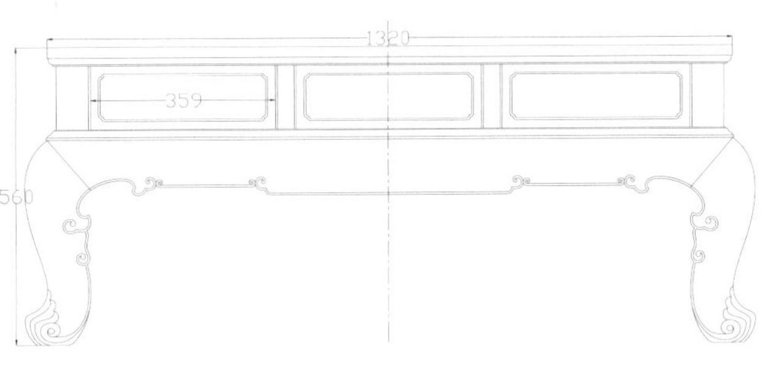

茶几－主视图

茶几－左视图

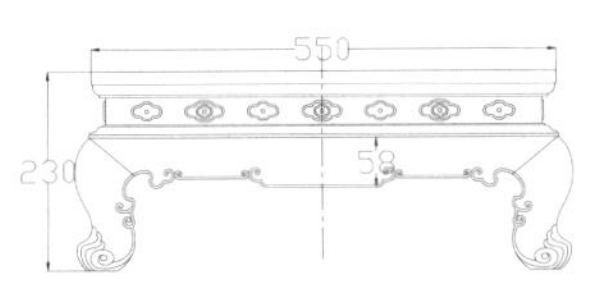

炕桌－主视图

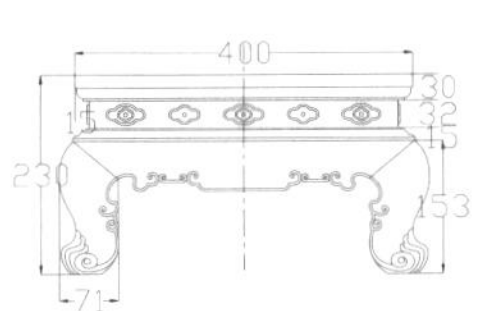

炕桌－左视图

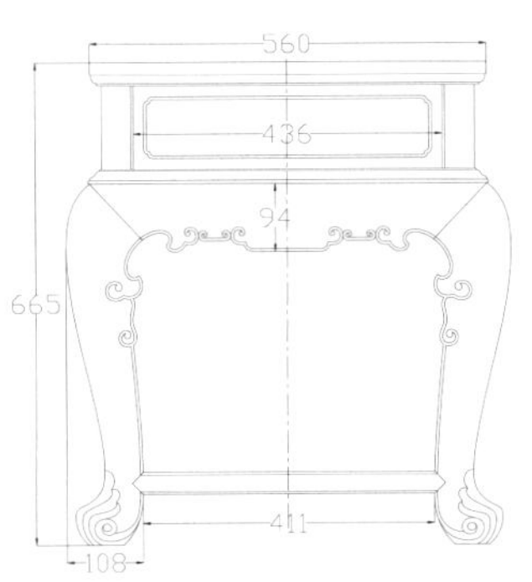

长方凳－主视图

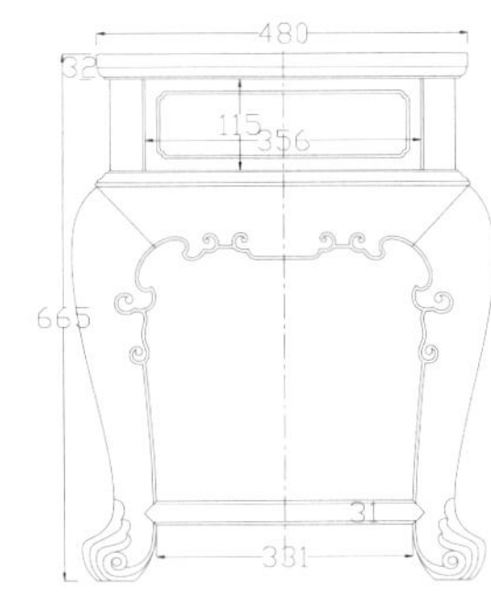

长方凳－左视图

图版清单（现代中式双龙戏珠沙发十一件套）：

三人沙发—主视图
单人沙发—主视图
单人沙发—右视图
茶几—主视图
茶几—左视图
炕桌—主视图
炕桌—左视图
长方凳—主视图
长方凳—左视图
小几—主视图
小几—左视图

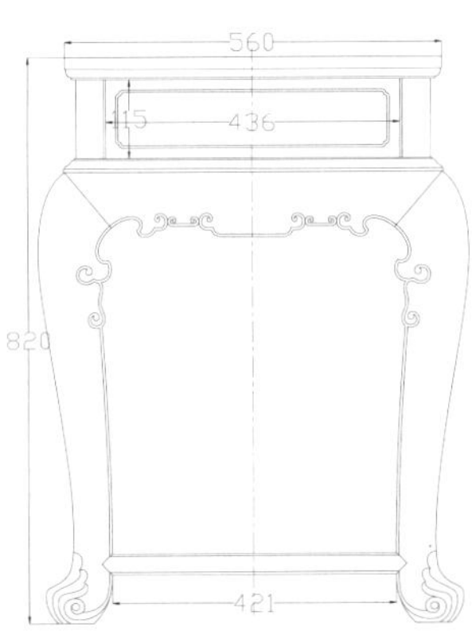

小几－主视图

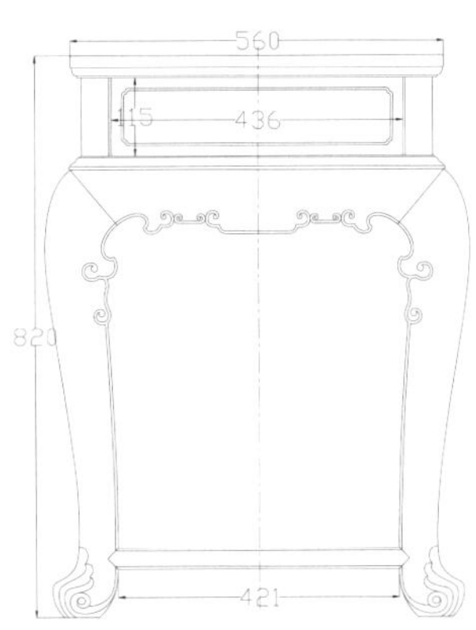

小几－左视图

现代中式吉祥沙发十一件套

材质：缅甸花梨

年款：现代

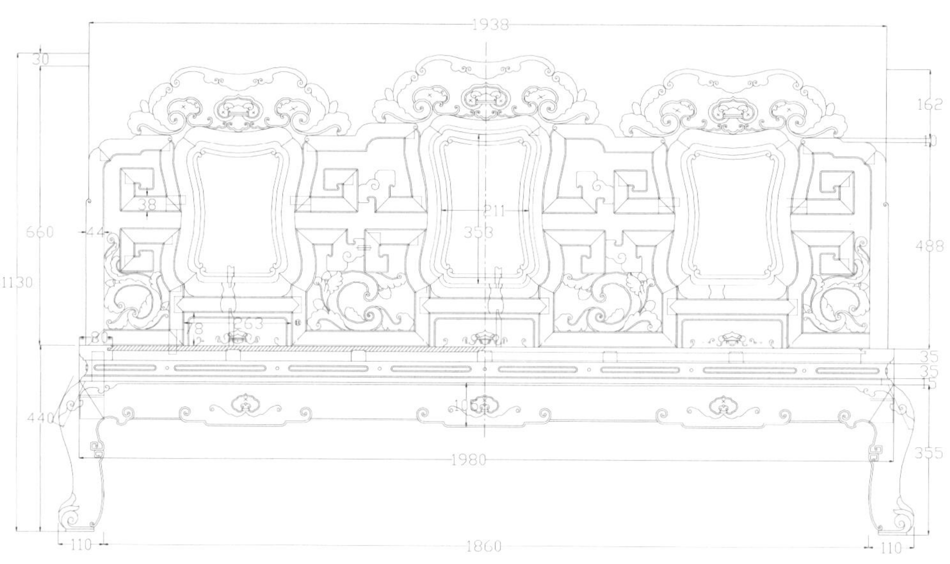

三人沙发－主视图

单人沙发－主视图

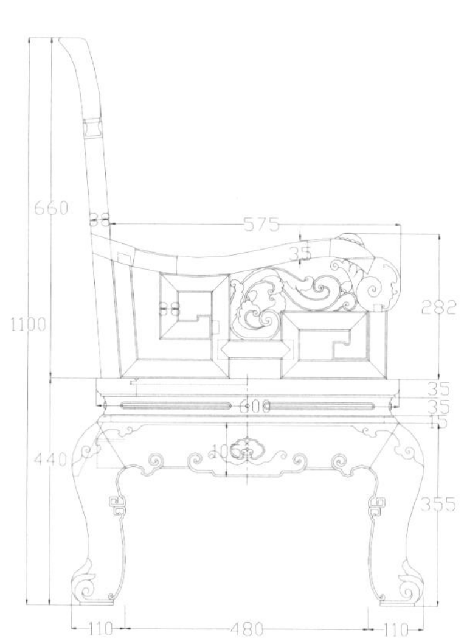

单人沙发－左视图

注：此十一件套中三人沙发为 1 件，单人沙发为 4 件，茶几为 1 件，炕桌为 1 件，小几为 2 件，长方凳为 2 件；另部分视图采用轴对称画法，省略了对称部分。

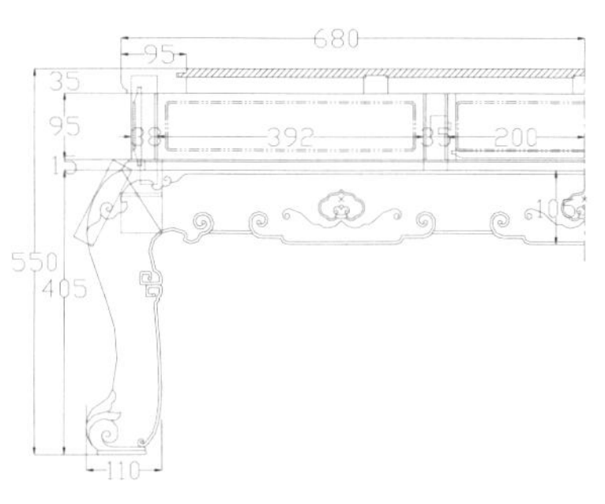

茶几－主视图

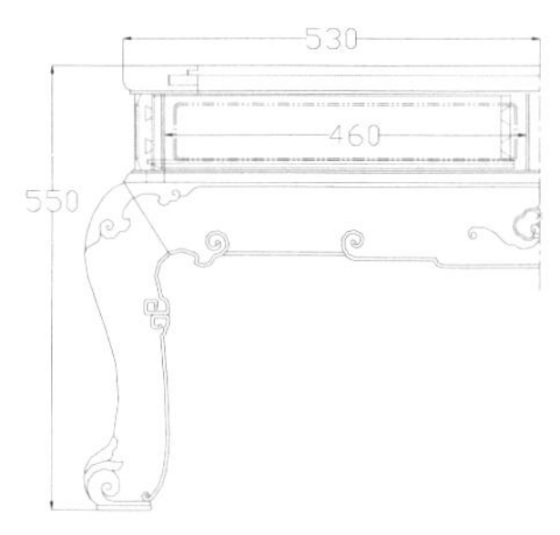

茶几－左视图

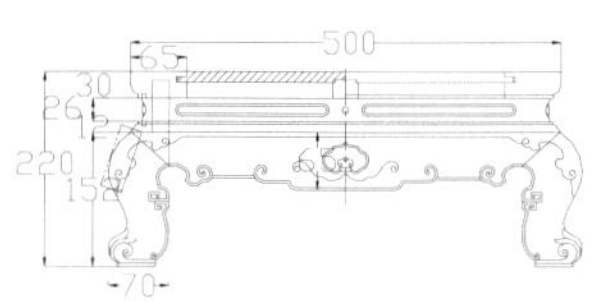

炕桌－主视图

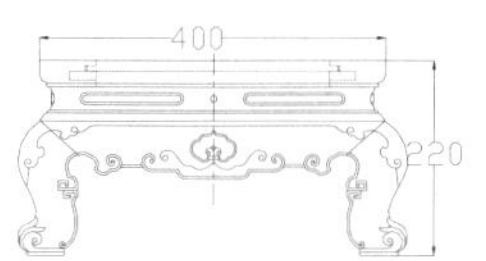

炕桌－左视图

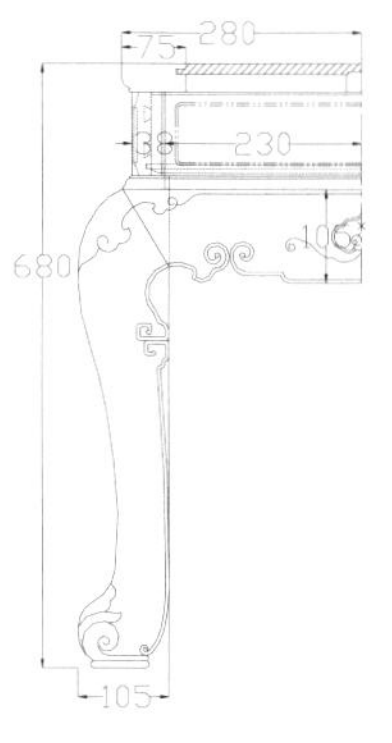

小几－主视图

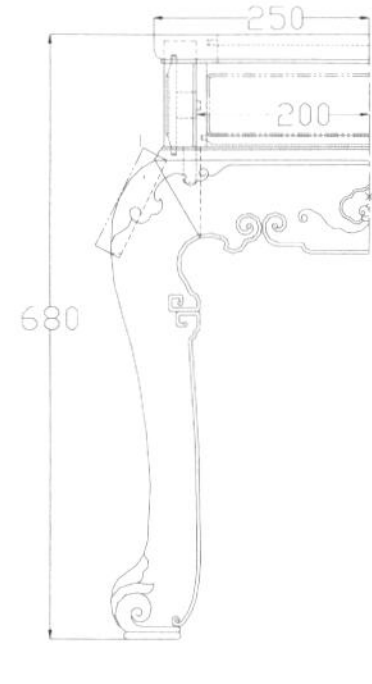

小几－左视图

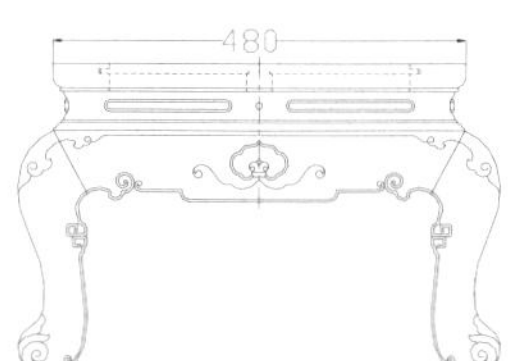

长方凳－主视图

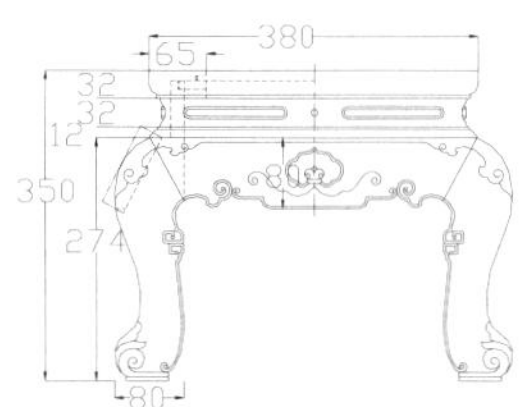

长方凳－左视图

图版清单（现代中式吉祥沙发十一件套）：

三人沙发—主视图
单人沙发—主视图
单人沙发—左视图
茶几—主视图
茶几—左视图
炕桌—主视图
炕桌—左视图
小几—主视图
小几—左视图
长方凳—主视图
长方凳—左视图

现代中式卷草拐子纹沙发十三件套

材质：紫光檀

年款：现代

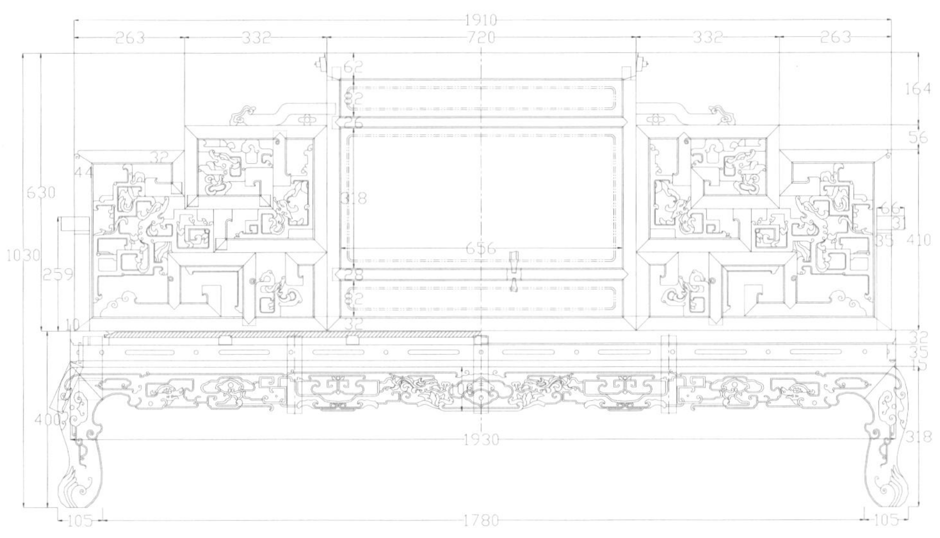

三人沙发－主视图

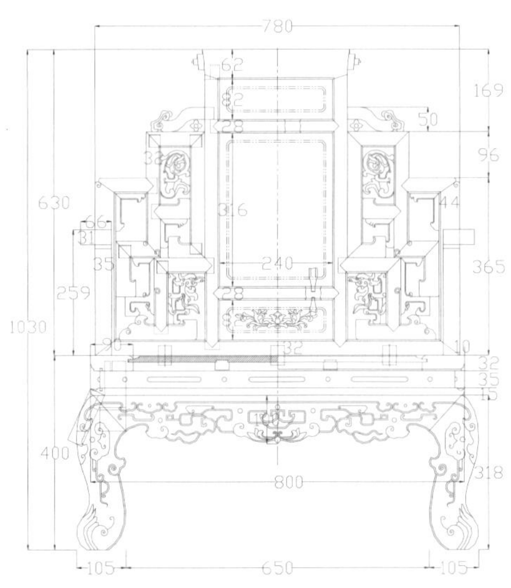

单人沙发－主视图

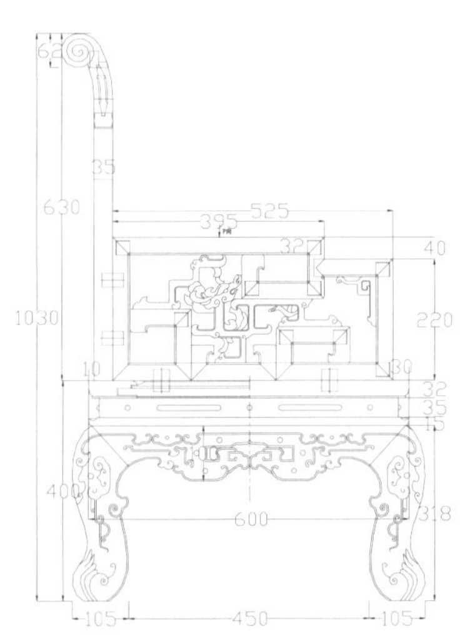

单人沙发－左视图

注：此十三件套中三人沙发为 1 件，单人沙发为 4 件，茶几为 1 件，小几为 2 件，炕桌为 1 件，圆凳为 2 件，方凳为 2 件。

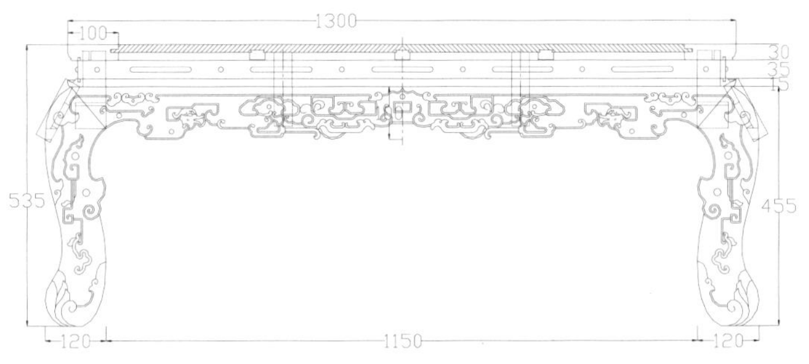

茶几－主视图

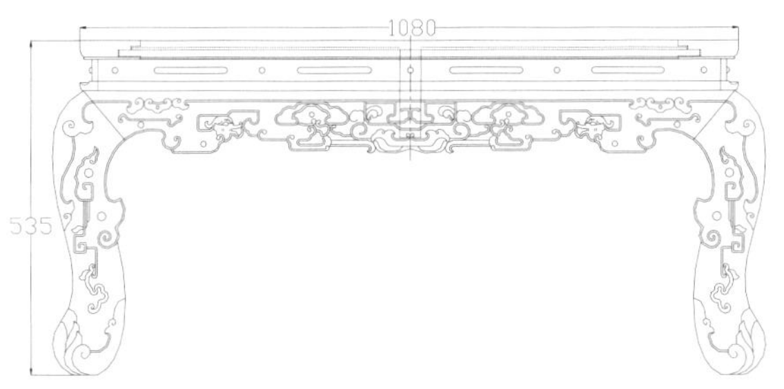

茶几－左视图

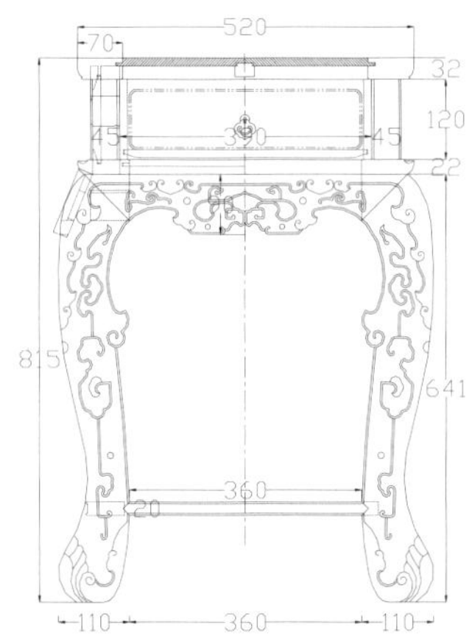

小几－主视图

小几－左视图

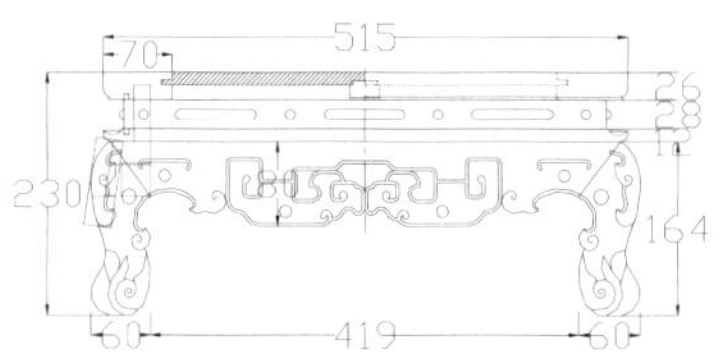

炕桌－主视图

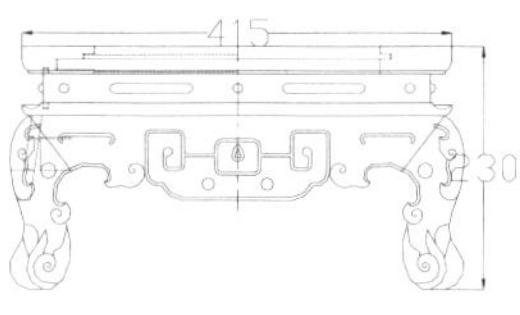

炕桌－左视图

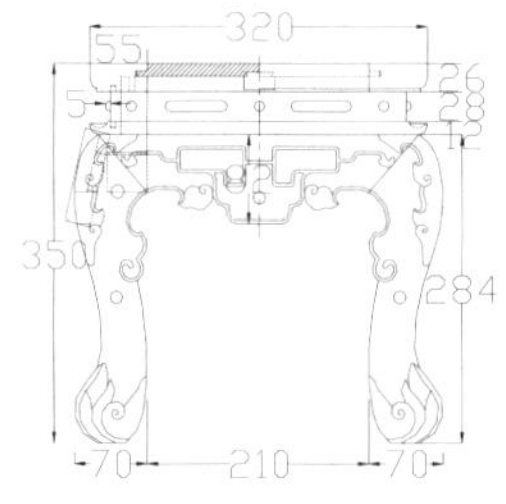

圆凳－主视图

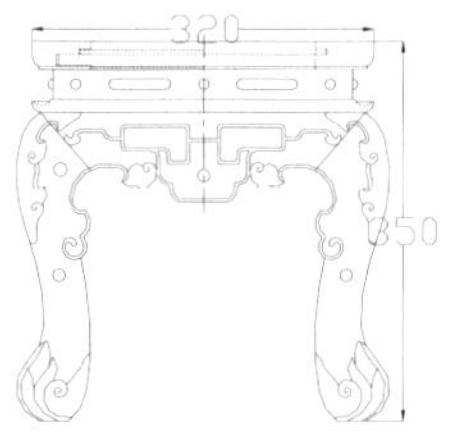

圆凳－左视图

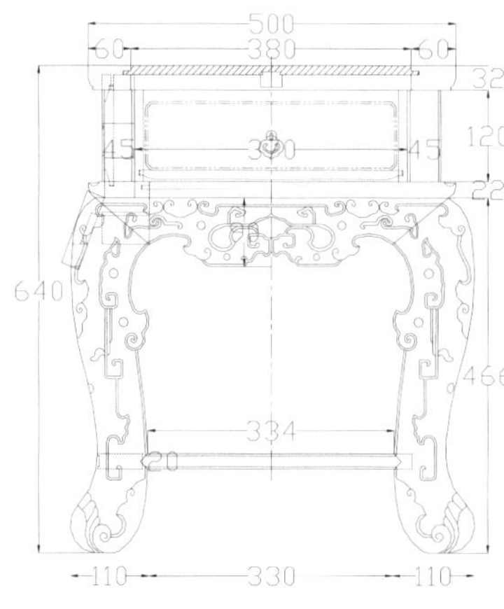

方凳－主视图

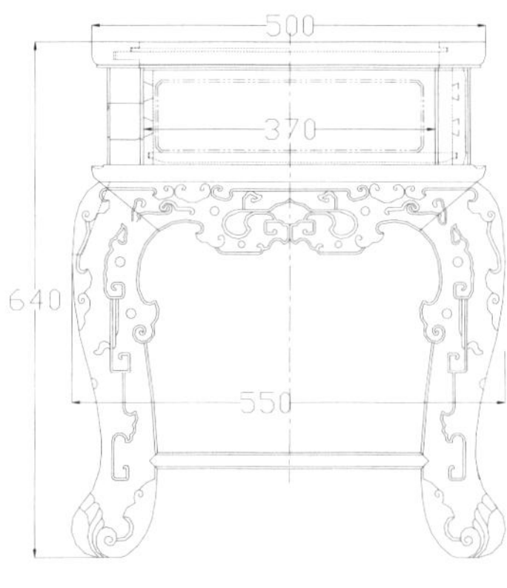

方凳－左视图

图版清单（现代中式卷草拐子纹沙发十三件套）：

三人沙发—主视图
单人沙发—主视图
单人沙发—左视图
茶几—主视图
茶几—左视图
小几—主视图
小几—左视图
炕桌—主视图
炕桌—左视图
圆凳—主视图
圆凳—左视图
方凳—主视图
方凳—左视图

中国古典家具木工营造图解之庋具

五

五、中国古典家具木工营造图解之庋具

（一）庋具

庋具按照造型及功能主要分为五类：

（1）架格：四足中加横板作隔层，具备存放和陈设两种功能的家具，如明式架格、清式多宝格等；

（2）亮格柜：凡是架格与柜的结合体，均可归入此类，如万历柜等；

（3）柜：以储藏为主要功能的有门家具，如圆角柜、方角柜、顶箱柜等；

（4）橱：一种主要用于储物的家具，如闷户橱、柜橱等；

（5）其他类：其他用于存放或陈设物品的家具，如电视柜、酒柜、梳妆台等。

（二）古典家具木工营造图解之庋具

本章选取庋具类中的明式、清式、现代中式等代表性家具，对其木工营造图进行深度解读和研究，并形成珍贵而翔实的图片资料。

主要研究的器形如下：

（1）明式家具：明式品字围栏架格、明式风车式棂格架格等；

（2）清式家具：清式品字围栏架格、清式棂格柜门架格等；

（3）现代中式家具：现代中式拐子纹亮格柜、现代中式园林湖景图方角柜等。

图片资料详见 P48 ~ 236。

说明：在庋具的测量和绘制过程中存在少量国标允许的误差。

庋具图版

明式品字围栏架格

材质：黄花梨

年款：明代

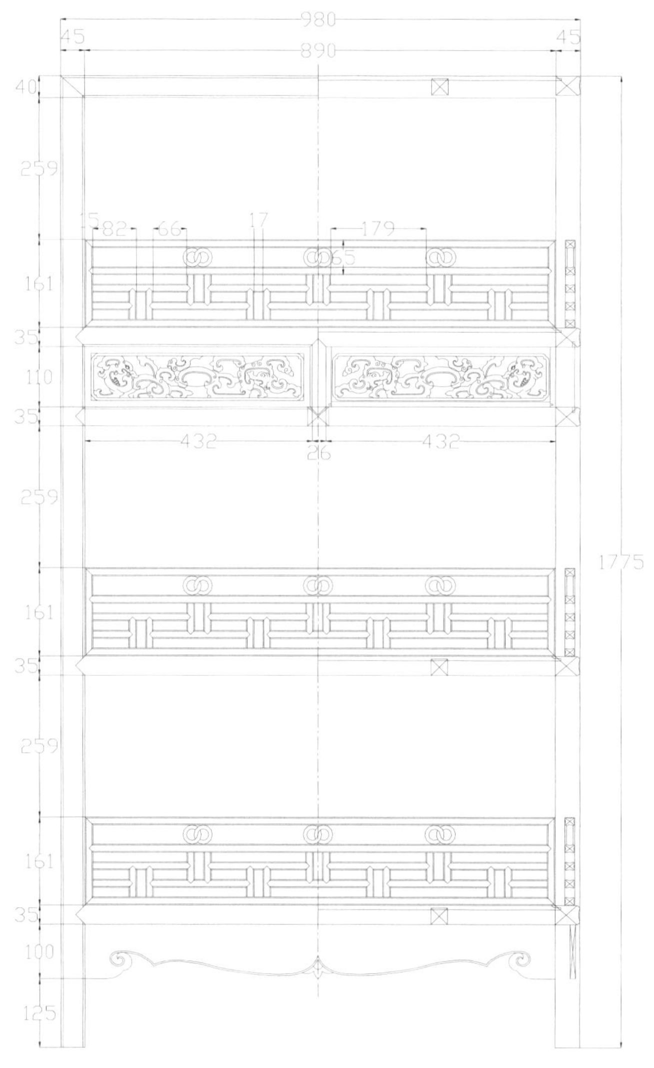

主视图

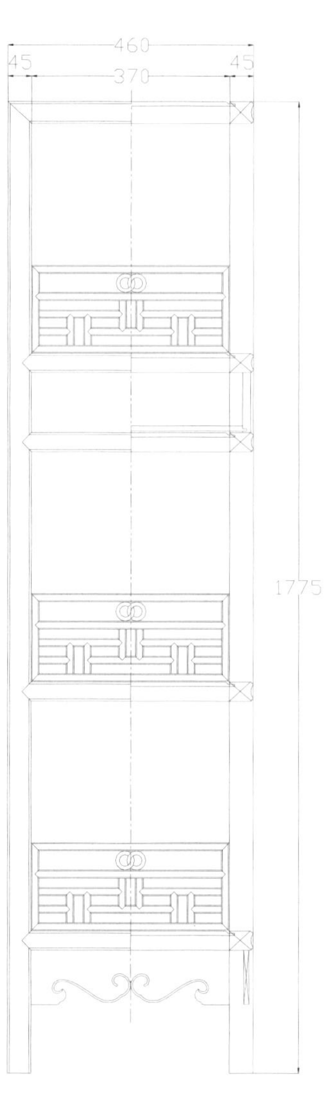

左视图

图版清单（明式品字围栏架格）：
主视图
左视图

明式风车式棂格架格

材质：紫檀

年款：明代（清宫旧藏）

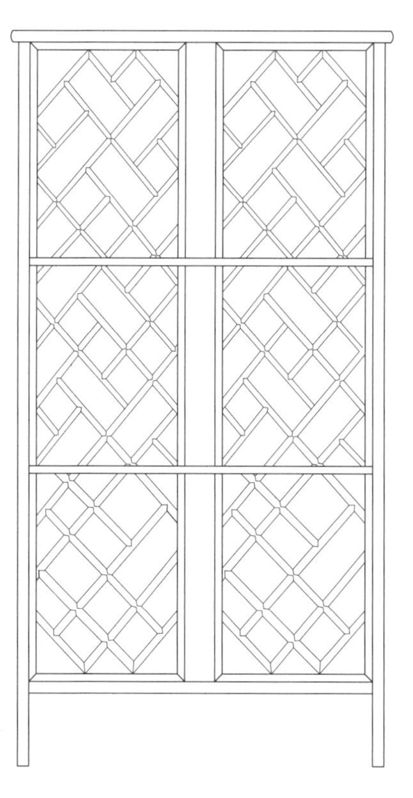

1910

主视图

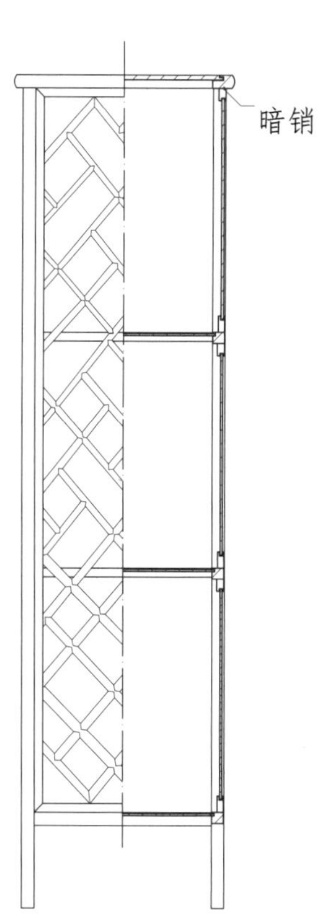

左视图

510

1010

俯视图

图版清单（明式风车式棂格架格）：
主视图
左视图
俯视图

明式三面围栏架格

材质：黄花梨

年款：明代（清宫旧藏）

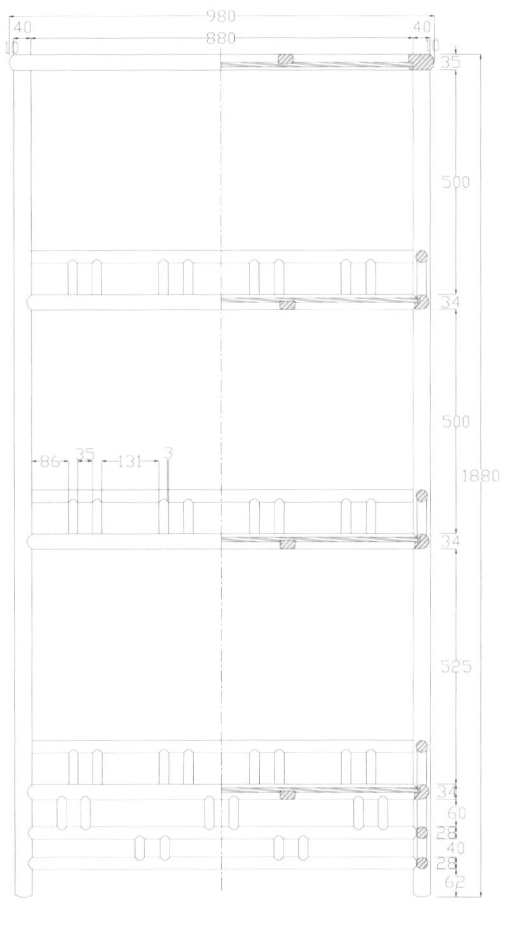

主视图

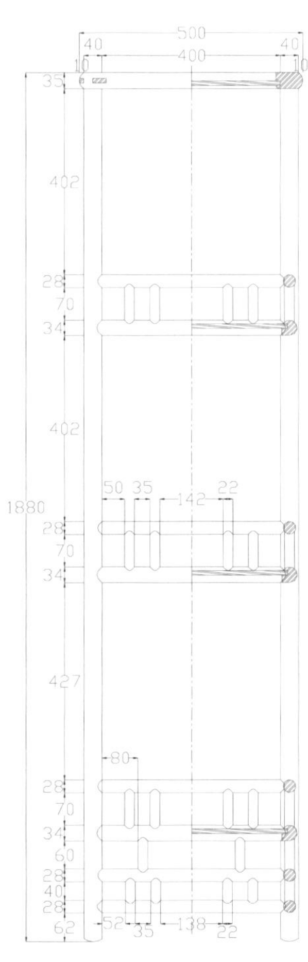

左视图

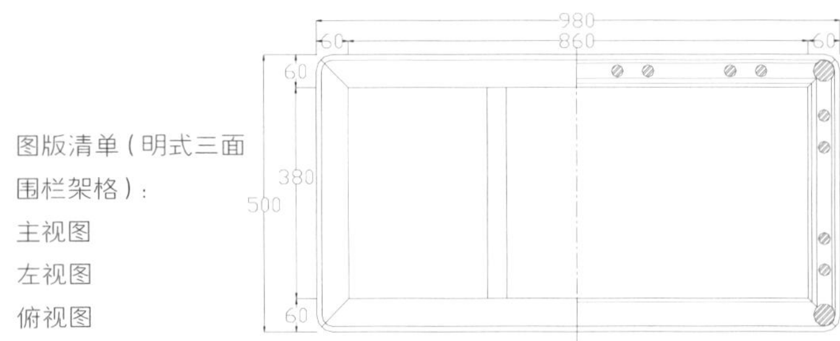

俯视图

图版清单（明式三面围栏架格）：
主视图
左视图
俯视图

明式双抽屉架格

材质：黄花梨

年款：明代

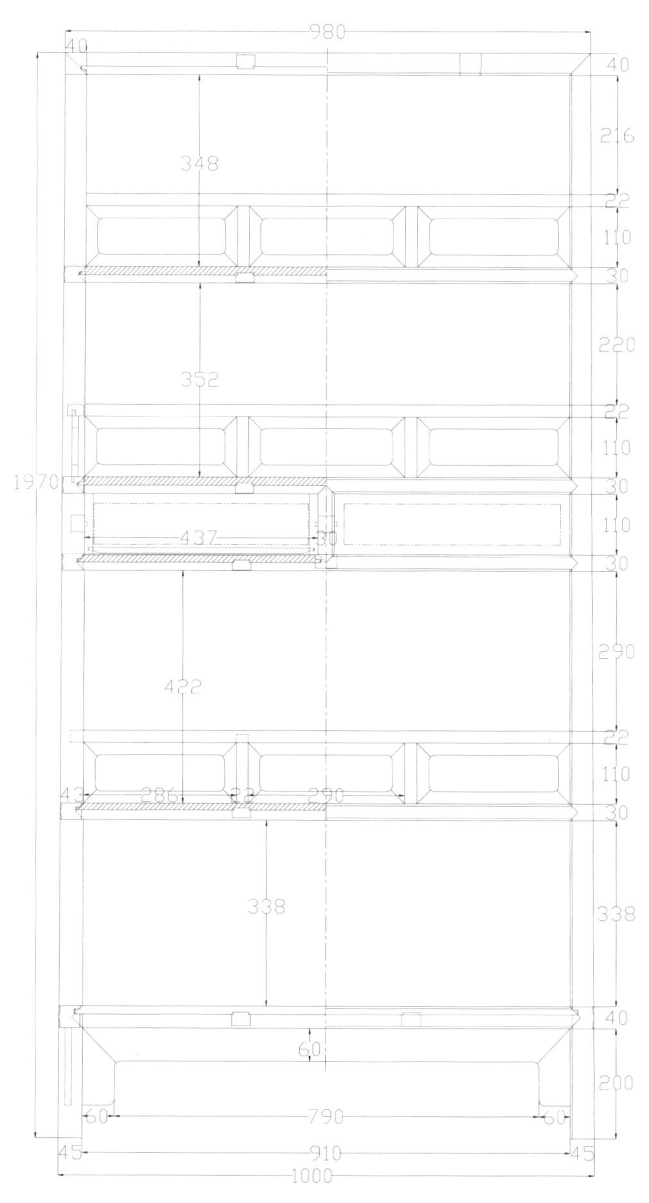

主视图

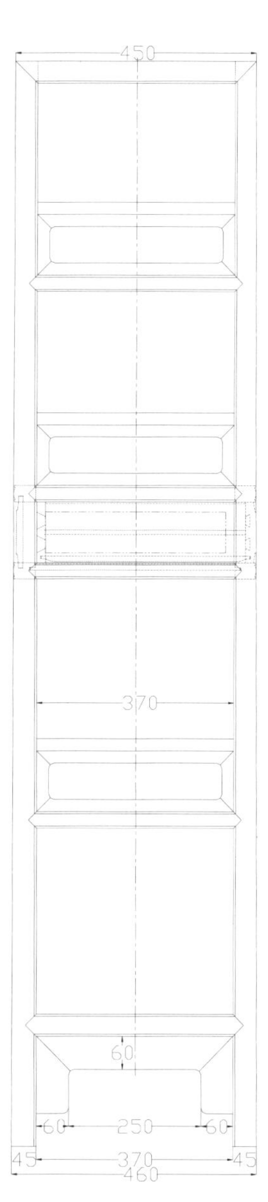

左视图

图版清单（明式双抽屉架格）：
主视图
左视图

明式铜钱纹卡子花架格

材质：黄花梨

年款：明代（清宫旧藏）

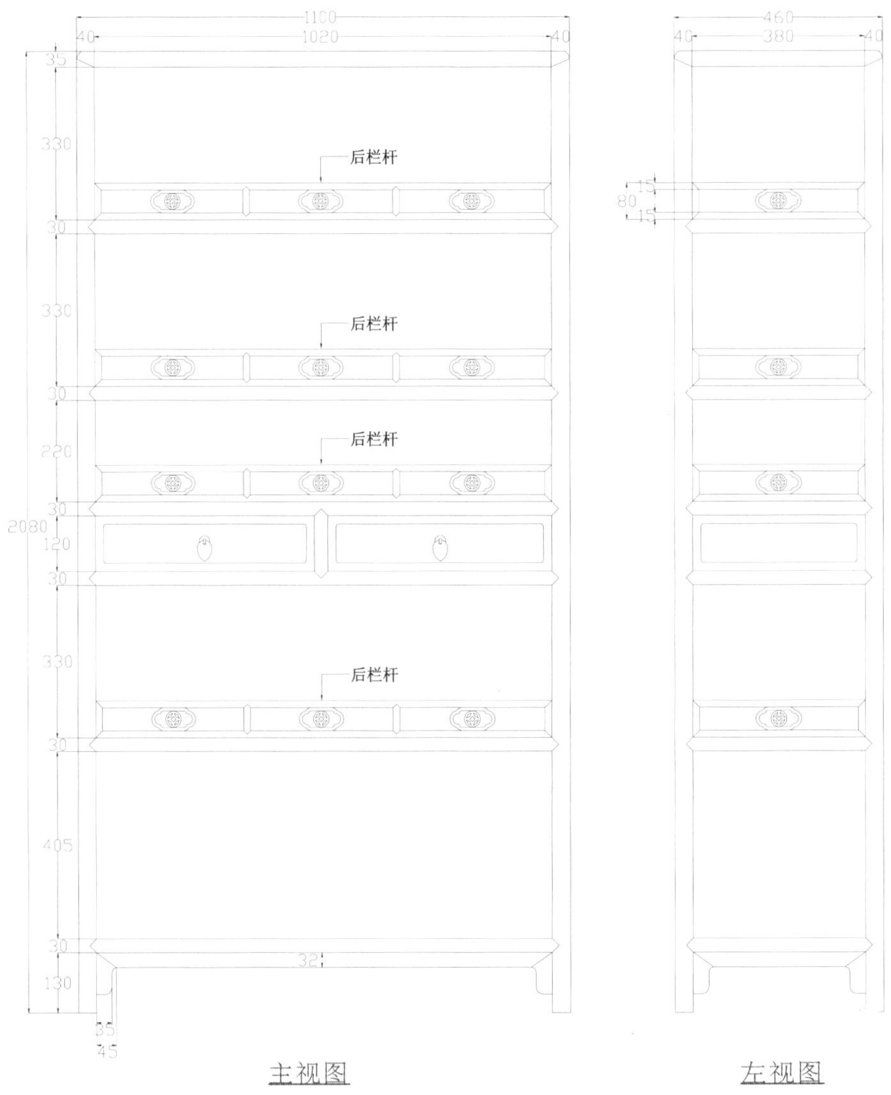

主视图

左视图

俯视图

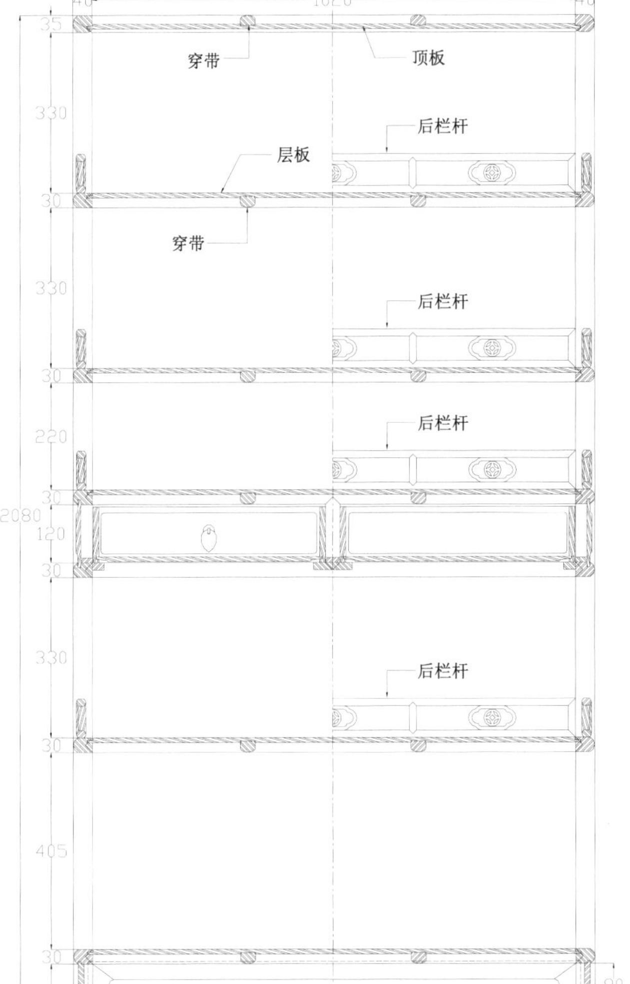

剖视图 1

剖视图 2

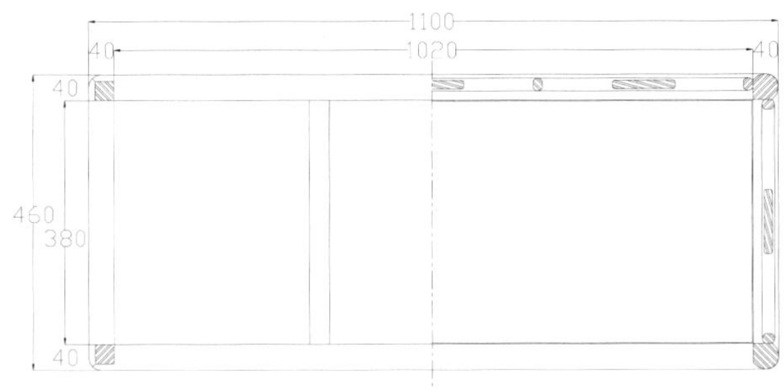

剖视图 3

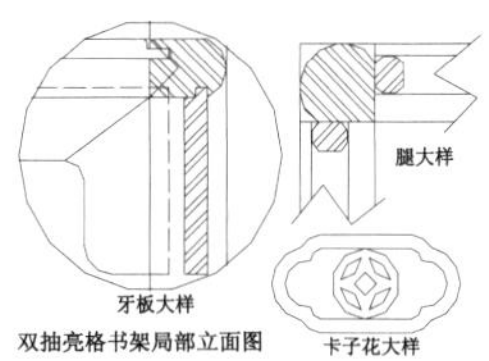

细节图

图版清单（明式铜钱纹卡子花架格）：
主视图
左视图
俯视图
剖视图 1
剖视图 2
剖视图 3
细节图

明式拐子纹亮格柜

材质：黄花梨

年款：明代

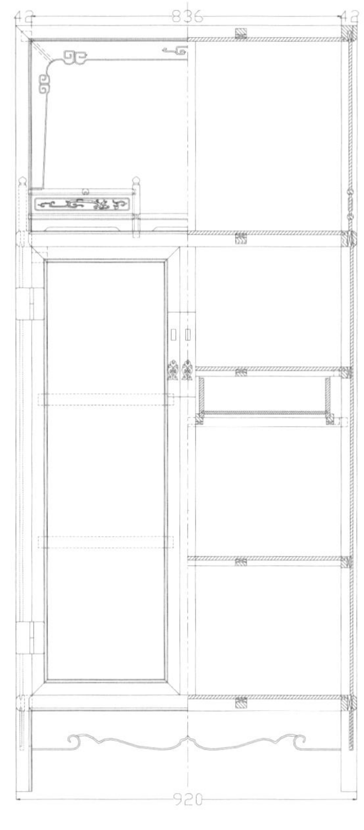

主视图

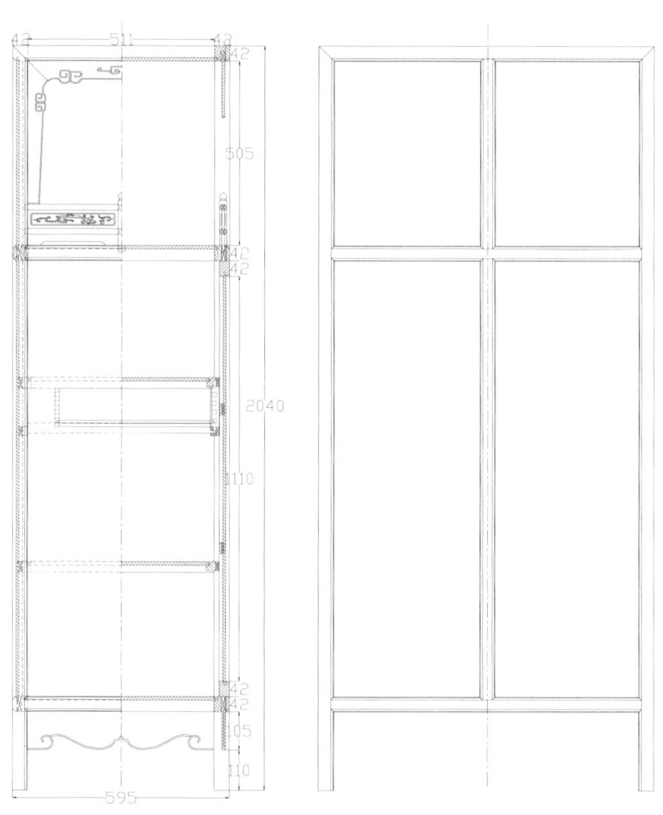

左视图

剖视图

图版清单（明式拐子纹亮格柜）：
主视图
左视图
剖视图

注：主视图和左视图结合剖视绘制而成。

明式三抽屉亮格柜

材质：黄花梨

年代：明代（清宫旧藏）

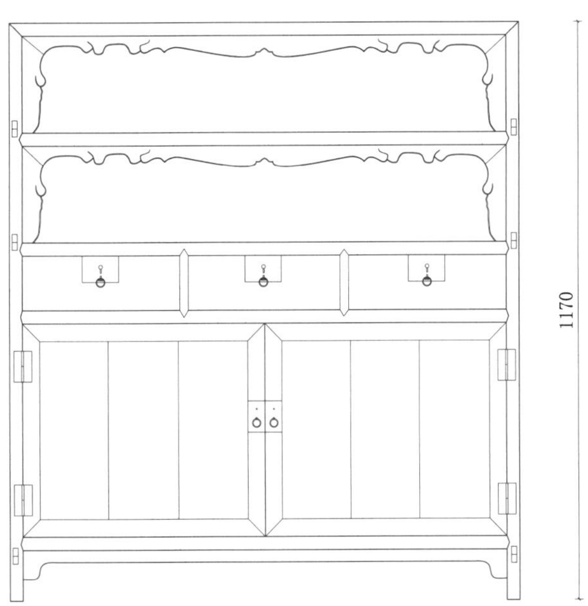

主视图

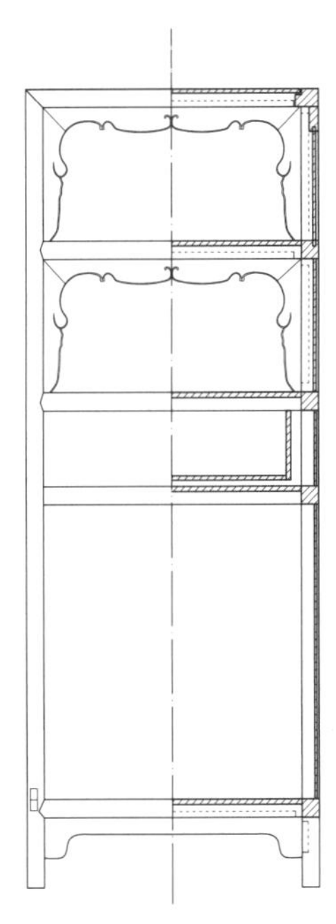

左视图

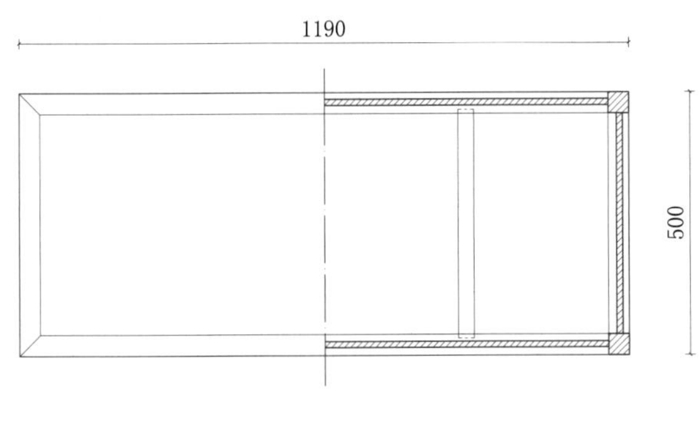

俯视图

图版清单（明式三抽屉亮格柜）：
主视图
左视图
俯视图

明式带栏杆亮格柜

材质：黄花梨

年款：明代（清宫旧藏）

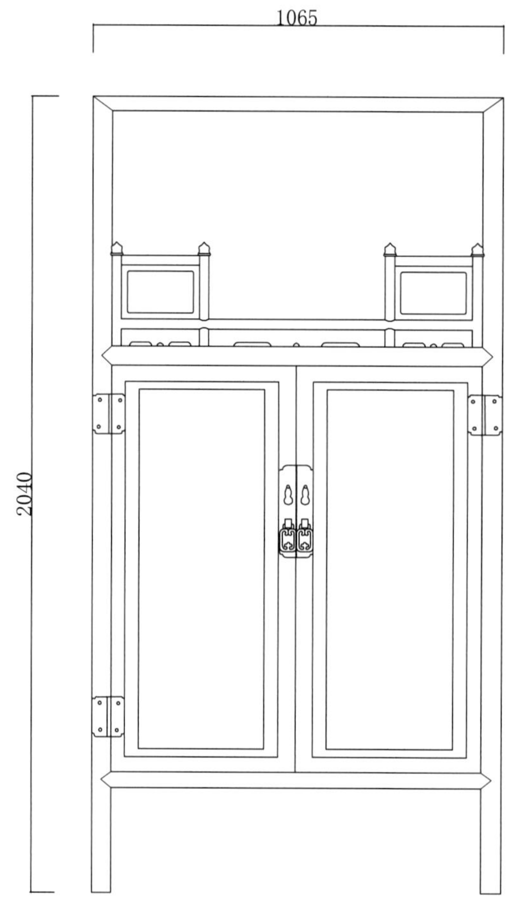

主视图

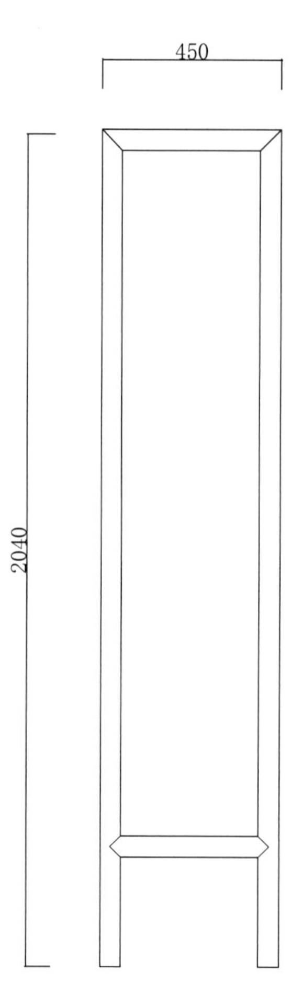

左视图

图版清单（明式带栏杆亮格柜）：
主视图
左视图
俯视图

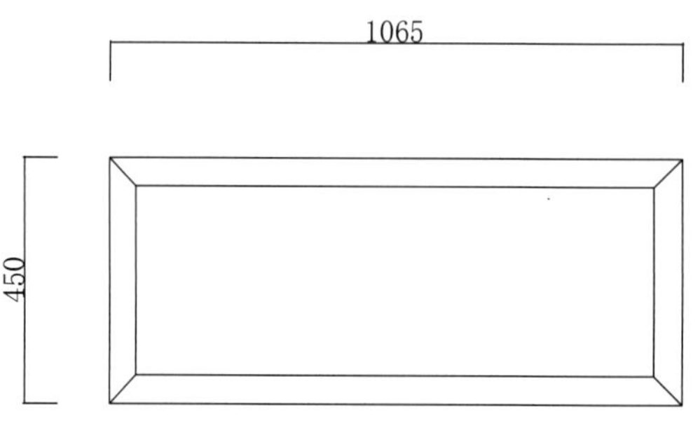

俯视图

明式带几座圆角柜

材质：黄花梨

年款：明代

主视图　　左视图

图版清单（明式带几座圆角柜）：
主视图
左视图

明式圆角柜

材质：黄花梨

年款：明代（清宫旧藏）

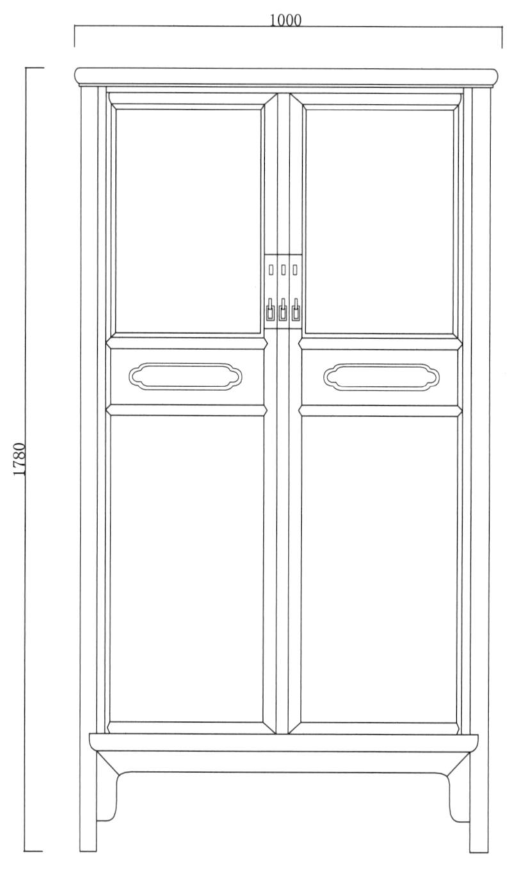

主视图

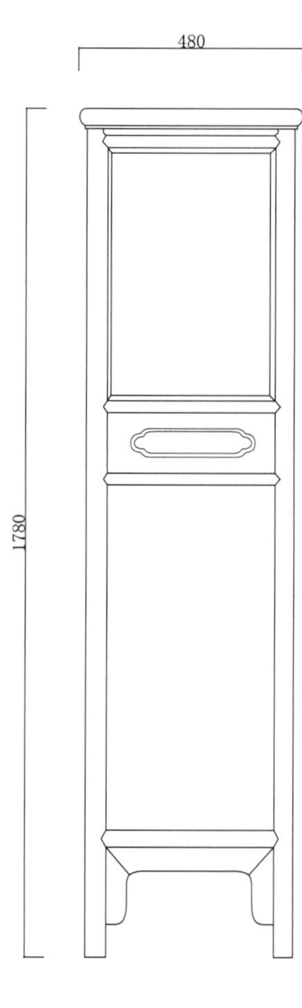

左视图

图版清单（明式圆角柜）：
主视图
左视图
俯视图

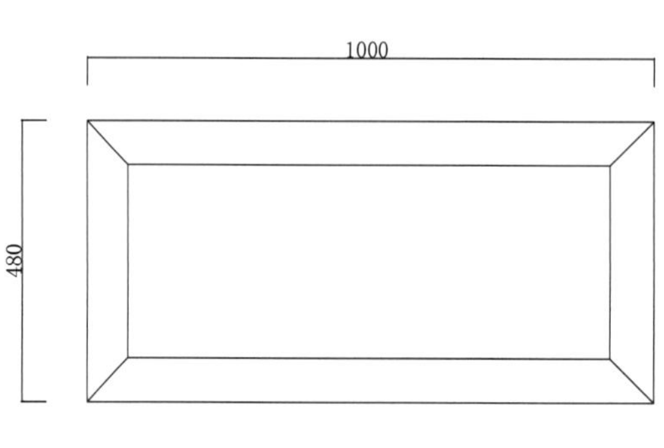

俯视图

明式带柜膛圆角柜

材质：黄花梨

年款：明代（清宫旧藏）

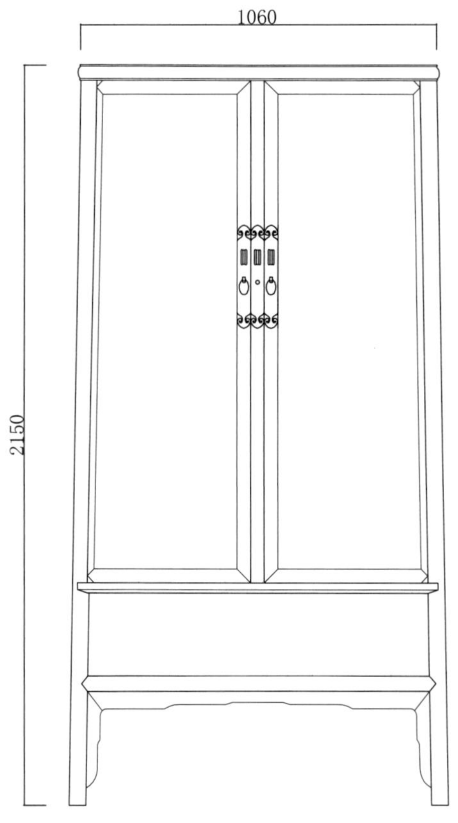

主视图

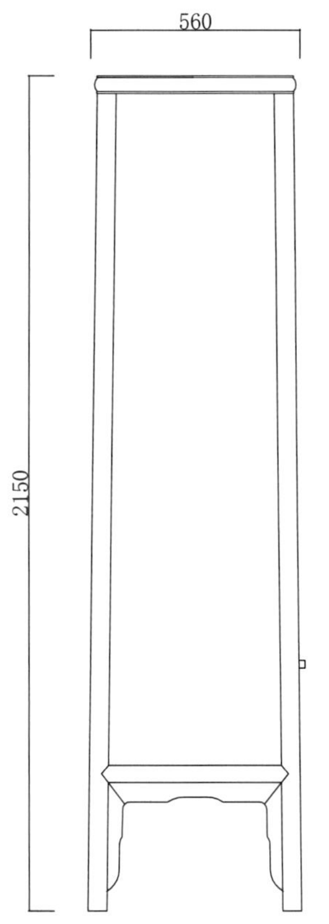

左视图

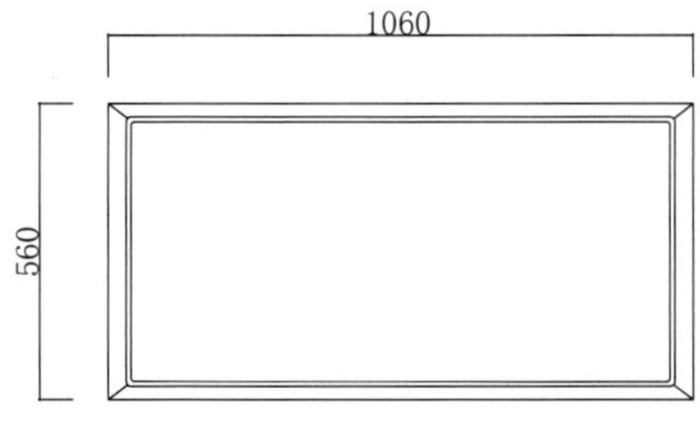

俯视图

图版清单（明式带柜膛圆角柜）：
主视图
左视图
俯视图

明式方角柜

材质：黄花梨

年款：明代

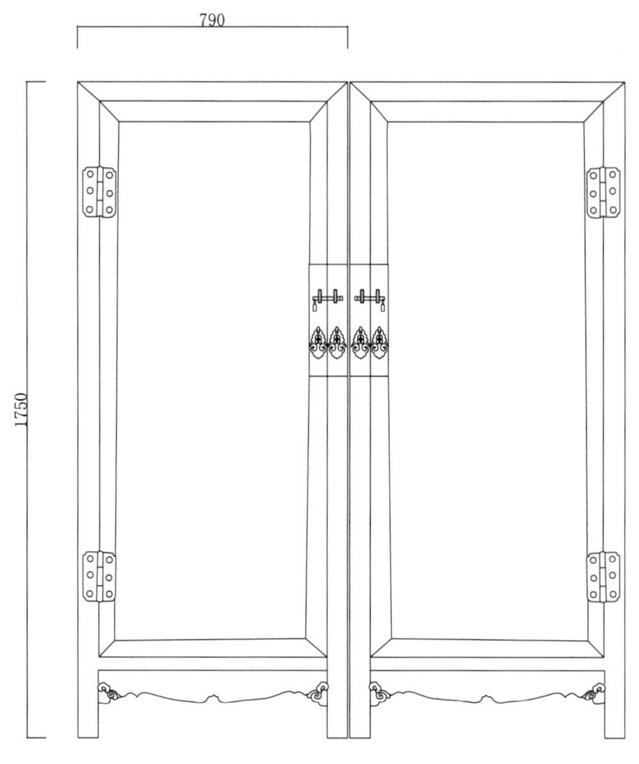

主视图

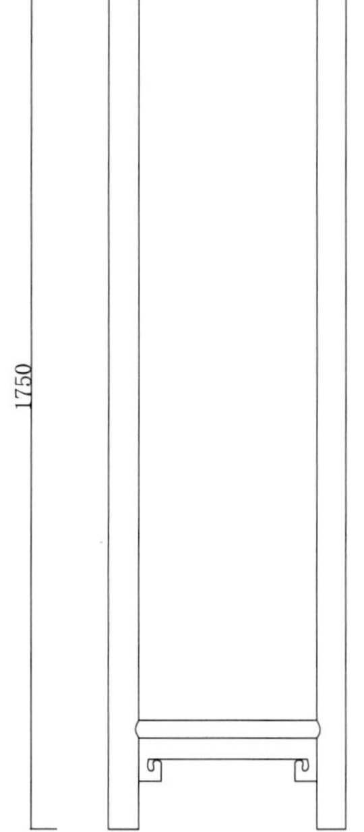

左视图

图版清单（明式方角柜）：
主视图
左视图

明式圆包圆罗锅枨方角柜

材质：黄花梨

丰款：明代

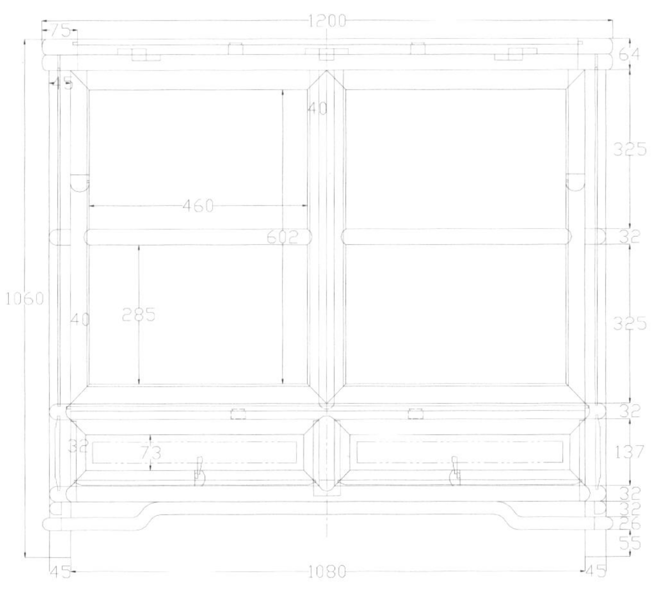

主视图

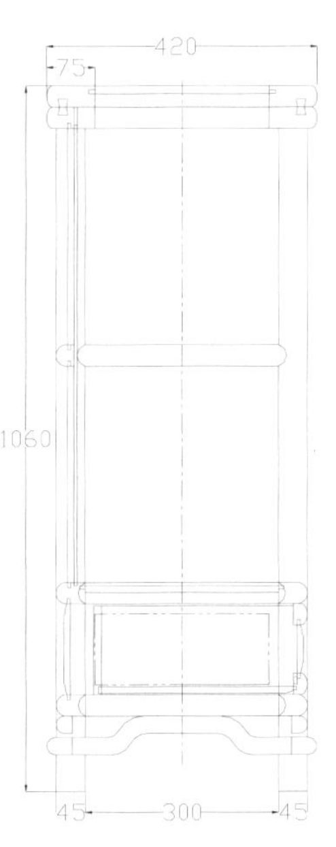

左视图

俯视图

细节图

图版清单（明式圆包圆罗锅枨方角柜）：
主视图
左视图
俯视图
细节图

明式棂格柜门方角柜

材质：黄花梨

年款：明代

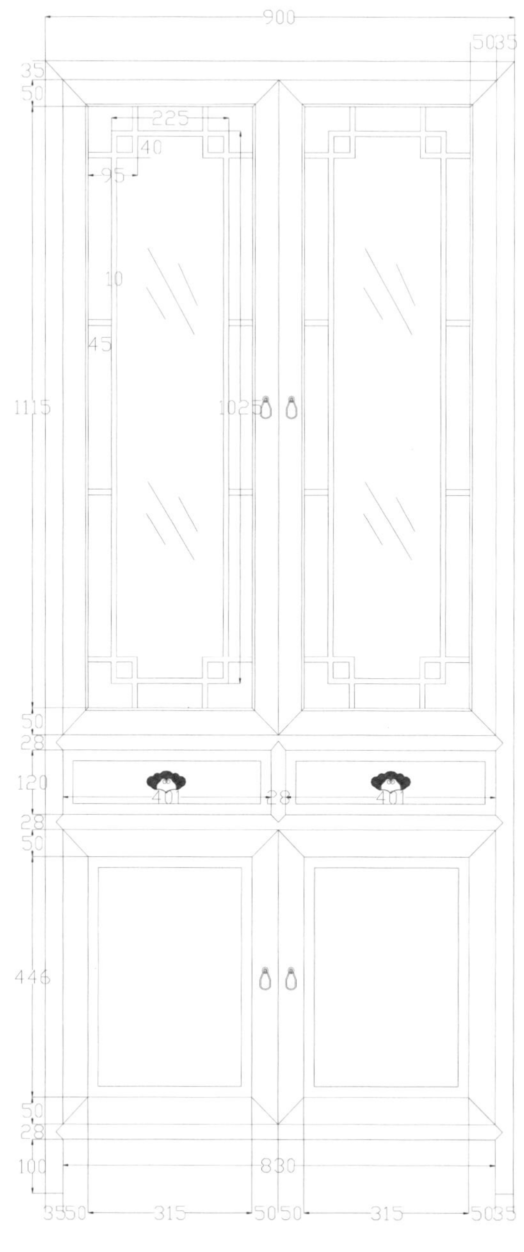

图版清单（明式棂格柜门方角柜）：
主视图
左视图

400
35
1215
2100
28
694
28
100
35
330
35

主视图

左视图

明式直棂小方角柜

材质：黄花梨

年款：明代

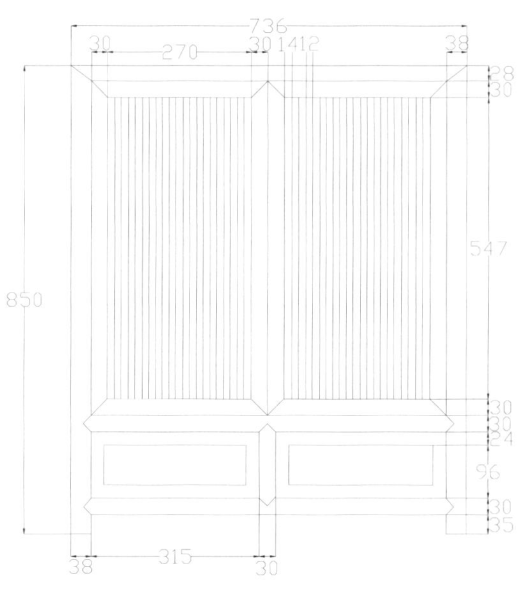

主视图

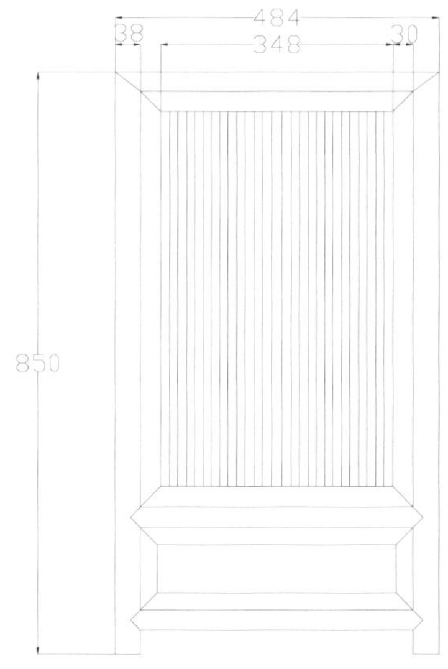

左视图

图版清单（明式直棂小方角柜）：
主视图
左视图

明式万字纹小方角柜

材质：黄花梨

年款：明代

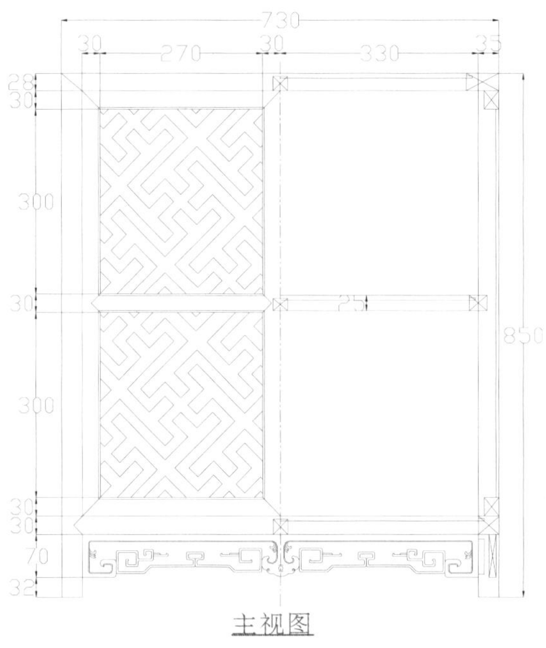

主视图

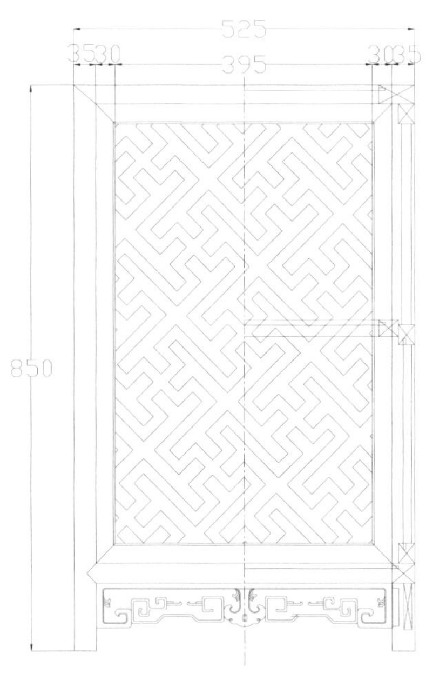

左视图

图版清单（明式万字纹小方角柜）：
主视图
左视图

明式双屉柜橱

材质：黄花梨

年款：明代（清宫旧藏）

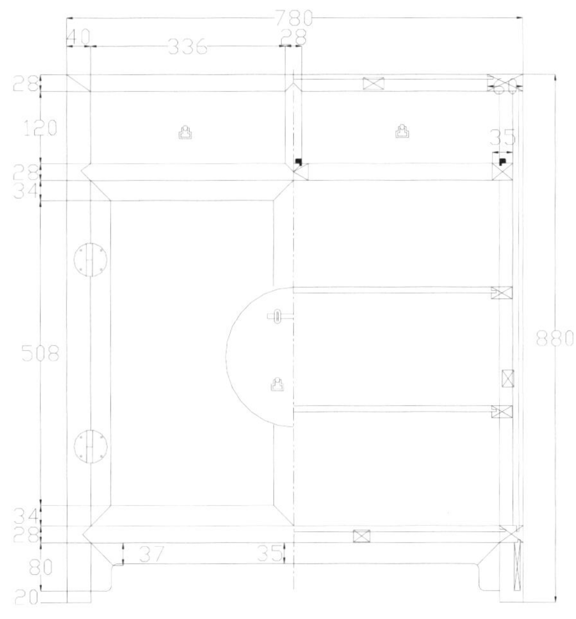

主视图

左视图

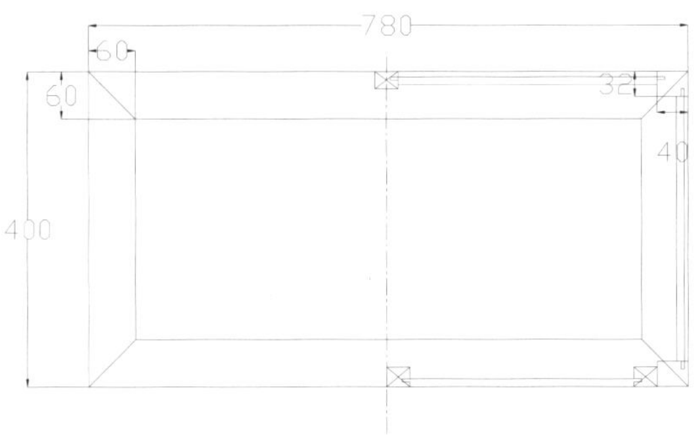

俯视图

图版清单（明式双屉柜橱）：

主视图

左视图

俯视图

明式带闩杆四件柜

材质：黄花梨

年款：明代（清宫旧藏）

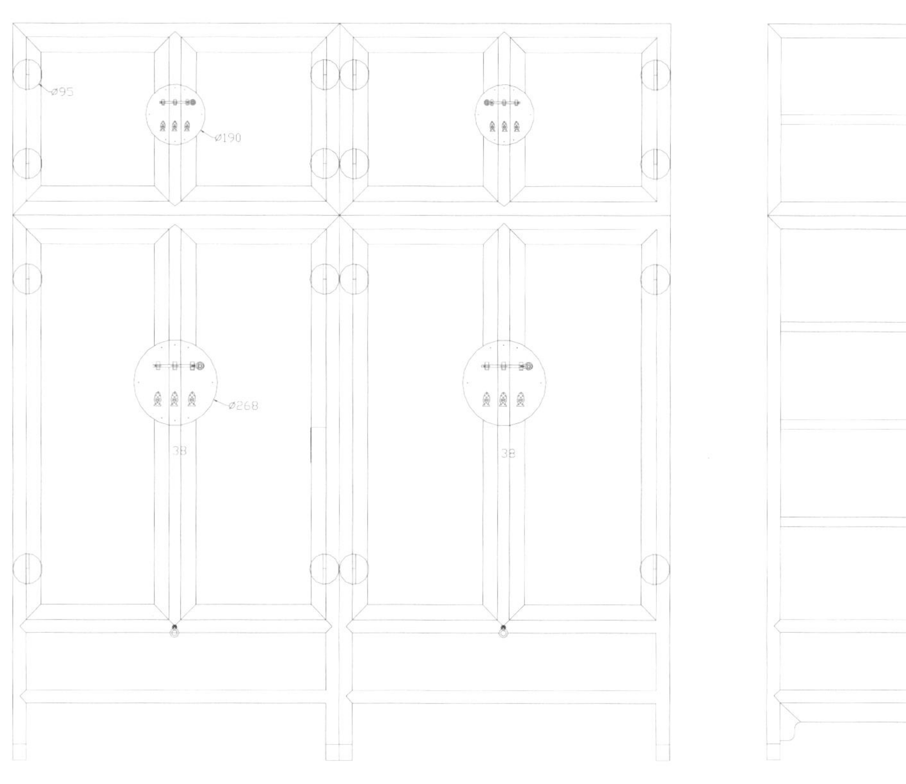

主视图　　左视图

铜配件/套

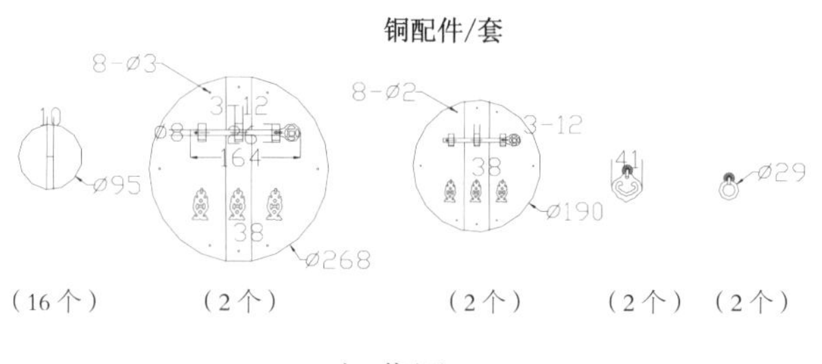

（16个）　（2个）　（2个）　（2个）　（2个）

细节图

注：为了便于理解，左视图结合剖视绘制而成。

剖视图 1

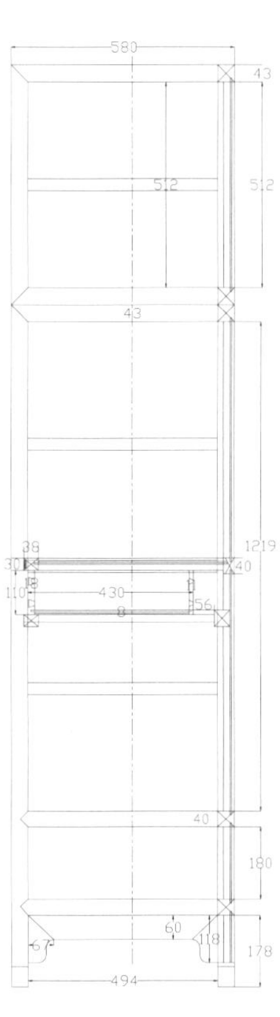

剖视图 2

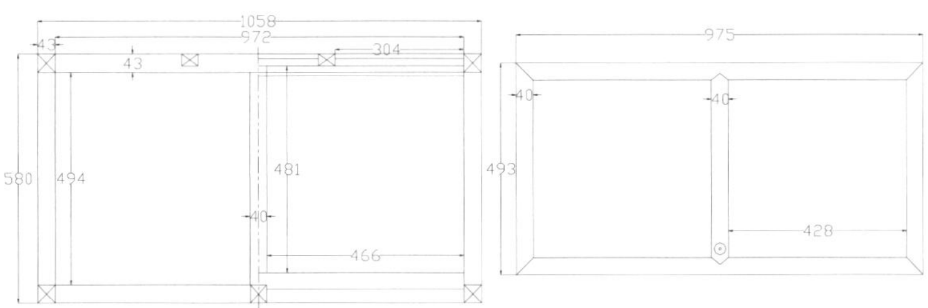

剖视图 3

图版清单（明式带闩杆四件柜）：
主视图
左视图
细节图
剖视图 1
剖视图 2
剖视图 3

明式扯不断纹顶箱柜

材质：花梨木

年款：明代（清宫旧藏）

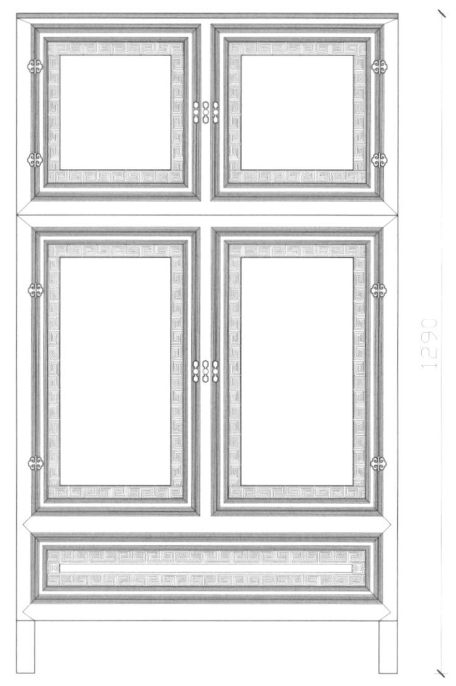

主视图

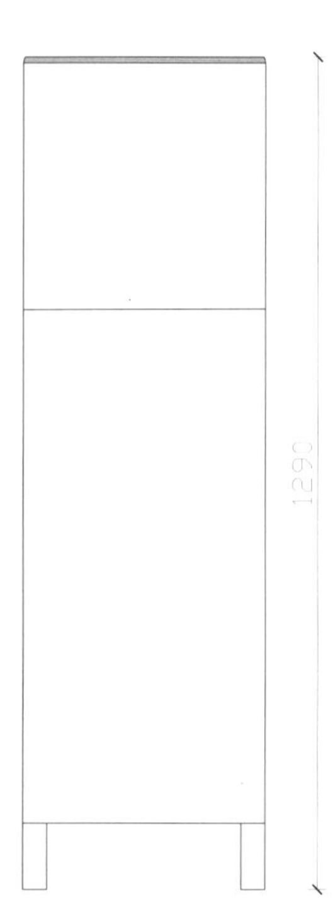

左视图

770

385

俯视图

图版清单（明式扯不断纹顶箱柜）：
主视图
左视图
俯视图

明式洼堂肚牙板顶箱柜

材质：黄花梨

年款：明代（清宫旧藏）

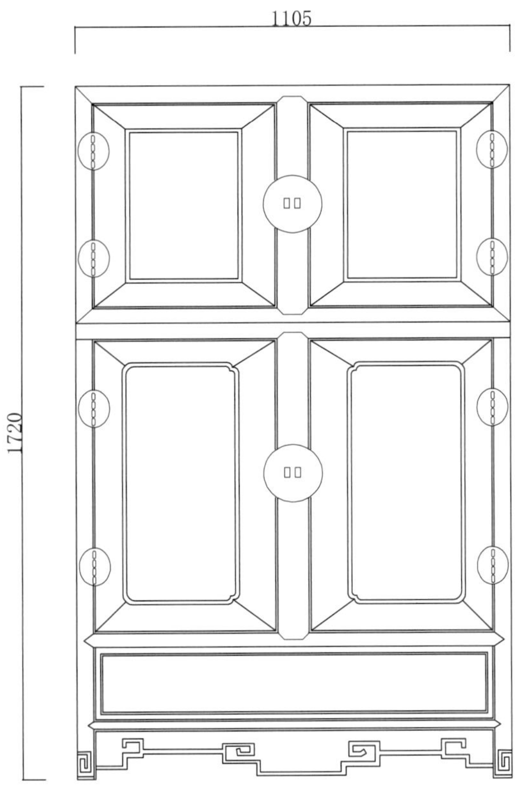

主视图

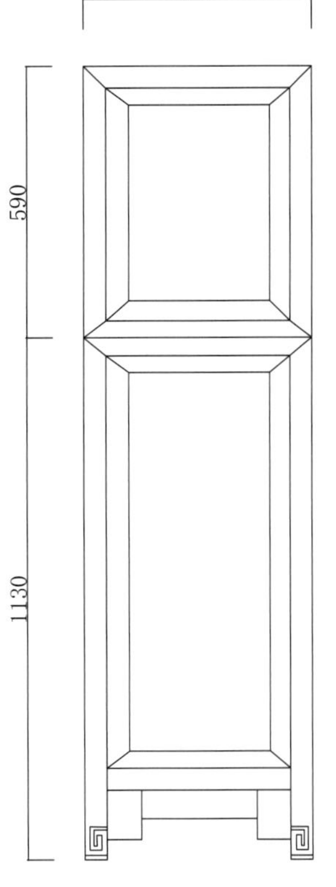

左视图

俯视图

图版清单（明式洼堂肚牙板顶箱柜）：
主视图
左视图
俯视图

明式卷草纹联二橱

材质：黄花梨

年款：明代（清宫旧藏）

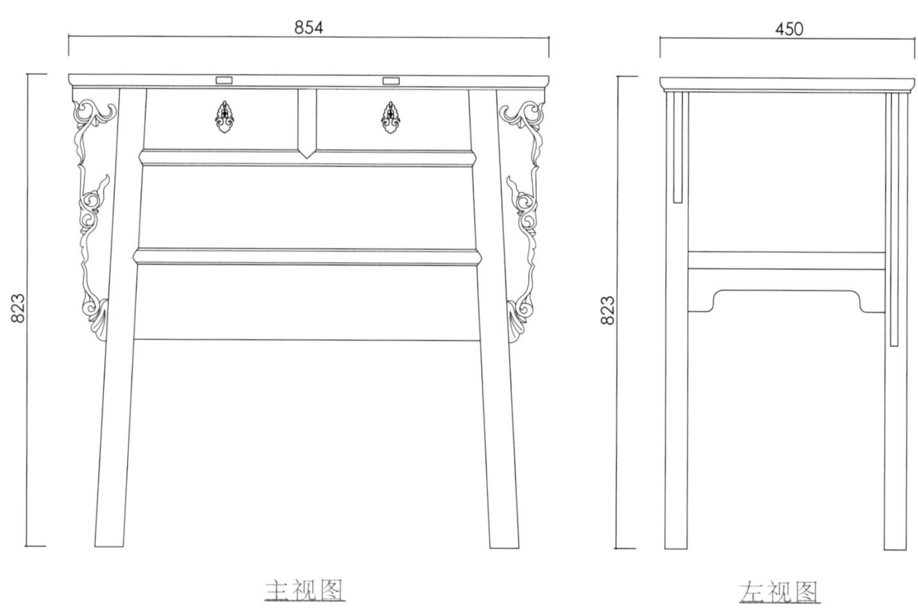

主视图

左视图

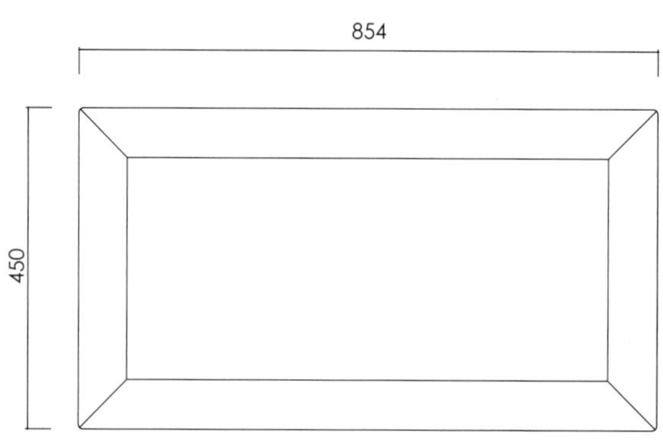

俯视图

图版清单（明式卷草纹联二橱）：
主视图
左视图
俯视图

明式带翘头螭龙纹联二橱

材质：黄花梨

年款：明代（清宫旧藏）

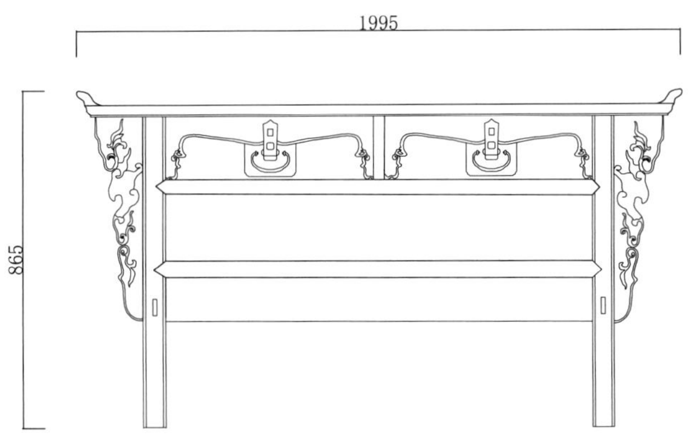

主视图

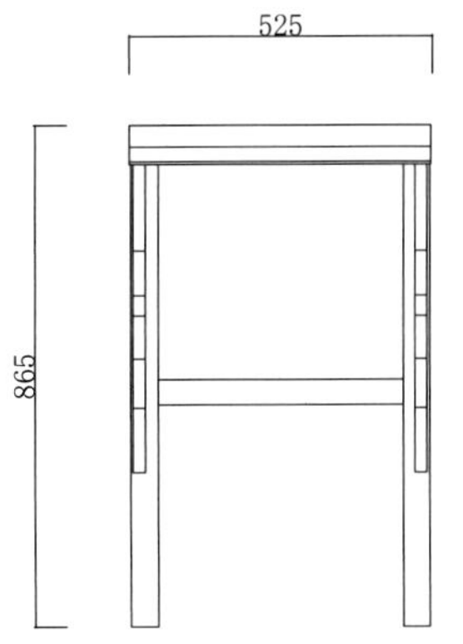

左视图

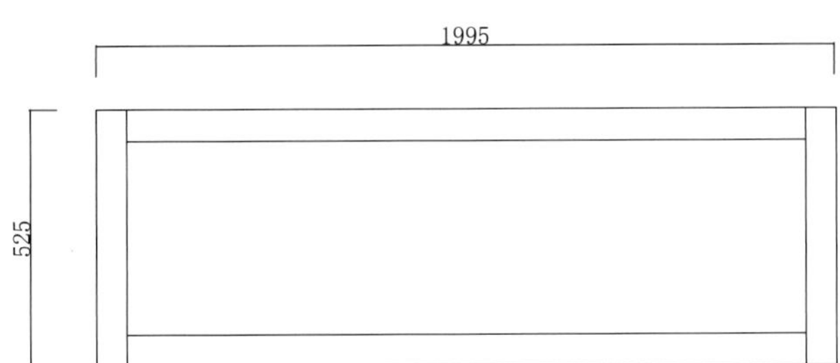

俯视图

图版清单（明式带翘头螭龙纹联二橱）：
主视图
左视图
俯视图

明式带翘头联三橱

材质：黄花梨

年款：明代（清宫旧藏）

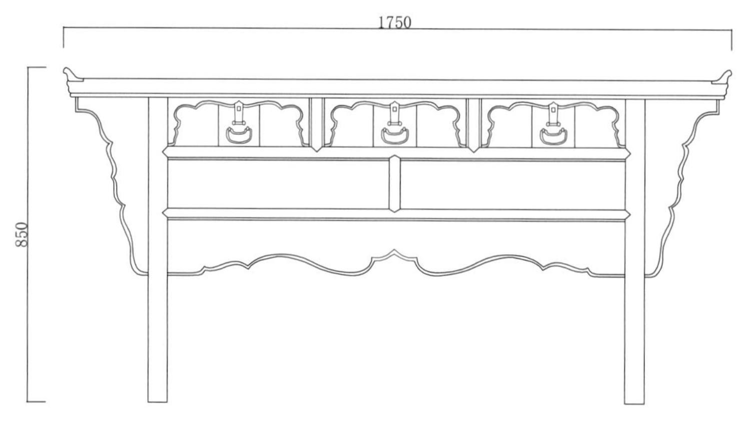

主视图

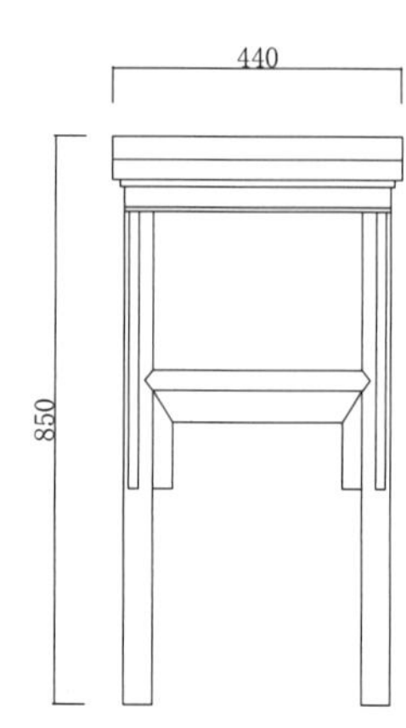

左视图

俯视图

图版清单（明式带翘头联三橱）：
主视图
左视图
俯视图

明式直棂条碗柜

材质：黄花梨

年款：明代（清宫旧藏）

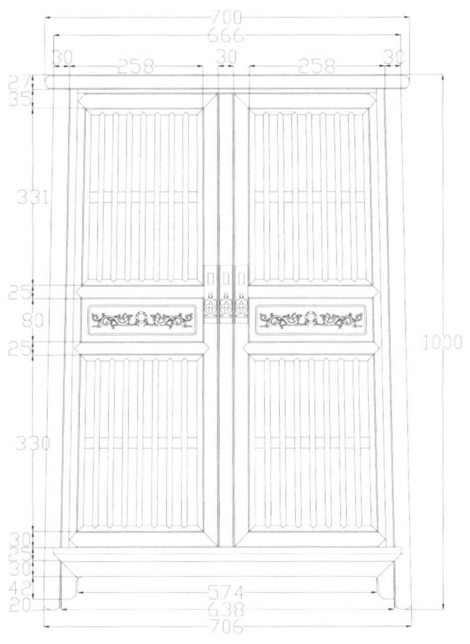

主视图

左视图

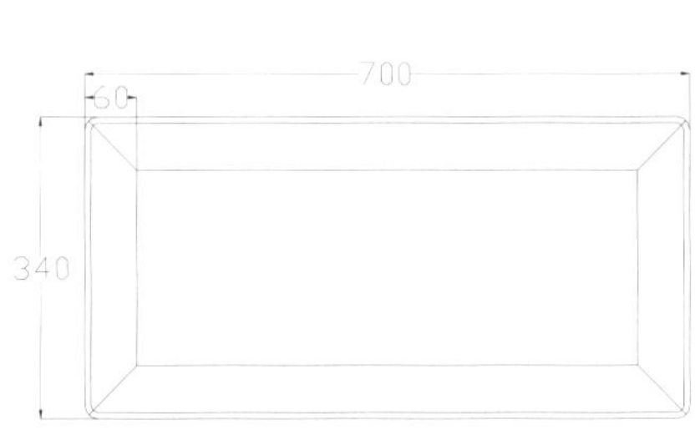

俯视图

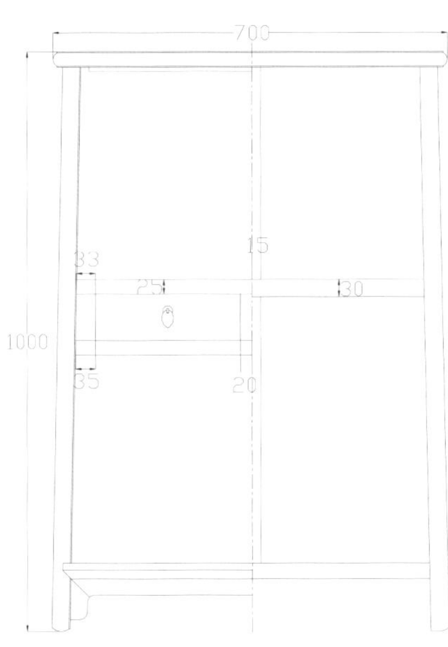

剖视图

图版清单（明式直棂条碗柜）：

主视图

左视图

俯视图

剖视图

清式品字围栏架格

材质：紫檀

年款：清代（清宫旧藏）

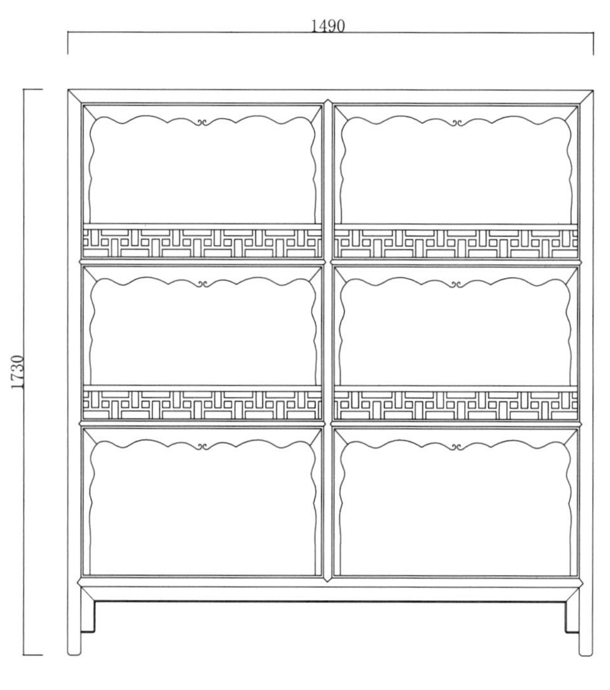

主视图

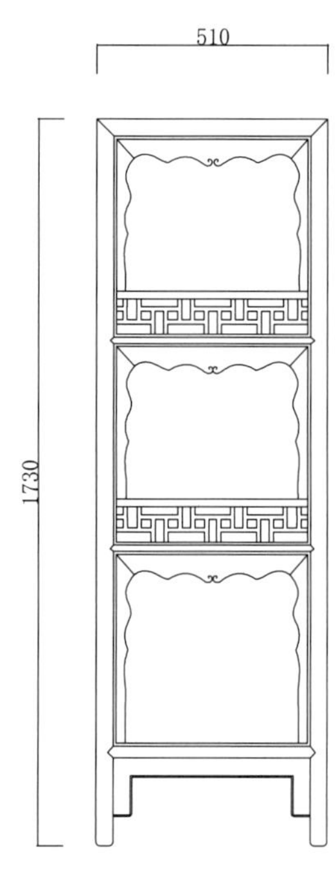

左视图

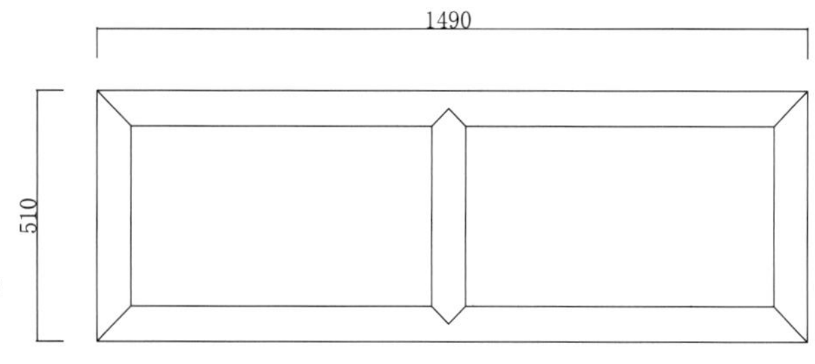

俯视图

图版清单（清式品字围栏架格）：
主视图
左视图
俯视图

清式棂格柜门架格

材质：紫檀

年款：清代（清宫旧藏）

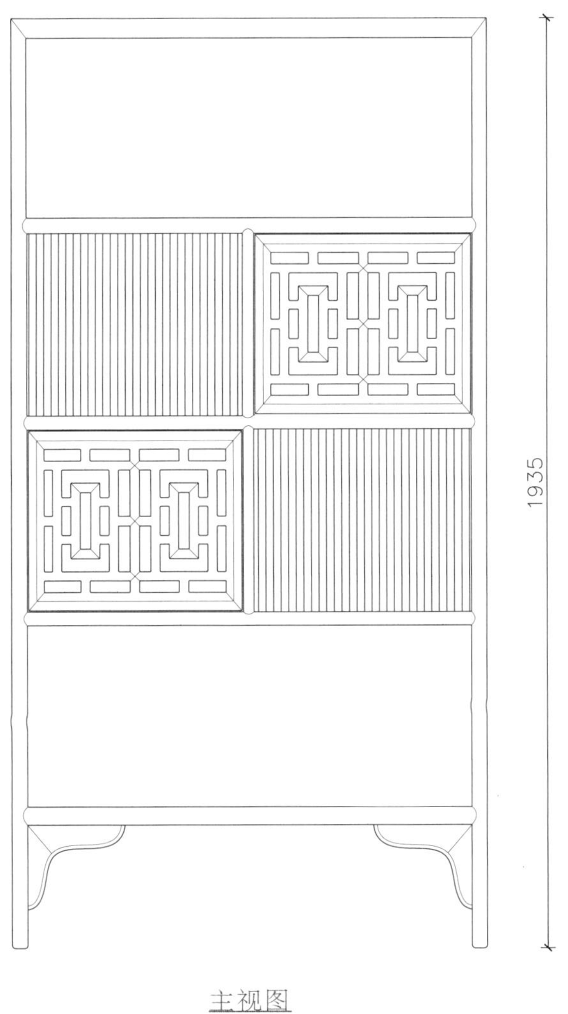

主视图

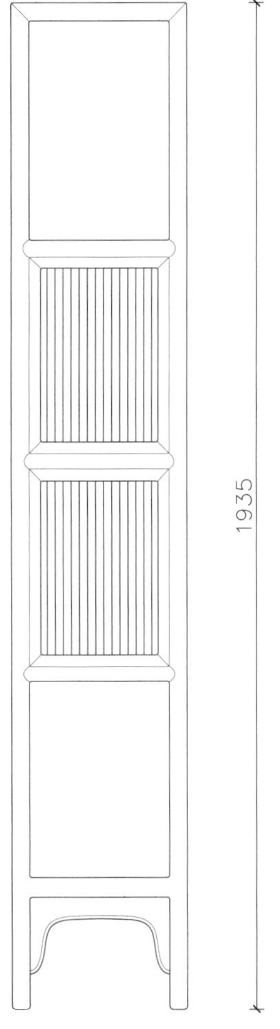

左视图

1015

俯视图

图版清单（清式棂格柜门架格）：
主视图
左视图
俯视图

清式镶玻璃架格

材质：紫檀

年款：清代（清宫旧藏）

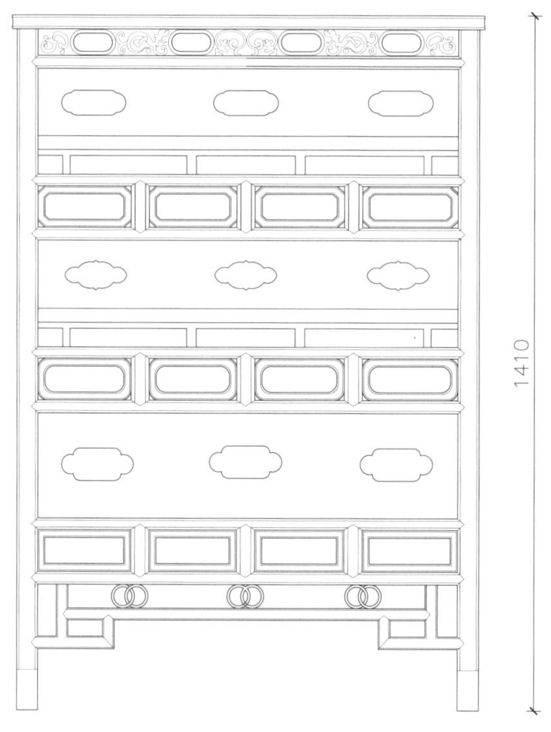

主视图

左视图

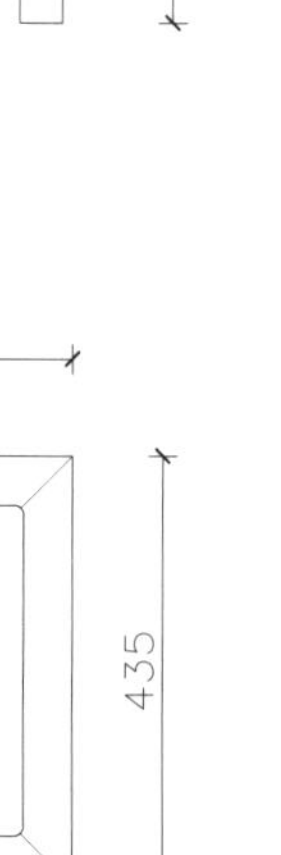

俯视图

图版清单（清式镶玻璃架格）：
主视图
左视图
俯视图

清式拐子夔龙纹亮格柜

材质：黄花梨

年款：清代（清宫旧藏）

主视图　　左视图

图版清单（清式拐子夔龙纹亮格柜）：
主视图
左视图

清式三弯腿亮格柜

材质：黄花梨

年款：清代（清宫旧藏）

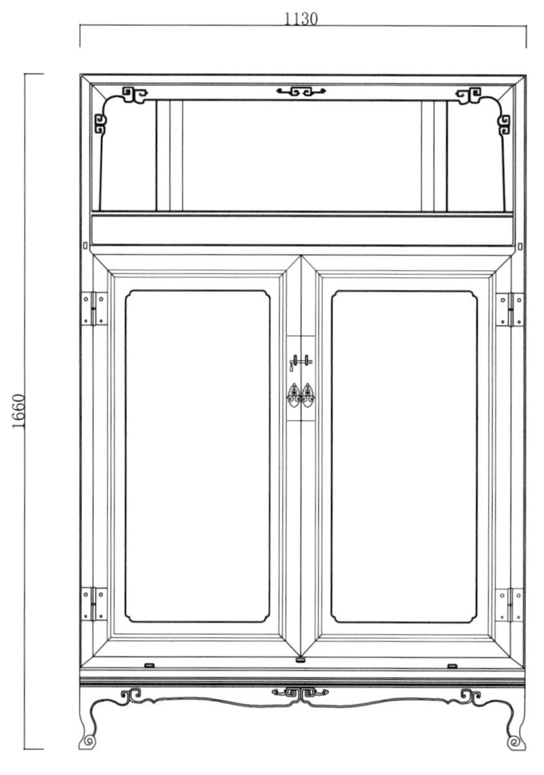

主视图

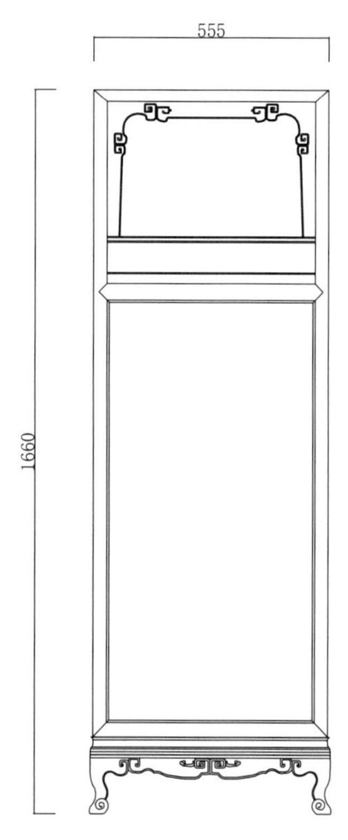

左视图

俯视图

图版清单（清式三弯腿亮格柜）：
主视图
左视图
俯视图

清式卷草纹亮格柜

材质：楠木

年款：清代（清宫旧藏）

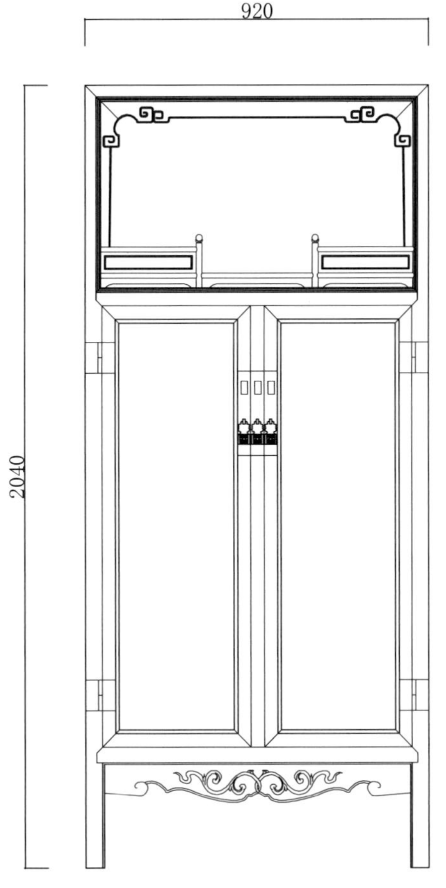

主视图

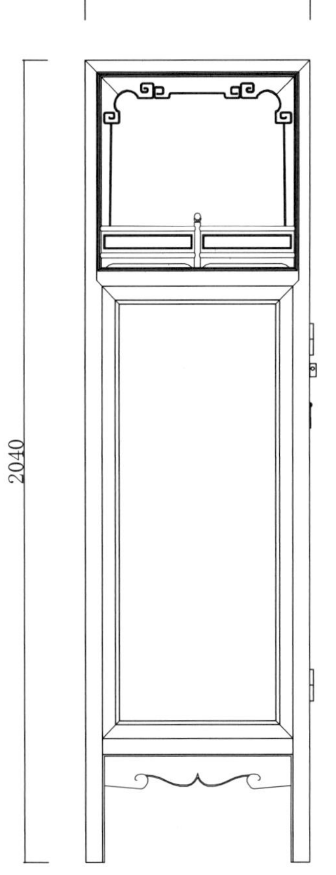

左视图

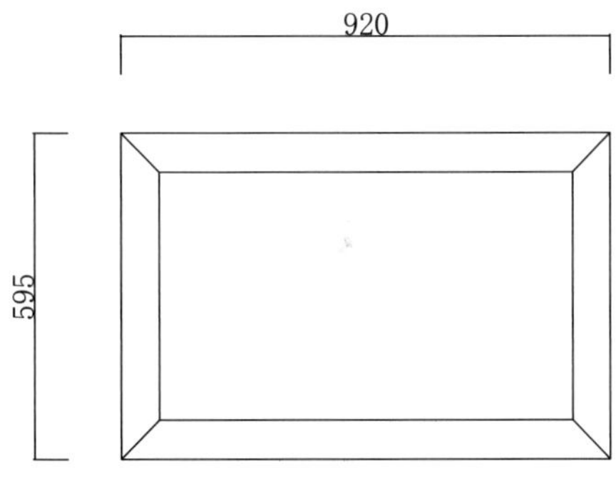

俯视图

图版清单（清式卷草纹亮格柜）：
主视图
左视图
俯视图

清式竹节纹亮格柜

材质：黄花梨

年款：清代（清宫旧藏）

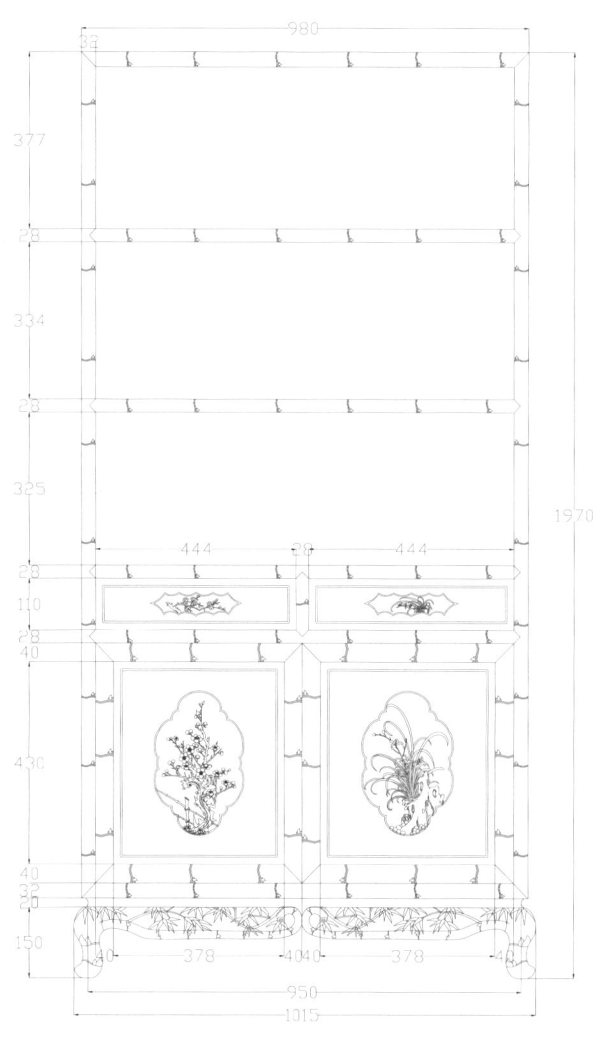

主视图

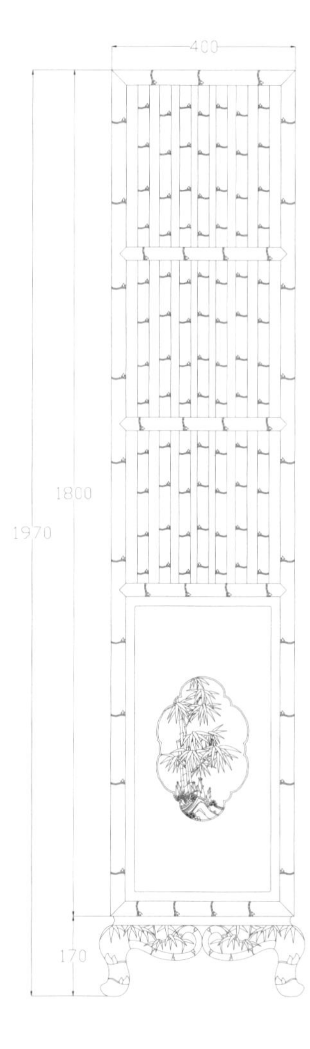

左视图

图版清单（清式竹节纹亮格柜）：
主视图
左视图
俯视图

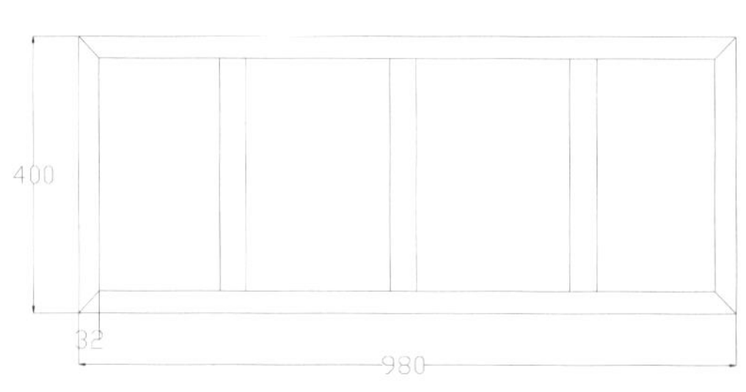

俯视图

清式三抽屉亮格柜

材质：紫檀

年款：清代（清宫旧藏）

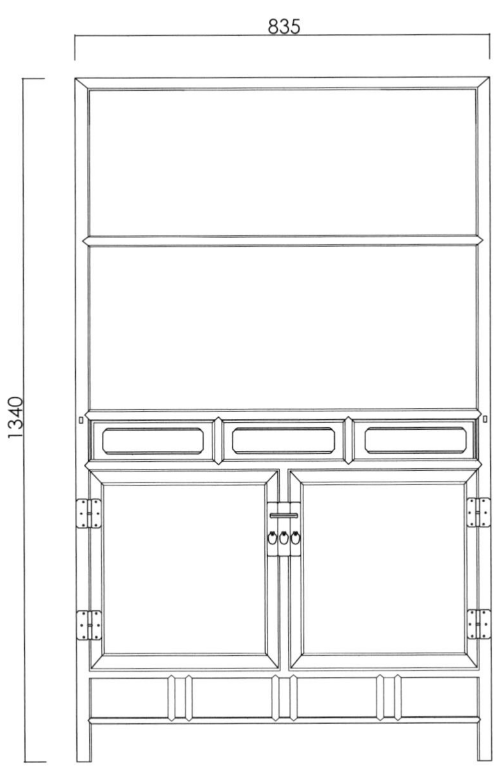

主视图

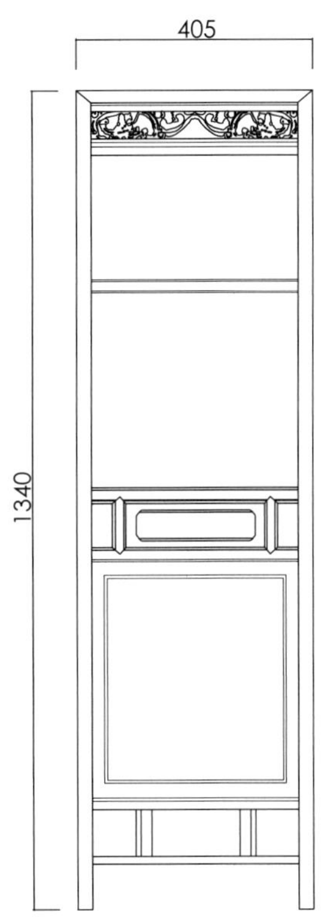

左视图

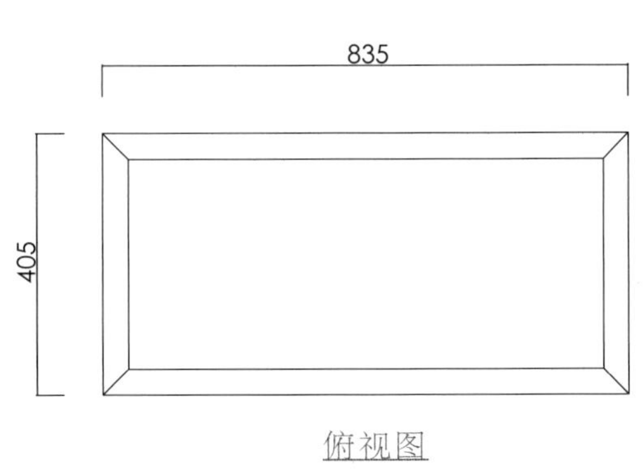

俯视图

图版清单（清式三抽屉亮格柜）：
主视图
左视图
俯视图

清式冬瓜桩圈口亮格柜

材质：紫檀

年款：清代（清宫旧藏）

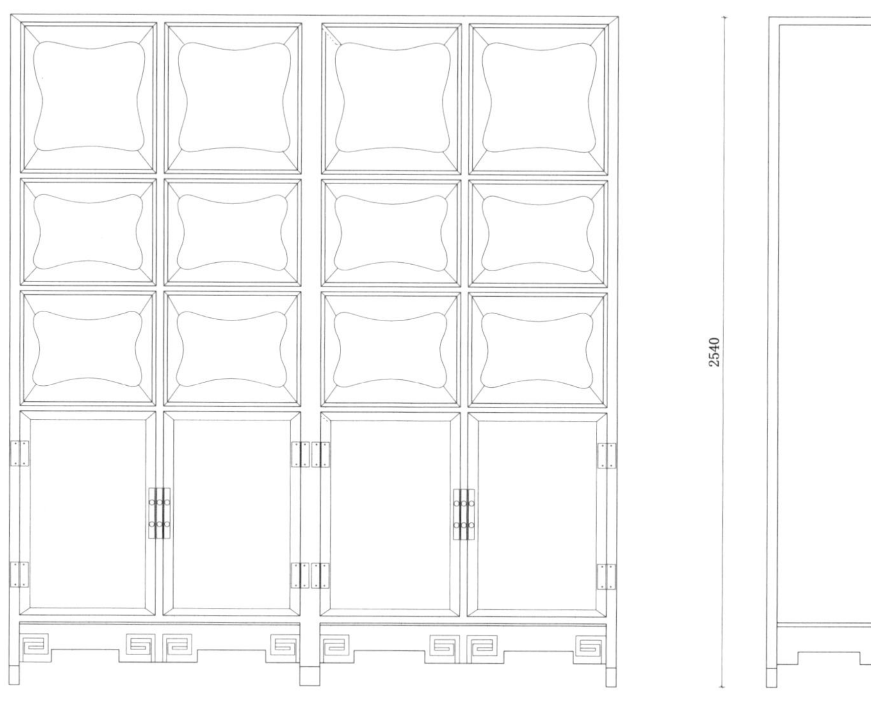

主视图　　左视图

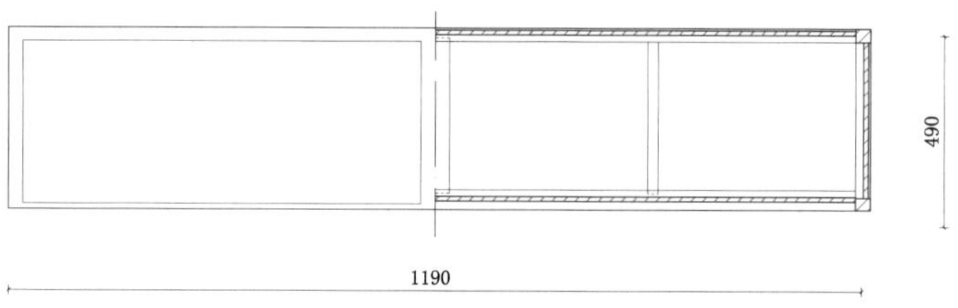

俯视图

图版清单（清式冬瓜桩圈口亮格柜）：
主视图
左视图
俯视图

清式螭龙纹亮格柜

材质：紫檀

年款：清代

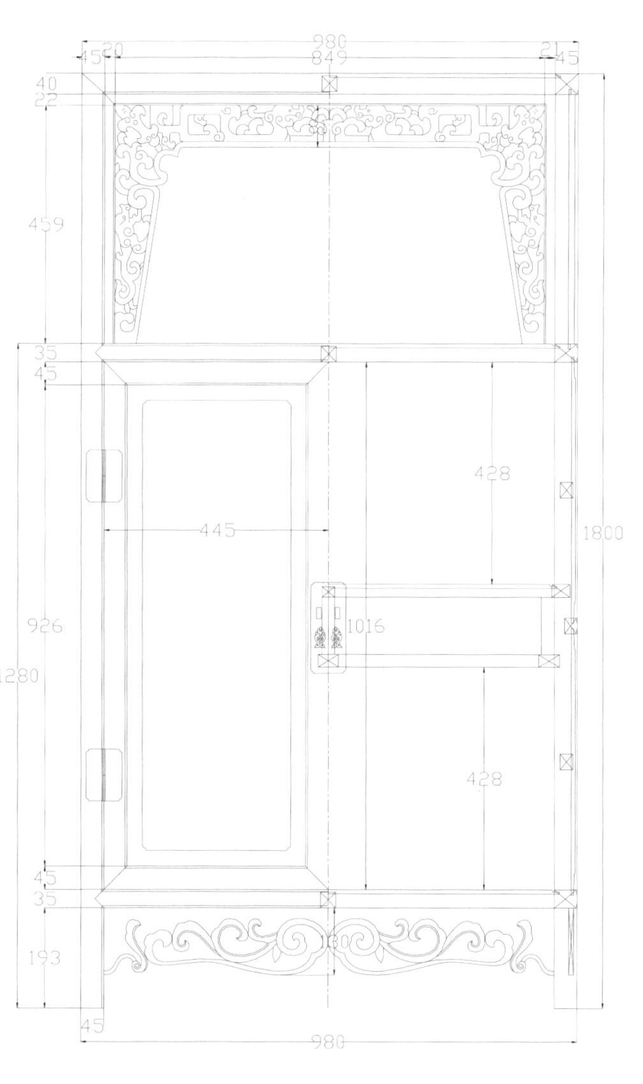

主视图

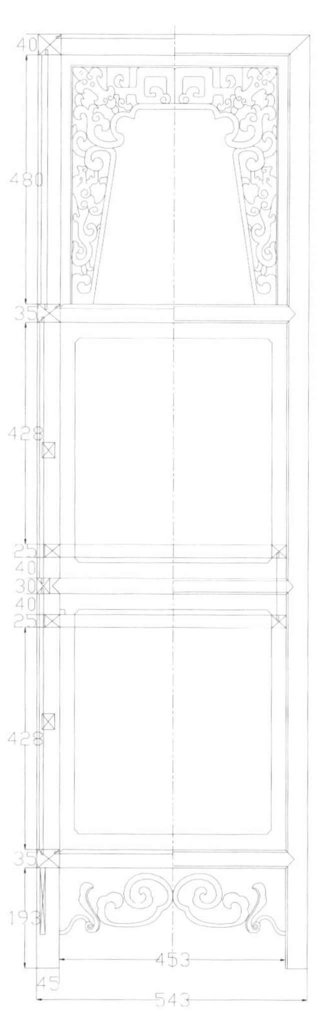

左视图

图版清单（清式螭龙纹亮格柜）：
主视图
左视图

清式琴棋书画文士图亮格柜

材质：黄花梨

年款：清代（清宫旧藏）

主视图

左视图

图版清单（清式琴棋书画文士图亮格柜）：
主视图
左视图

清式山水人物图亮格柜

材质：紫檀

年款：清代（清宫旧藏）

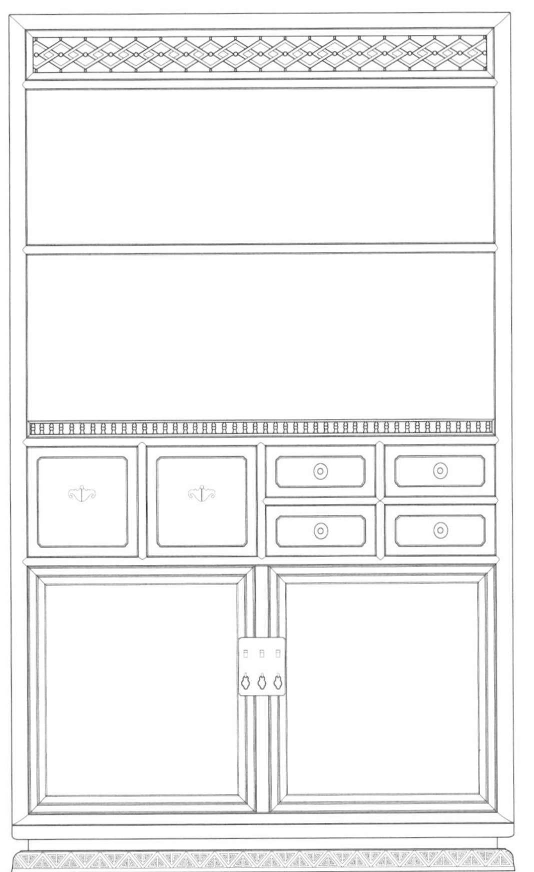

主视图

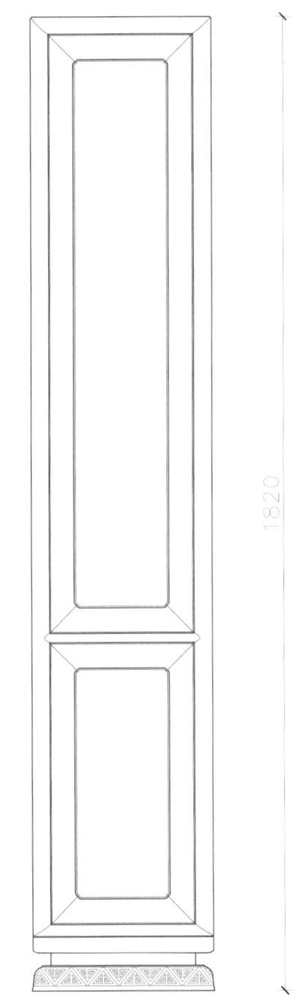

左视图

俯视图

图版清单（清式山水人物图亮格柜）：
主视图
左视图
俯视图

注：视图中纹饰略去。

清式西番莲纹万历柜

材质：紫檀

年款：清代（清宫旧藏）

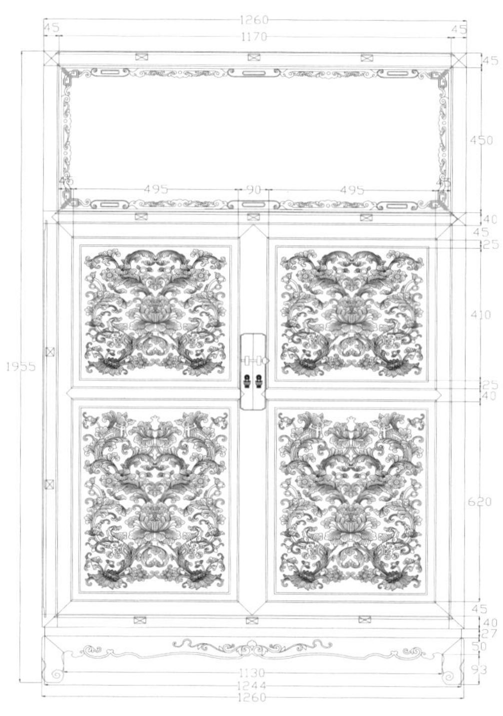

主视图

左视图

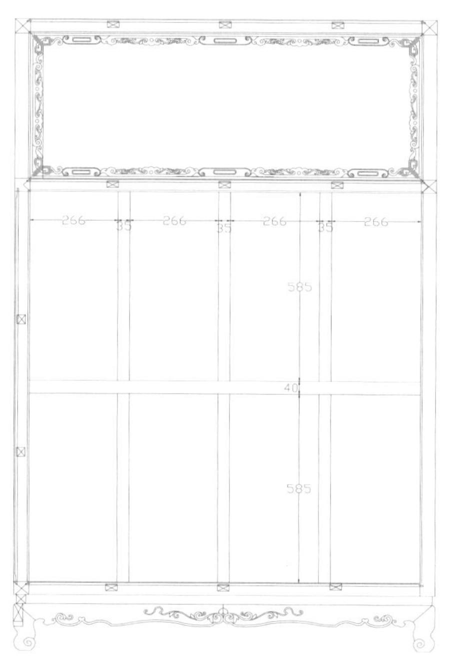

剖视图

图版清单（清式西番莲纹万历柜）：
主视图
左视图
剖视图

清式壶门开光柜门圆角柜

材质：黄花梨

年款：清代（清宫旧藏）

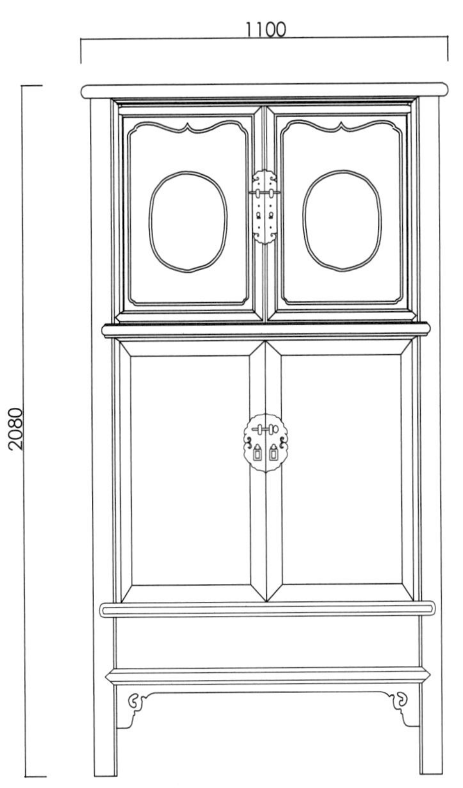

主视图

左视图

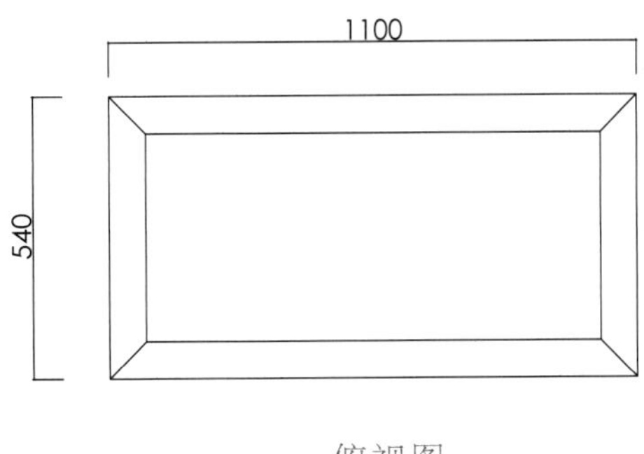

俯视图

图版清单（清式壶门开光柜门圆角柜）：
主视图
左视图
俯视图

清式云龙纹喷面圆角柜

材质：紫檀

年款：清代（清宫旧藏）

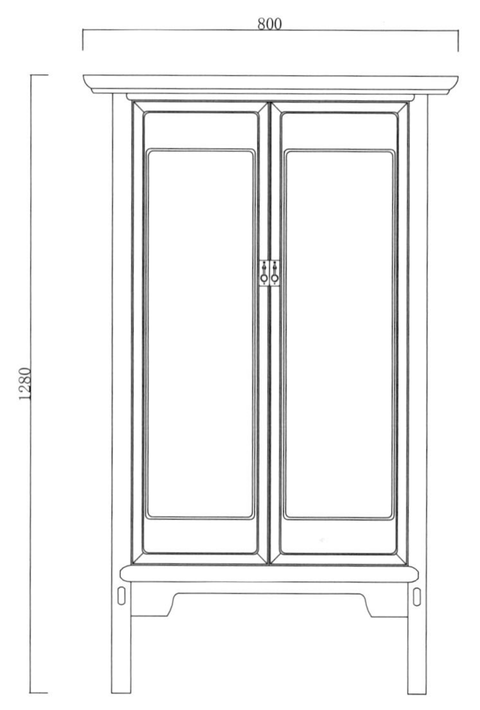

主视图

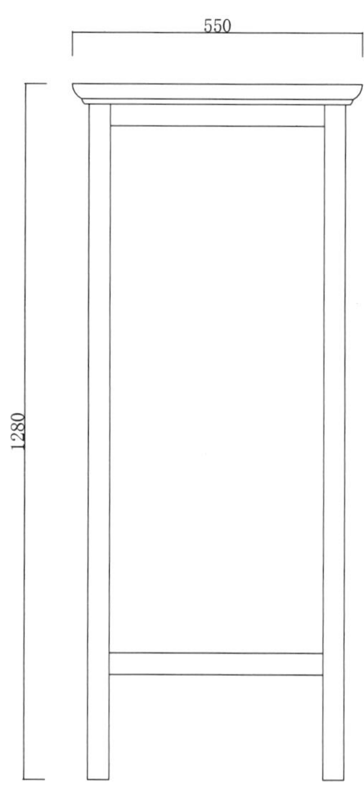

左视图

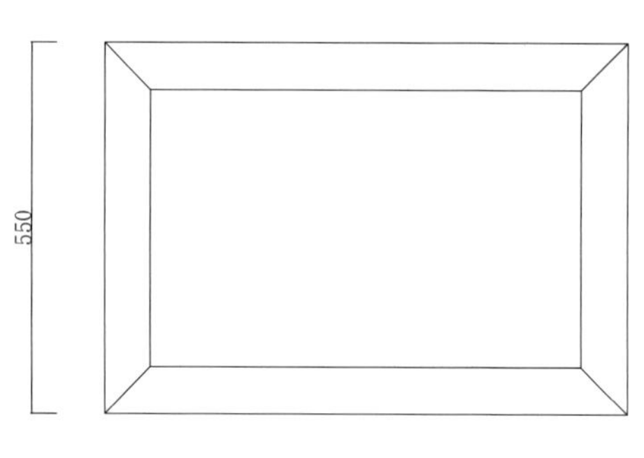

俯视图

图版清单（清式云龙纹喷面圆角柜）：
主视图
左视图
俯视图

注：视图中纹饰略去。

清式圆月方角柜

材质：楠木

年款：清代（清宫旧藏）

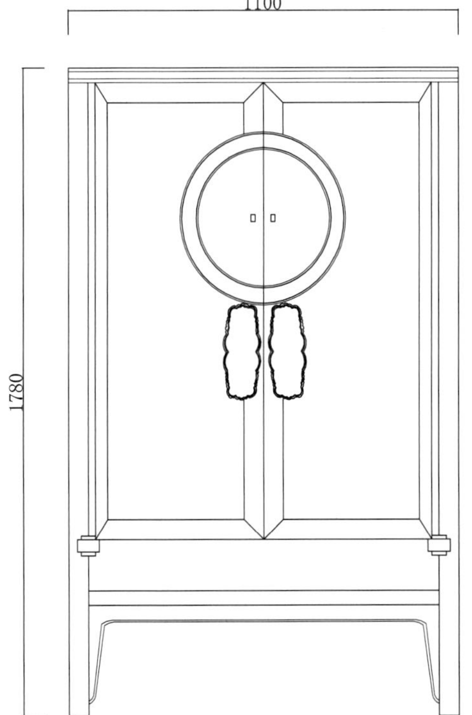

主视图

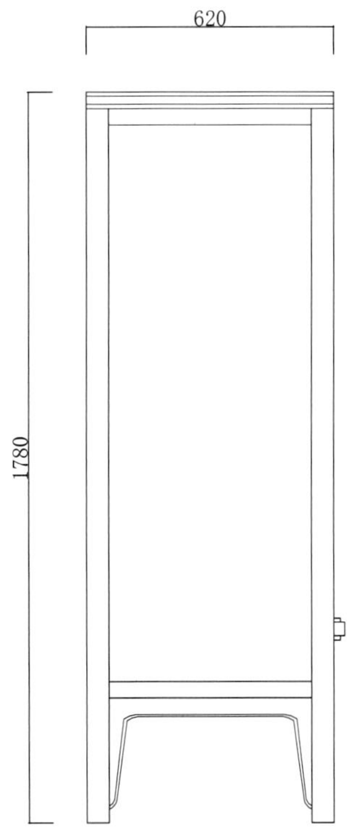

左视图

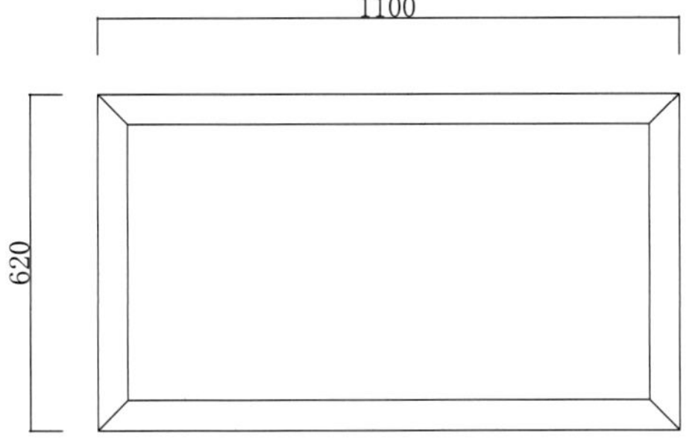

俯视图

图版清单（清式圆月方角柜）：
主视图
左视图
俯视图

清式四合如意团龙纹方角柜

材质：紫檀

年款：清代（清宫旧藏）

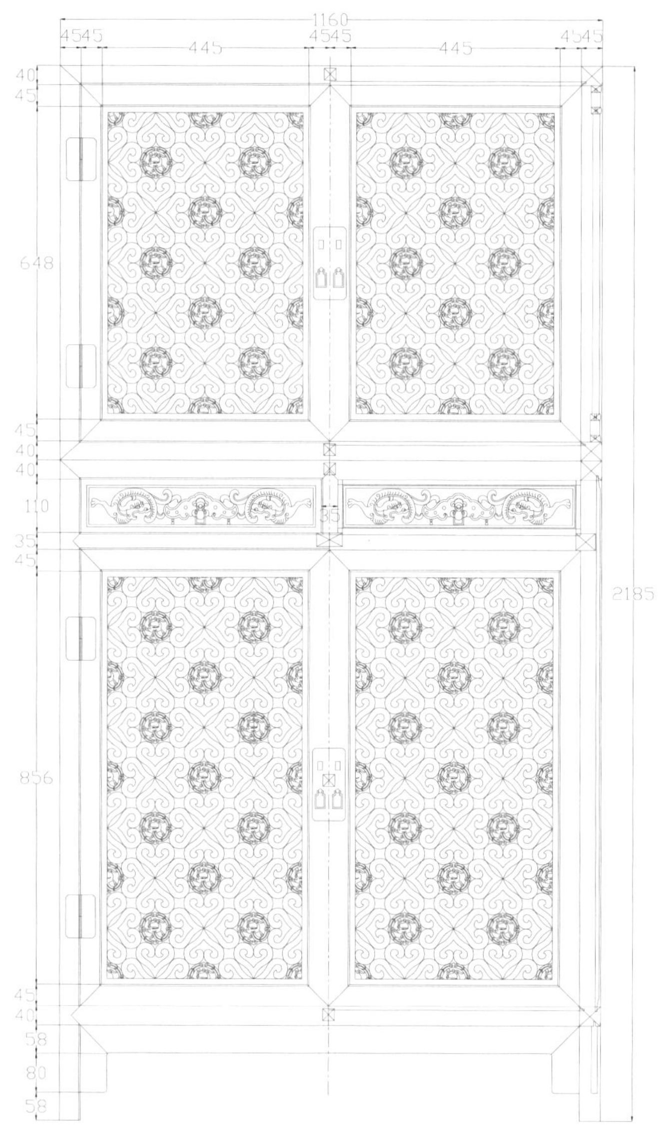

主视图

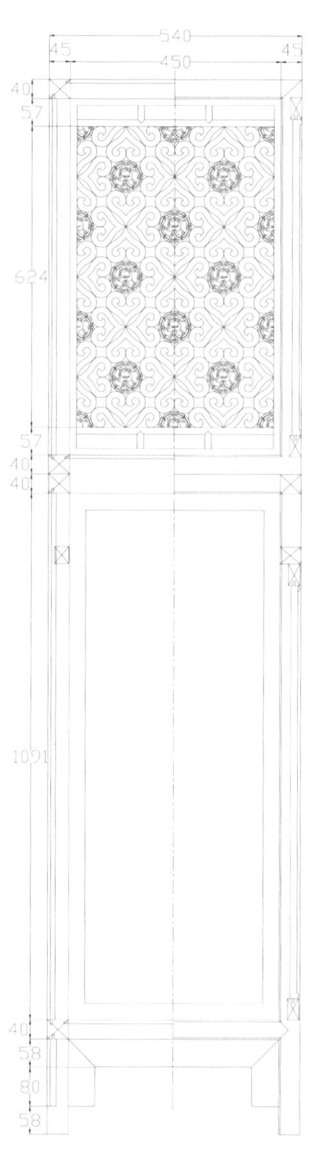

左视图

图版清单（清式四合如意团龙纹方角柜）：
主视图
左视图

清式龙凤纹方角柜

材质：紫檀

年款：清代（清宫旧藏）

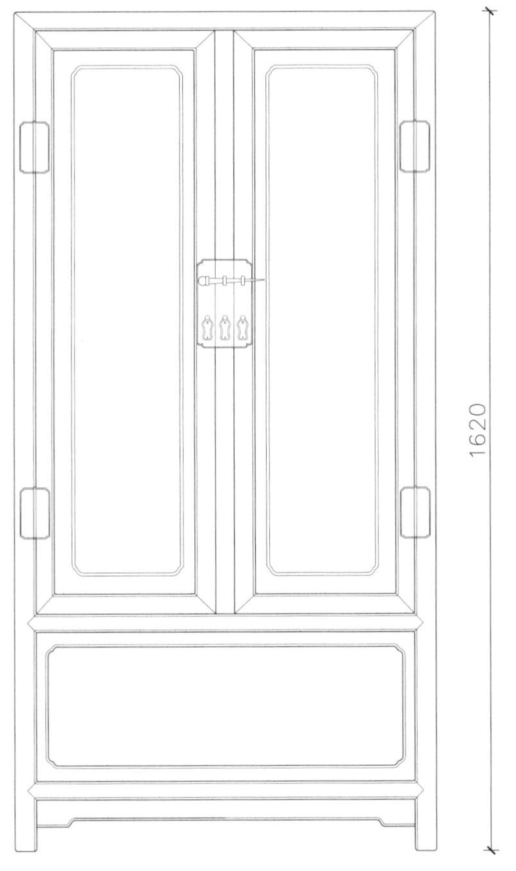

主视图

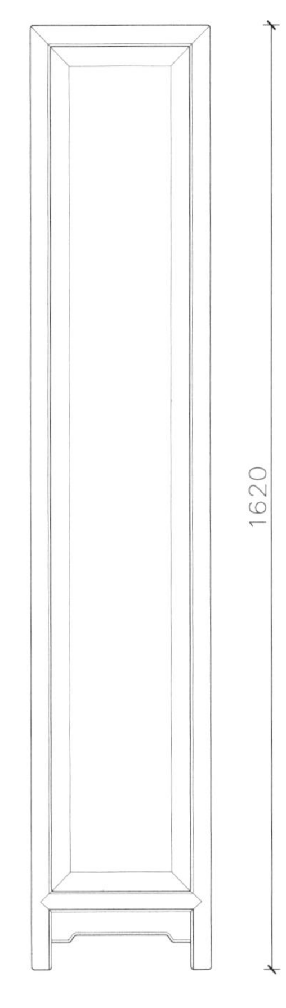

左视图

俯视图

图版清单（清式龙凤纹方角柜）：

主视图

左视图

俯视图

注：视图中纹饰略去。

清式夔龙蝙蝠纹方角柜

材质：紫檀

年款：清代（清宫旧藏）

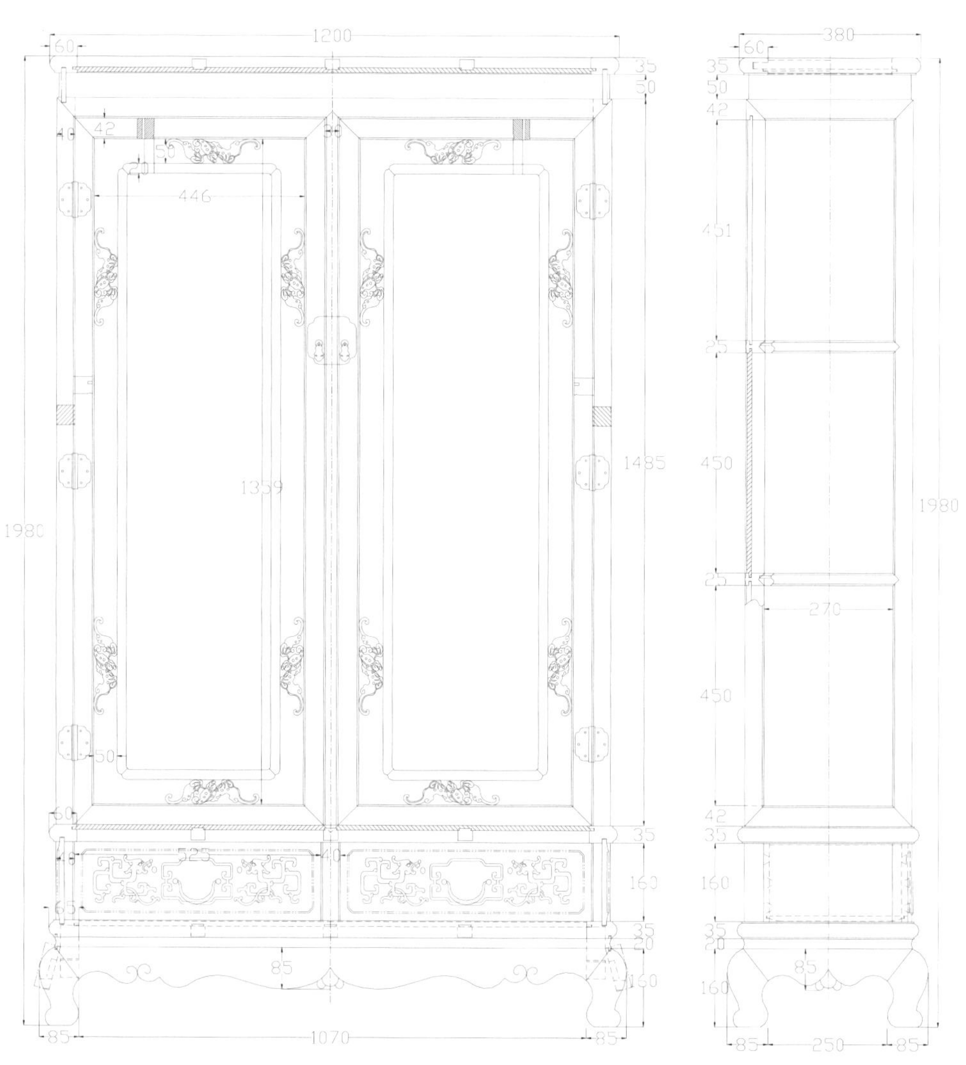

主视图　　左视图

图版清单（清式夔龙蝙蝠纹方角柜）：
主视图
左视图

清式十字连方纹小方角柜

材质：黄花梨

年款：清代

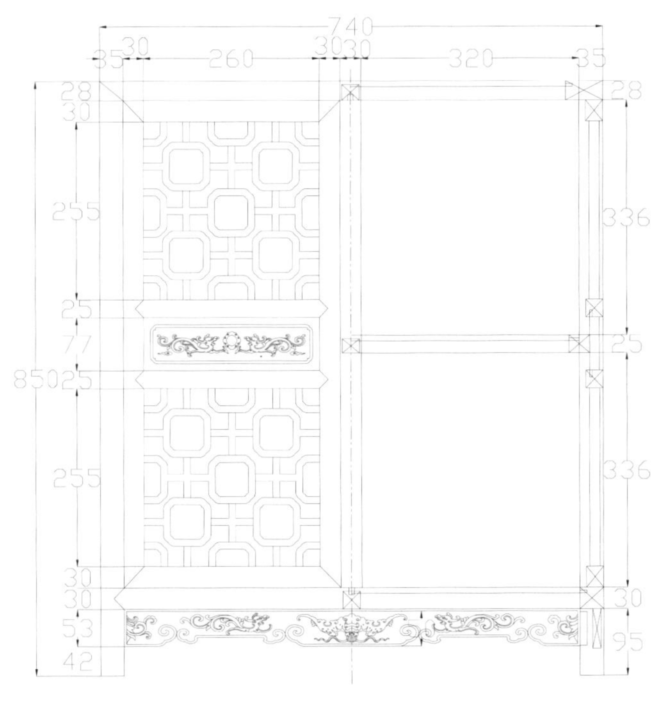

主视图

左视图

图版清单（清式十字连方纹小方角柜）：
主视图
左视图

清式嵌竹丝小方角柜

材质：紫檀

年款：清代（清宫旧藏）

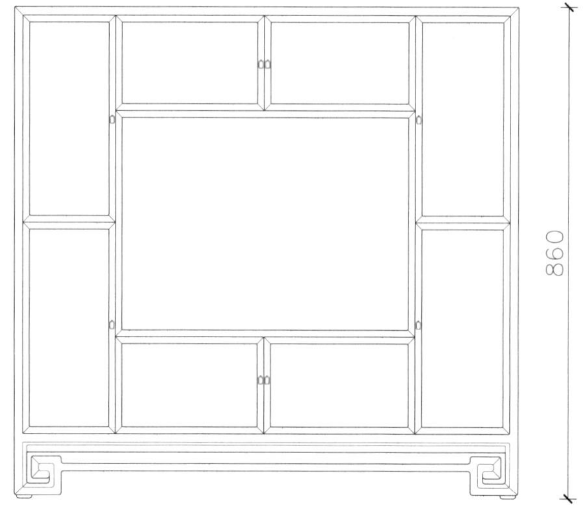

主视图

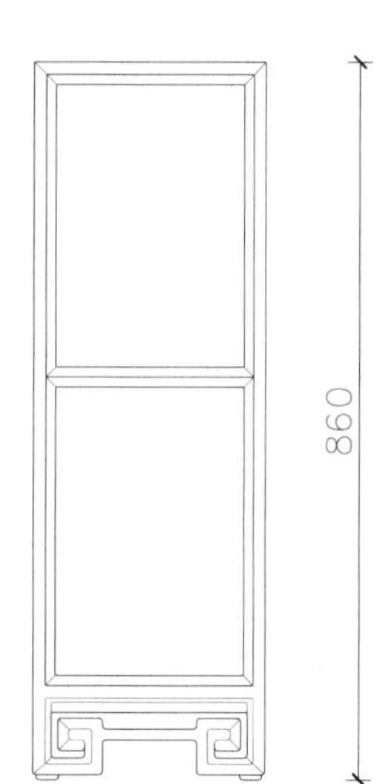

左视图

俯视图

图版清单（清式嵌竹丝小方角柜）：
主视图
左视图
俯视图

清式山水图多宝格

材质：紫檀

年款：清代（清宫旧藏）

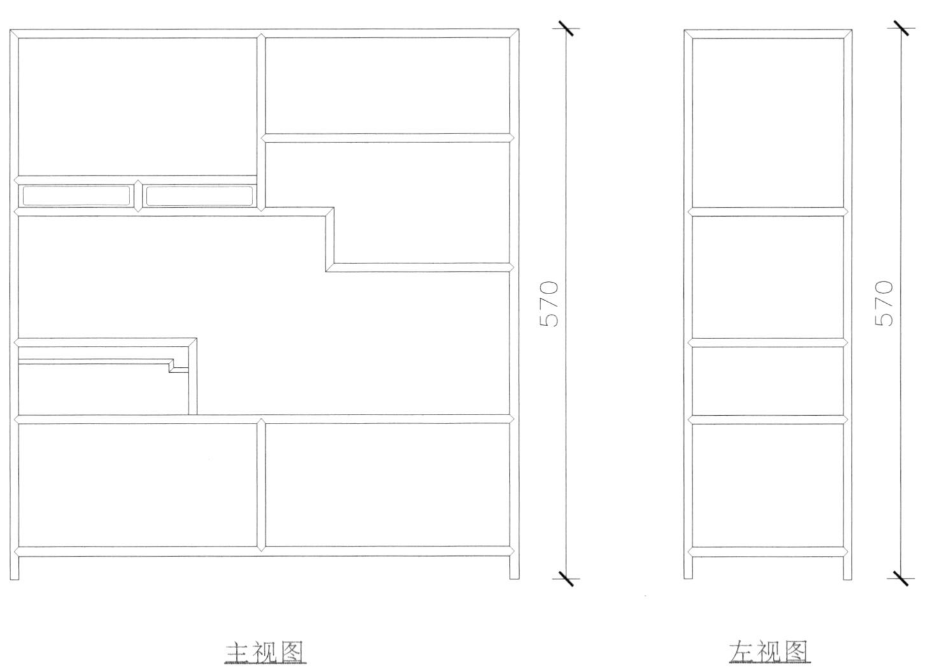

主视图　　左视图

俯视图

图版清单（清式山水图多宝格）：
主视图
左视图
俯视图

注：视图中纹饰略去。

清式月洞门式多宝格

材质：黄花梨

年款：清代

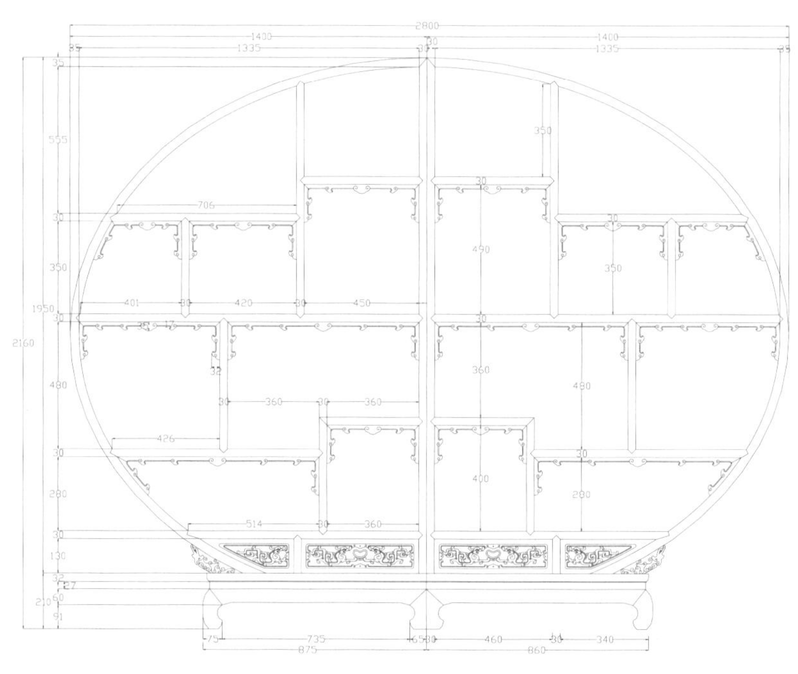

主视图

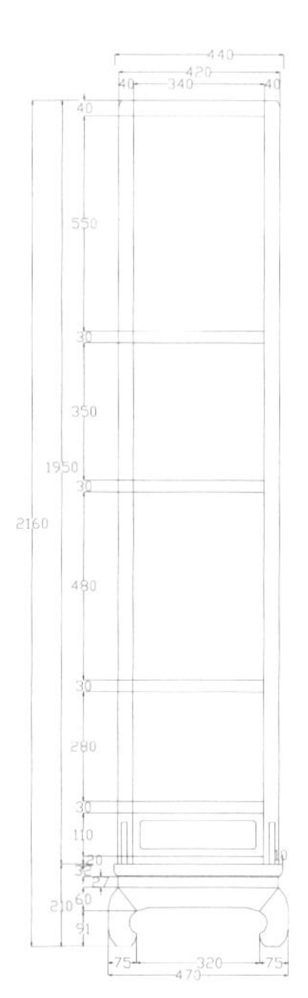

左视图

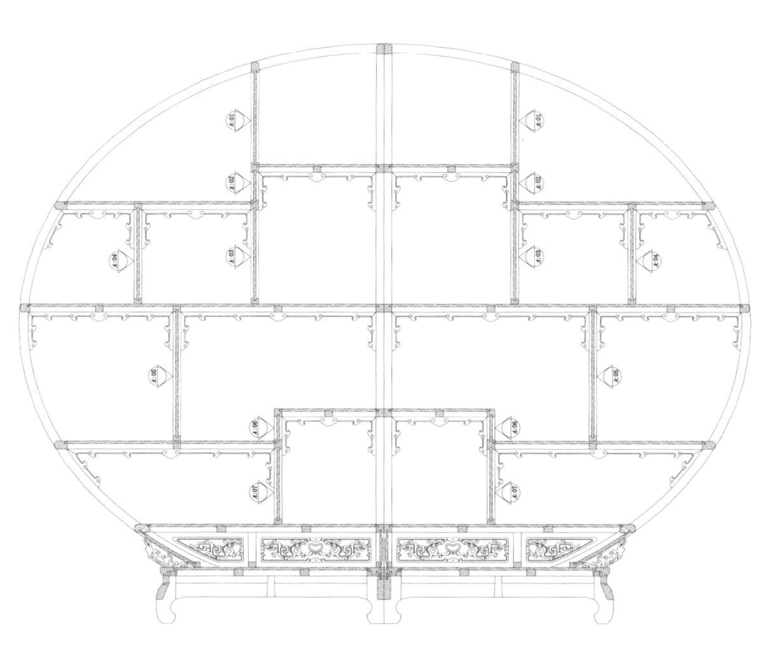

剖视图

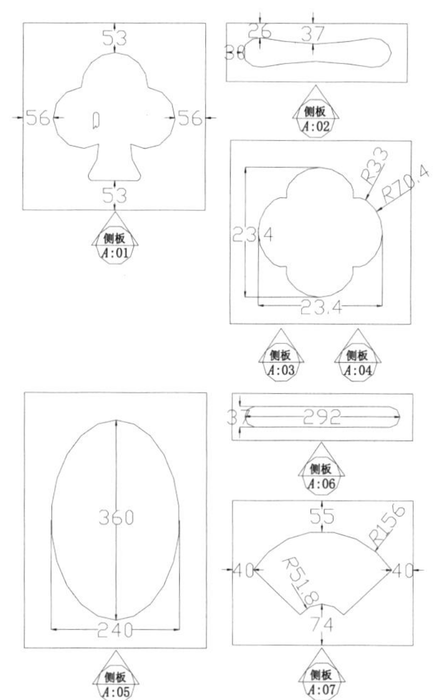

细节图

图版清单（清式月洞门式多宝格）：
主视图
左视图
剖视图
细节图

清式龙凤纹多宝格

材质：紫檀

年款：清代

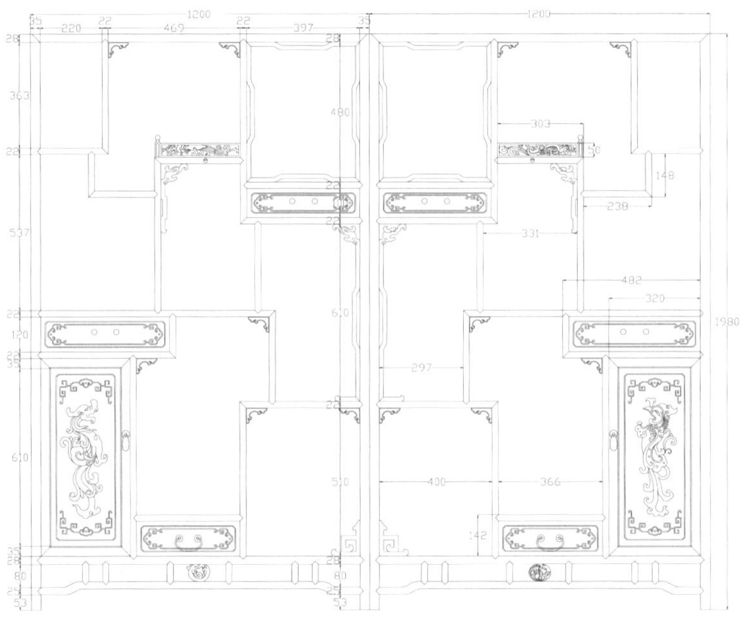

主视图

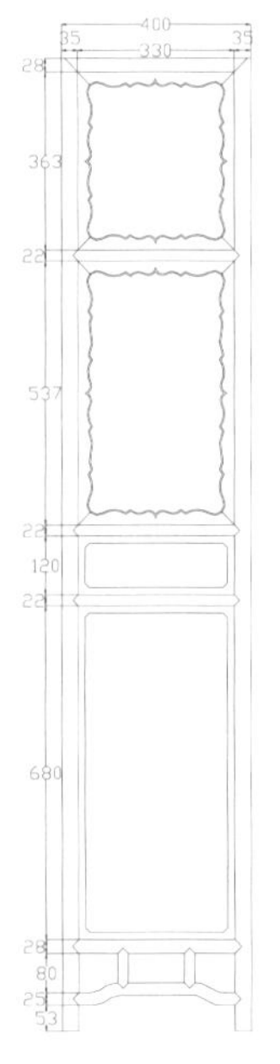

左视图（左柜）

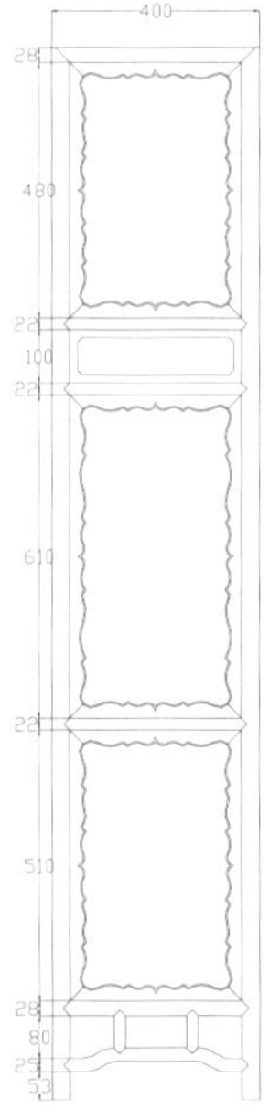

右视图（左柜）

图版清单（清式龙凤纹多宝格）：

主视图

左视图（左柜）

右视图（左柜）

清式圆形多宝格

材质：紫檀

年款：清代

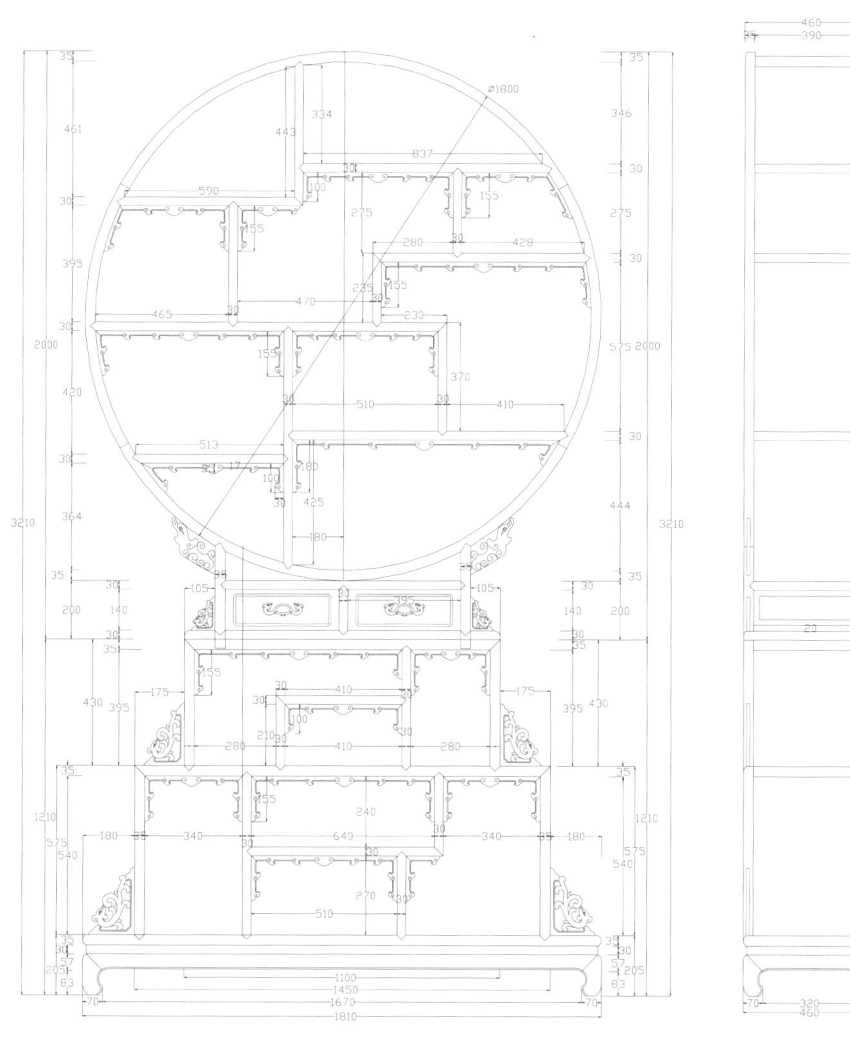

主视图　　右视图　　左视图

图版清单（清式圆形多宝格）：

主视图

右视图

左视图

清式卷草纹多宝格

材质：紫檀

年款：清代（清宫旧藏）

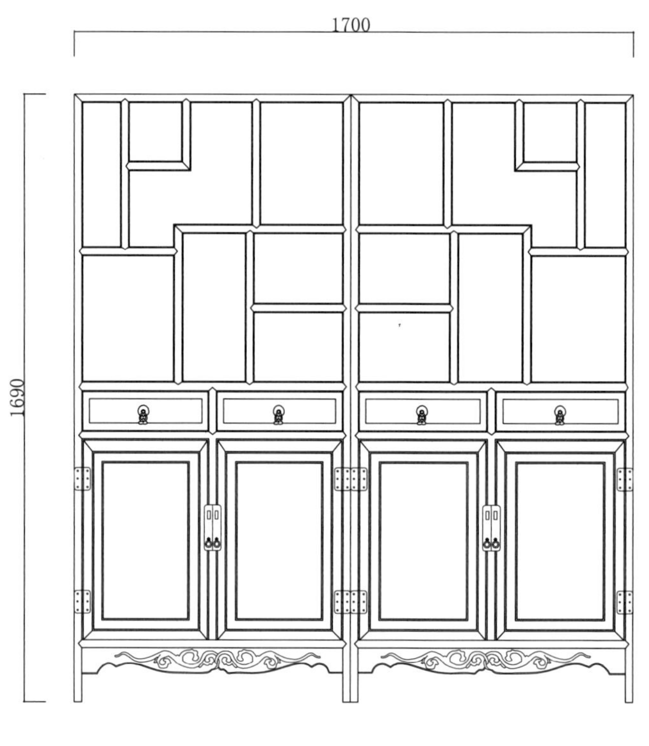

主视图

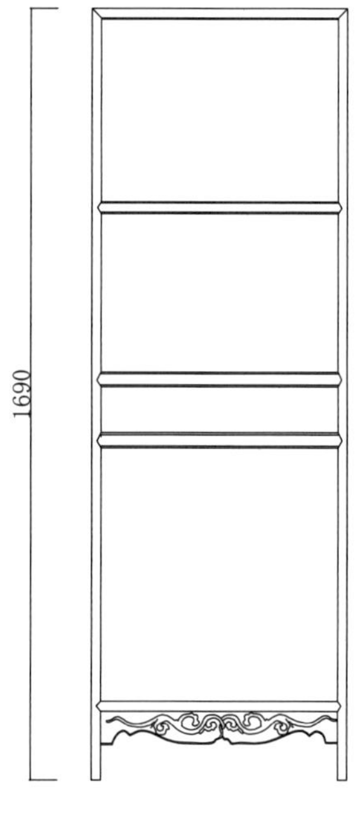

左视图

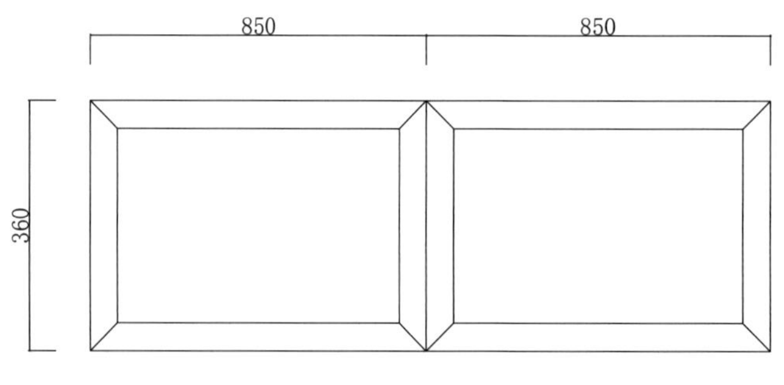

俯视图

图版清单（清式卷草纹多宝格）：
主视图
左视图
俯视图

清式暗八仙纹多宝格

材质：紫檀

年款：清代

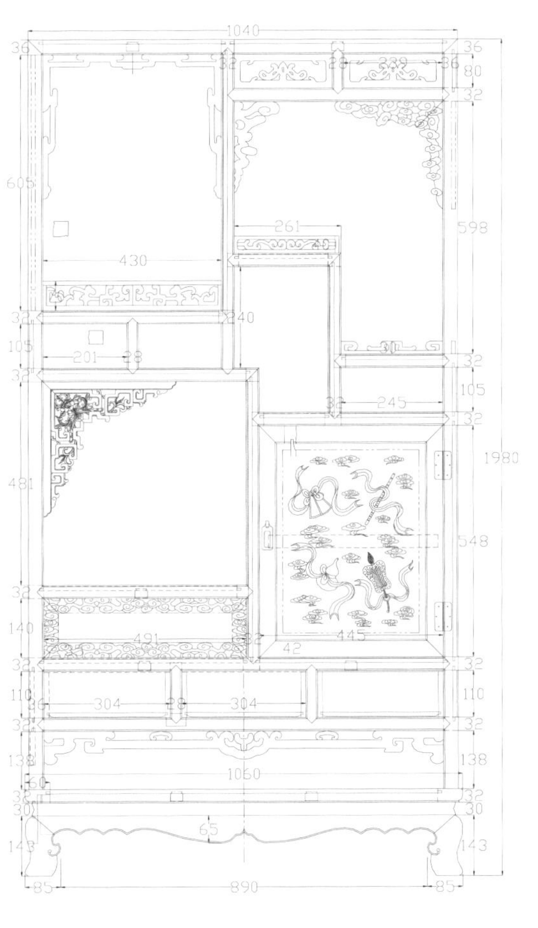

主视图

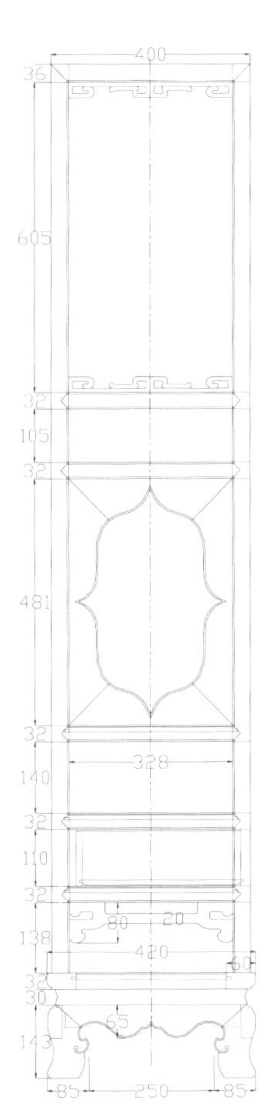

左视图

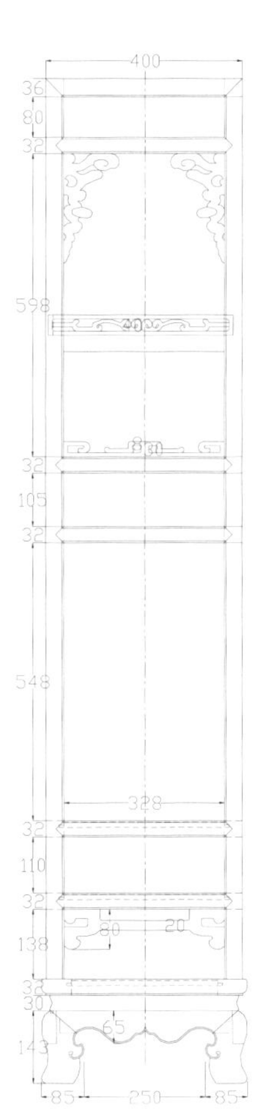

右视图

图版清单（清式暗八仙纹多宝格）：

主视图

左视图

右视图

清式卷云纹多宝格

材质：紫檀

年款：清代

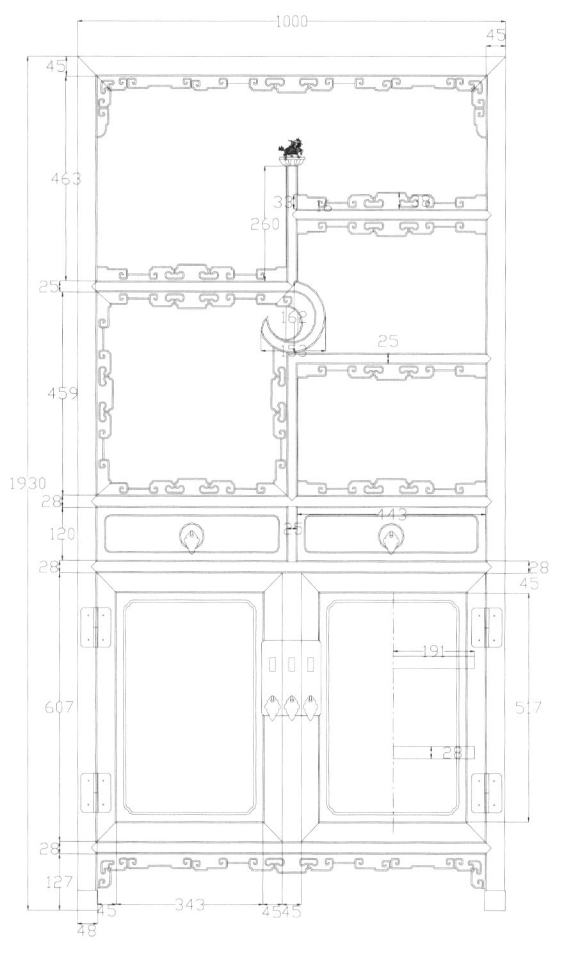

主视图

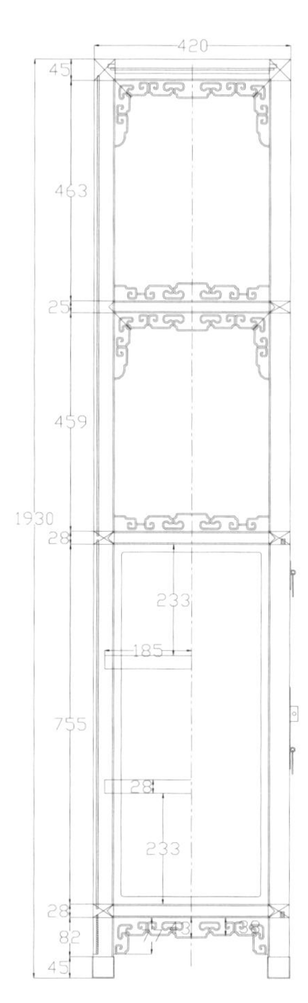

左视图

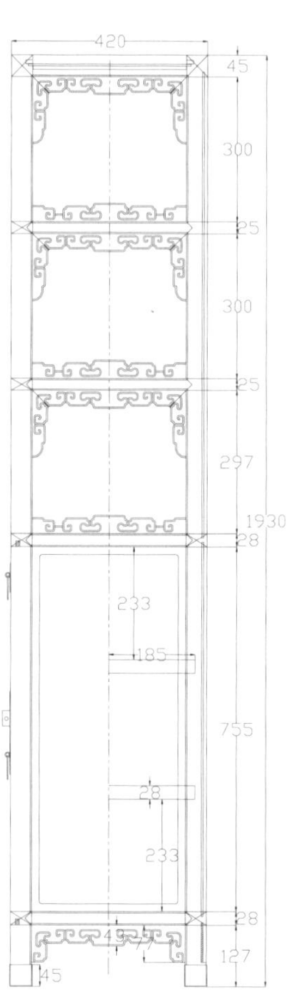

右视图

图版清单（清式卷云纹多宝格）：
主视图
左视图
右视图

清式八角形多宝格

材质：紫檀

年款：清代

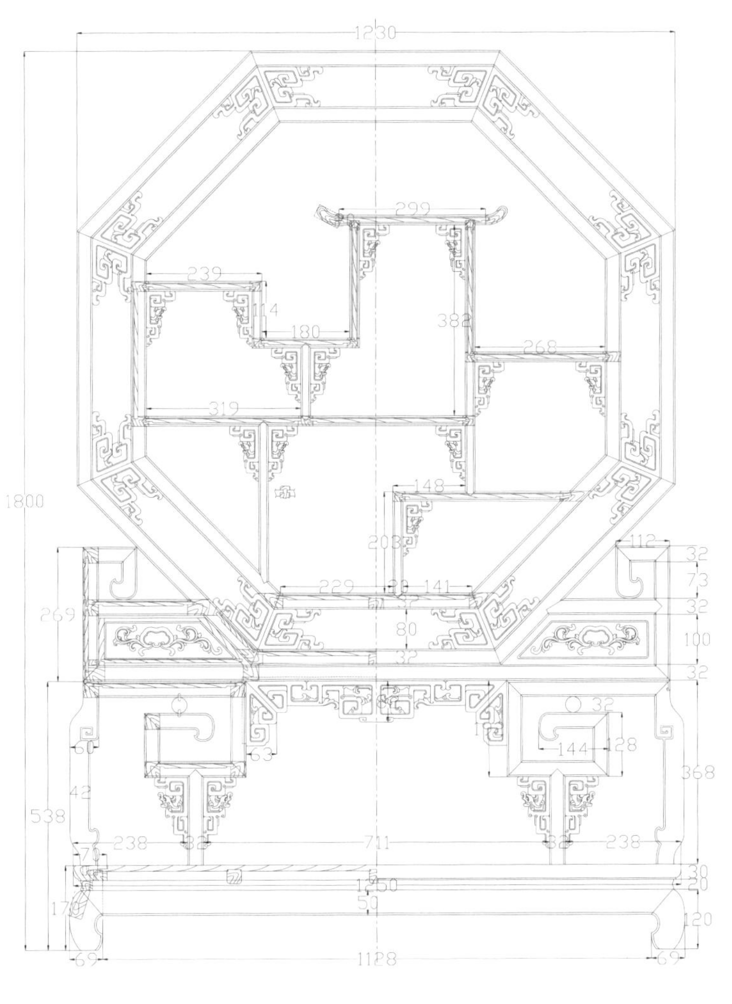

主视图

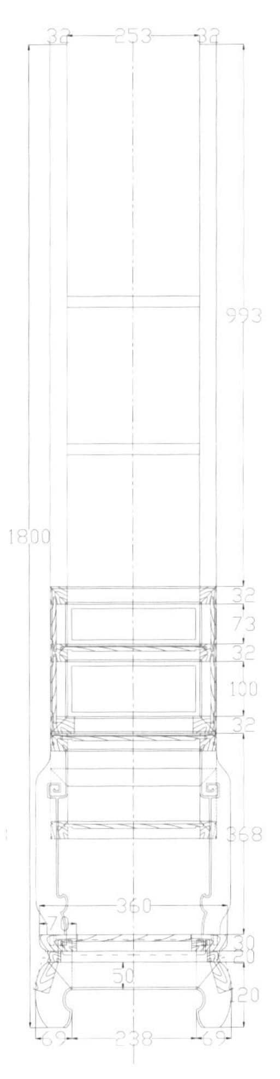

左视图

图版清单（清式八角形多宝格）：
主视图
左视图

清式填漆描金芦雁图多宝格

材质：紫檀（大漆）

年款：清代（清宫旧藏）

主视图

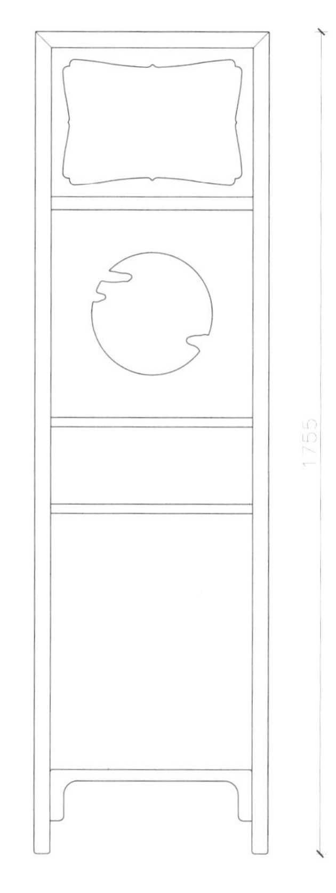

右视图

图版清单（清式填漆描金芦雁图多宝格）：
主视图
右视图
俯视图

俯视图

注：视图中纹饰略去。

清式半月形多宝格

材质：紫檀

年款：清代

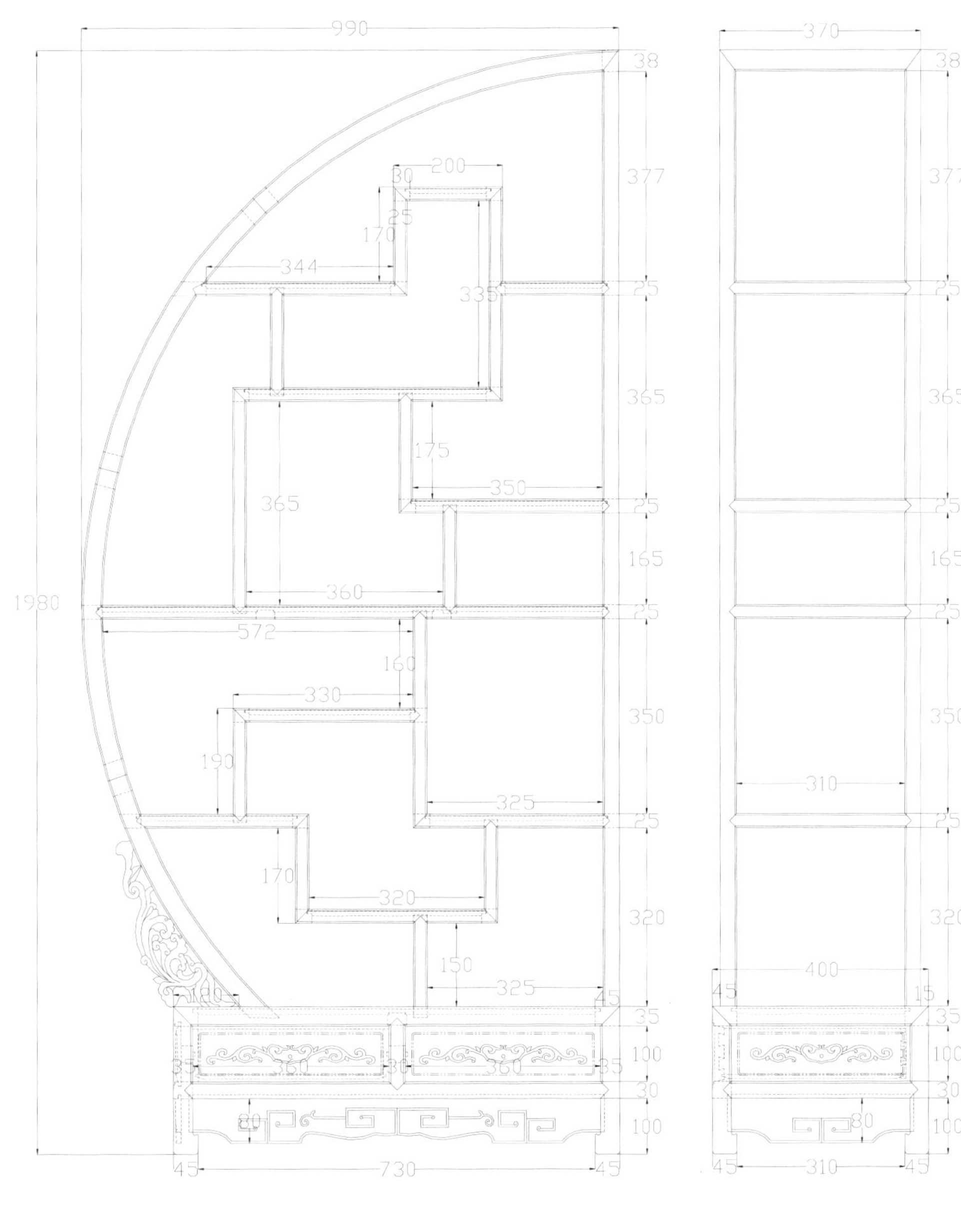

主视图　　　右视图

图版清单（清式半月形多宝格）：

主视图

右视图

清式四季花卉多宝格

材质：紫檀

年款：清代（清宫旧藏）

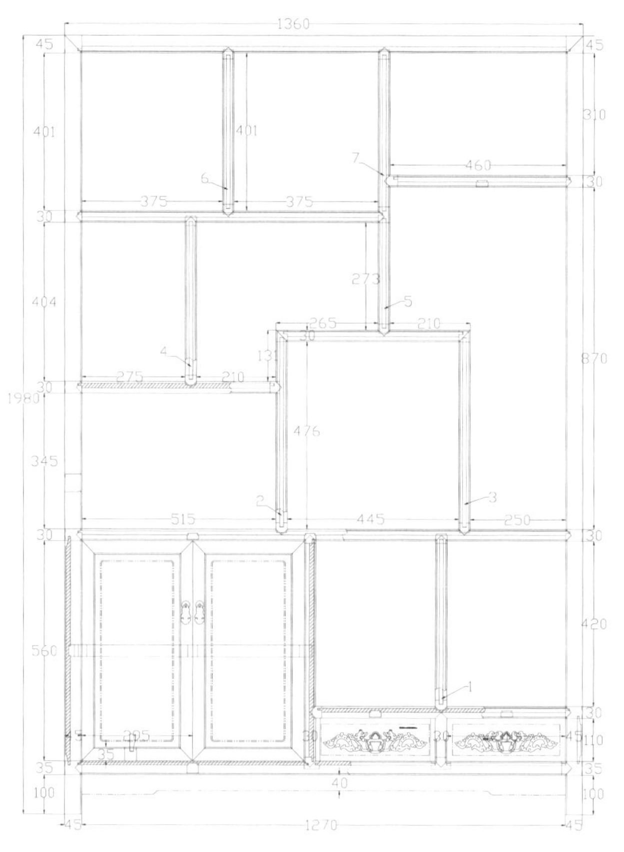

主视图　　左视图

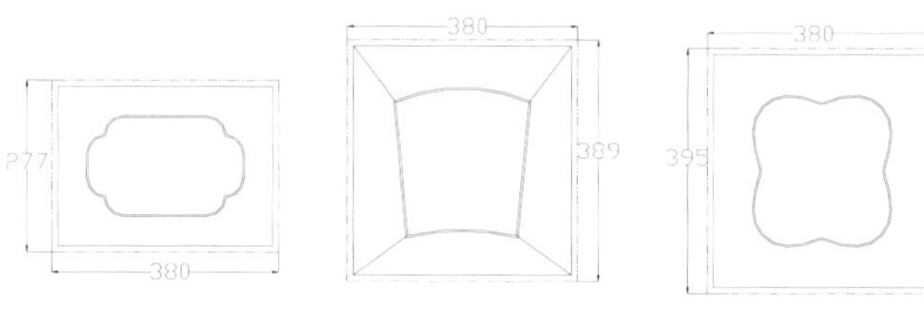

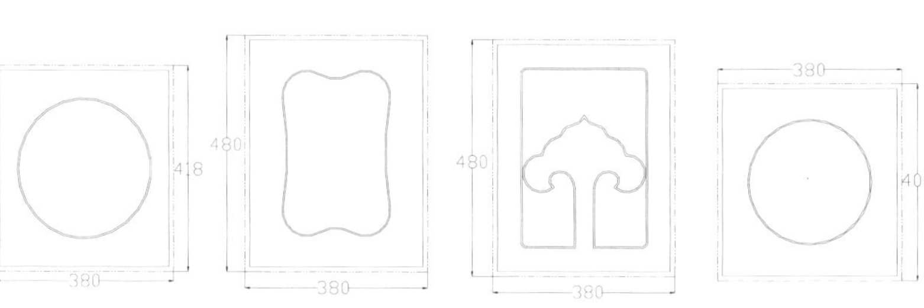

细节图（立墙）

图版清单（清式四季花卉多宝格）：
主视图
左视图
细节图（立墙）

注：视图中纹饰略去。

清式描金夔凤纹多宝格

材质：楸木

年款：清代（清宫旧藏）

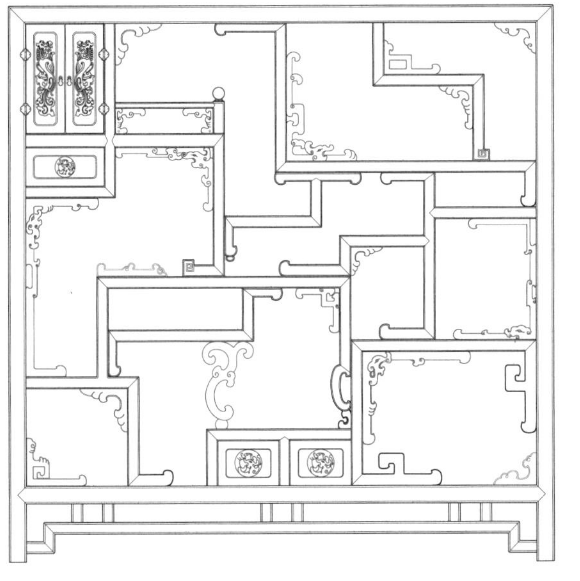

主视图

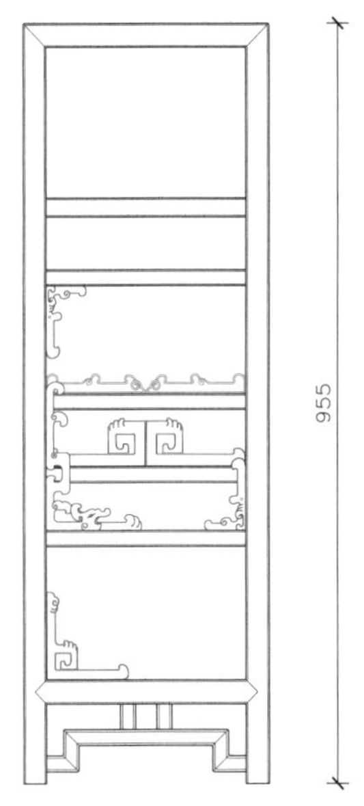

左视图

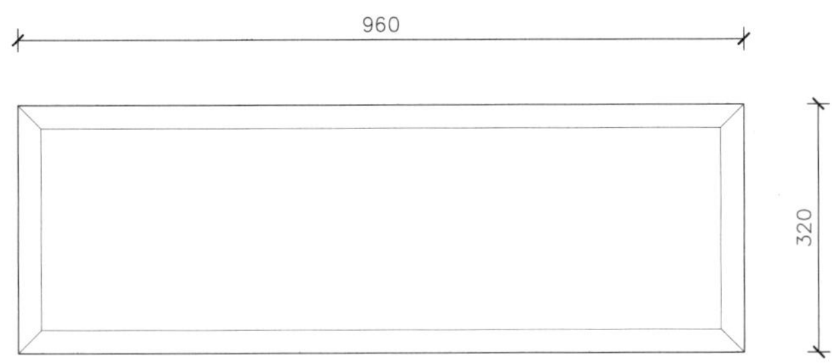

俯视图

图版清单（清式描金夔凤纹多宝格）：
主视图
左视图
俯视图

清式博古图多宝格

材质：紫檀

年款：清代（清宫旧藏）

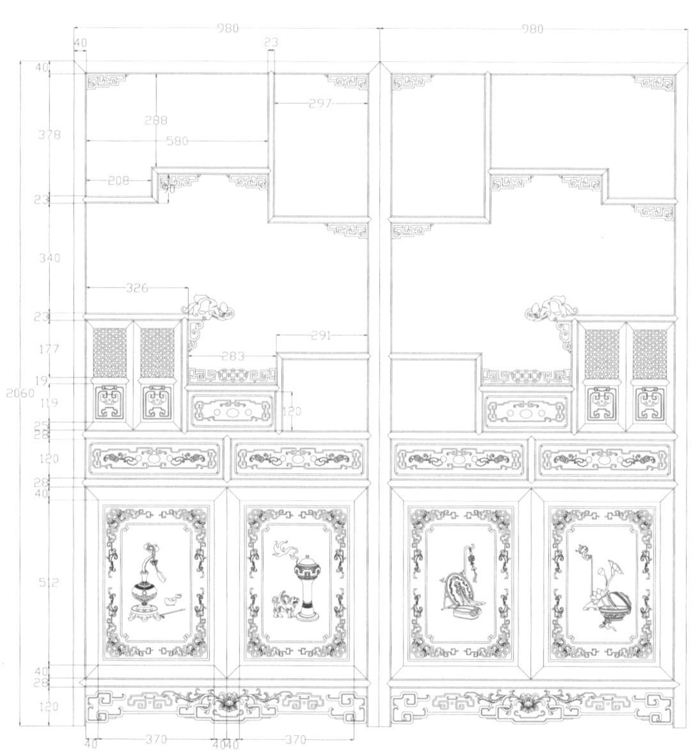

主视图

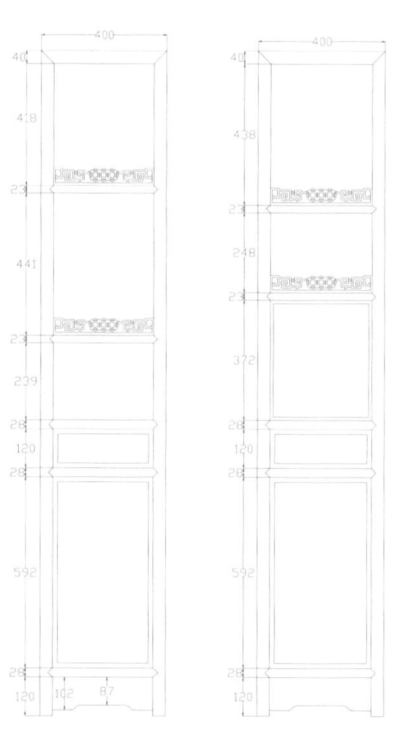

左视图（左柜）　右视图（左柜）

图版清单（清式博古图多宝格）：
主视图
左视图（左柜）
右视图（左柜）

清式云蝠纹多宝格

材质：紫檀

年款：清代（清宫旧藏）

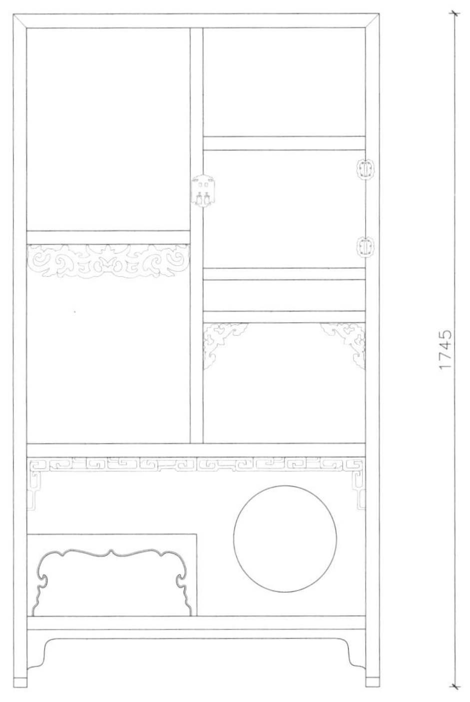

主视图

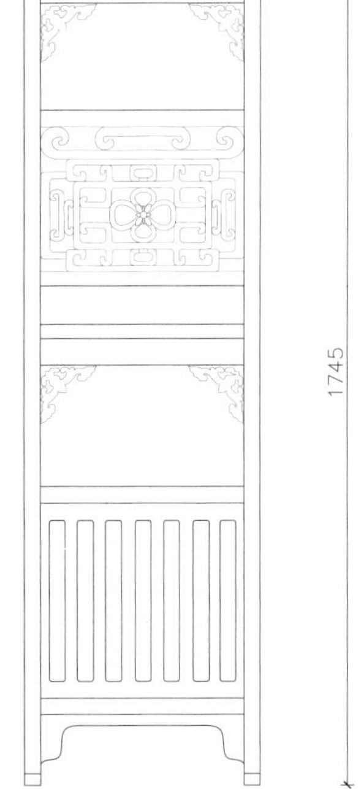

右视图

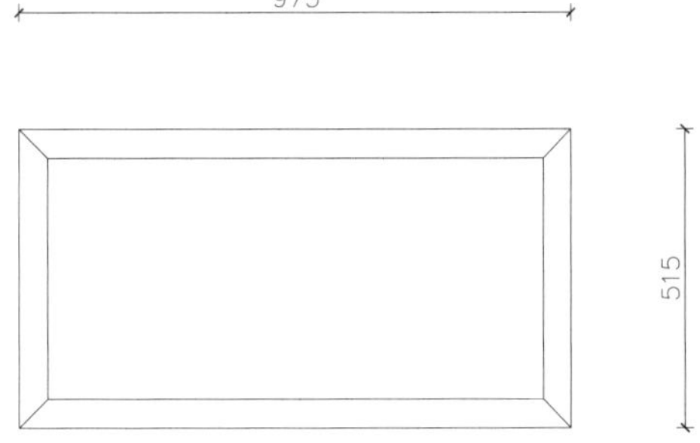

俯视图

图版清单（清式云蝠纹多宝格）：
主视图
右视图
俯视图

清式拐子纹圈口多宝格

材质：紫檀

年款：清代

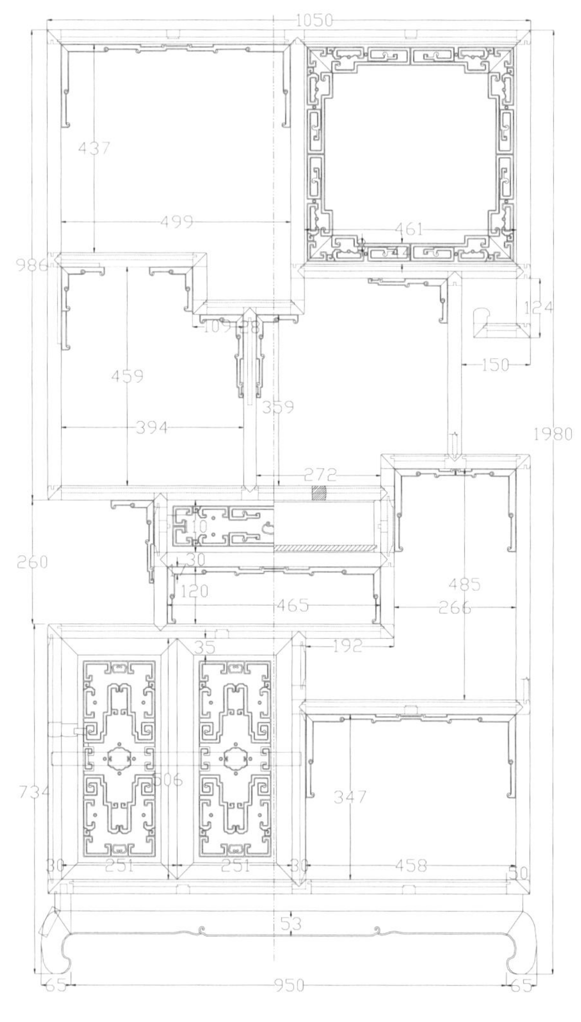

主视图

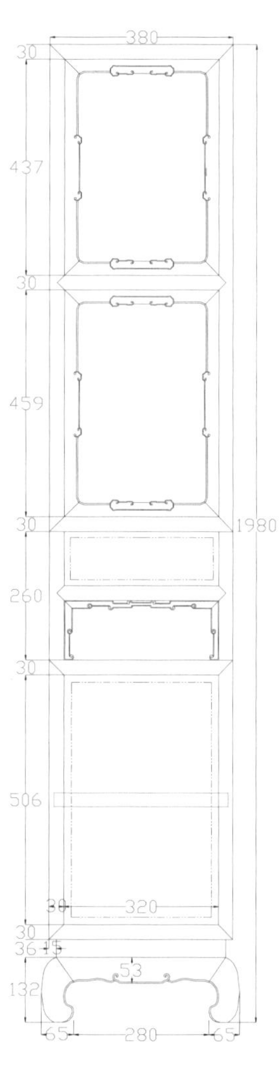

左视图

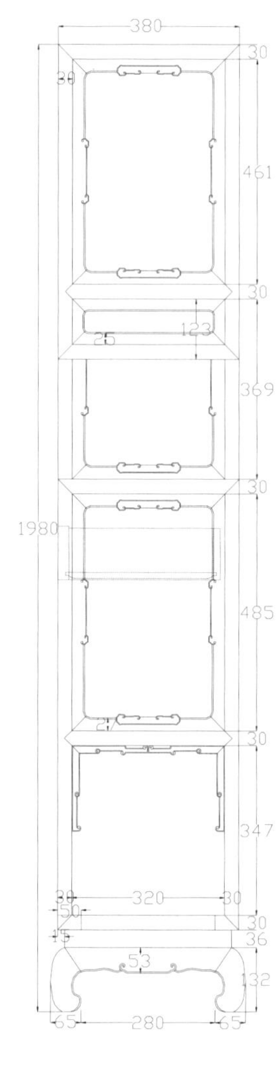

右视图

图版清单（清式拐子纹圈口多宝格）：

主视图

左视图

右视图

细节图（腿足）

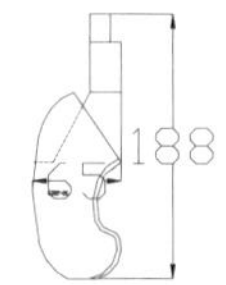

细节图（腿足）

清式描金夔凤纹多宝格

材质：紫檀

年款：清代

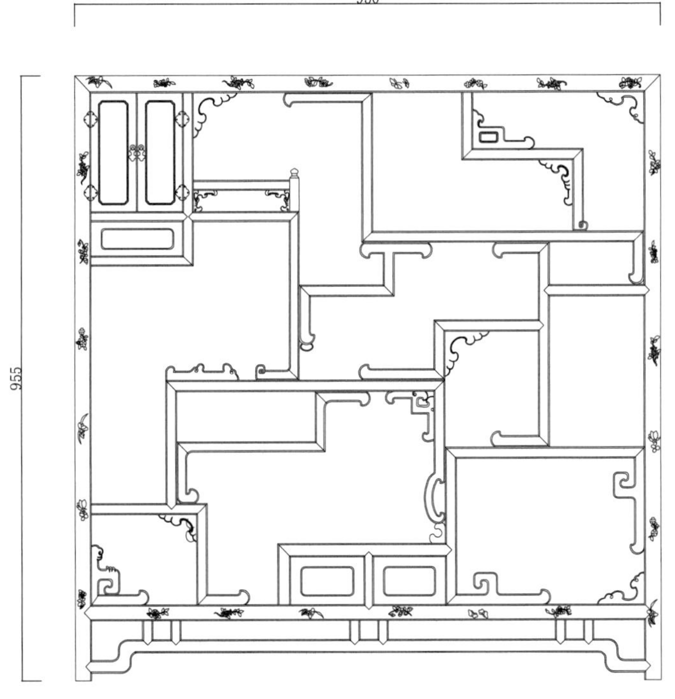

主视图

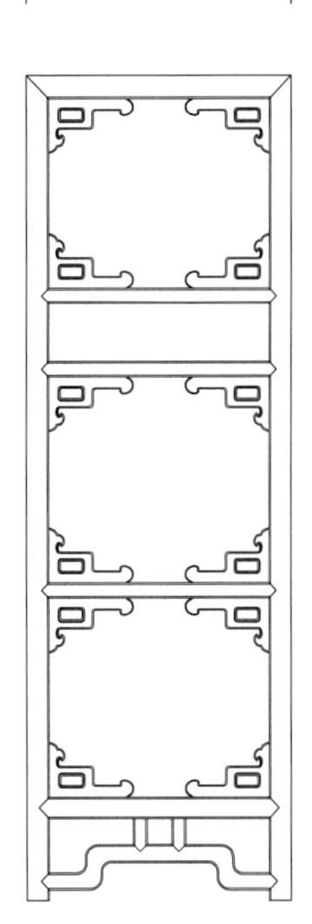

右视图

俯视图

图版清单（清式描金夔凤纹多宝格）：
主视图
右视图
俯视图

注：视图中纹饰略去。

清式天圆地方多宝格

材质：紫檀

年款：清代

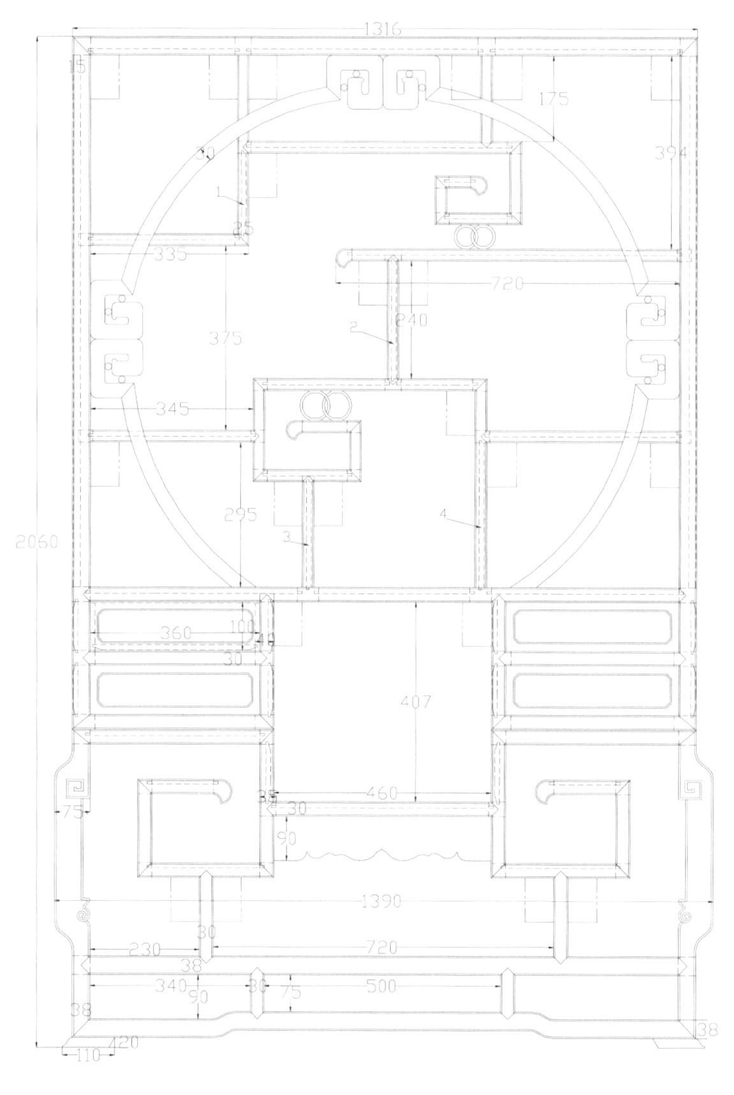

主视图

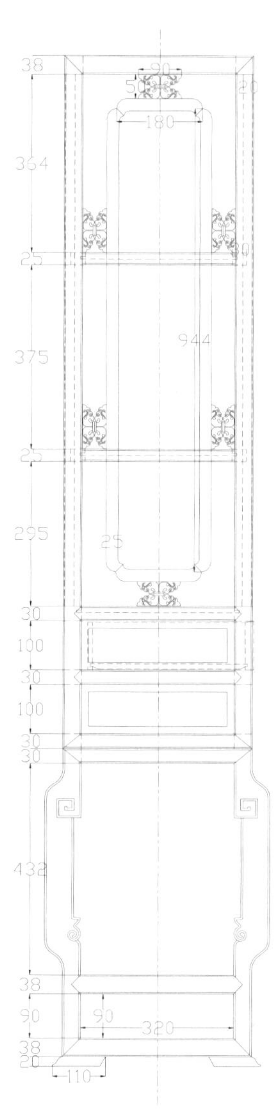

左视图

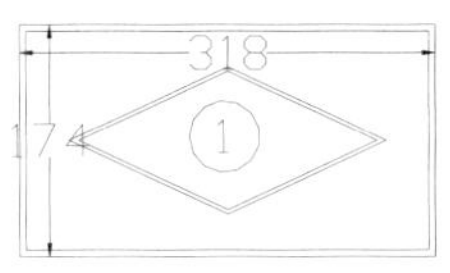

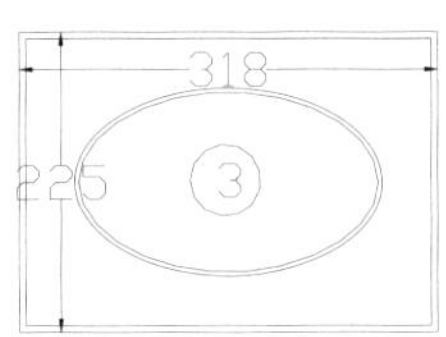

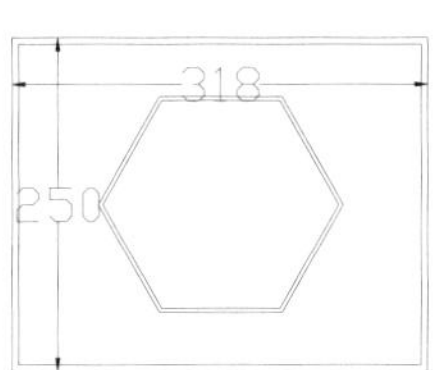

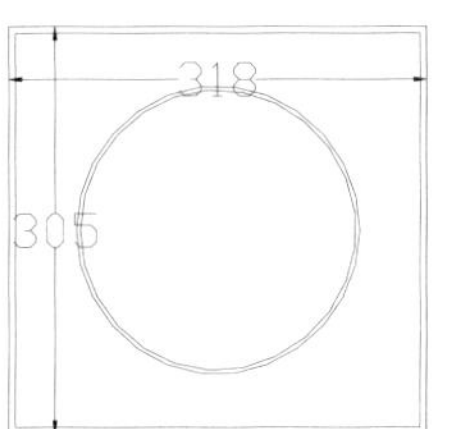

细节图 1（立墙）

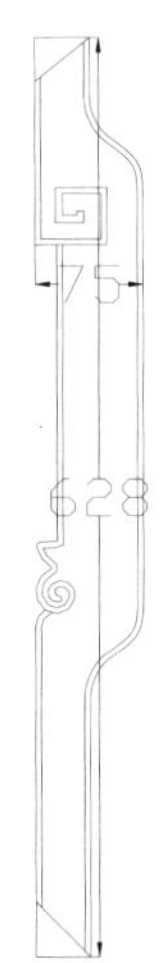

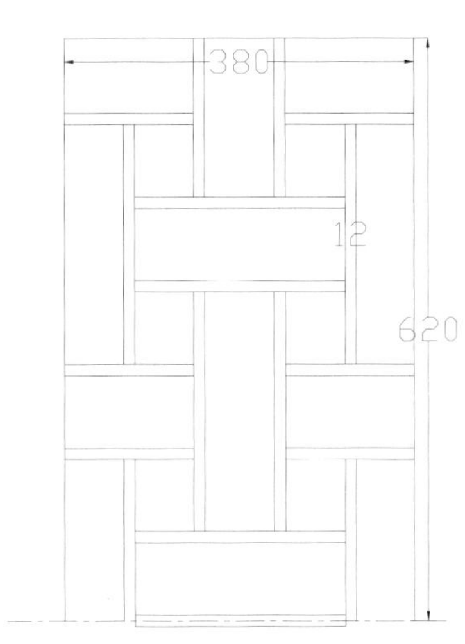

细节图 2

图版清单（清式天圆地方多宝格）：

主视图

左视图

细节图 1（立墙）

细节图 2

清式拐子纹多宝格

材质：紫檀

年款：清代

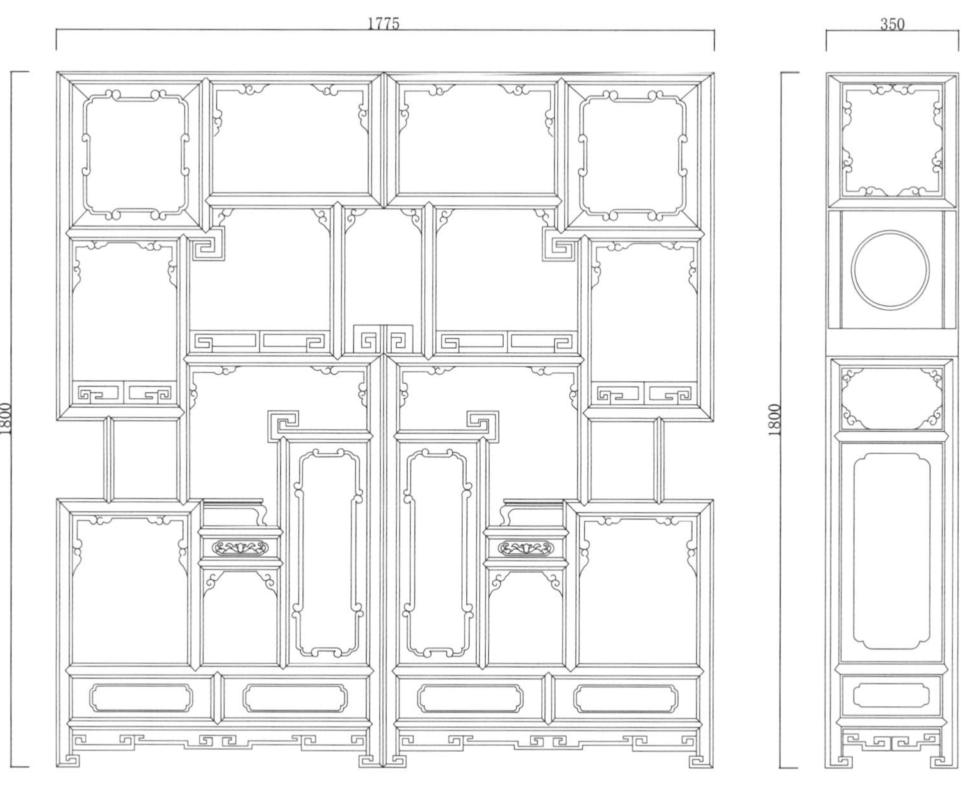

主视图

右视图（左柜）

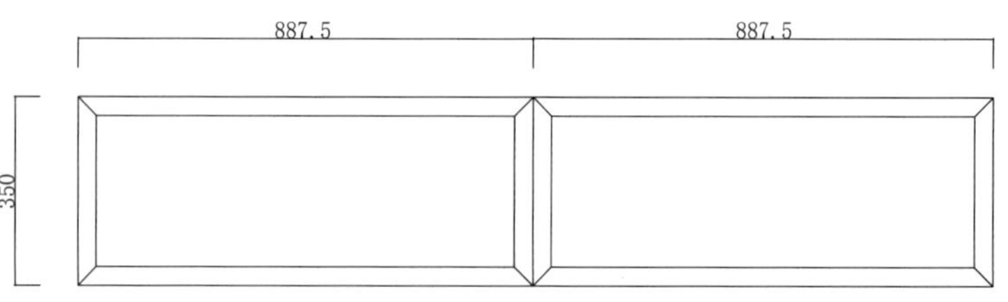

俯视图

图版清单（清式拐子纹多宝格）：
主视图
右视图（左柜）
俯视图

清式盘长纹多宝格

材质：紫檀

年款：清代（清宫旧藏）

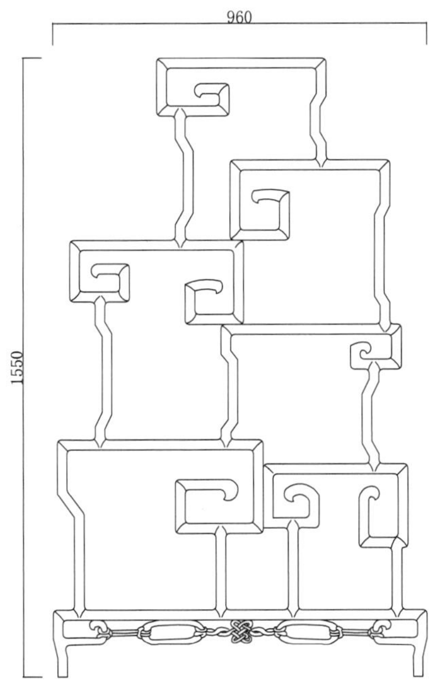

主视图

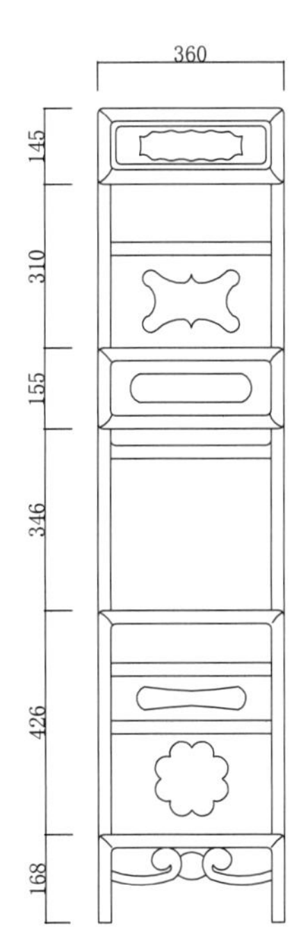

左视图

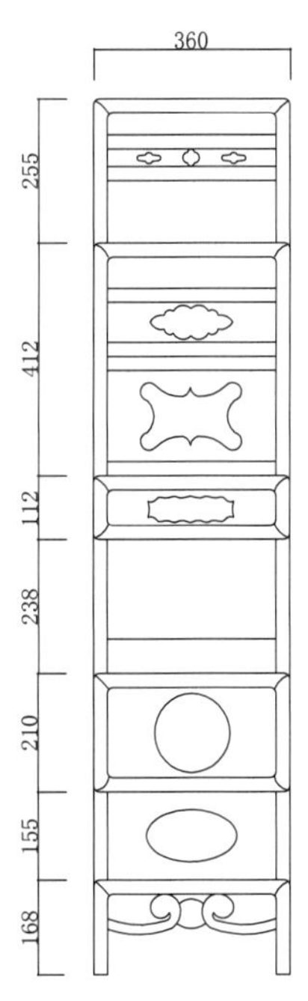

右视图

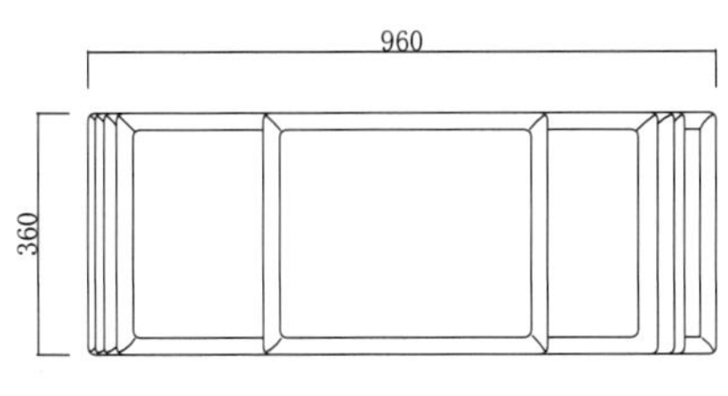

俯视图

图版清单（清式盘长纹多宝格）：

主视图

左视图

右视图

俯视图

清式葵花形开光多宝格

材质：紫檀

年款：清代（清宫旧藏）

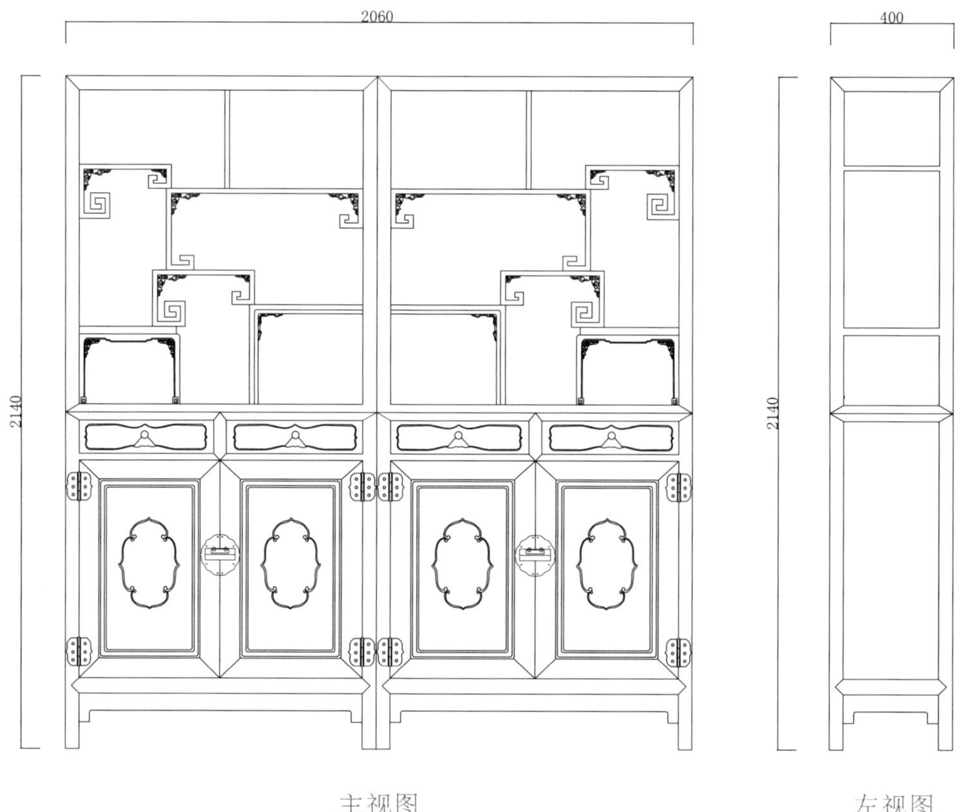

主视图　　左视图

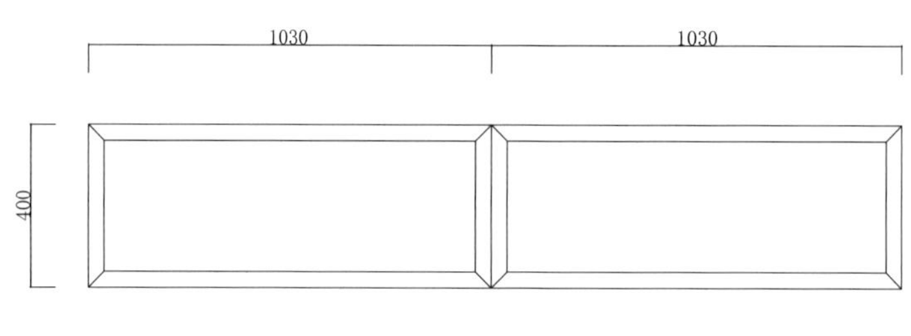

俯视图

图版清单（清式葵花形开光多宝格）：
主视图
左视图
俯视图

清式梅花纹多宝格

材质：紫檀

年款：清代（清宫旧藏）

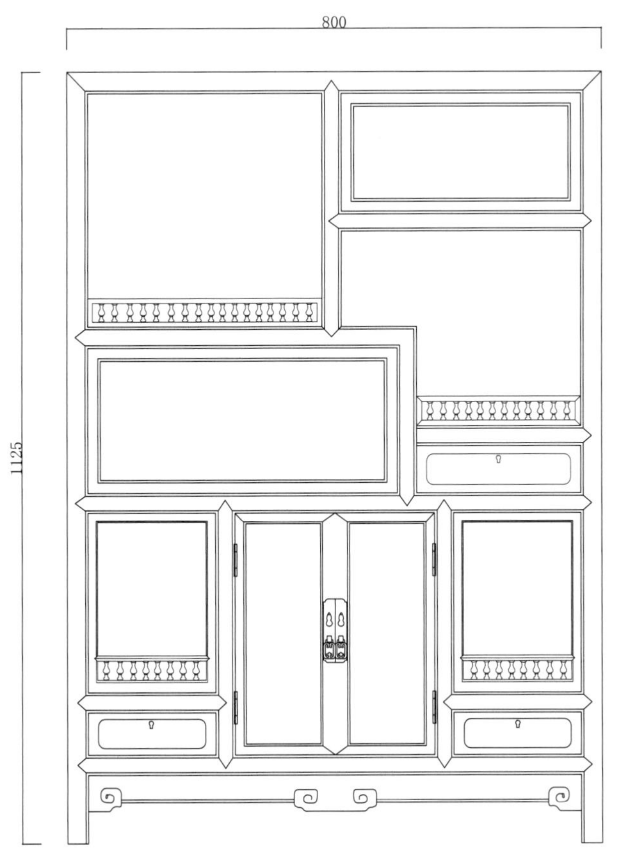

主视图

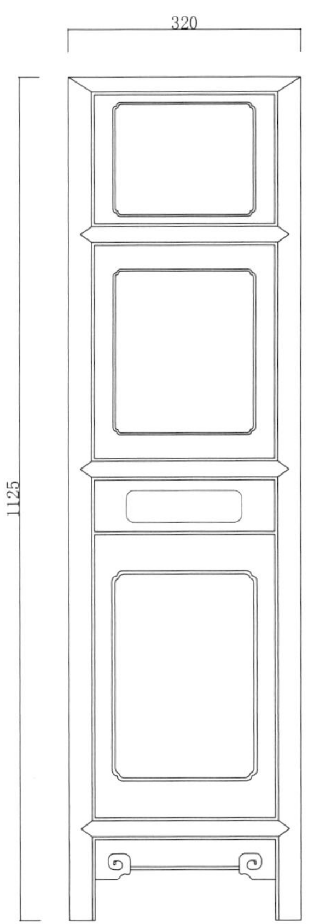

右视图

俯视图

图版清单（清式梅花纹多宝格）：

主视图

右视图

俯视图

注：视图中纹饰略去。

清式月洞门式多宝格

材质：紫檀

年款：清代（清宫旧藏）

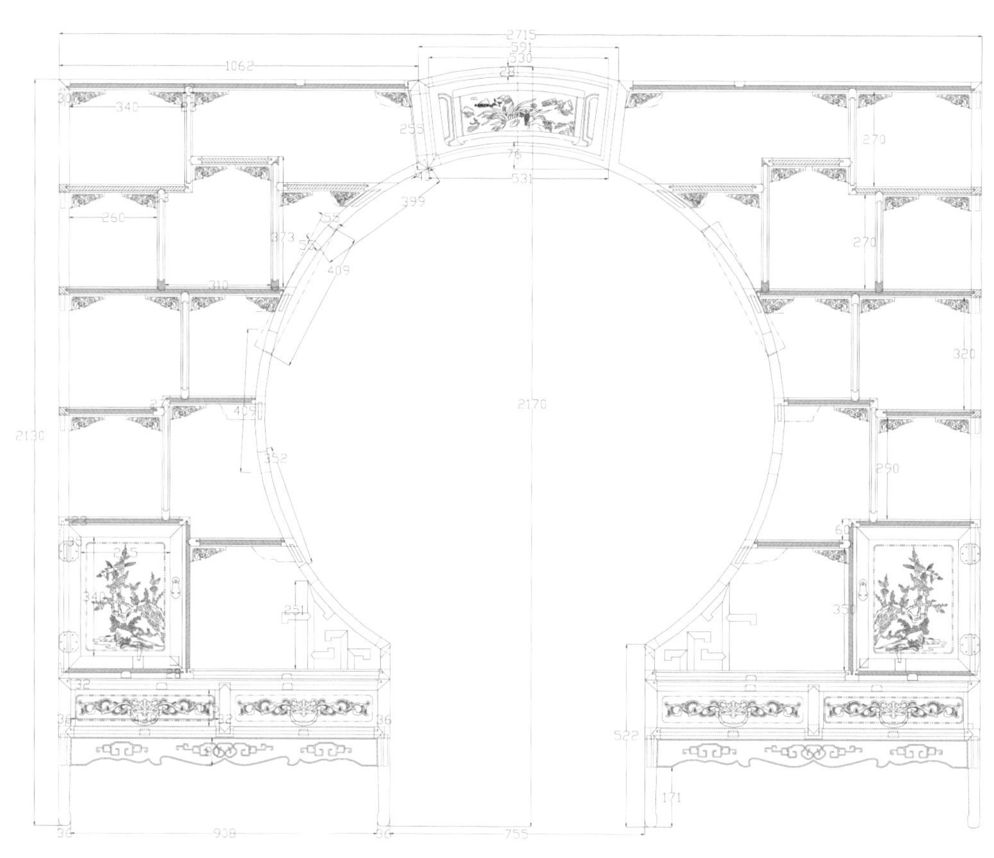

主视图

左视图

图版清单（清式月洞门式多宝格）：
主视图
左视图

清式夔龙纹多宝格

材质：紫檀

年款：清代

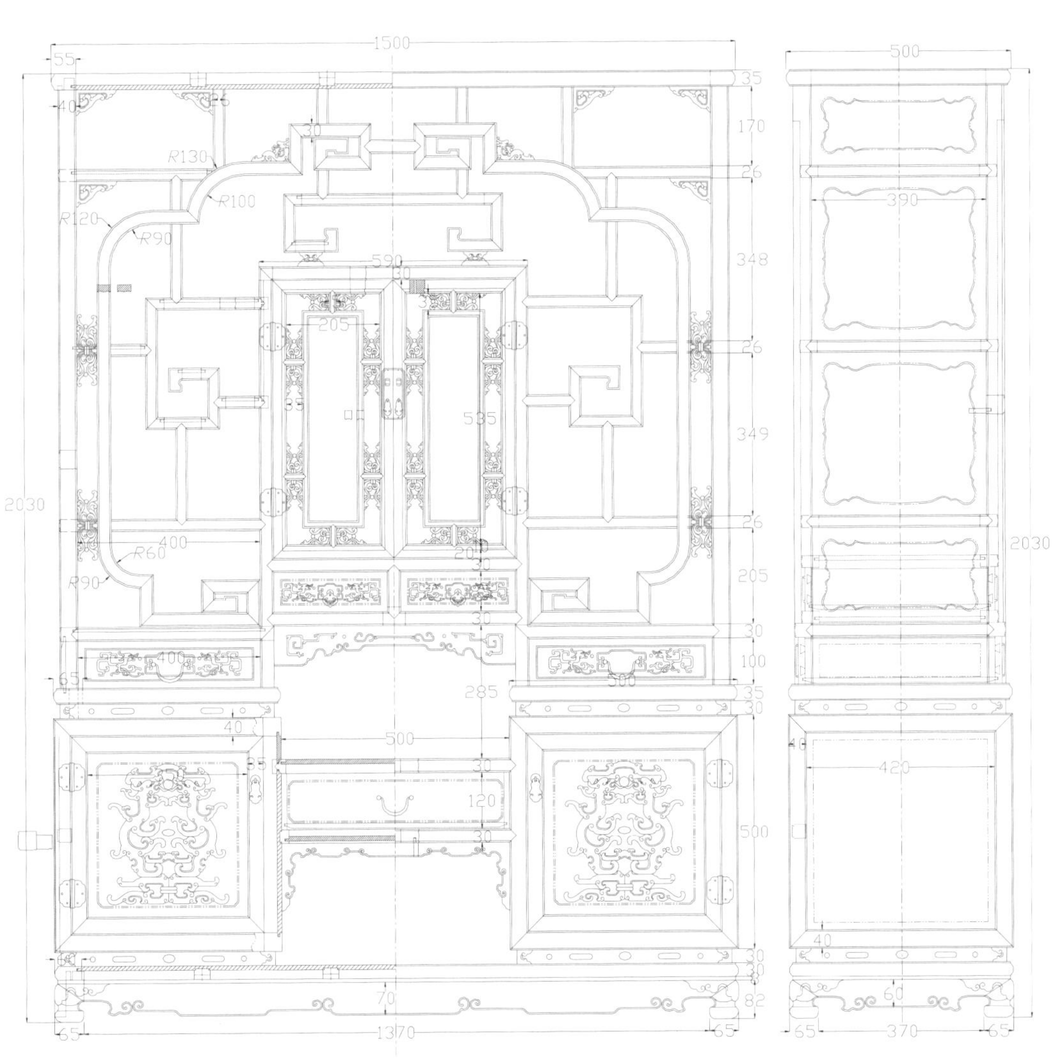

主视图

左视图

图版清单（清式夔龙纹多宝格）：

主视图

左视图

清式云纹圈口多宝格

材质：紫檀

年款：清代（清宫旧藏）

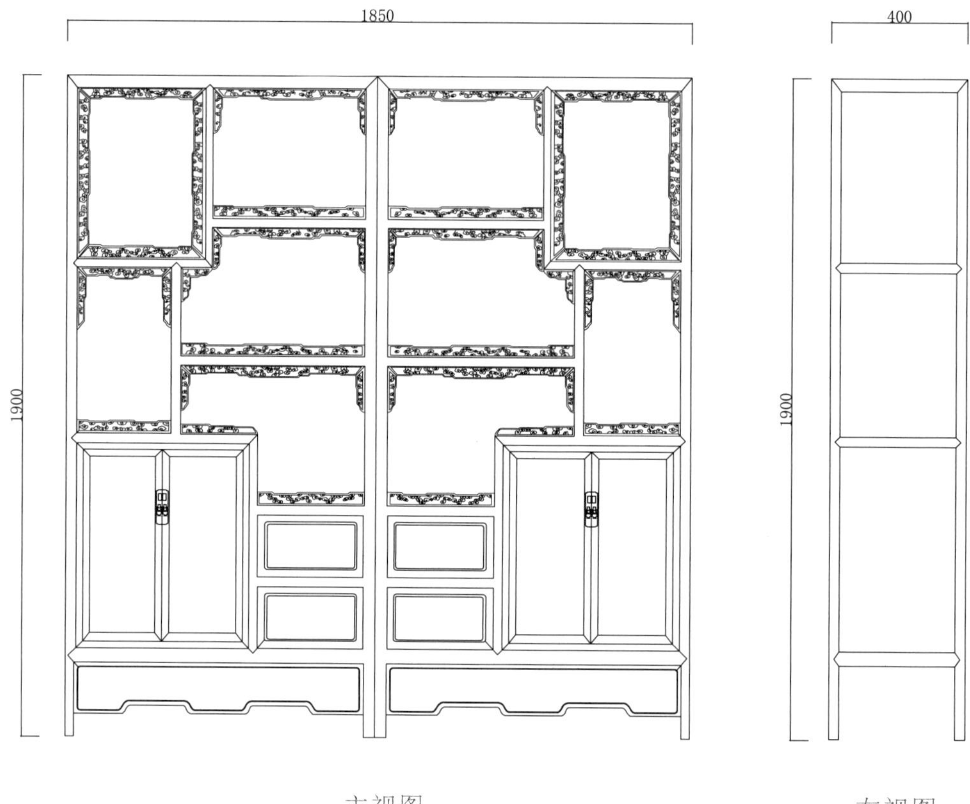

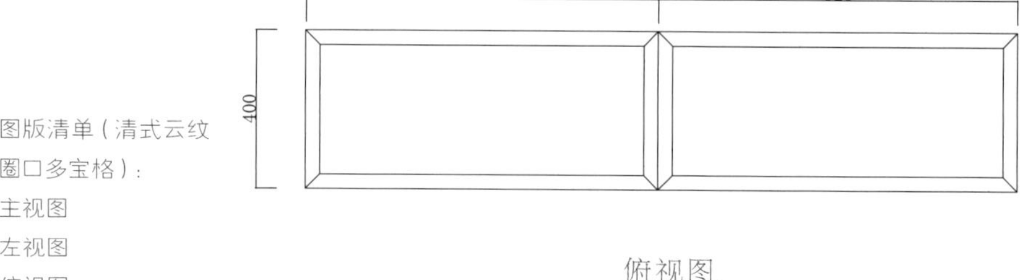

图版清单（清式云纹圈口多宝格）：
主视图
左视图
俯视图

清式卷云纹梯状小多宝格

材质：紫檀

年款：清代

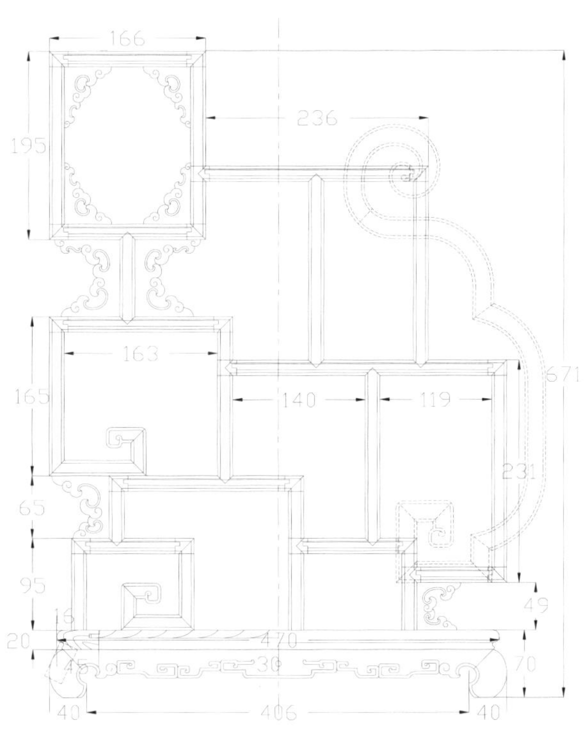

主视图

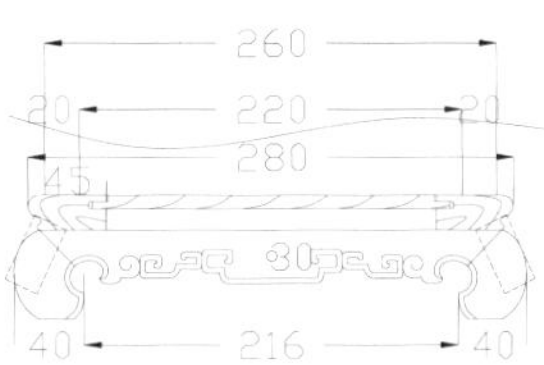

底座－左视图

图版清单（清式卷云纹梯状小多宝格）：
主视图
底座－左视图

清式回纹多宝格

材质：紫檀

年款：清代（清宫旧藏）

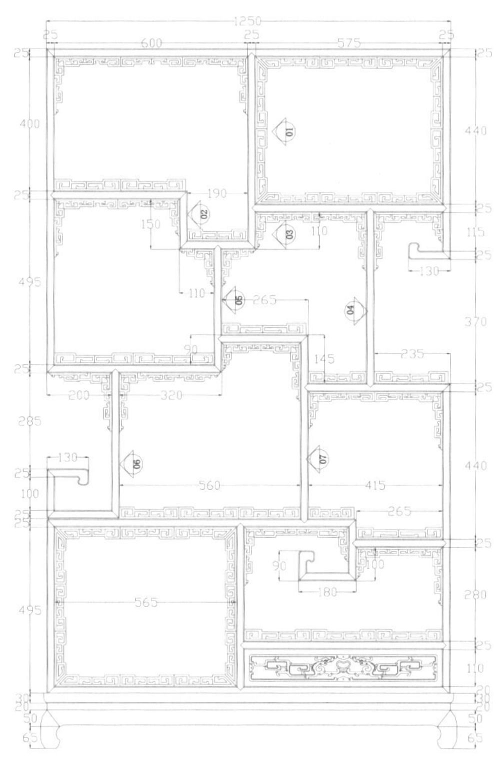

主视图

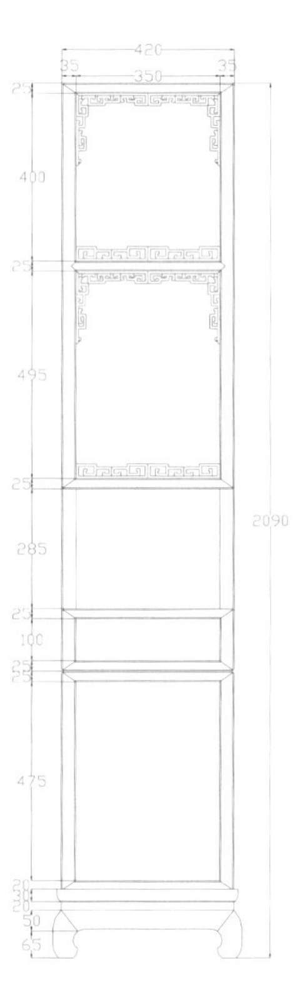

左视图

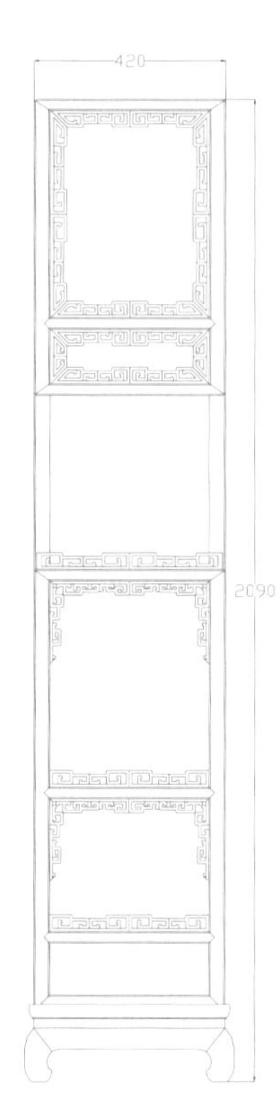

右视图

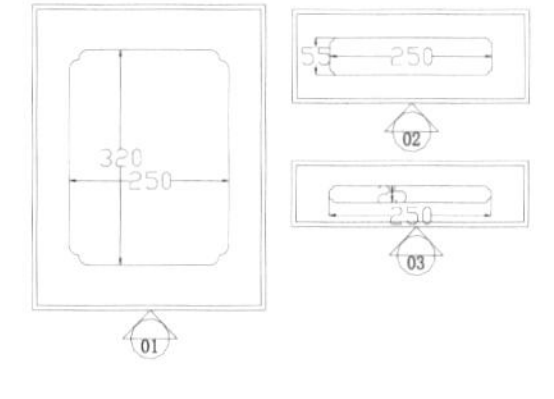

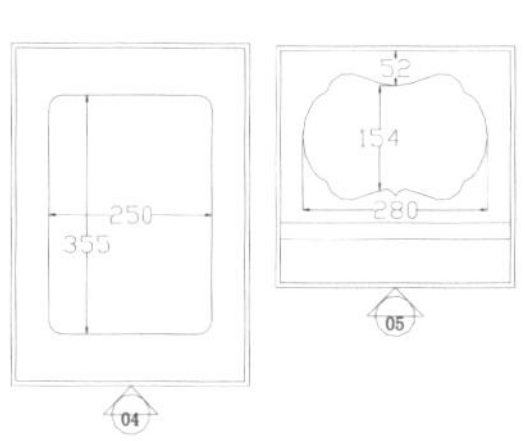

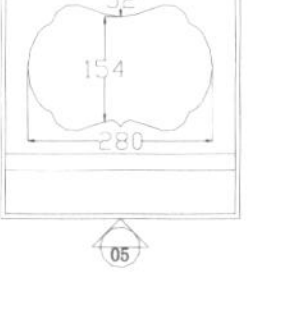

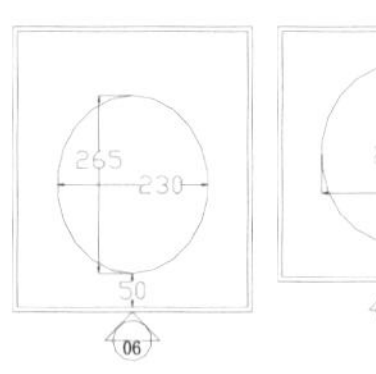

细节图（立墙）

图版清单（清式回纹多宝格）：

主视图

左视图

右视图

细节图（立墙）

清式勾云纹多宝格

材质：黄花梨

年款：清代（清宫旧藏）

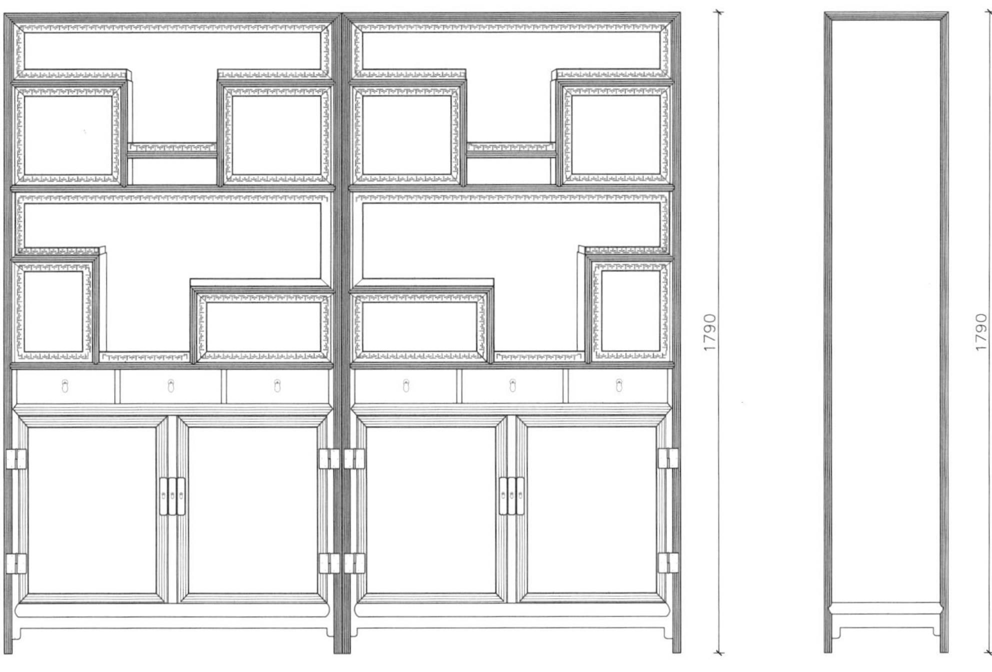

主视图　　左视图

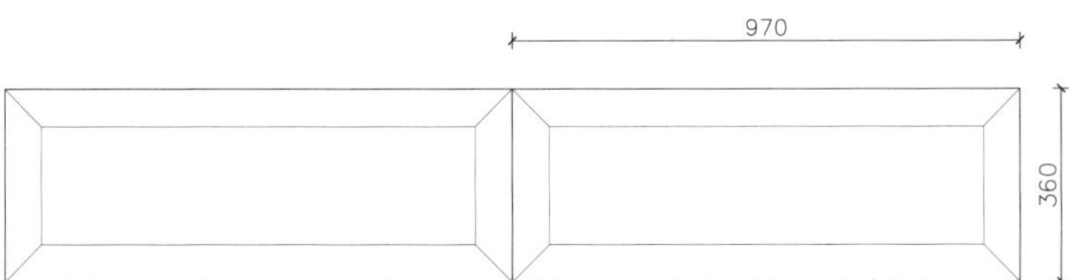

俯视图

图版清单（清式勾云纹多宝格）：
主视图
左视图
俯视图

清式十字枨攒四合如意纹书柜

材质：紫檀

年款：清代（清宫旧藏）

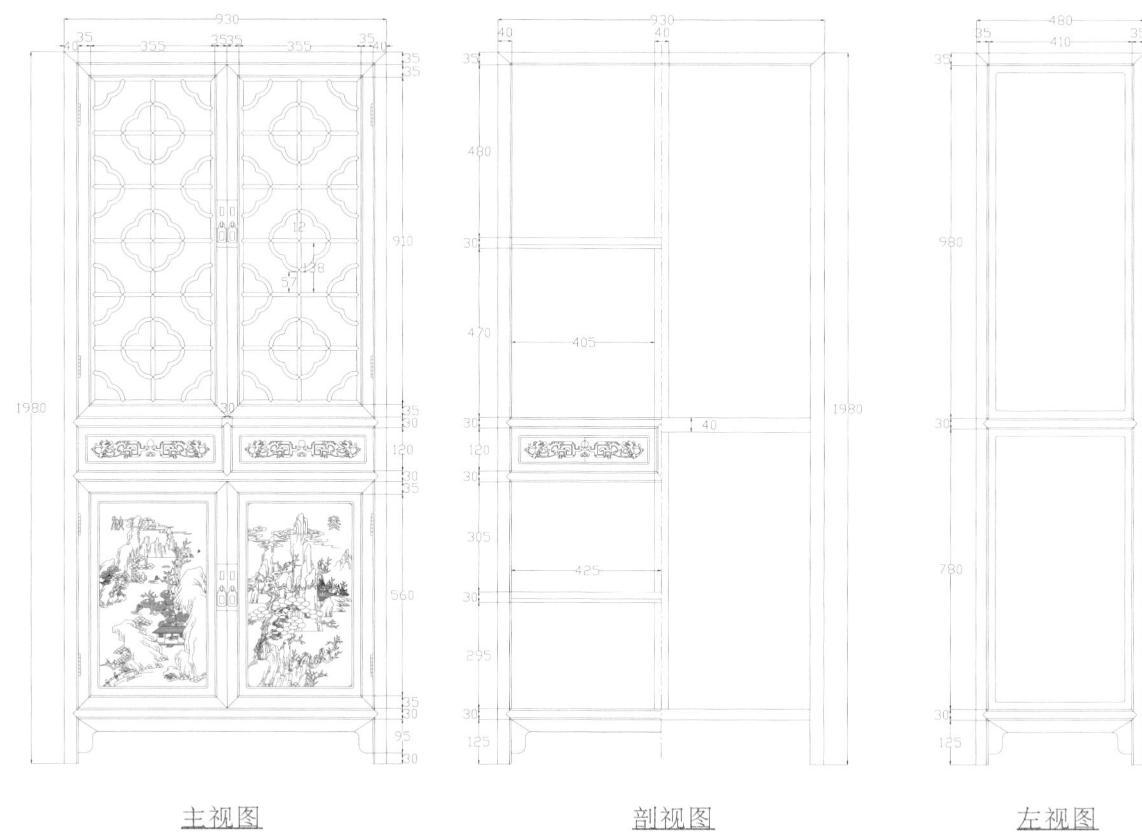

主视图　剖视图　左视图

图版清单（清式十字枨攒四合如意纹书柜）：
主视图
剖视图
左视图

清式博古纹书柜

材质：紫檀

年款：清代

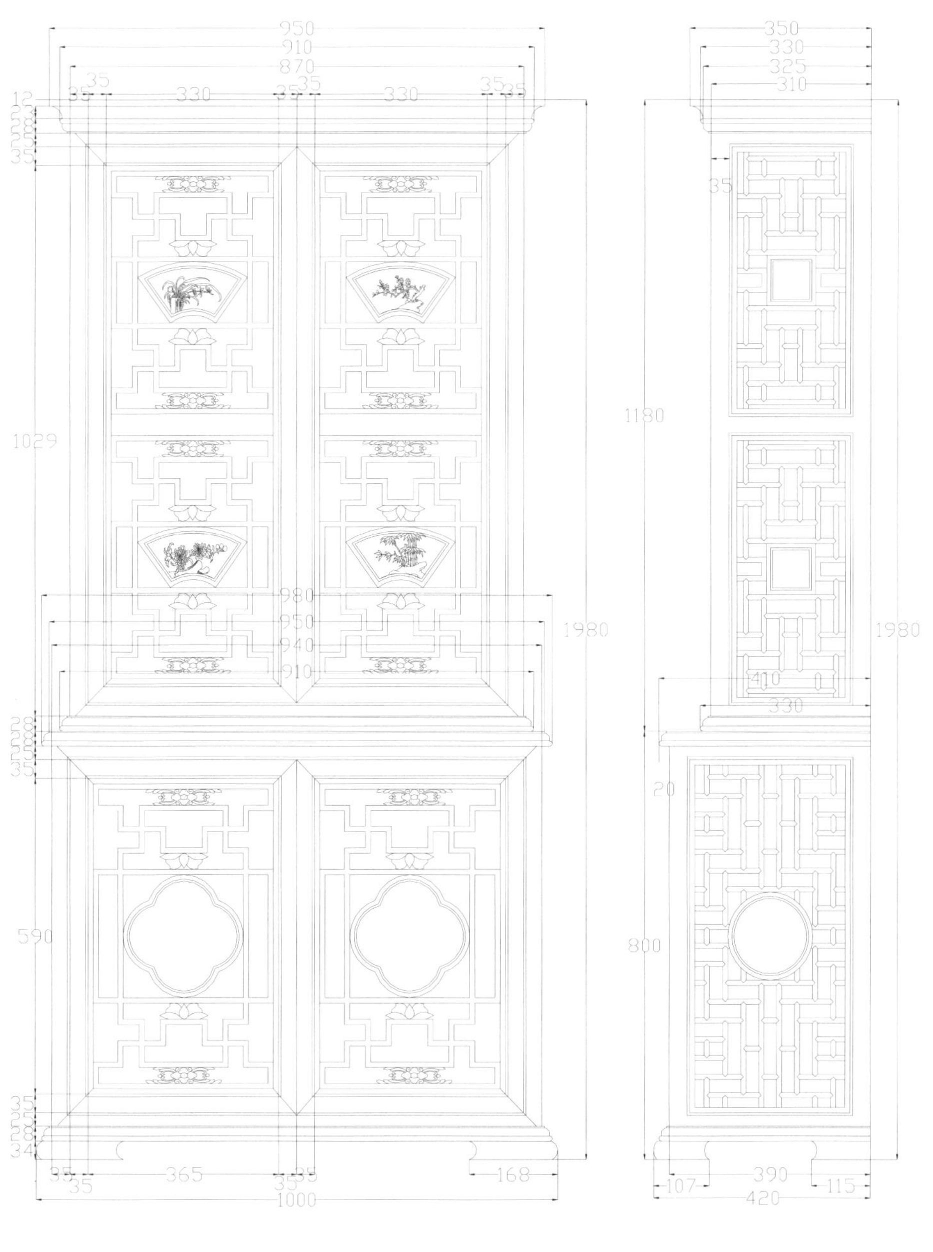

主视图　　右视图

图版清单（清式博古纹书柜）：

主视图

右视图

匠心营造

清式福寿拐子纹柜橱

材质：紫檀

年款：清代

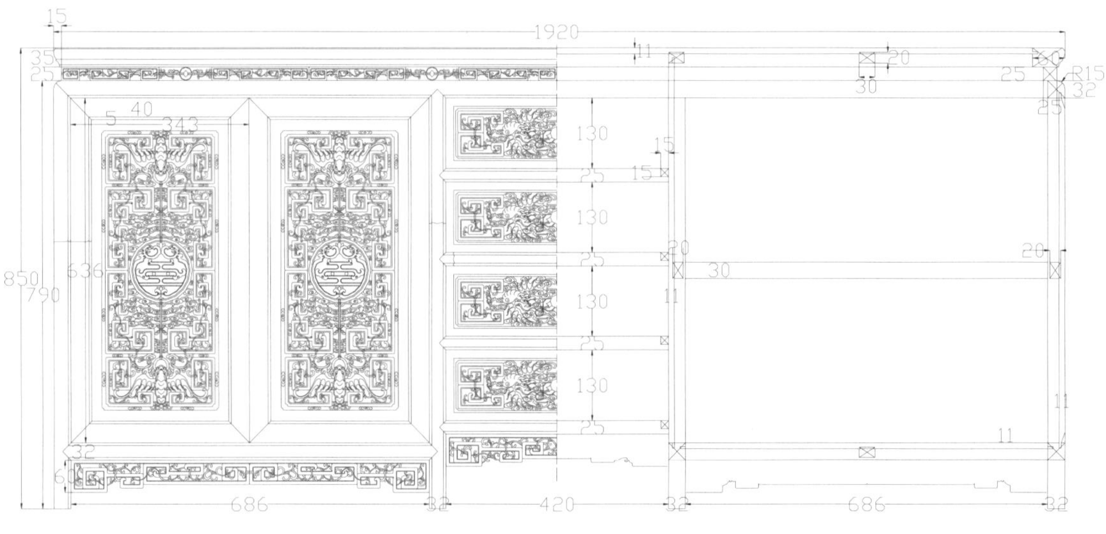

主视图

左视图

图版清单（清式福寿拐子纹柜橱）：
主视图
左视图

清式福寿拐子纹书柜

材质：紫檀

年款：清代

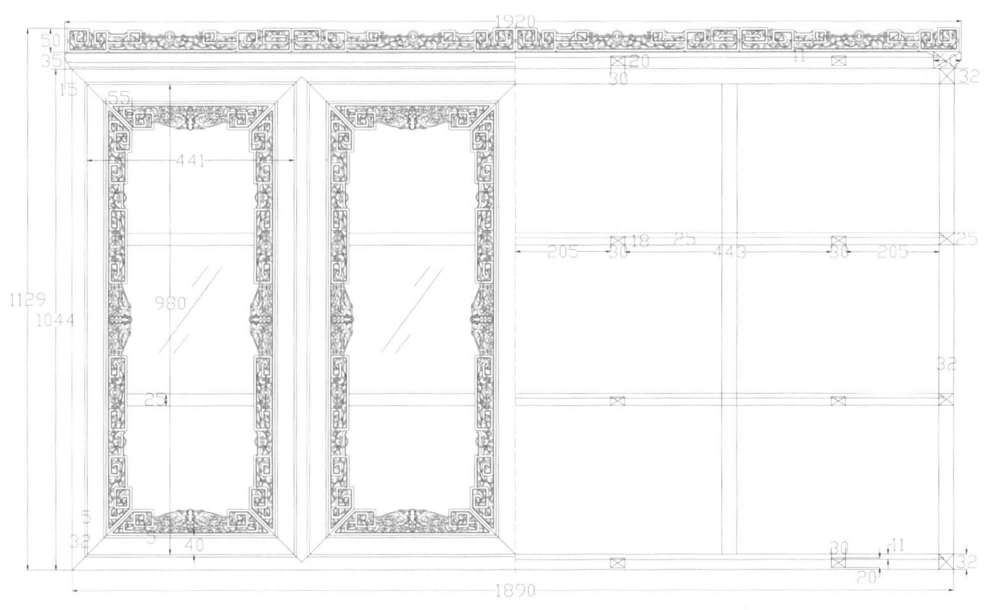

主视图

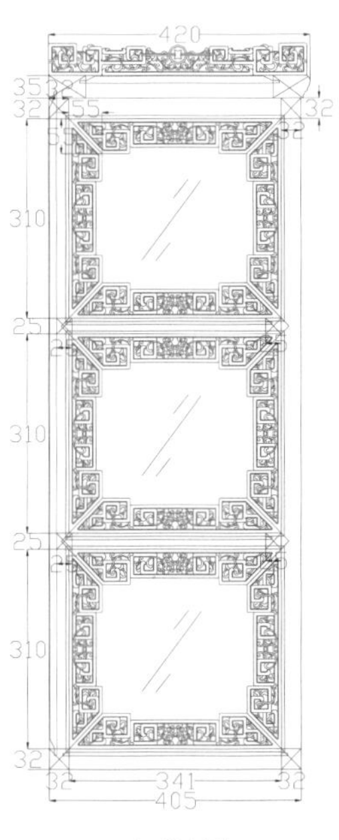

左视图

图版清单（清式福寿拐子纹书柜）：
主视图
左视图

清式冰梅纹顶箱柜

材质：紫檀

年款：清代（清宫旧藏）

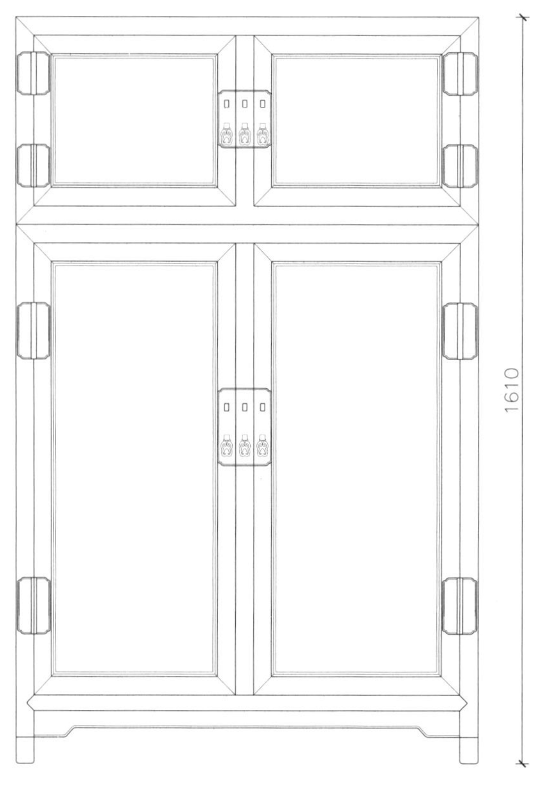

主视图

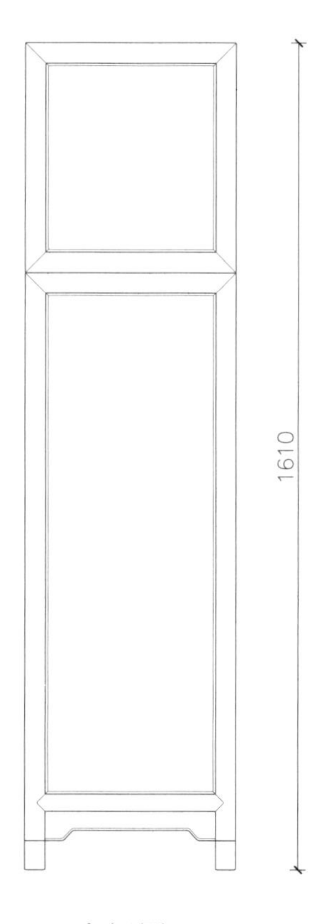

左视图

俯视图

图版清单（清式冰梅纹顶箱柜）：
主视图
左视图
俯视图

注：视图中纹饰略去。

清式西番莲纹顶箱柜

材质：紫檀

年款：清代（清宫旧藏）

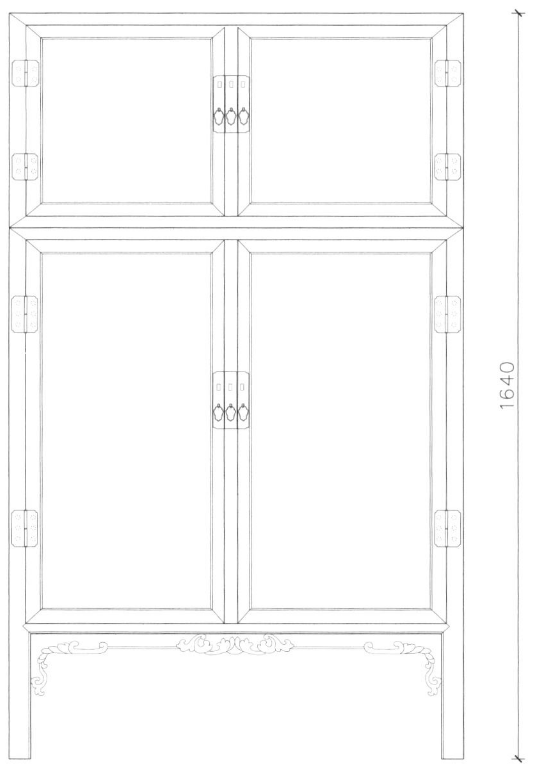

主视图

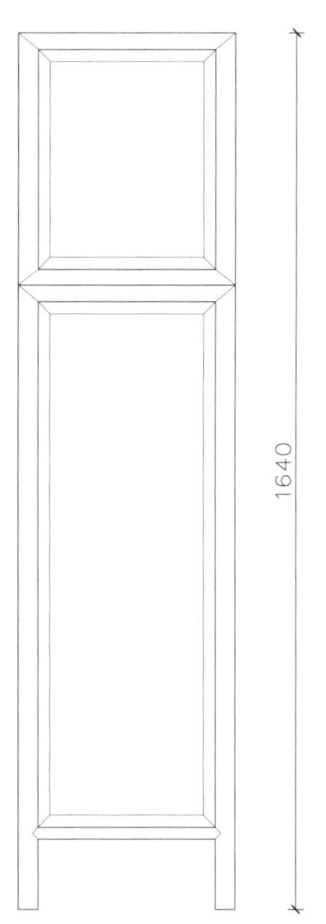

左视图

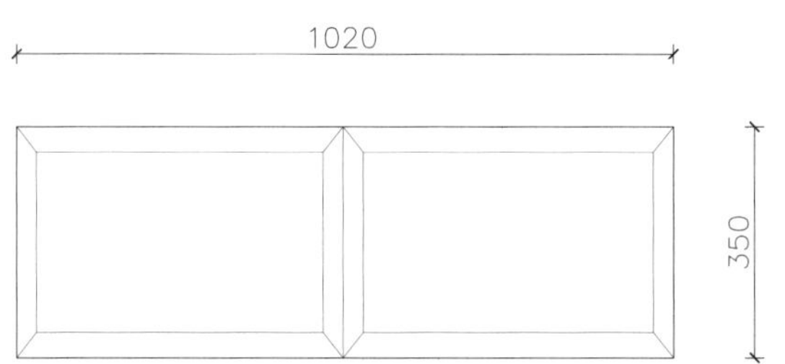

俯视图

图版清单（清式西番莲纹顶箱柜）：
主视图
左视图
俯视图

清式拐子纹顶箱柜

材质：紫檀

年款：清代（清宫旧藏）

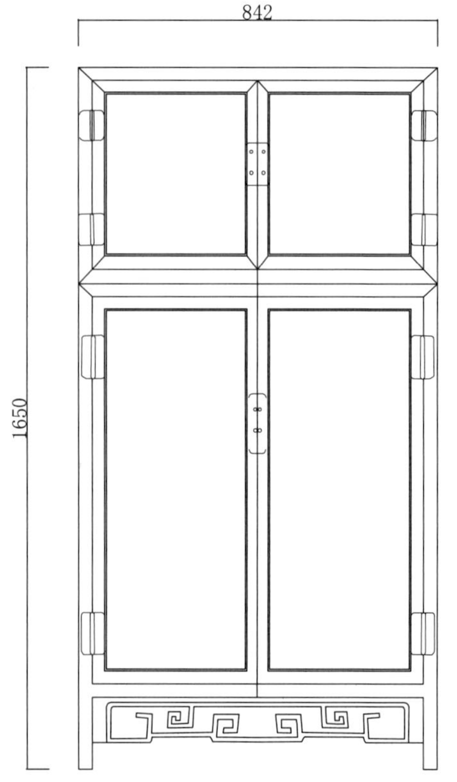

主视图

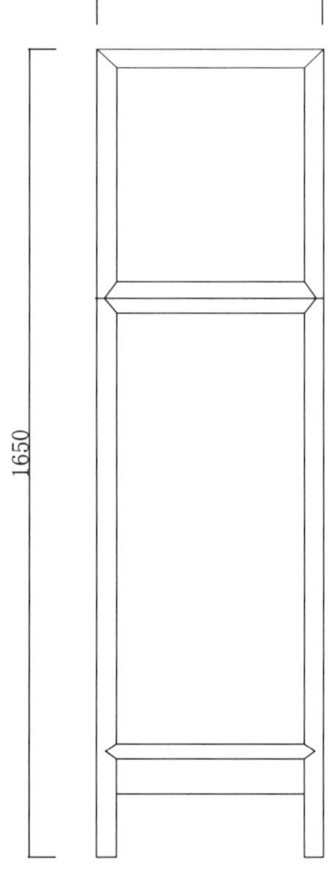

左视图

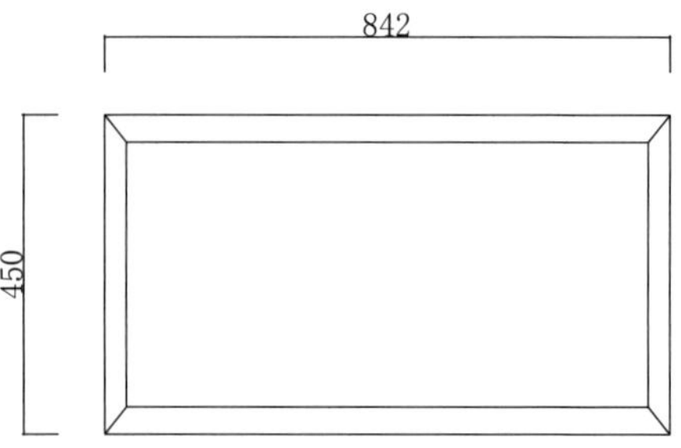

俯视图

图版清单（清式拐子纹顶箱柜）：
主视图
左视图
俯视图

清式雍正耕织图四件柜

材质：紫檀

年款：清代（清宫旧藏）

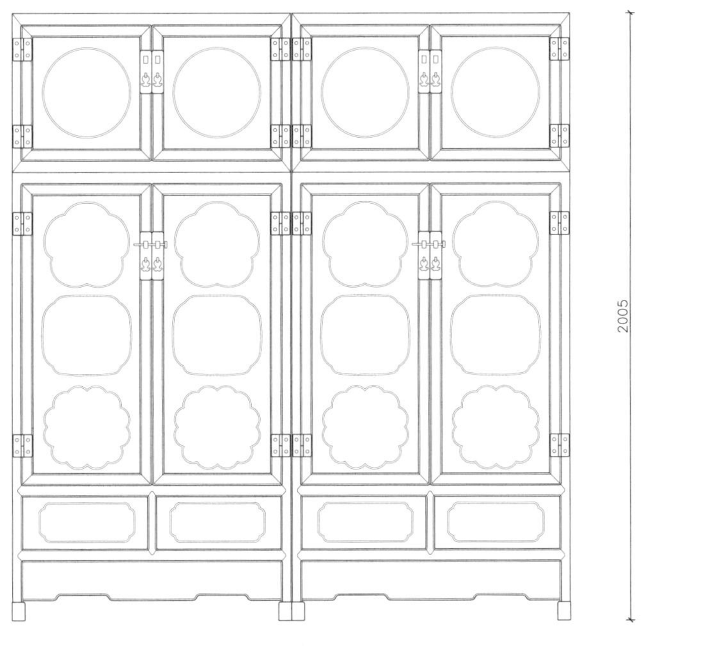

主视图

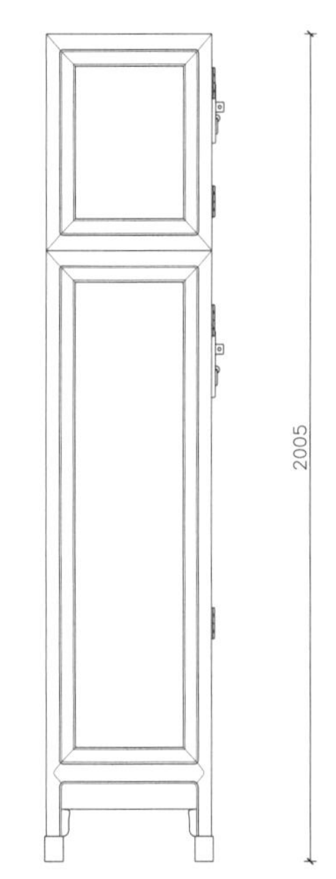

左视图

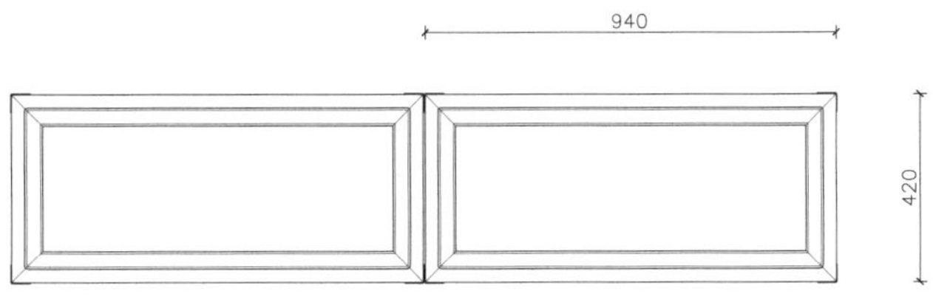

俯视图

图版清单（清式雍正耕织图四件柜）：
主视图
左视图
俯视图

注：视图中纹饰略去。

清式西番莲纹四件柜

材质：黄花梨

年款：清代

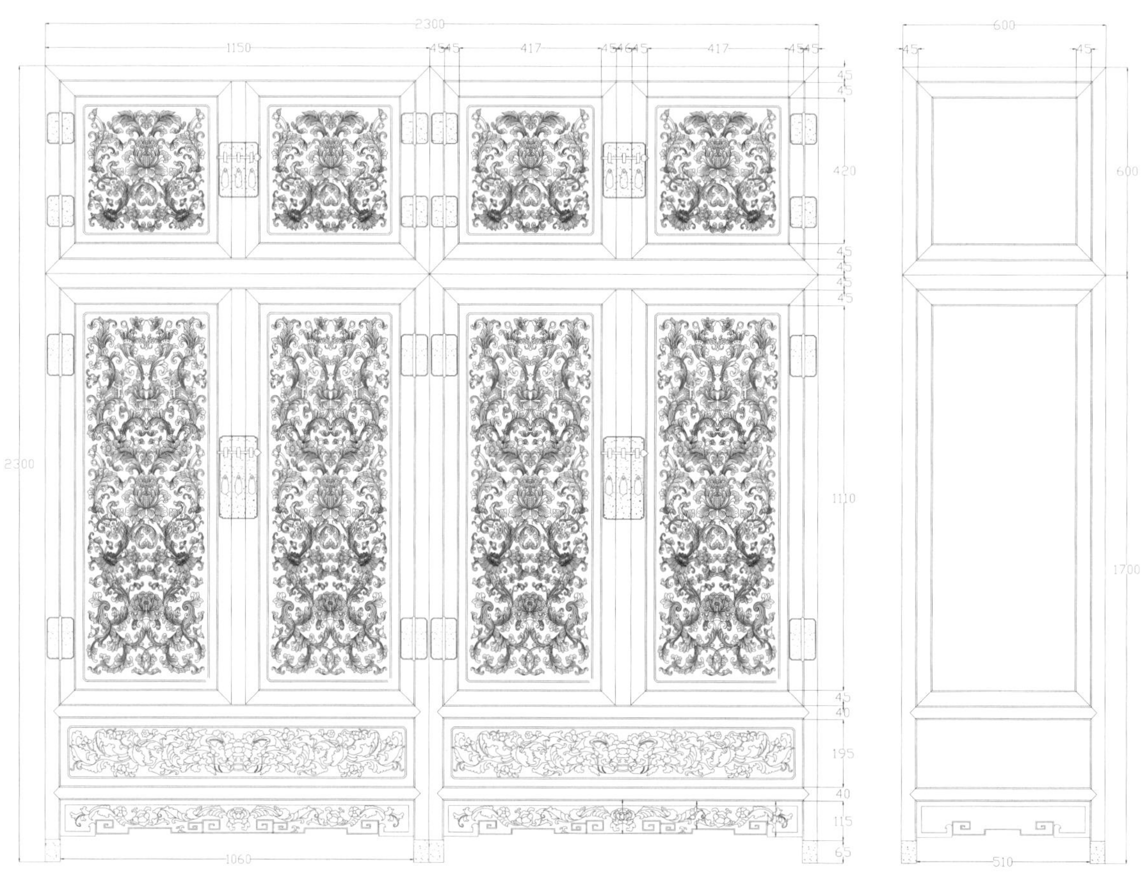

主视图　　左视图

图版清单（清式西番莲纹四件柜）：
主视图
左视图

清式暗八仙纹四件柜

材质：紫檀

年款：清代（清宫旧藏）

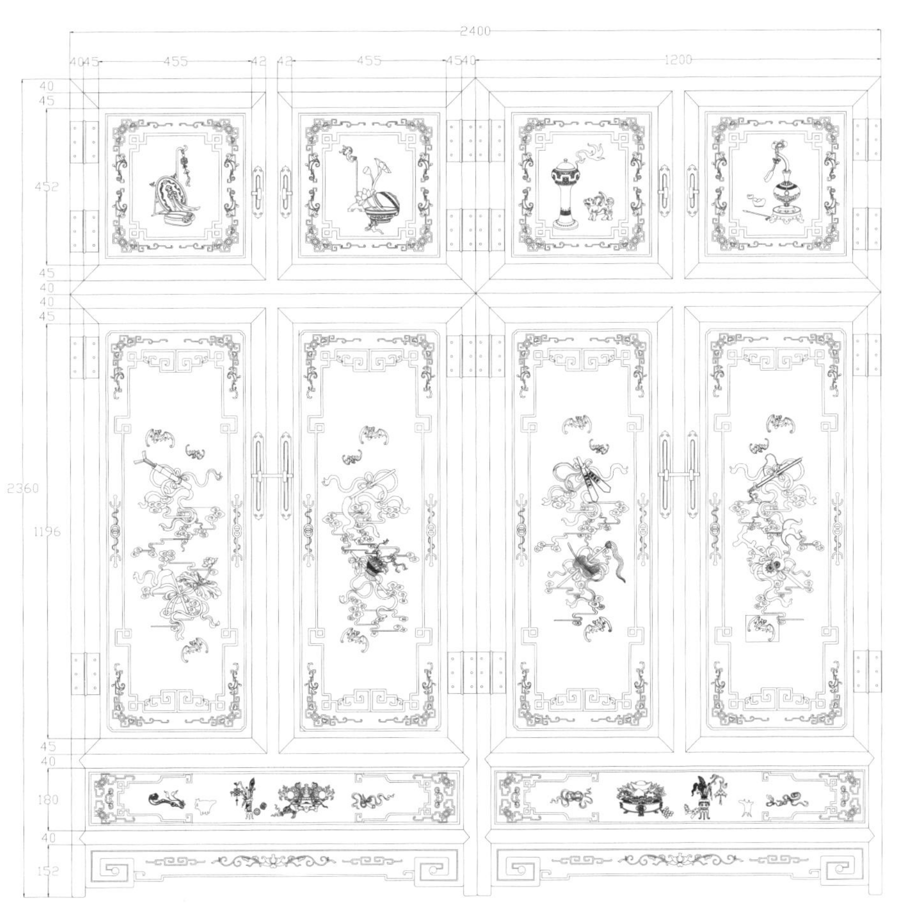

主视图

左视图

图版清单（清式暗八仙纹四件柜）：
主视图
左视图

清式螭龙纹联二橱

材质：紫檀

年款：清代（清宫旧藏）

主视图

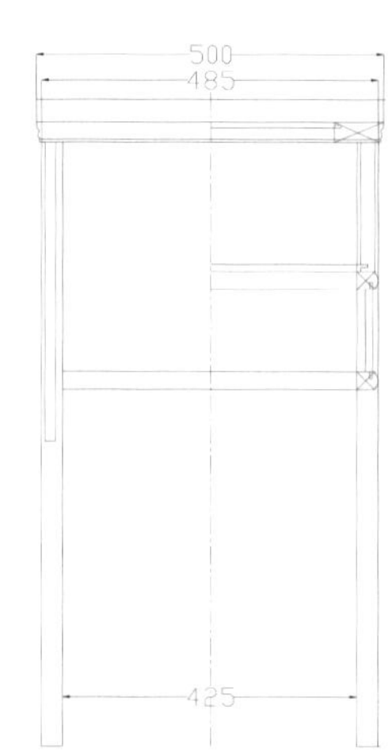

左视图

俯视图

图版清单（清式螭龙纹联二橱）：
主视图
左视图
俯视图

清式三屉柜橱

材质：紫檀

年款：清代（清宫旧藏）

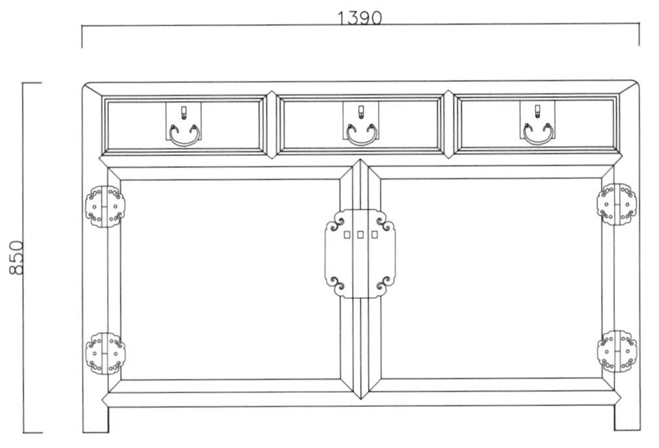

主视图

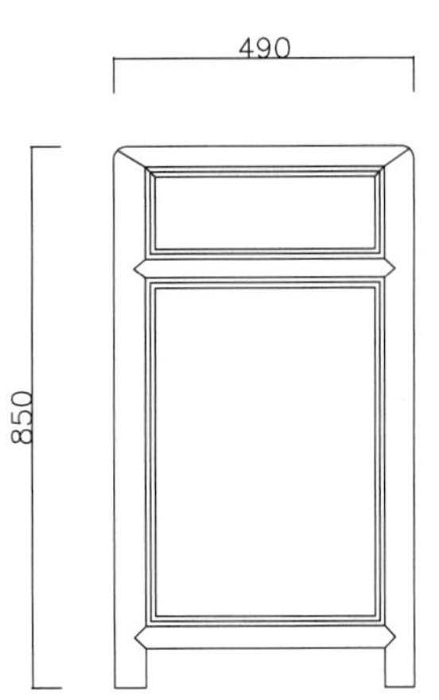

左视图

俯视图

图版清单（清式三屉柜橱）：
主视图
左视图
俯视图

清式夔龙纹五斗橱

材质：紫檀

年款：清代（清宫旧藏）

主视图

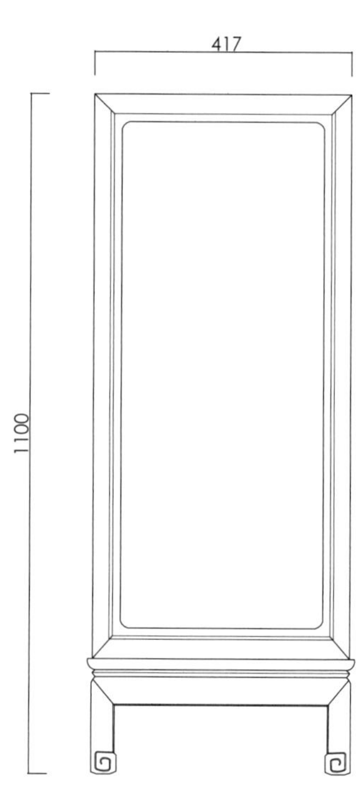

左视图

827
417

俯视图

图版清单（清式夔龙纹五斗橱）：
主视图
左视图
俯视图

注：视图中纹饰略去。

清式三屉带翘头柜橱

材质：黄花梨

年款：清代（清宫旧藏）

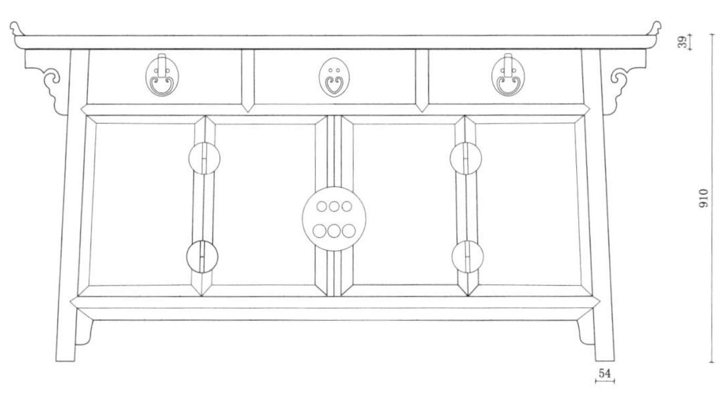

主视图

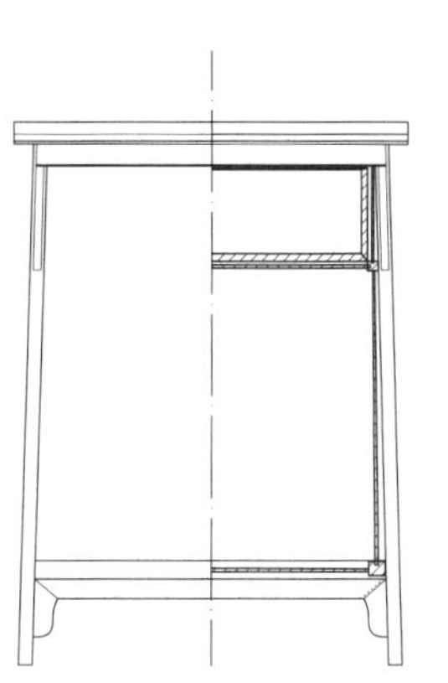

左视图

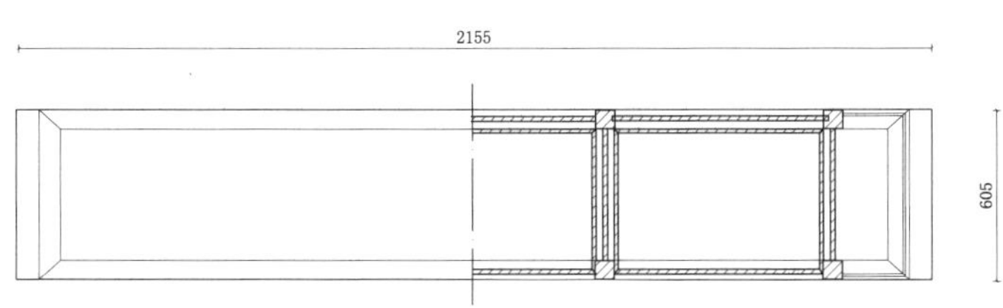

俯视图

图版清单（清式三屉带翘头柜橱）：
主视图
左视图
俯视图

清式云纹牙子柜橱

材质：紫檀

年款：清代（清宫旧藏）

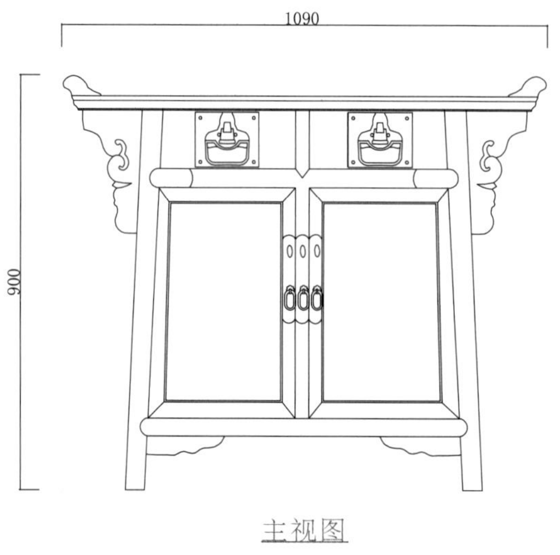

主视图

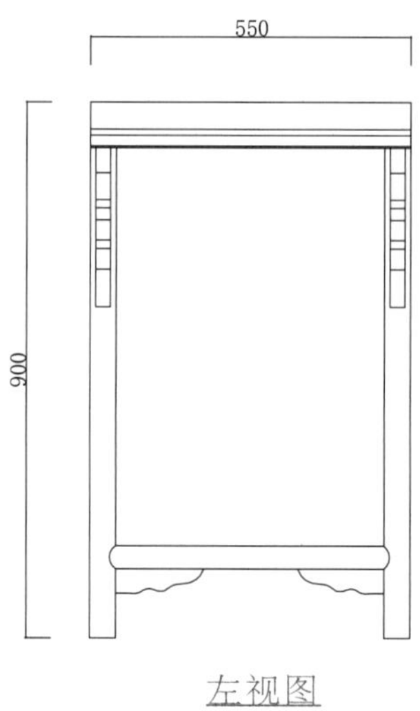

左视图

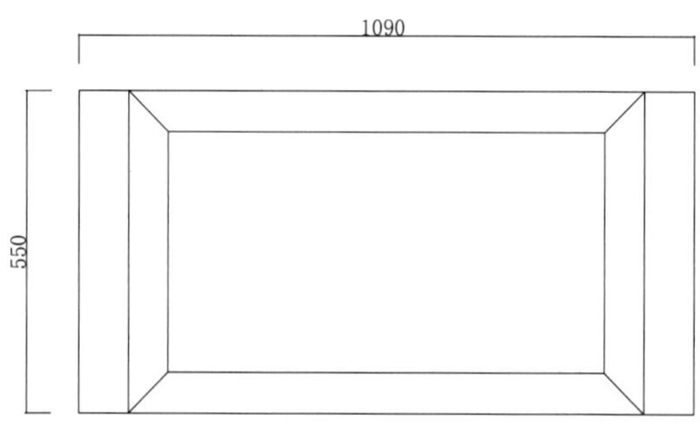

俯视图

图版清单（清式云纹牙子柜橱）：
主视图
左视图
俯视图

清式福寿双全纹柜橱

材质：紫檀

年款：清代（清宫旧藏）

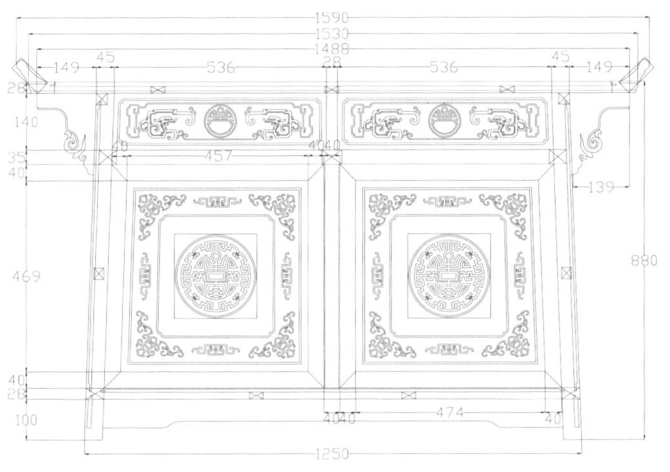

主视图

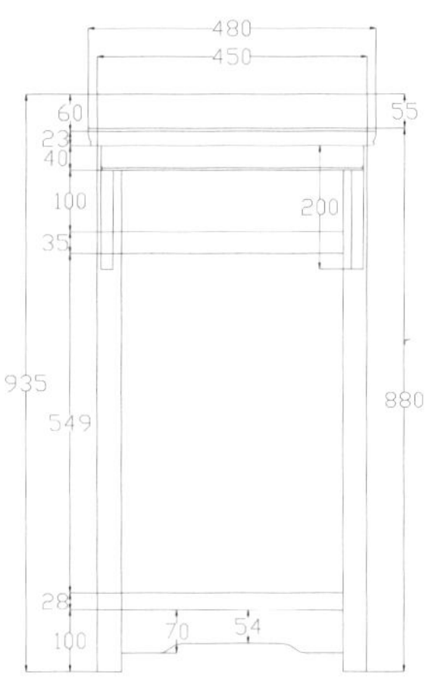

左视图

俯视图

图版清单（清式福寿双全纹柜橱）：

主视图

左视图

俯视图

清式素面带翘头柜橱

材质：紫檀

年款：清代

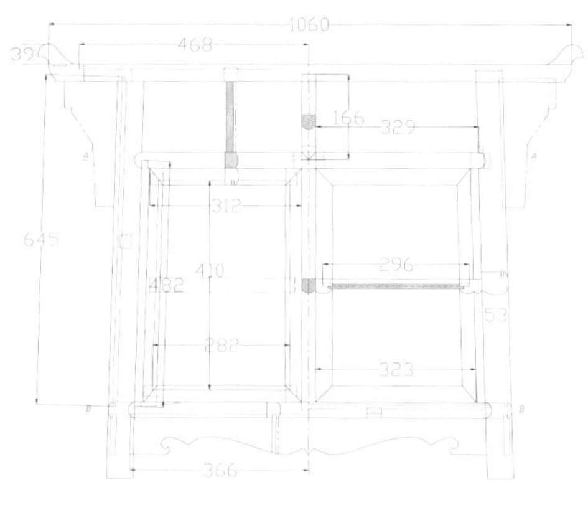

主视图

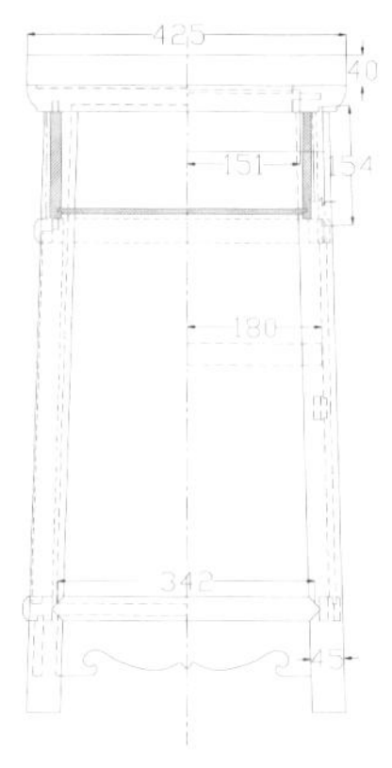

左视图

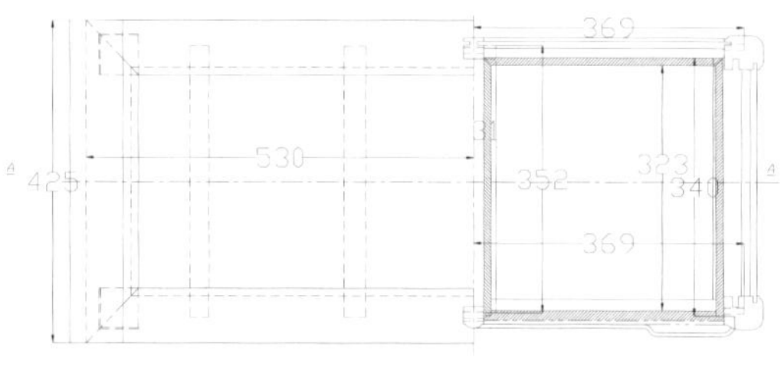

剖视图 1

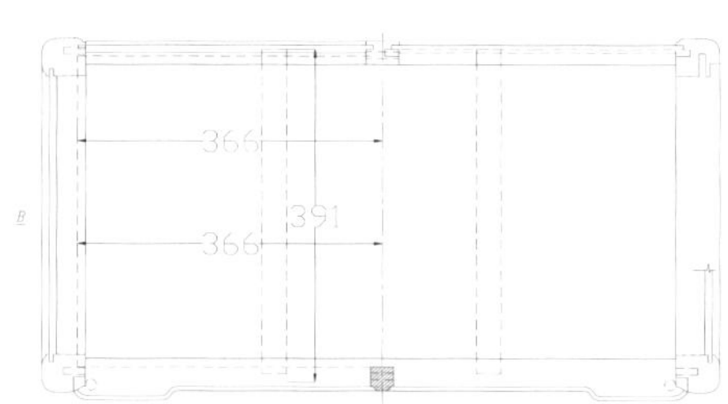

剖视图 2

图版清单（清式素面带翘头柜橱）：

主视图

左视图

剖视图 1

剖视图 2

清式夔龙纹柜橱

材质：紫檀

年款：清代（清宫旧藏）

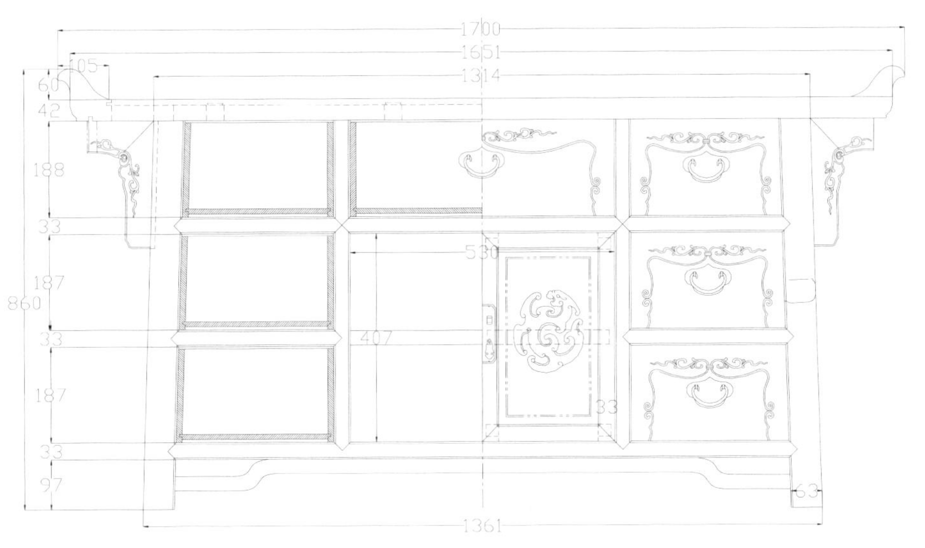

主视图

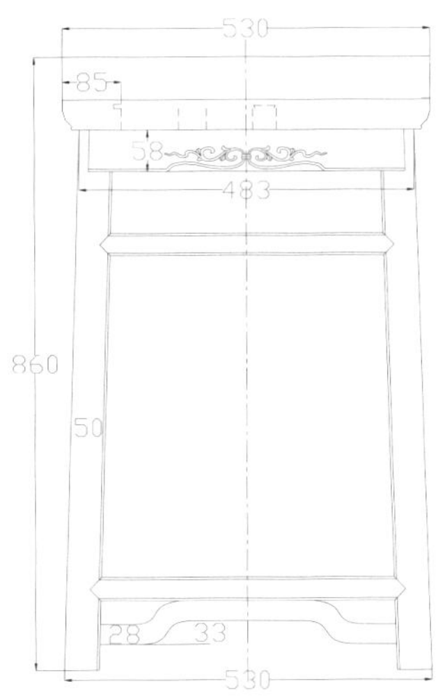

左视图

图版清单（清式夔龙纹柜橱）：

主视图

左视图

清式带柜门闷户橱

材质：紫檀

年款：清代（清宫旧藏）

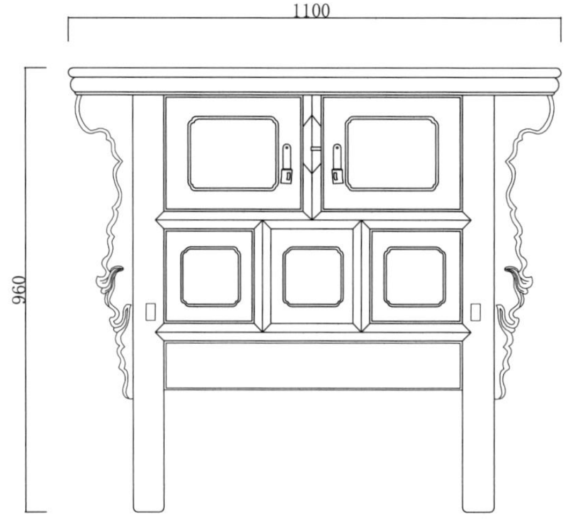

主视图

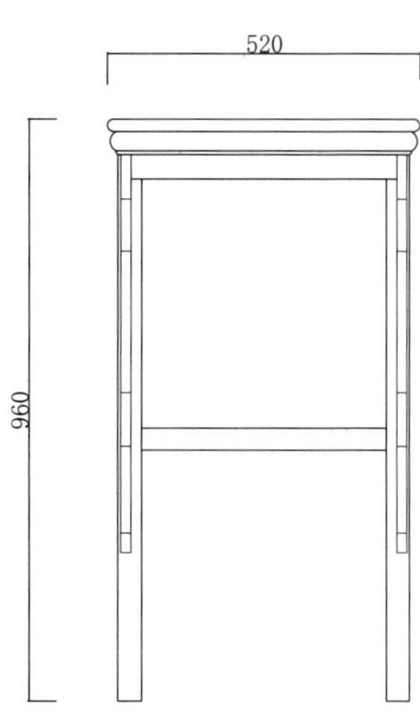

左视图

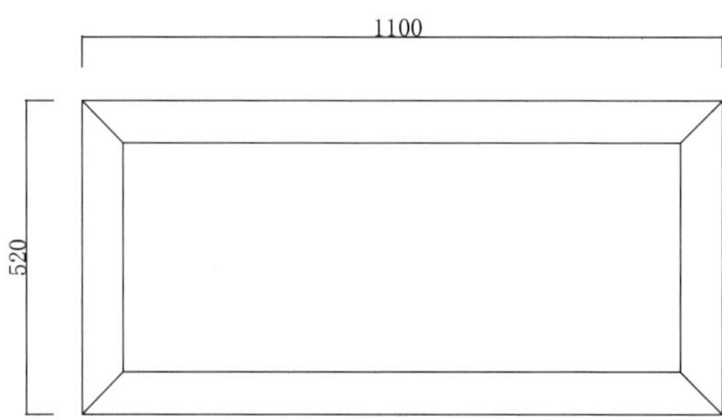

俯视图

图版清单（清式带柜门闷户橱）：
主视图
左视图
俯视图

清式宝相花纹圆角炕柜

材质：紫檀

年款：清代（清宫旧藏）

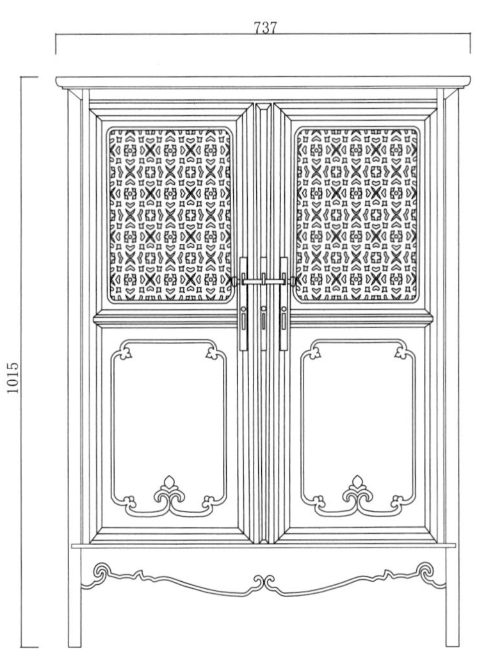

主视图

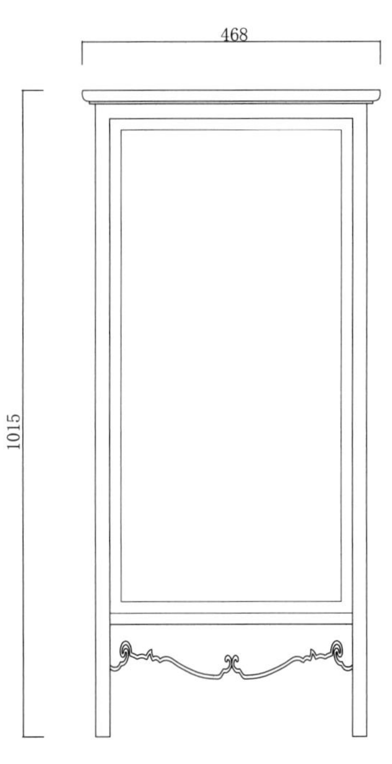

左视图

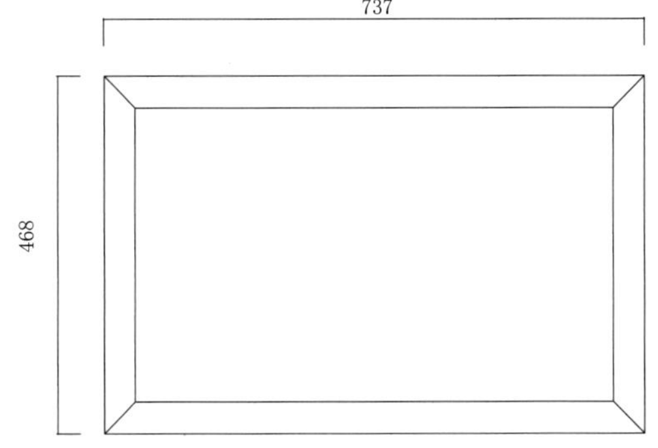

俯视图

图版清单（清式宝相花纹圆角炕柜）：
主视图
左视图
俯视图

清式拐子纹五斗柜

材质：紫檀

年款：清代（清宫旧藏）

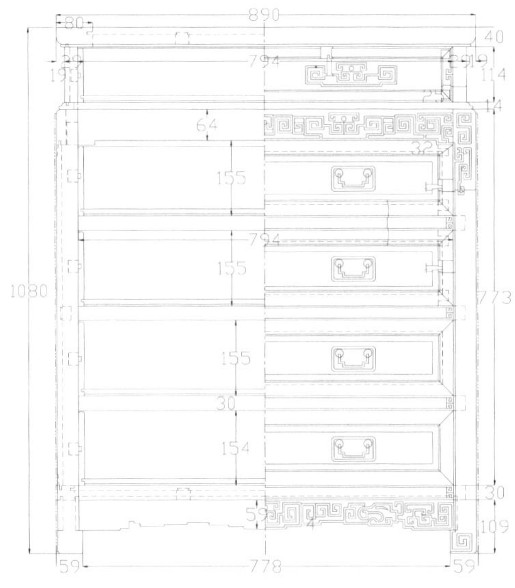

主视图

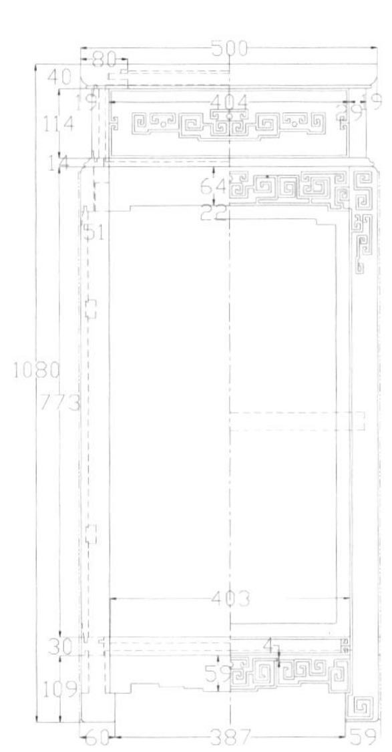

左视图

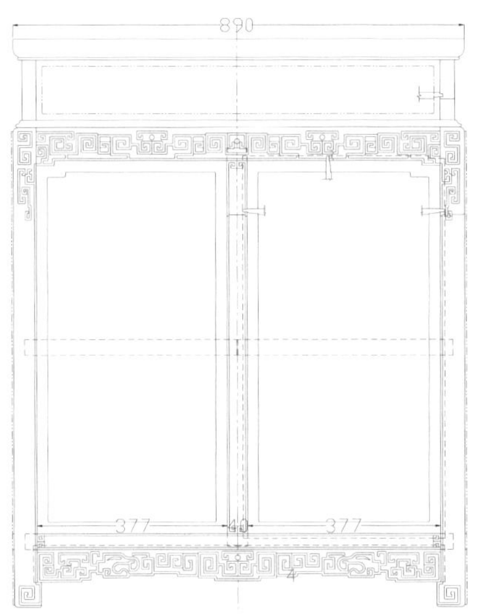

后视图

图版清单（清式拐子纹五斗柜）：
主视图
左视图
后视图

清式拐子纹六斗柜

材质：紫檀

年款：清代（清宫旧藏）

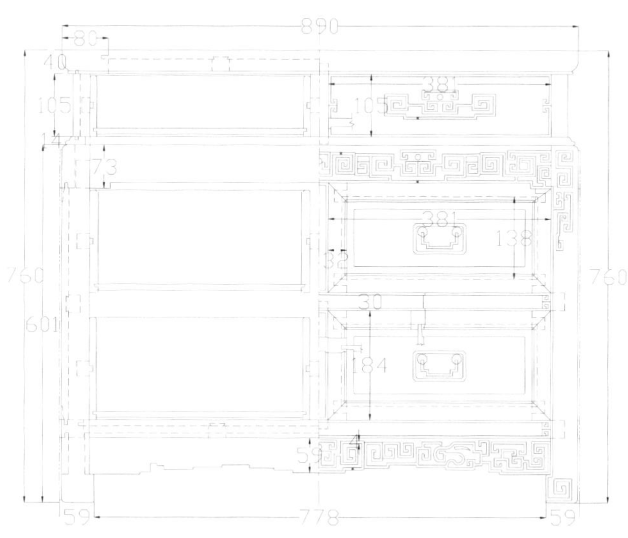

主视图

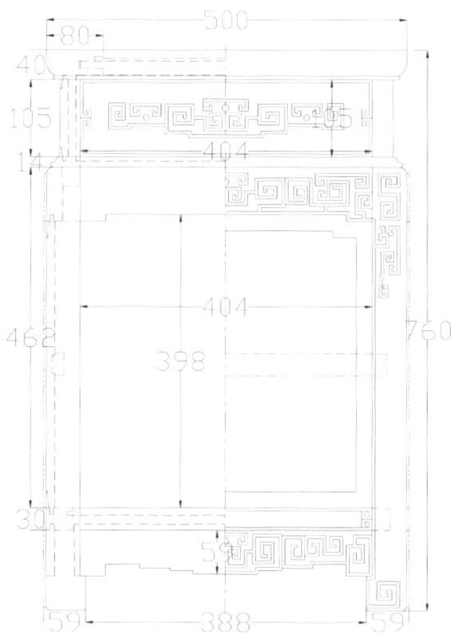

左视图

图版清单（清式拐子纹六斗柜）：
主视图
左视图

现代中式拐子纹亮格柜

材质：缅甸花梨

年款：现代

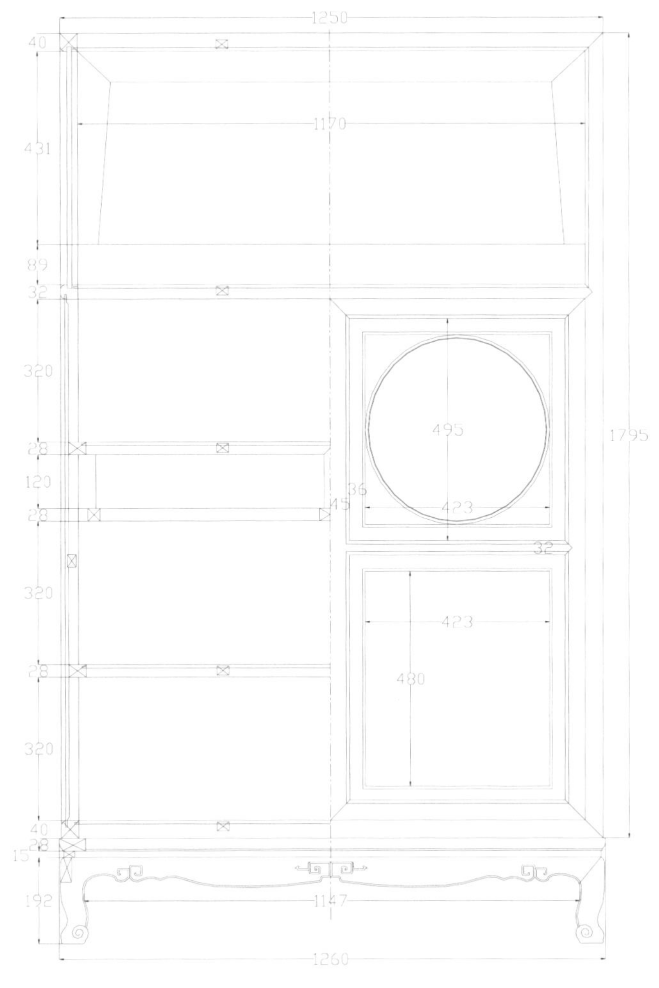

主视图

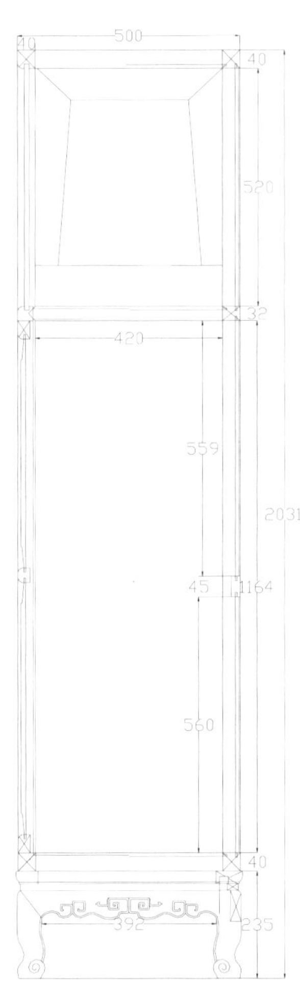

左视图

图版清单（现代中式拐子纹亮格柜）：
主视图
左视图

现代中式园林湖景图方角柜

材质：缅甸花梨

年款：现代

主视图

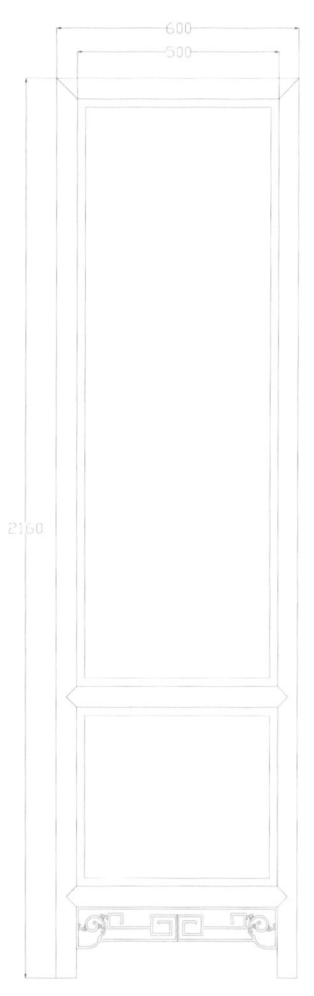

左视图

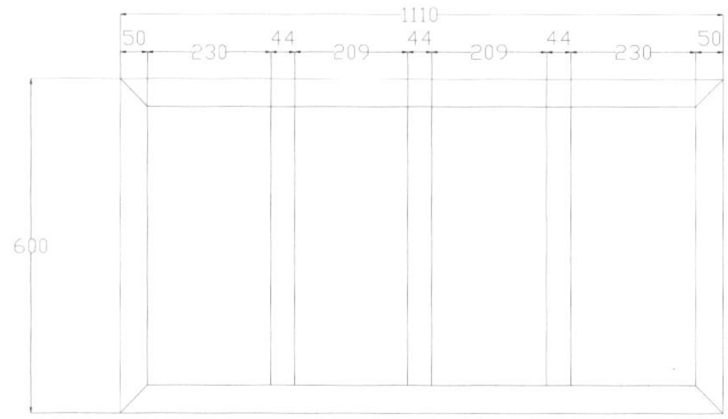

俯视图

图版清单（现代中式园林湖景图方角柜）：
主视图
左视图
俯视图

现代中式四美图多宝格

材质：缅甸花梨

年款：现代

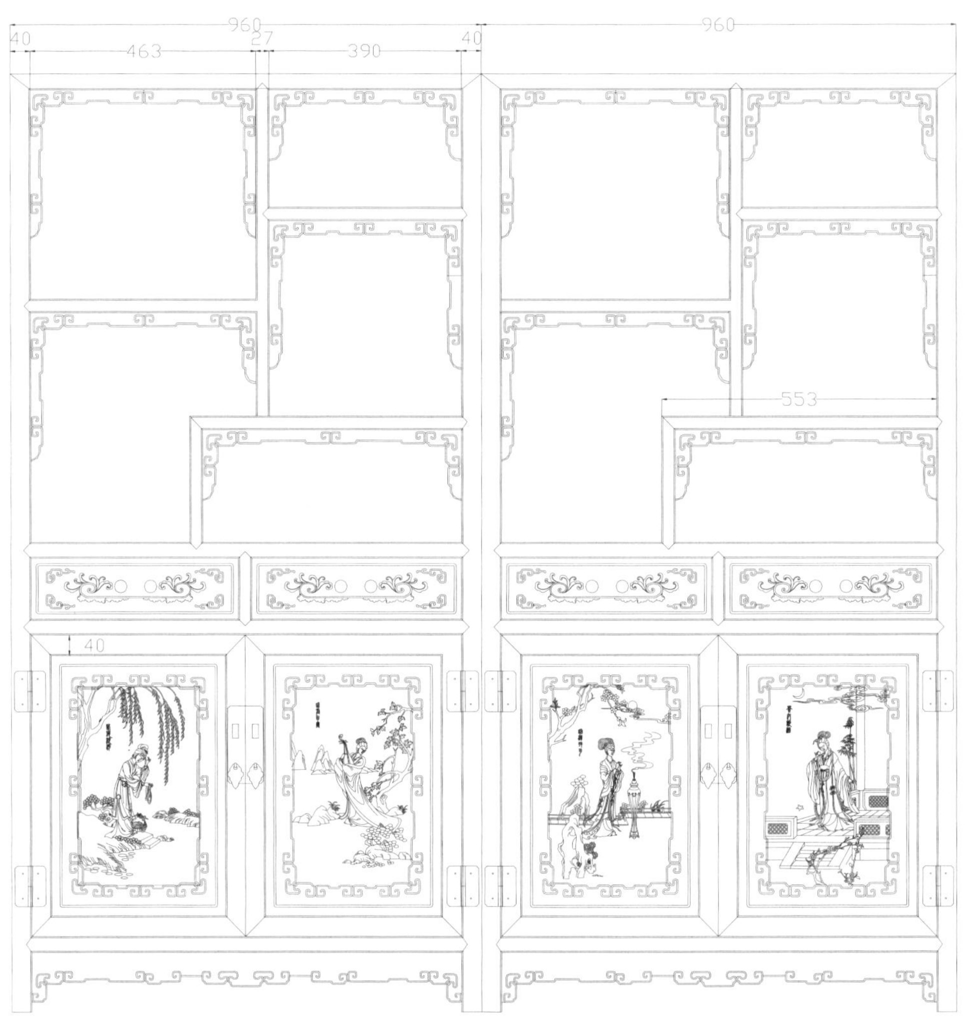

主视图

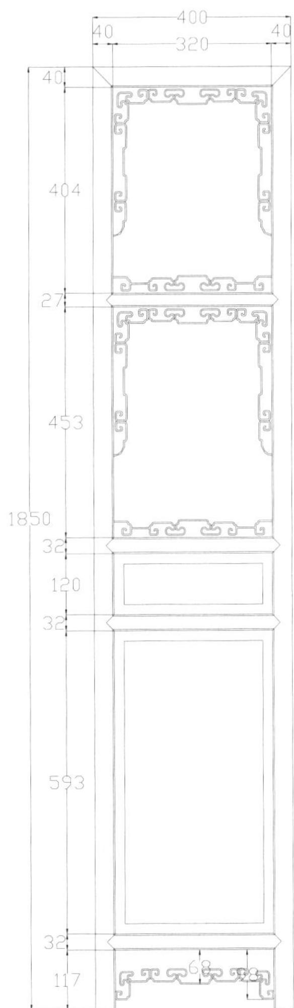

左视图

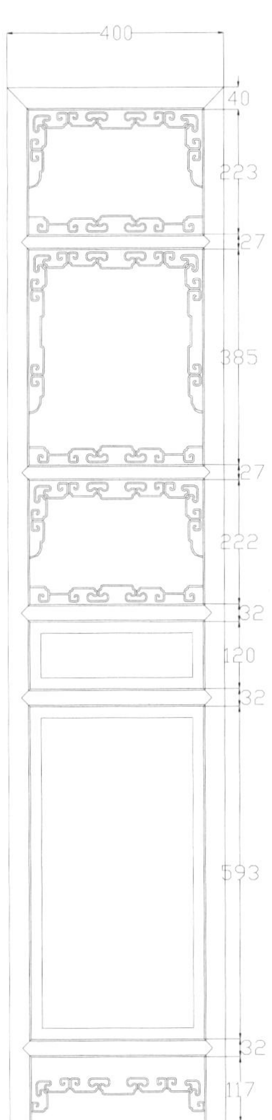

右视图

图版清单（现代中式四美图多宝格）：
主视图
左视图
右视图

现代中式拐子夔龙纹多宝格

材质：缅甸花梨

年款：现代

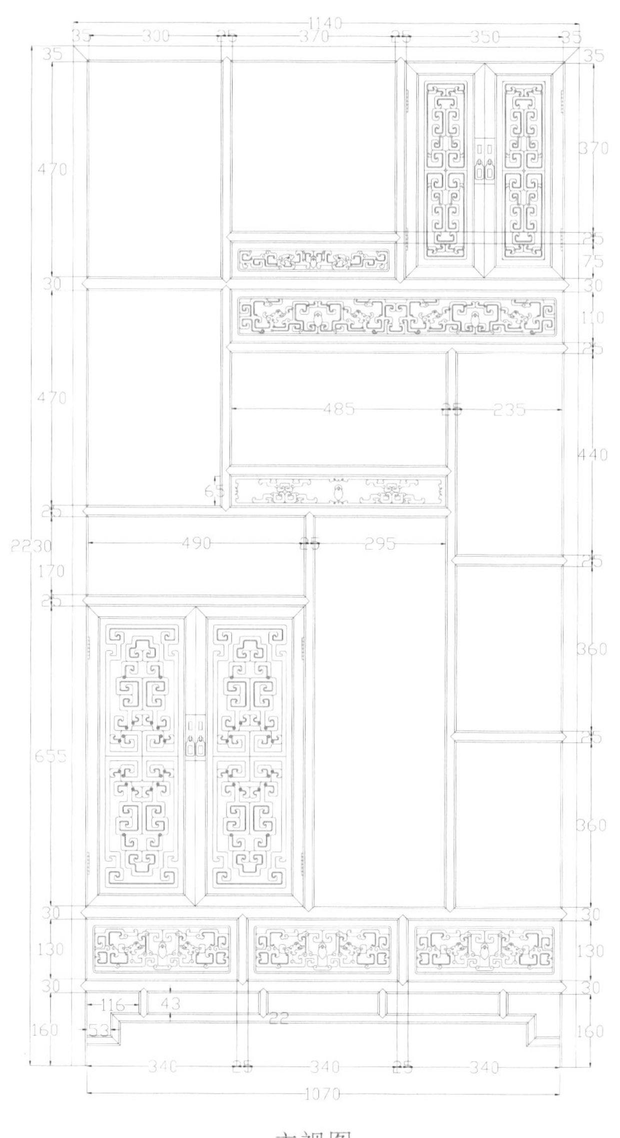

主视图

左视图

俯视图

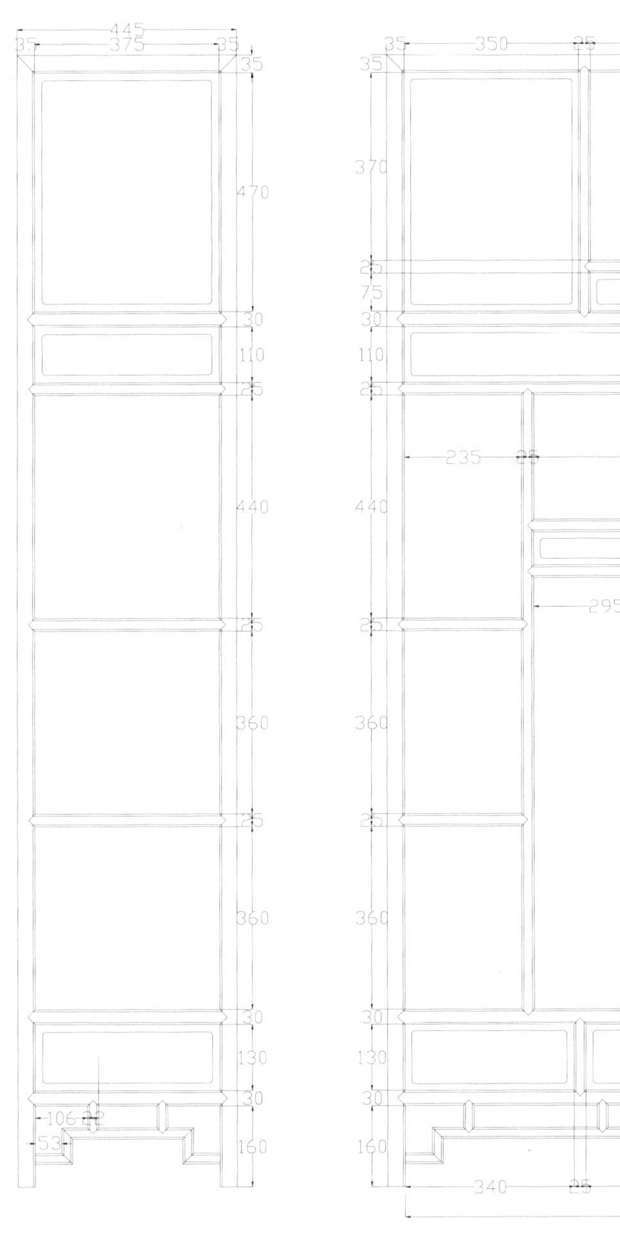

右视图

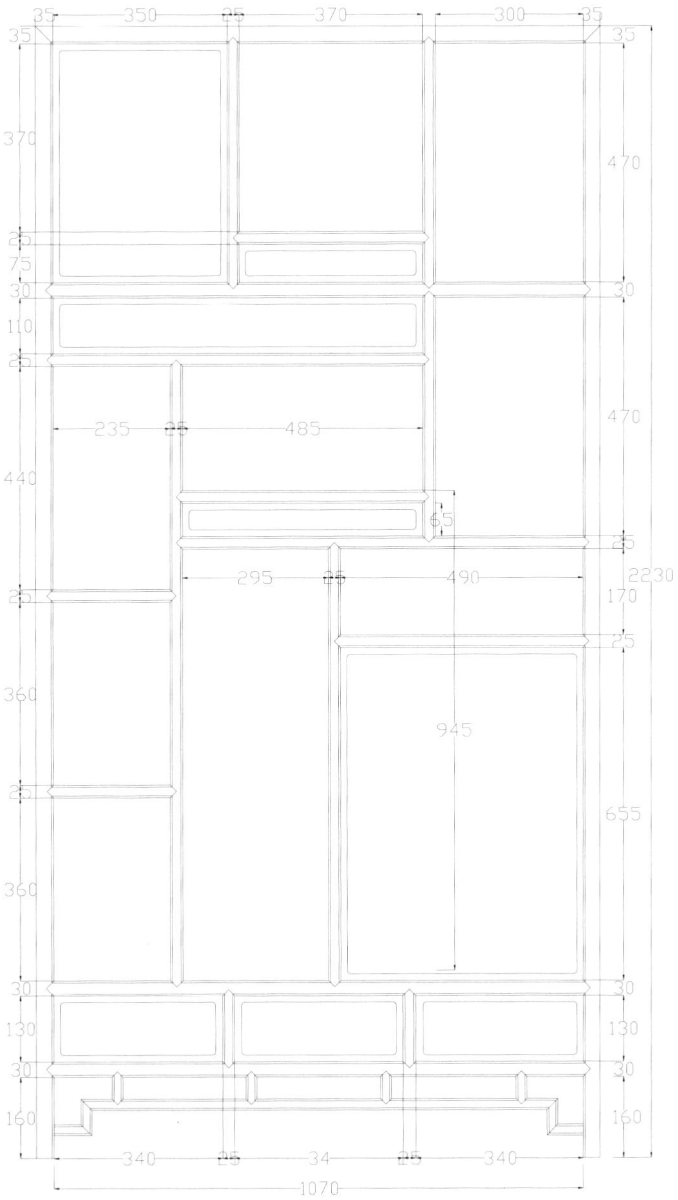

后视图

图版清单（现代中式拐子夔龙纹多宝格）：
主视图
左视图
俯视图
右视图
后视图

现代中式松鹤延年图多宝格

材质：缅甸花梨

年款：现代

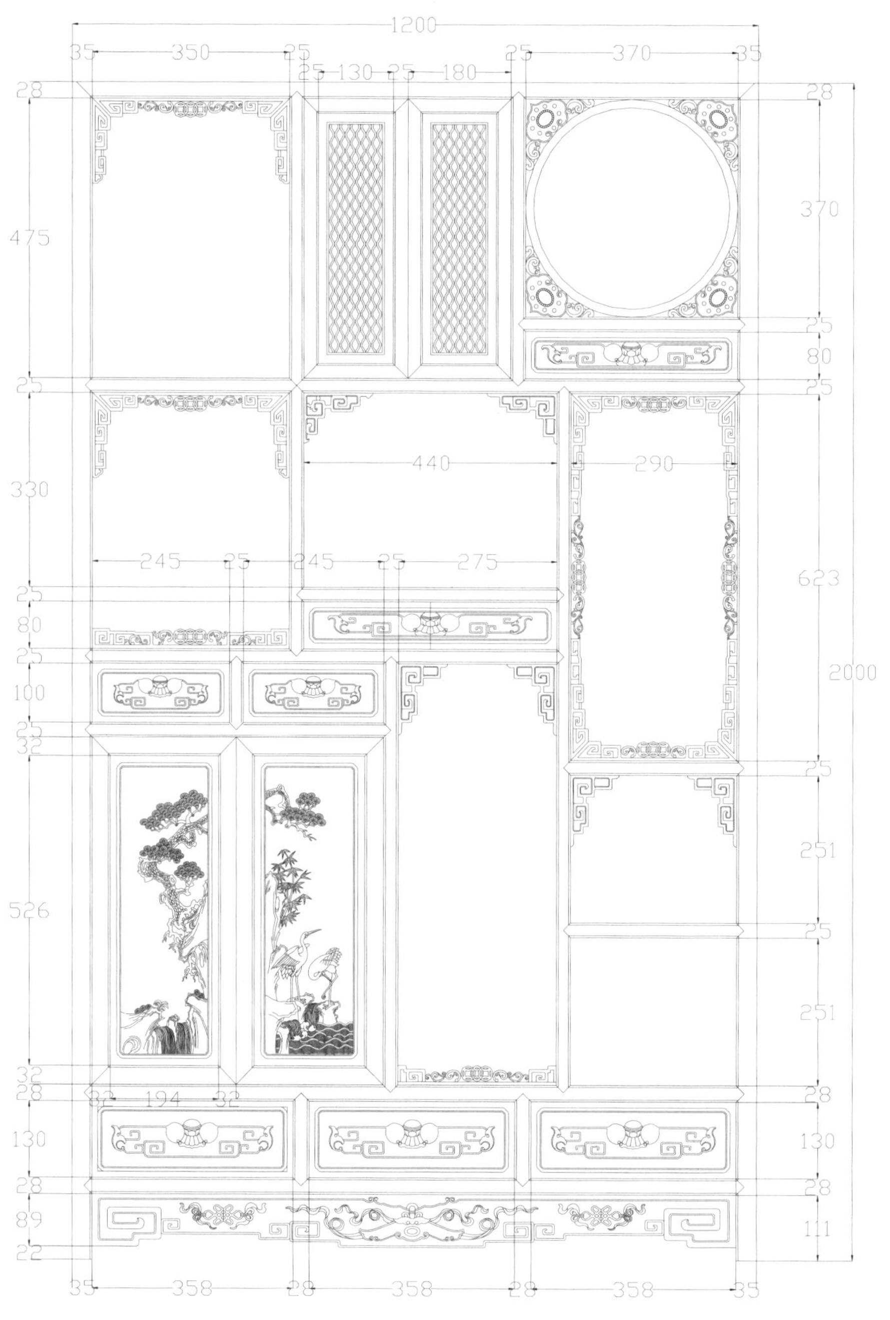

主视图

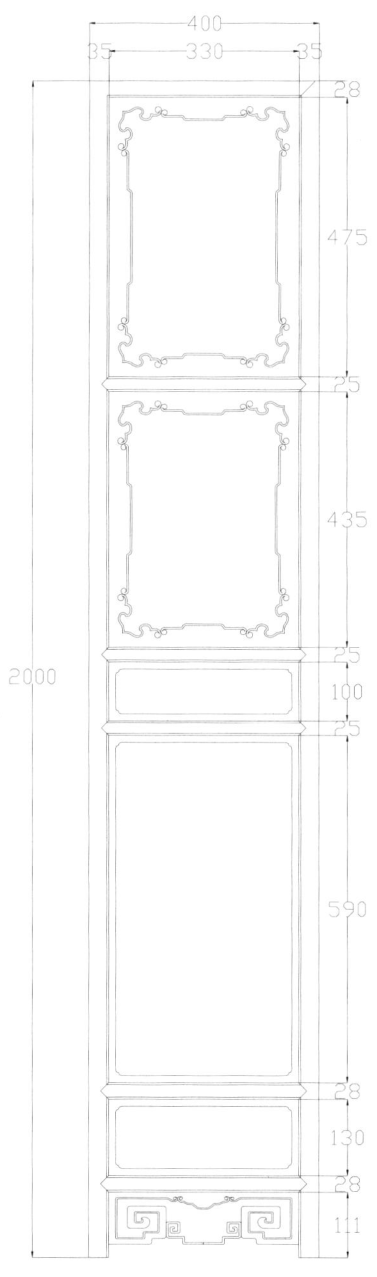

左视图

右视图

图版清单（现代中式松鹤延年图多宝格）：
主视图
左视图
右视图

现代中式福庆有余纹书柜

材质：缅甸花梨

年款：现代

图版清单（现代中式福庆有余纹书柜）：
主视图
左视图

主视图

左视图

现代中式卷叶拐子纹书柜

材质：缅甸花梨

年款：现代

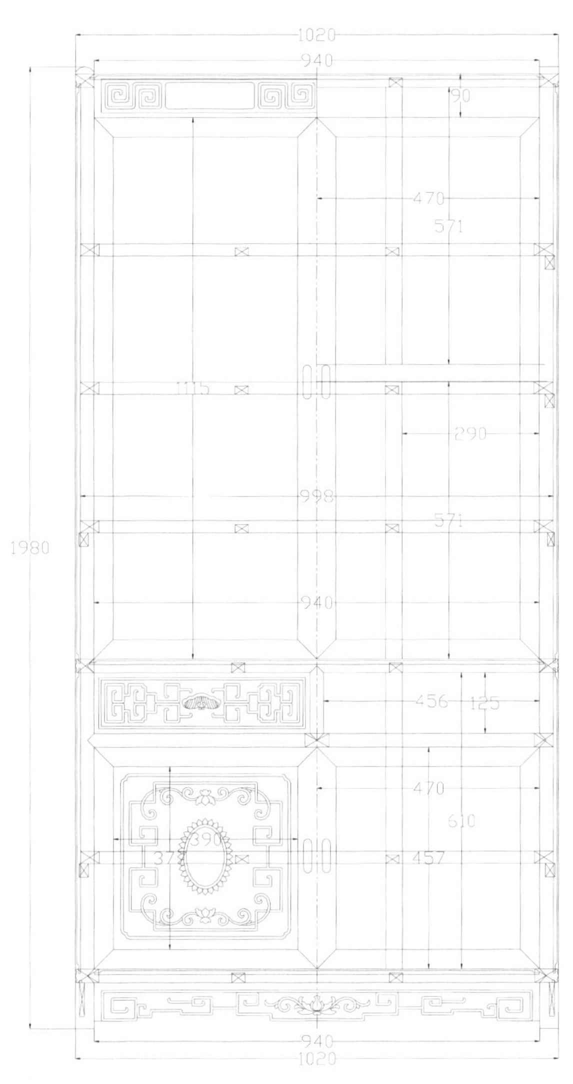

主视图

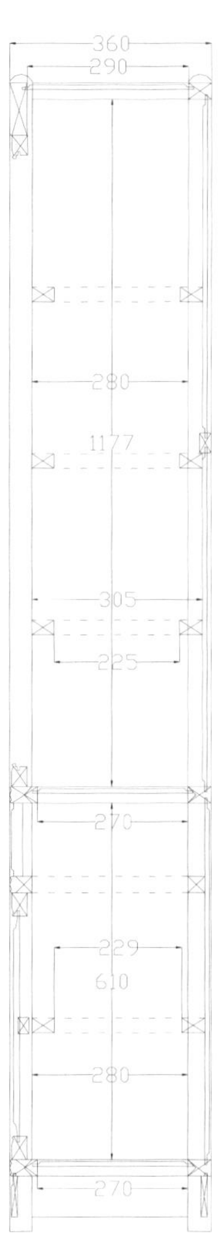

左视图

图版清单（现代中式卷叶拐子纹书柜）：
主视图
左视图

现代中式福在眼前纹书柜

材质：缅甸花梨

年款：现代

主视图

左视图

图版清单（现代中式福在眼前纹书柜）：
主视图
左视图

现代中式福寿双全纹书柜

材质：缅甸花梨

年款：现代

主视图

右视图

图版清单（现代中式福寿双全纹书柜）：
主视图
右视图

现代中式口字棂格书柜

材质：缅甸花梨

年款：现代

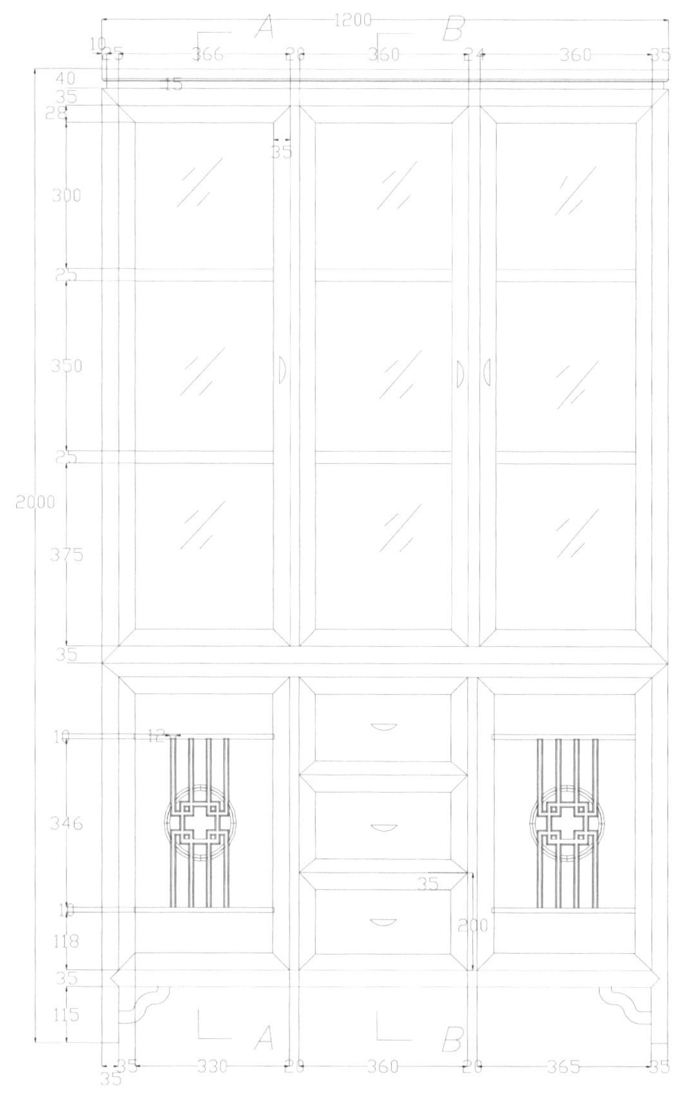

主视图

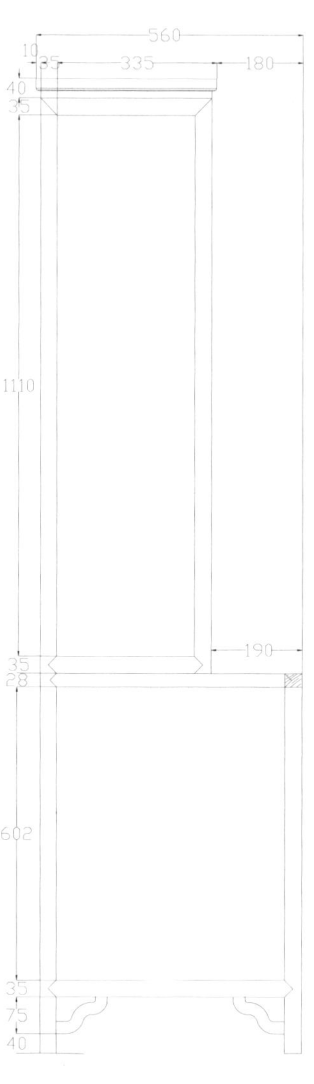

左视图

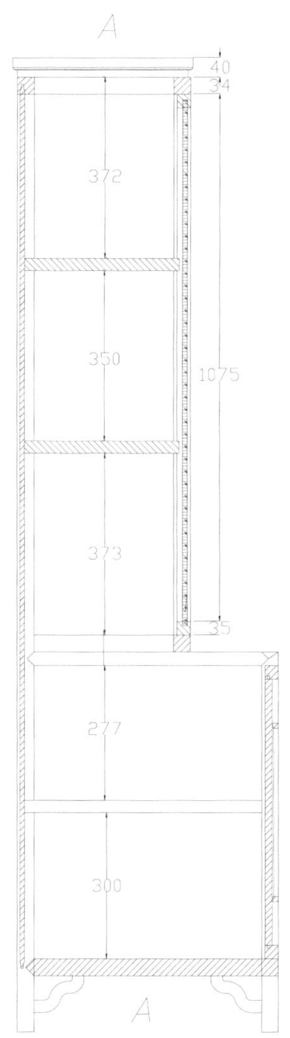

剖视图 1

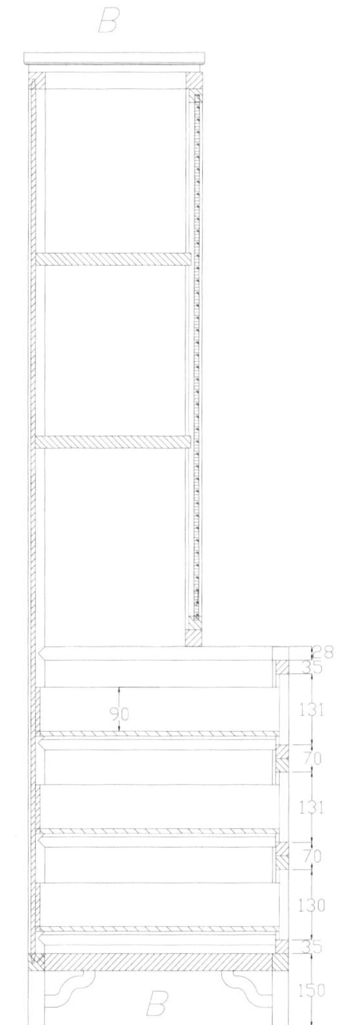

剖视图 2

图版清单（现代中式口字棂格书柜）：

主视图

左视图

剖视图 1

剖视图 2

现代中式攒万字纹书柜

材质：缅甸花梨

年款：现代

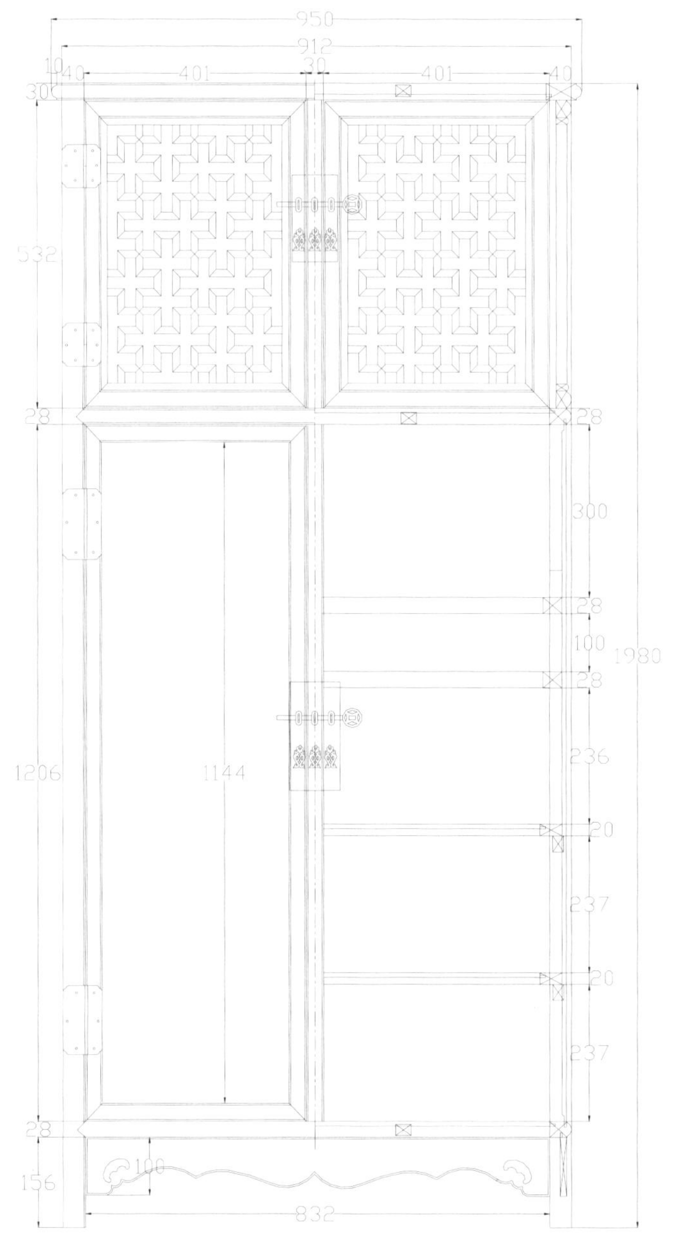

主视图

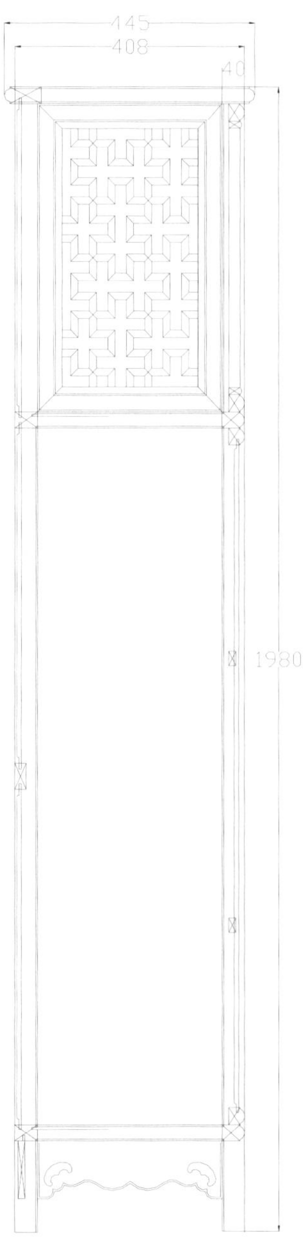

左视图

图版清单（现代中式攒万字纹书柜）：
主视图
左视图

现代中式致远书柜

材质：缅甸花梨

年款：现代

图版清单（现代中式致远书柜）：
主视图
左视图

现代中式双龙拱璧纹书柜

材质：紫檀

年款：现代

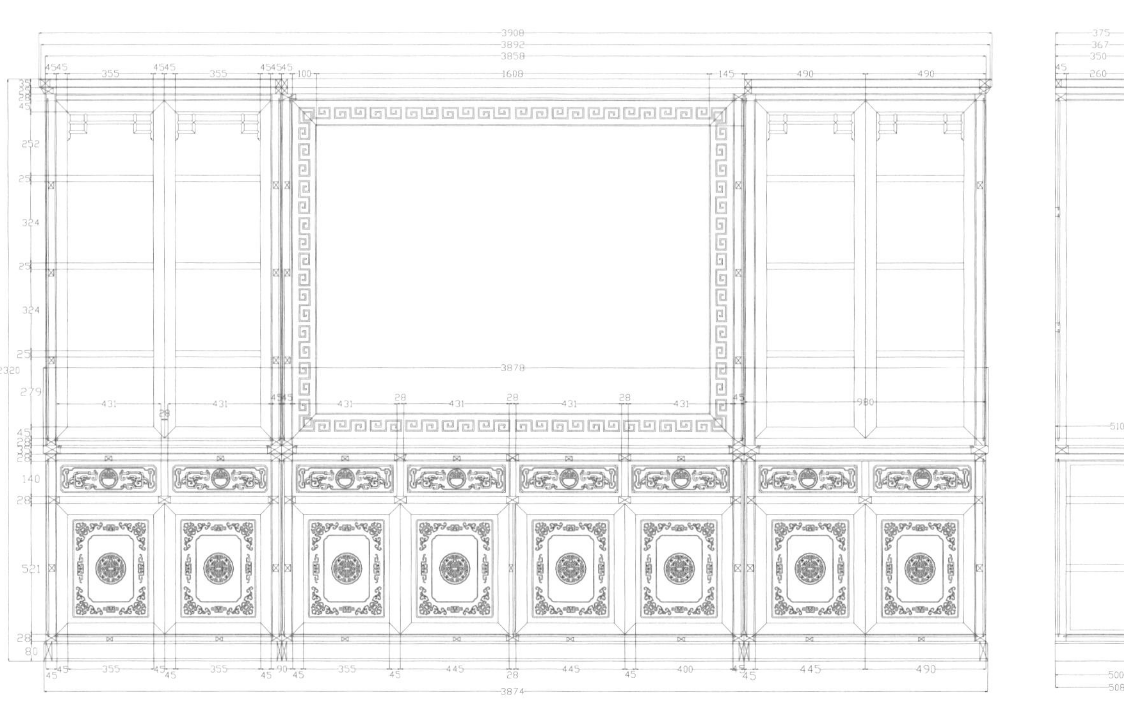

主视图　　左视图

图版清单（现代中式双龙拱璧纹书柜）：
主视图
左视图

现代中式暗八仙纹书柜

材质：紫檀

年款：现代

主视图

左视图

剖视图

图版清单（现代中式暗八仙纹书柜）：
主视图
左视图
剖视图

现代中式卷草卡子花组合书柜

材质：红酸枝

年款：现代

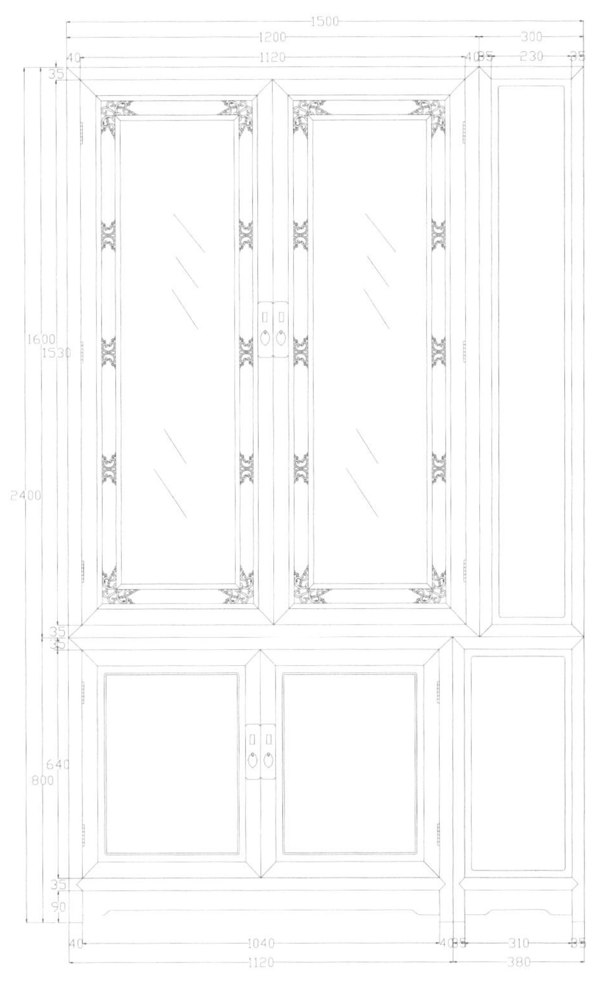

主视图

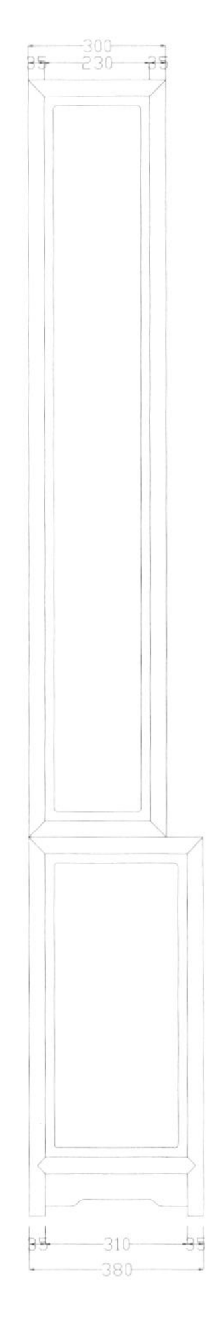

左视图

图版清单（现代中式卷草卡子花组合书柜）：
主视图
左视图

现代中式七屉五层书桌

材质：大叶紫檀

年款：现代

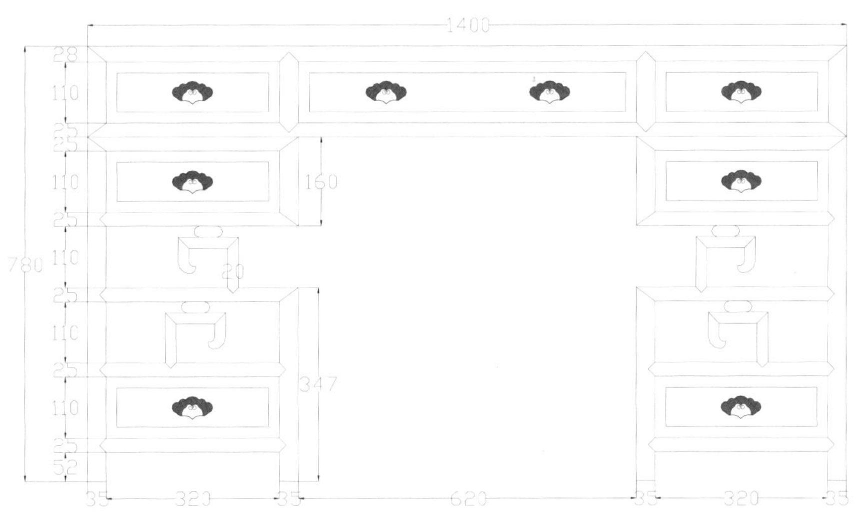

主视图

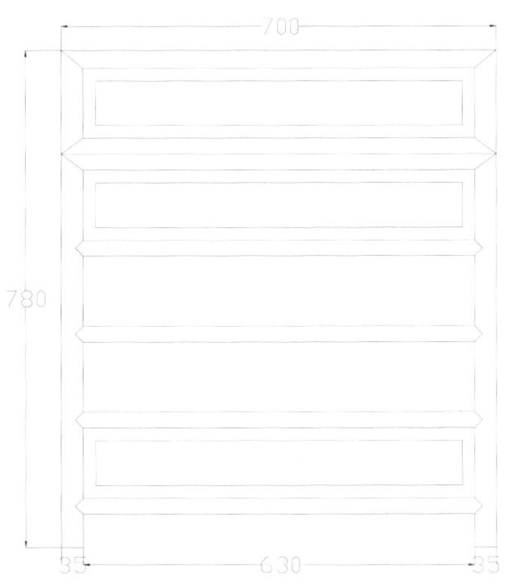

左视图

图版清单（现代中式七屉五层书桌）：
主视图
左视图

匠心营造

现代中式云龙纹写字台

材质：缅甸花梨

年款：现代

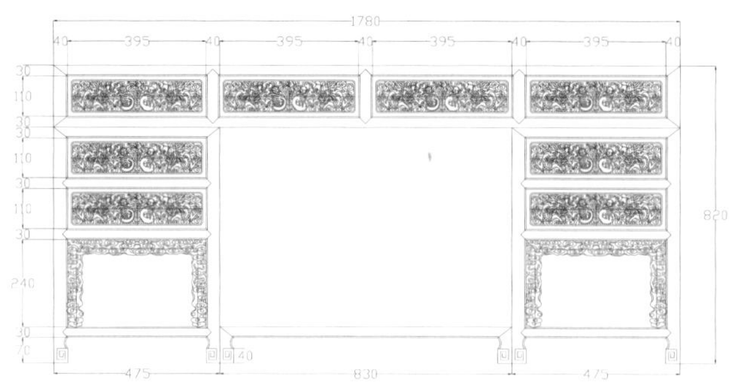

主视图

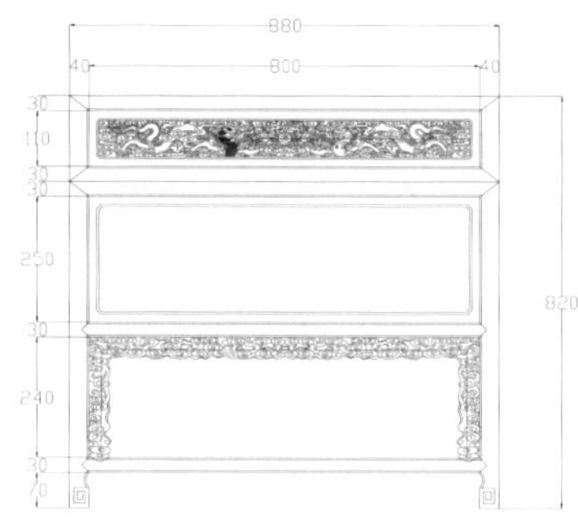

左视图

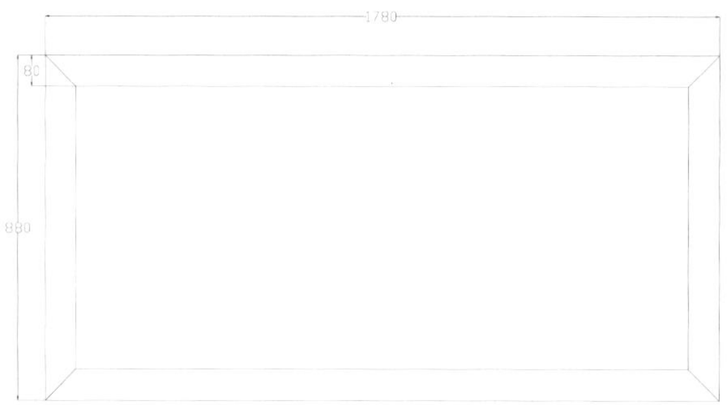

俯视图

图版清单（现代中式云龙纹写字台）：
主视图
左视图
俯视图
剖视图 1（脚踏）
剖视图 2（屉板）

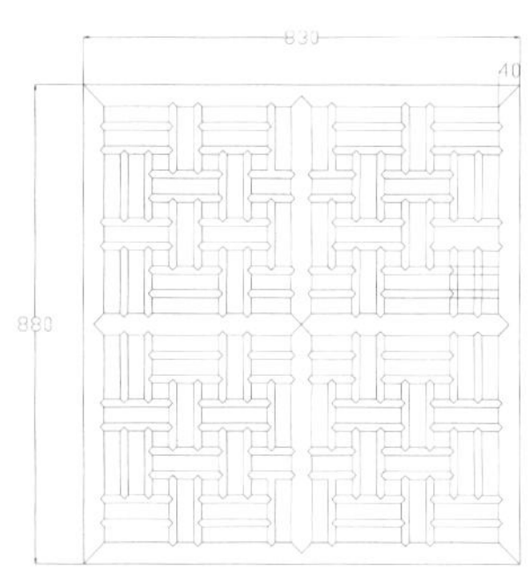

剖视图 1（脚踏）

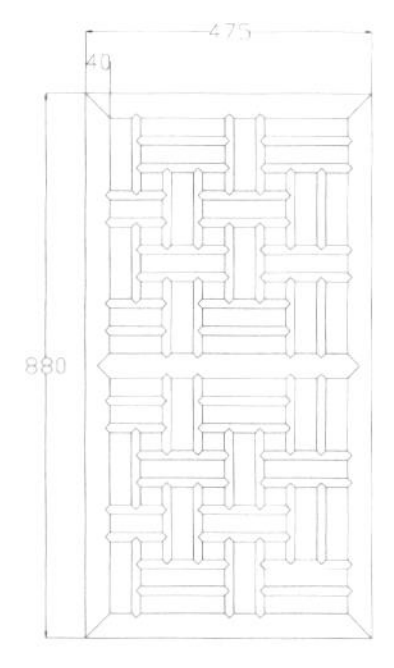

剖视图 2（屉板）

现代中式写字台

材质：缅甸花梨

年款：现代

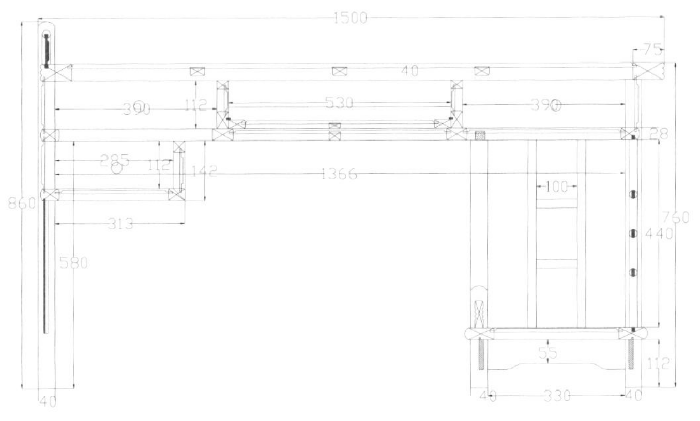

主视图

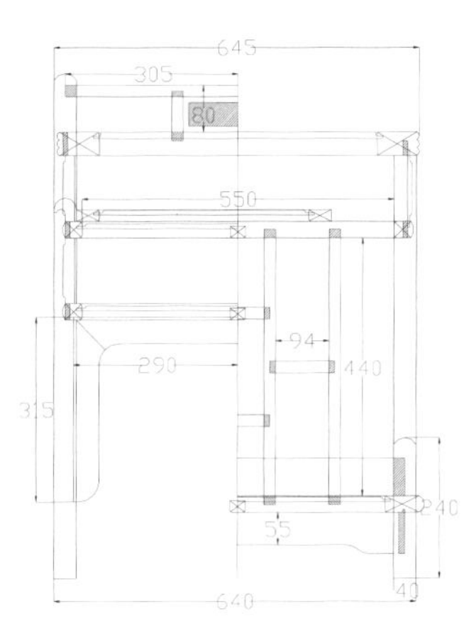

左视图

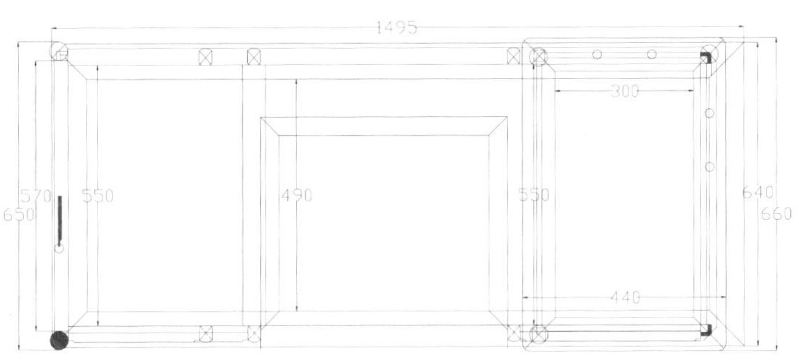

俯视图

图版清单（现代中式写字台）：

主视图

左视图

俯视图

现代中式莲花拐子博古图写字台

材质：缅甸花梨

年款：现代

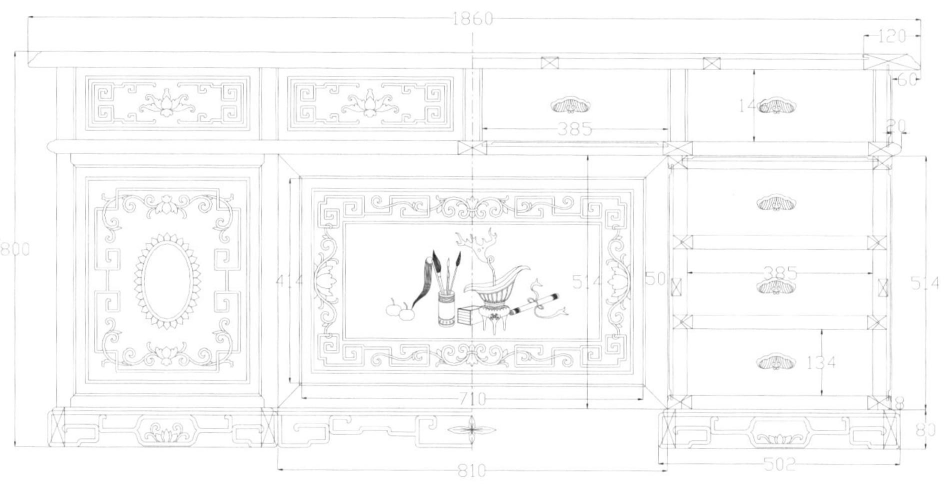

主视图

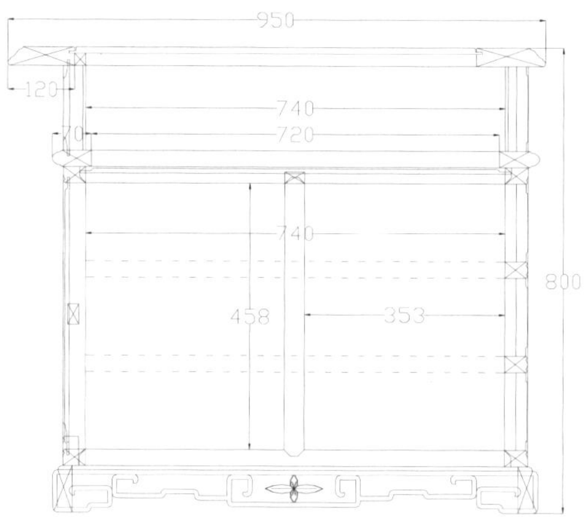

右视图

图版清单（现代中式莲花拐子博古图写字台）：
主视图
右视图

现代中式花开富贵写字台

材质：缅甸花梨

年款：现代

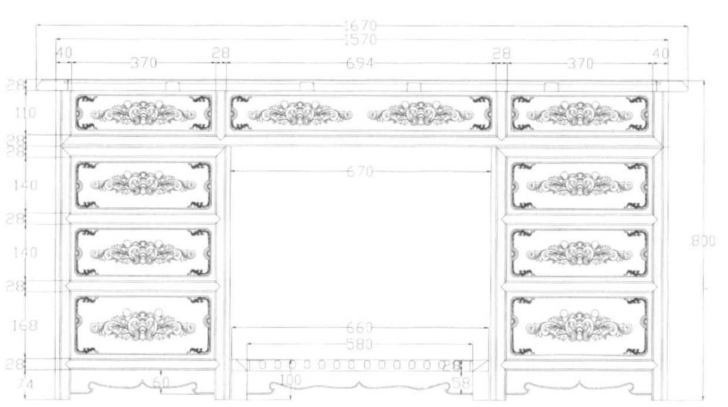

主视图

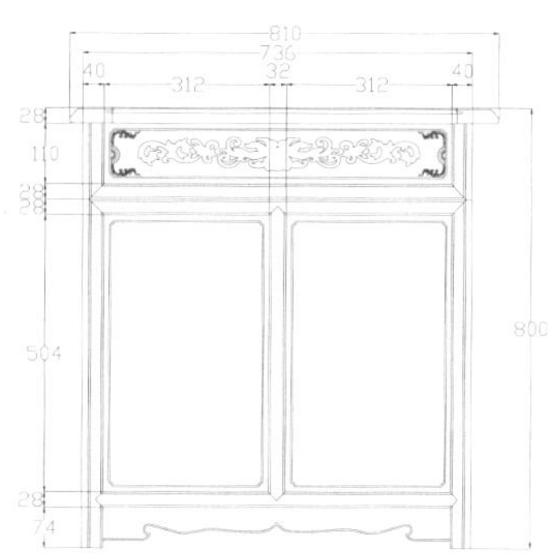

左视图

后视图

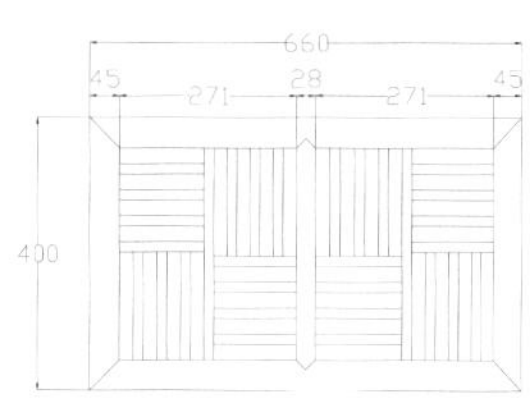

剖视图（脚踏）

图版清单（现代中式花开富贵写字台）：
主视图
左视图
后视图
剖视图（脚踏）

现代中式拐子夔龙纹写字台

材质：缅甸花梨

年款：现代

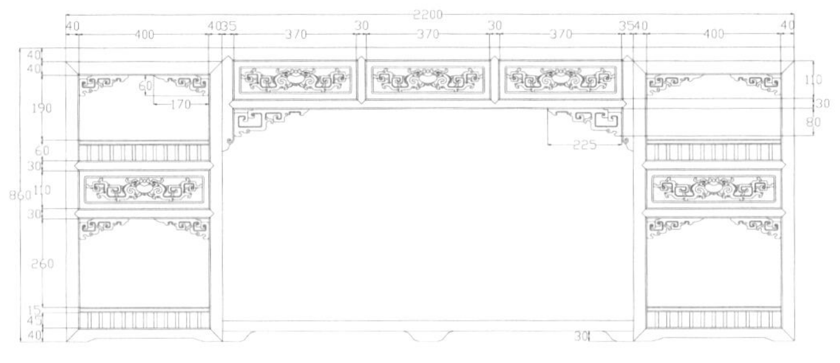

主视图

左视图

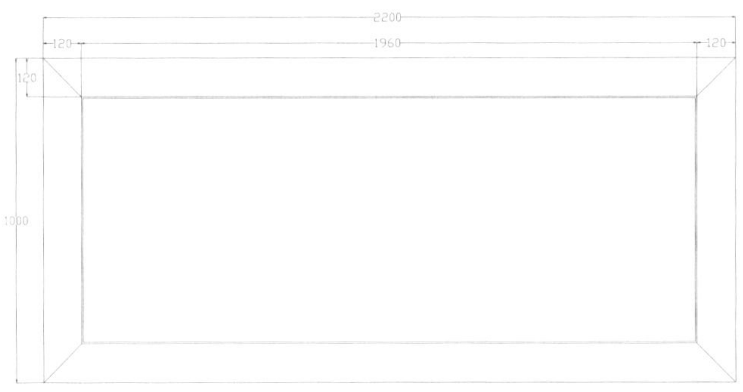

俯视图

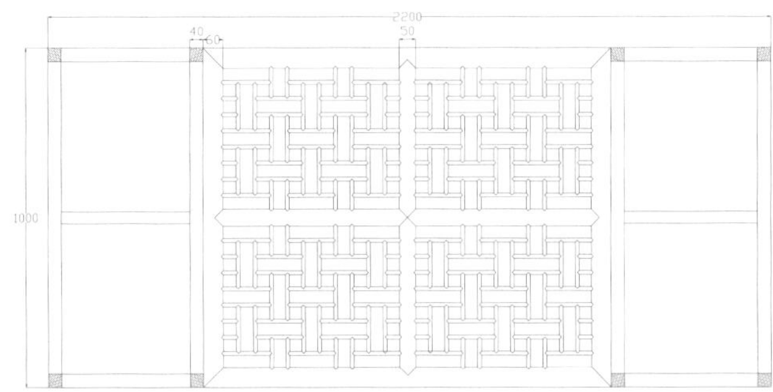

剖视图

图版清单（现代中式拐子夔龙纹写字台）：
主视图
左视图
俯视图
剖视图

现代中式冰裂纹写字台

材质：缅甸花梨

年款：现代

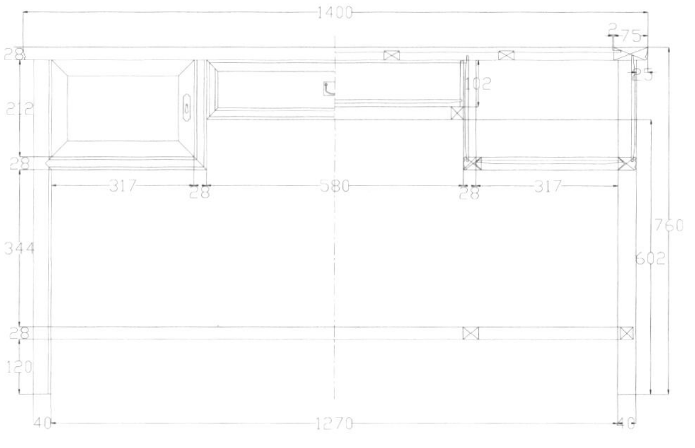

主视图

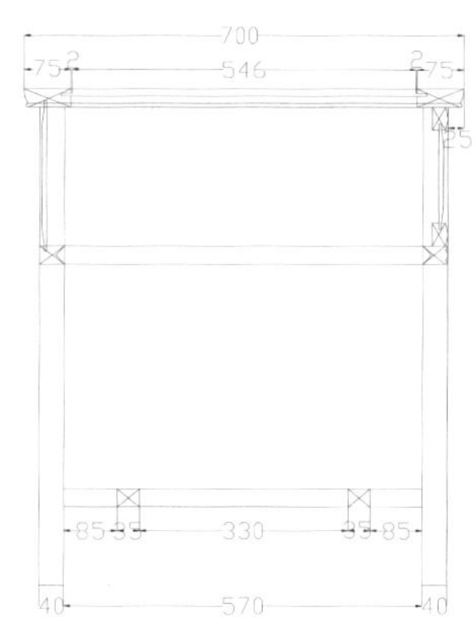

左视图

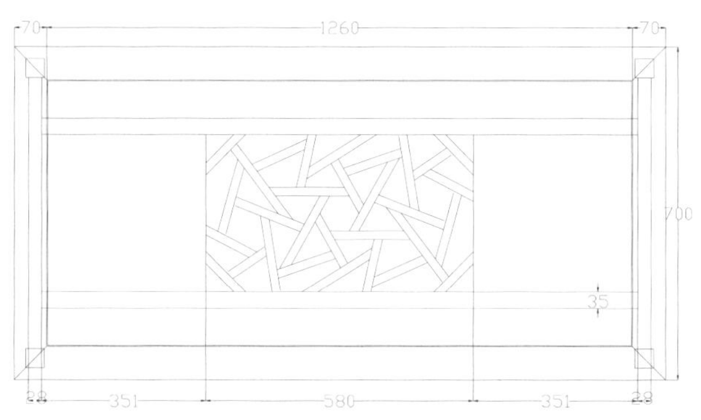

俯视图

图版清单（现代中式冰裂纹写字台）：
主视图
左视图
俯视图

现代中式清韵写字台

材质：白酸枝

年款：现代

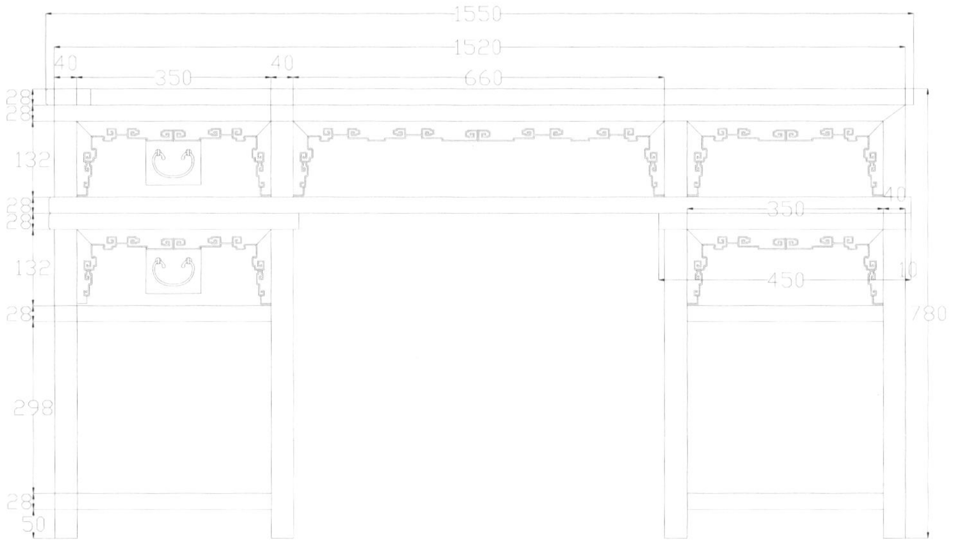

主视图

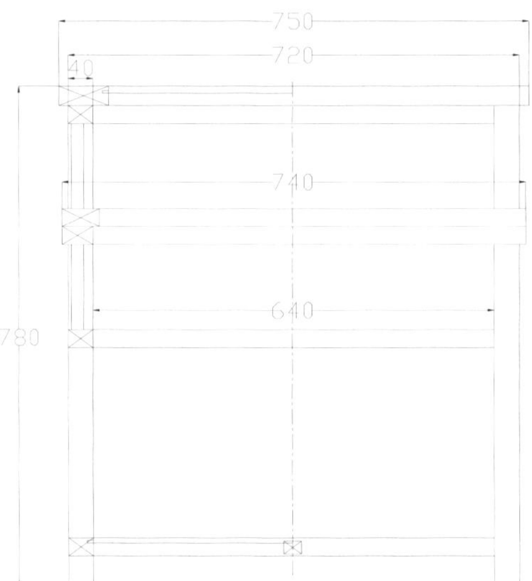

左视图

图版清单（现代中式清韵写字台）：
主视图
左视图

现代中式写字台

材质：缅甸花梨

年款：现代

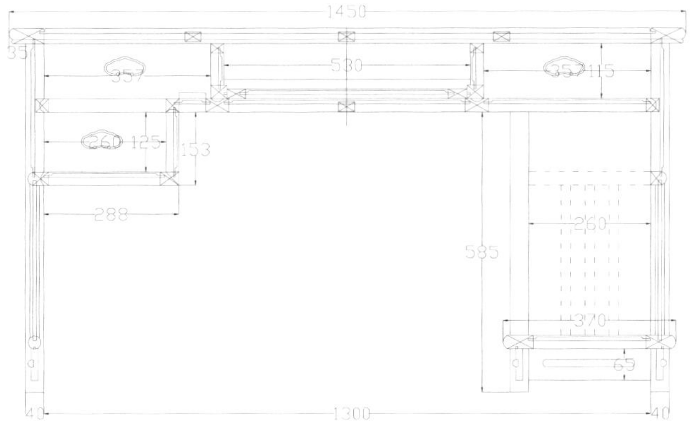

主视图

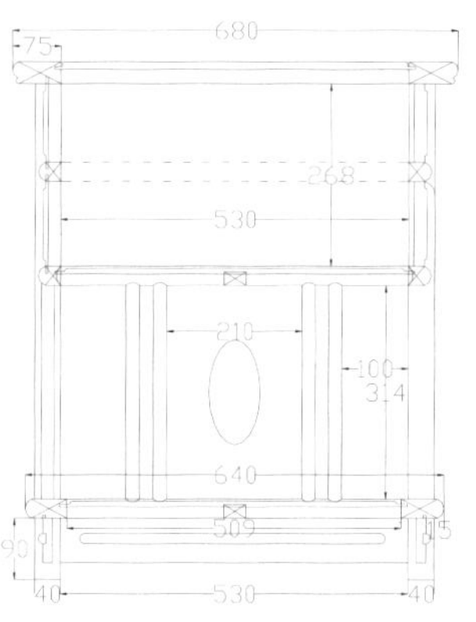

左视图

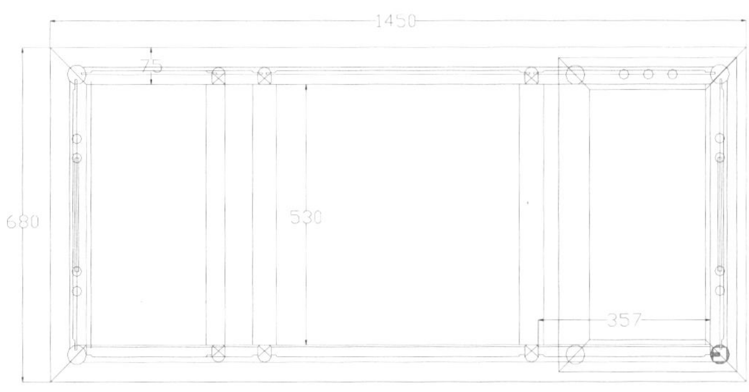

俯视图

图版清单（现代中式写字台）：

主视图

左视图

俯视图

现代中式八屉花鸟图写字台

材质：缅甸花梨

年款：现代

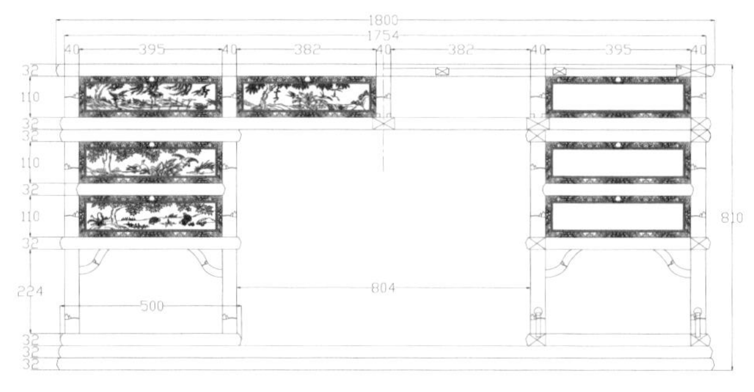

主视图

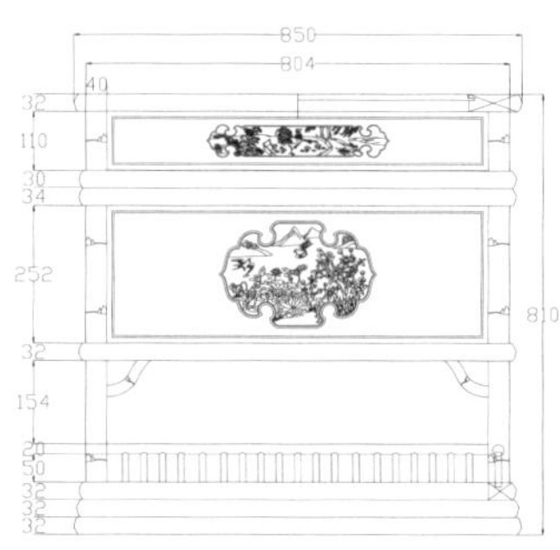

左视图

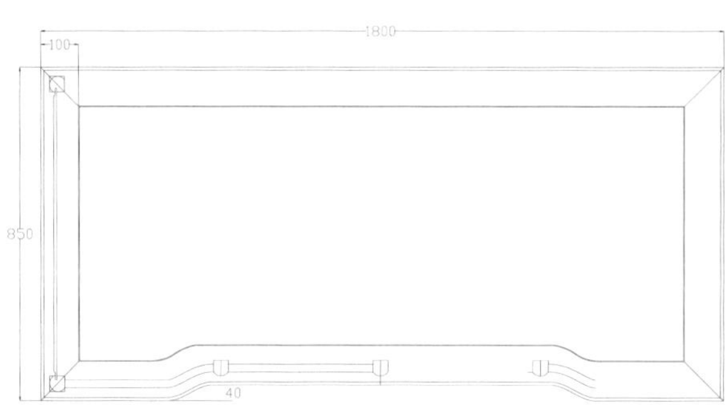

俯视图

图版清单（现代中式八屉花鸟图写字台）：
主视图
左视图
俯视图

现代中式攒棂格花鸟图写字台

材质：缅甸花梨

年款：现代

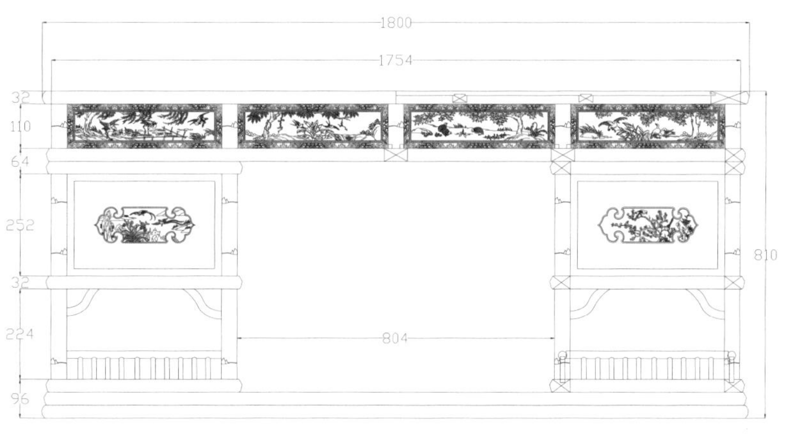

主视图

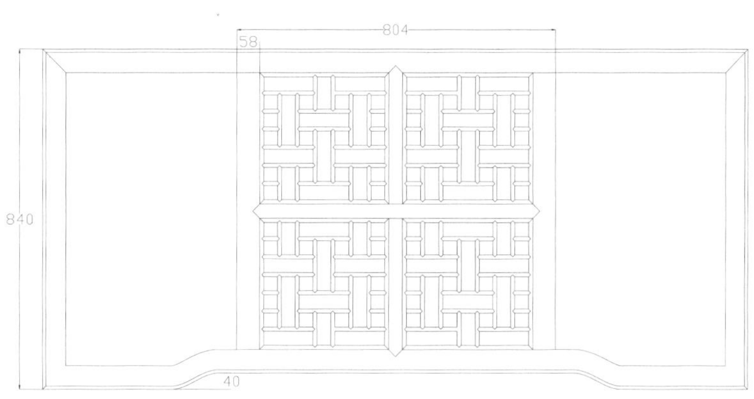

俯视图

图版清单（现代中式攒棂格花鸟图写字台）：
主视图
俯视图

现代中式七屉花开富贵办公台

材质：缅甸花梨

年款：现代

主视图

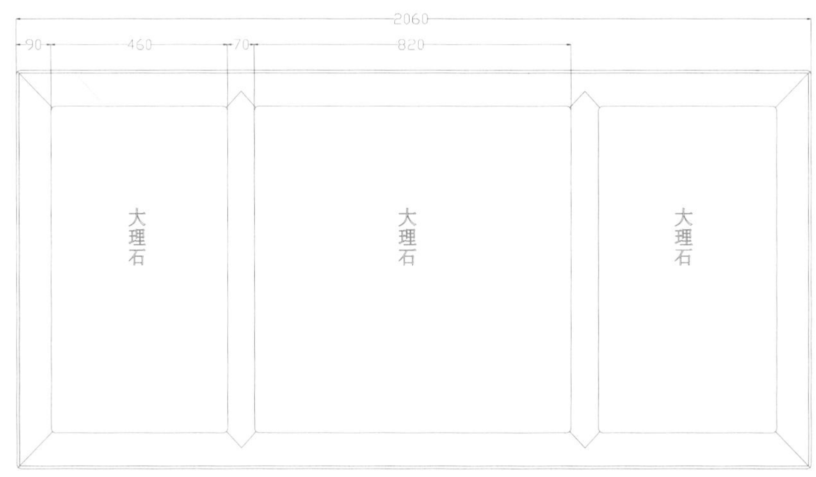

俯视图

左视图

1030
30
40
1000
45

剖视图（脚踏）

后视图

图版清单（现代中式七屉花开富贵办公台）：
主视图
俯视图
左视图
剖视图（脚踏）
后视图

现代中式十屉拐子龙纹办公台

材质：缅甸花梨

年款：现代

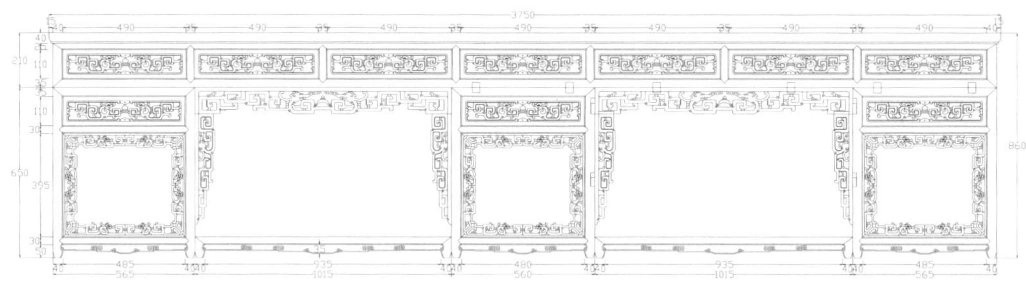

主视图

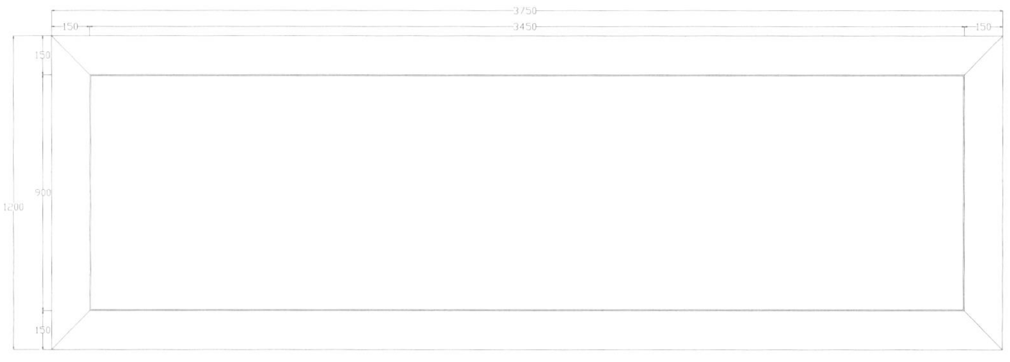

俯视图

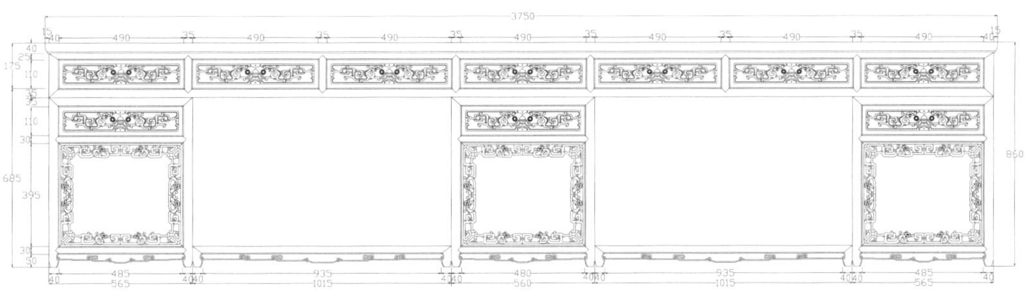

后视图

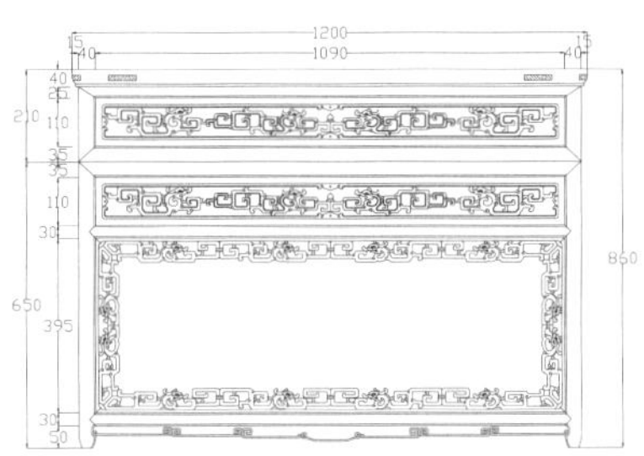

左视图

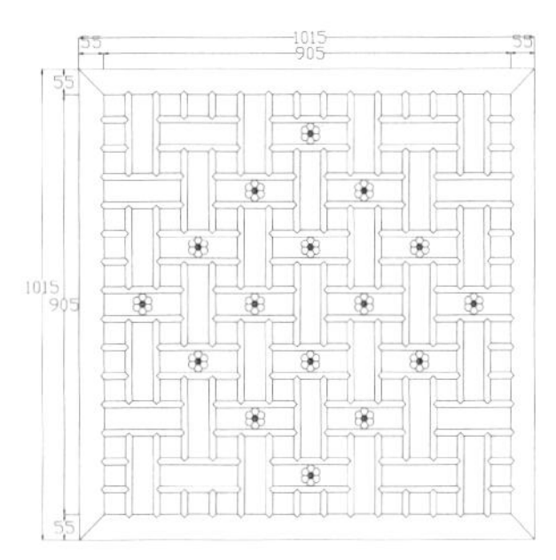

剖视图（脚踏）

图版清单（现代中式十屉拐子龙纹办公台）：
主视图
俯视图
后视图
左视图
剖视图（踏脚）

现代中式福在眼前拐子纹大班台

材质：缅甸花梨

丰款：现代

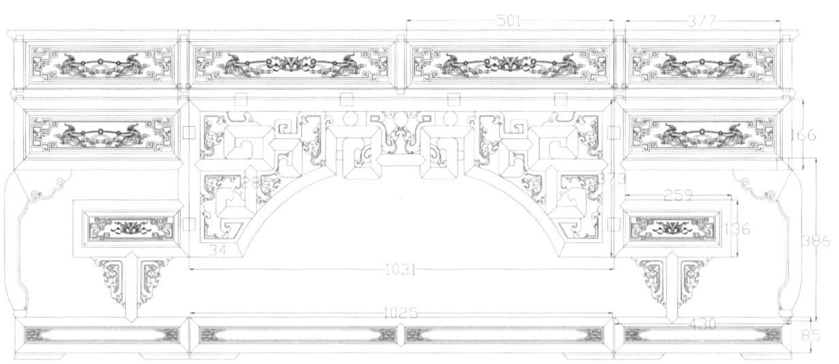

主视图

俯视图

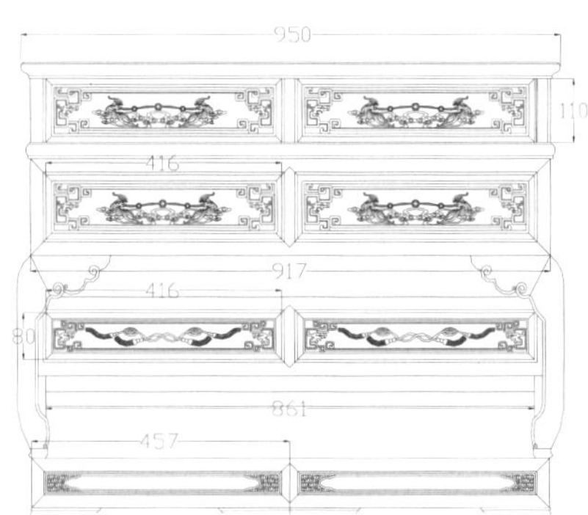

左视图

后视图

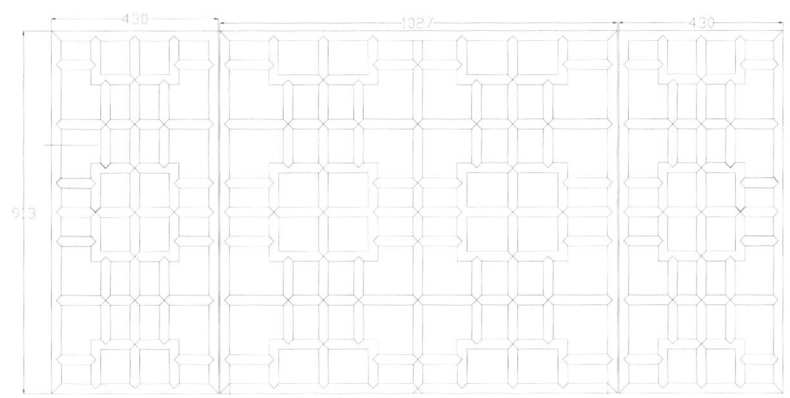

剖视图（脚踏）

图版清单（现代中式福在眼前拐子纹大班台）：
主视图
俯视图
左视图
后视图
剖视图（脚踏）

现代中式清韵大班台

材质：缅甸花梨

年款：现代

主视图

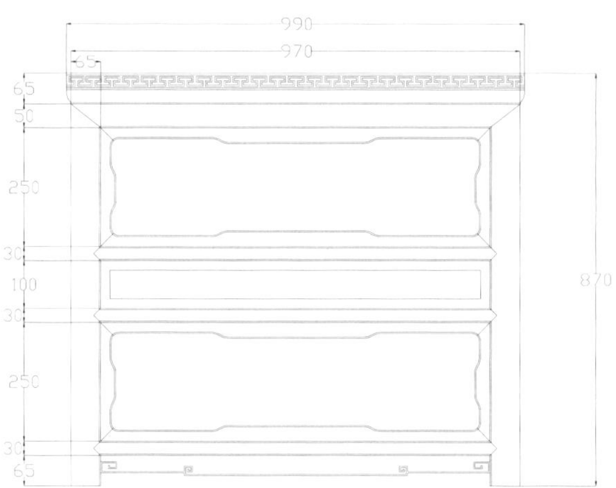

左视图

图版清单（现代中式清韵大班台）：
主视图
左视图

现代中式一帆风顺大班台

材质：缅甸花梨

年款：现代

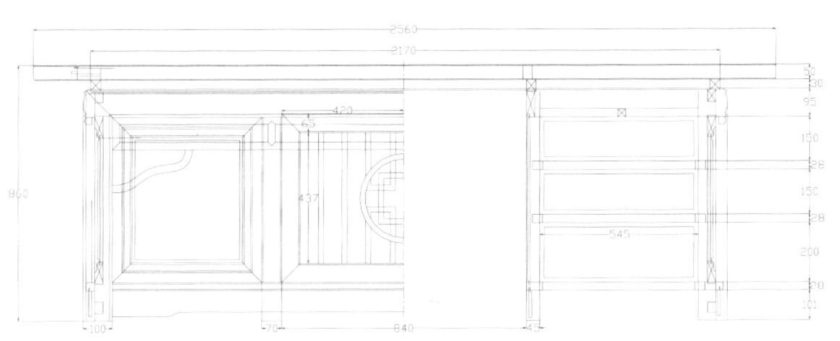

主视图

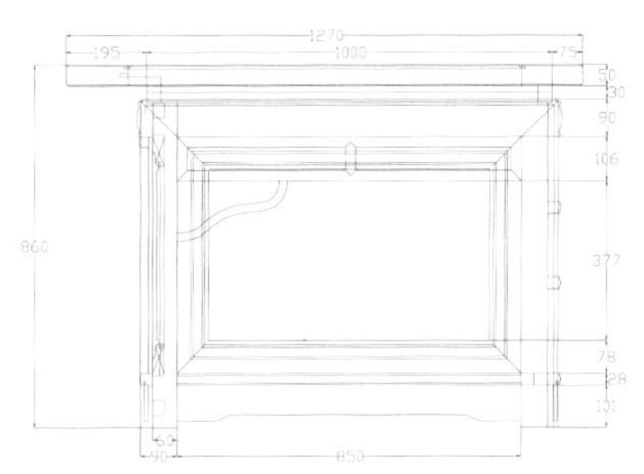

右视图

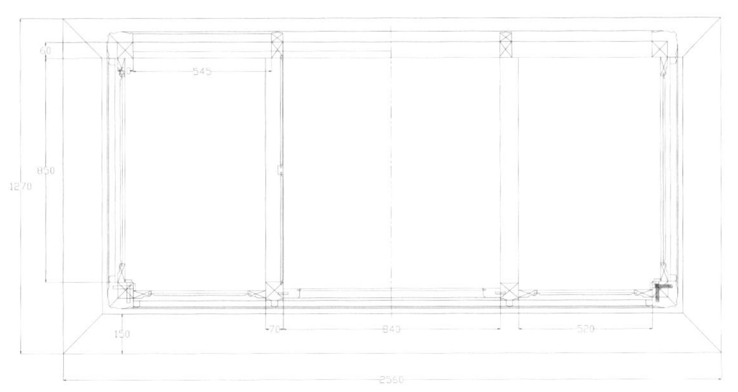

俯视图

图版清单（现代中式一帆风顺大班台）：
主视图
右视图
俯视图

现代中式佛八宝纹大班台

材质：缅甸花梨

年款：现代

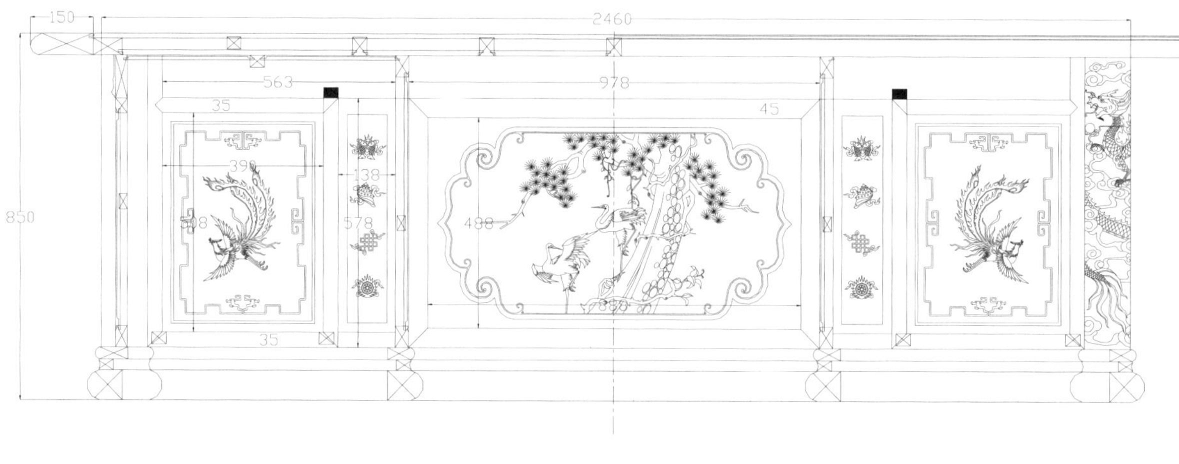

主视图

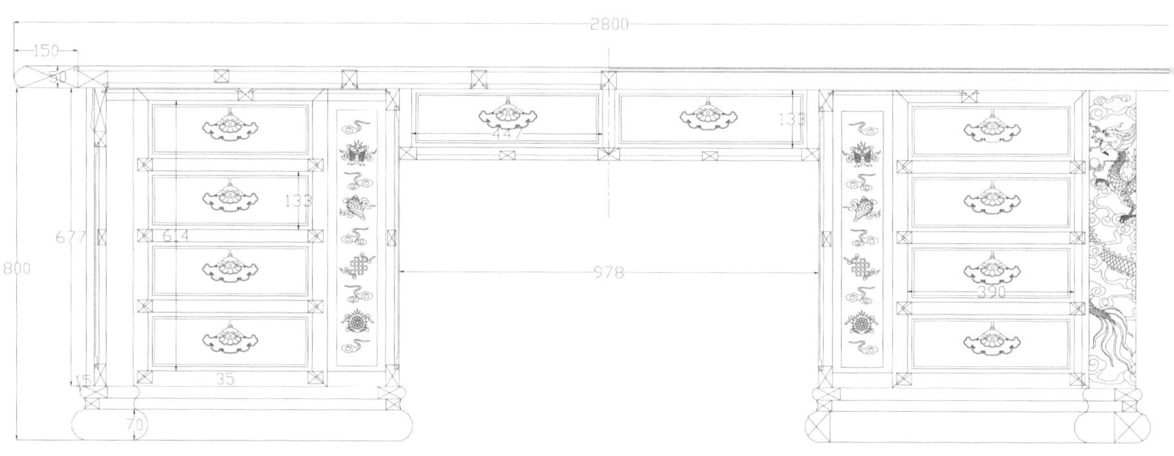

后视图

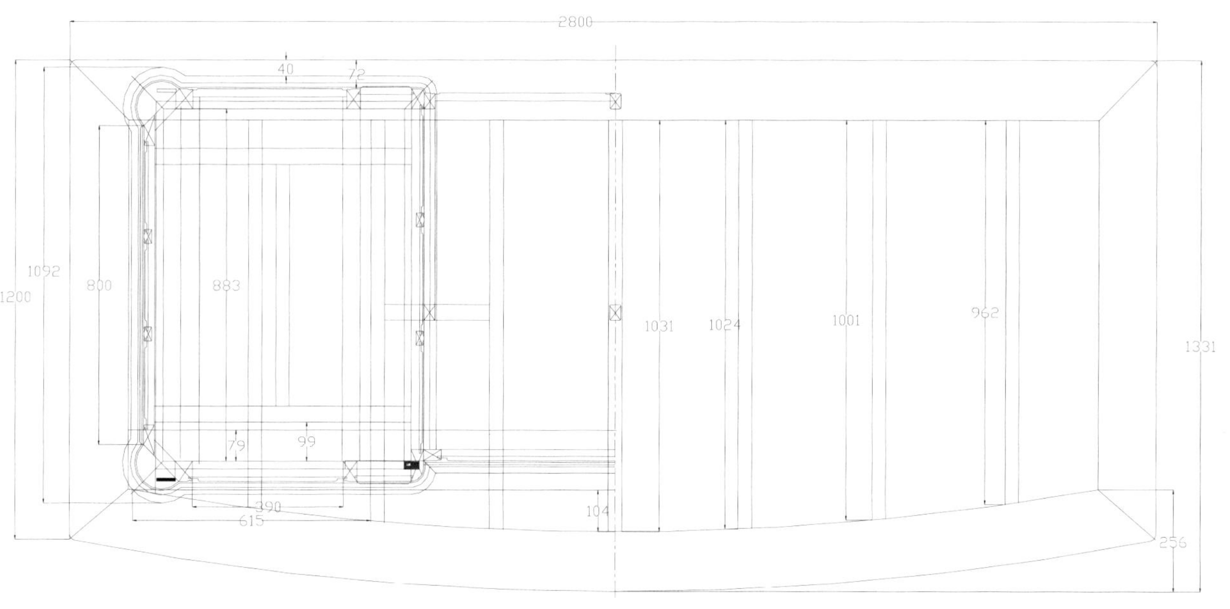

俯视图

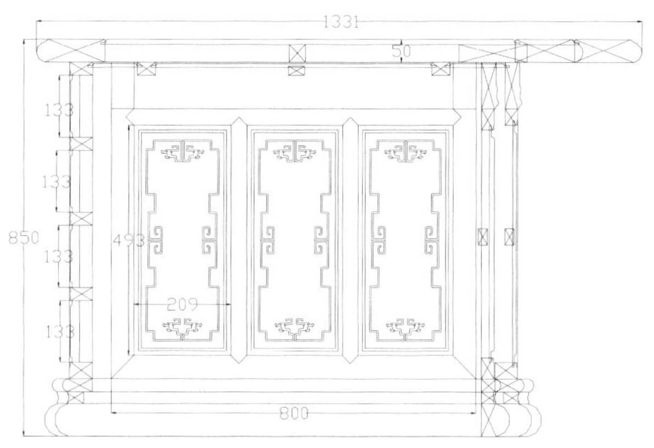

左视图

图版清单（现代中式佛八宝纹大班台）：
主视图
后视图
俯视图
左视图

现代中式外翻马蹄足卷草纹办公桌两件套

材质：缅甸花梨

年款：现代

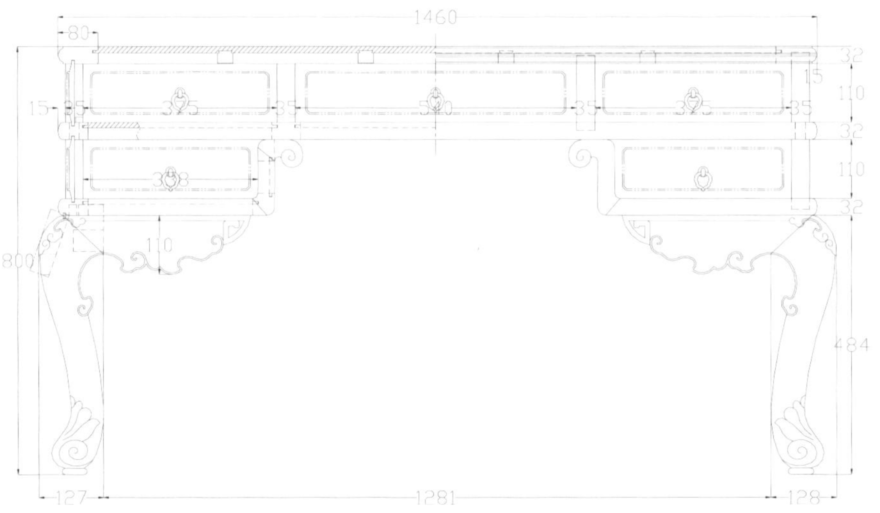

桌－主视图

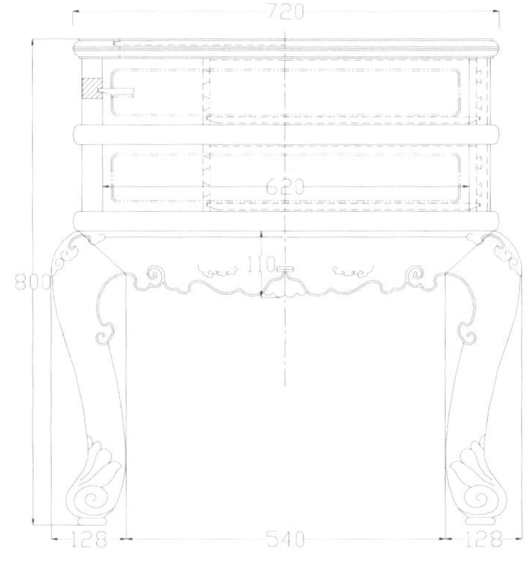

桌－左视图

注：此两件套中办公桌为 1 件，靠背椅为 1 件。

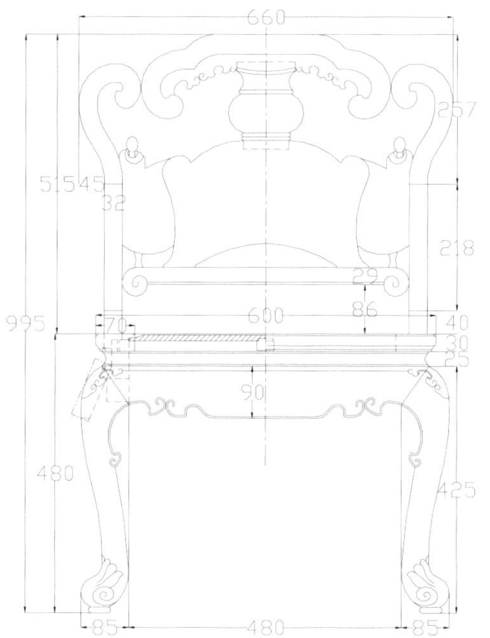

椅－主视图

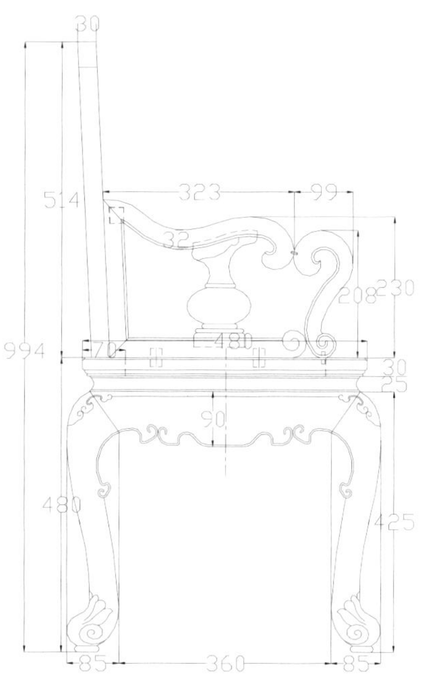

椅－左视图

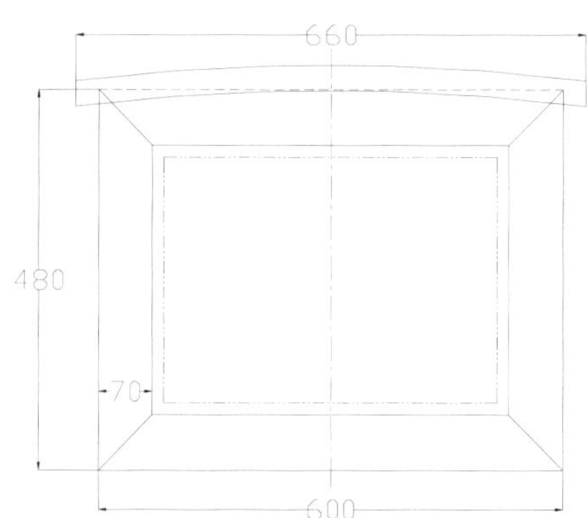

椅－俯视图

图版清单（现代中式外翻马蹄足卷草纹办公桌两件套）：
桌－主视图
桌－左视图
椅－主视图
椅－左视图
椅－俯视图

现代中式双夔如意纹多层办公桌

材质：缅甸花梨

年款：现代

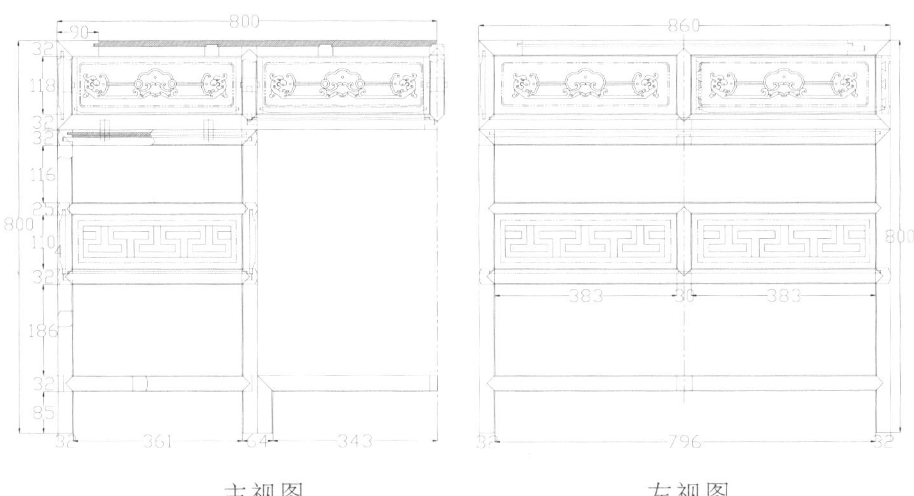

主视图　　左视图

90

860

1600

俯视图

图版清单（现代中式双夔如意纹多层办公桌）：
主视图
左视图
俯视图
细节图

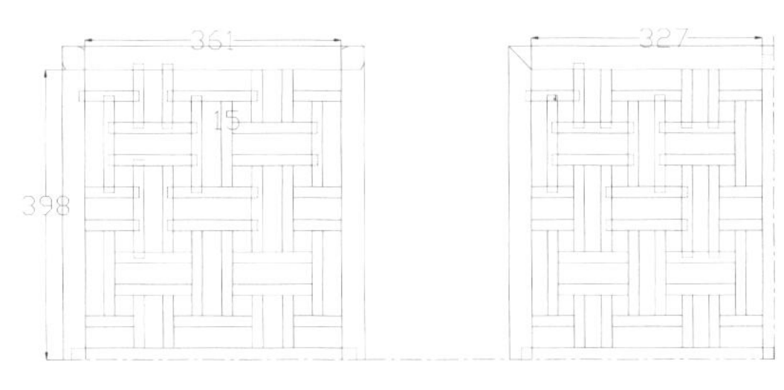

细节图

注：主视图采用轴对称绘法，省略了对称部分。

现代中式四合卷云纹电脑桌两件套

材质：缅甸花梨

年款：现代

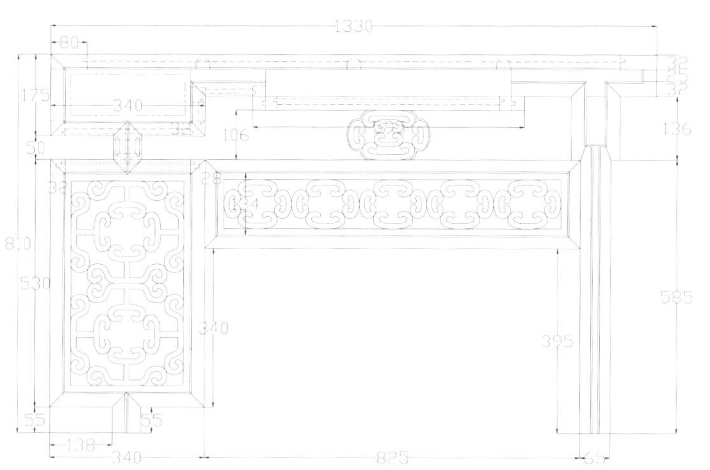

桌－主视图

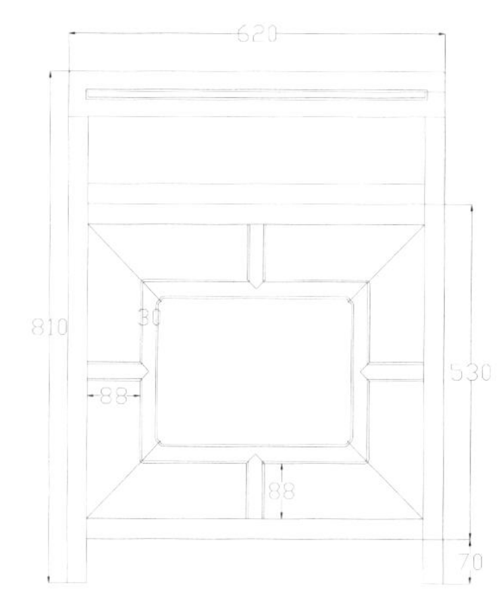

桌－左视图

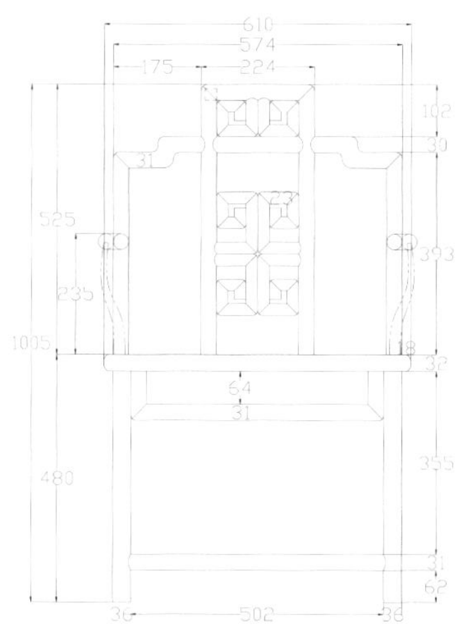

椅－主视图

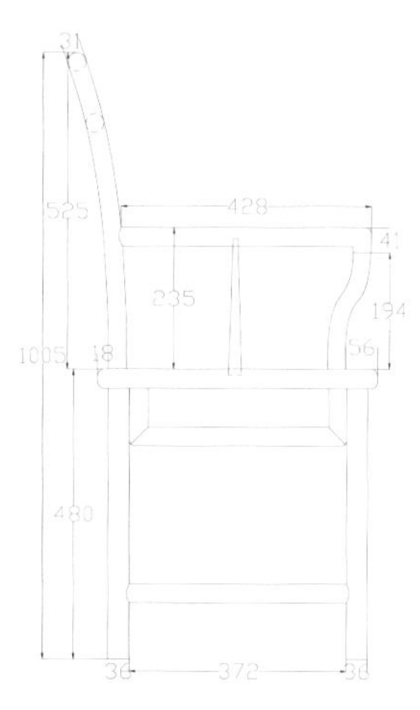

椅－左视图

图版清单（现代中式四合卷云纹电脑桌两件套）：

桌－主视图

桌－左视图

椅－主视图

椅－左视图

注：此两件套中电脑桌为 1 件，扶手椅为 1 件。主视图采用轴对称绘法，省略了对称部分。

现代中式对开门电视柜

材质：缅甸花梨

年款：现代

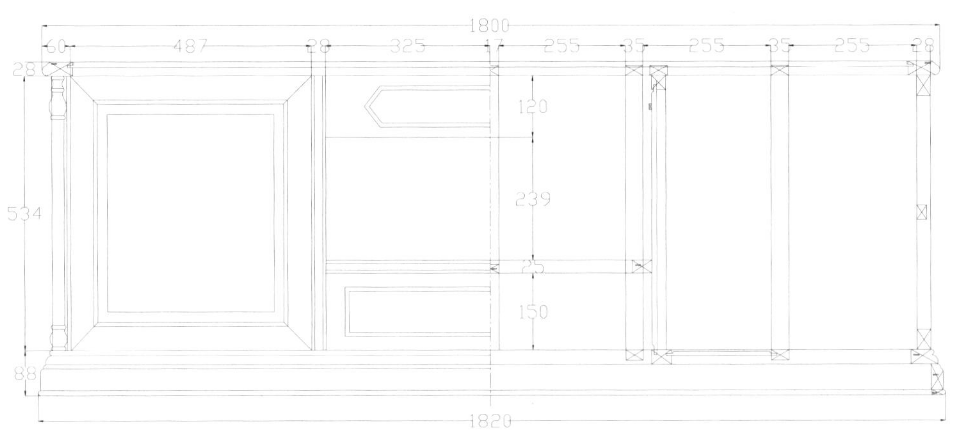

主视图

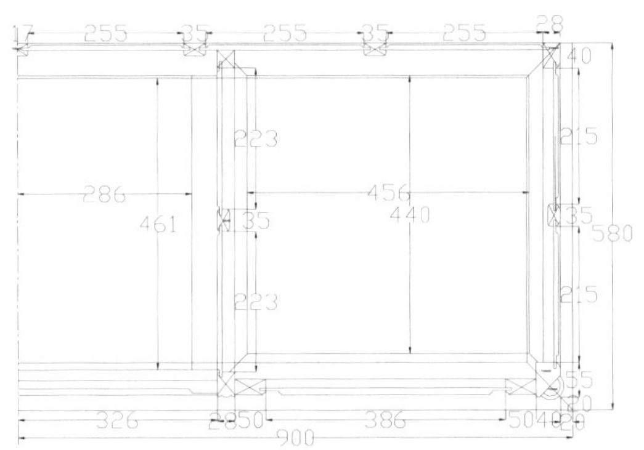

俯视图

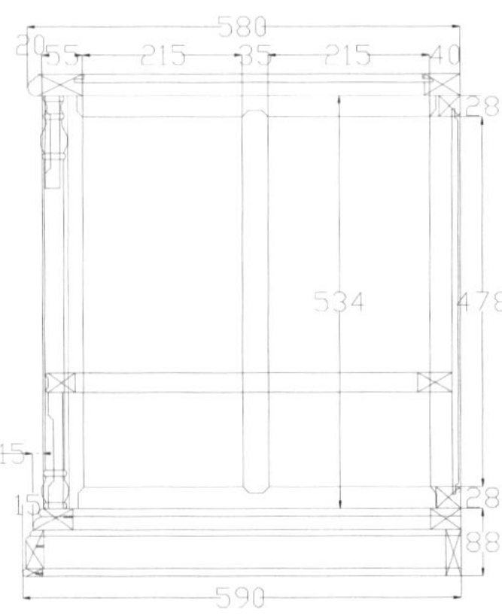

右视图

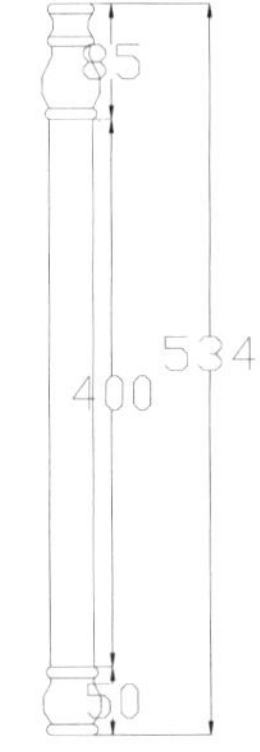

细节图（立柱）

图版清单（现代中式对开门电视柜）：
主视图
俯视图
右视图
细节图（立柱）

注：俯视图采用轴对称绘法，省略了对称部分。

现代中式双层电视柜

材质：缅甸花梨

年款：现代

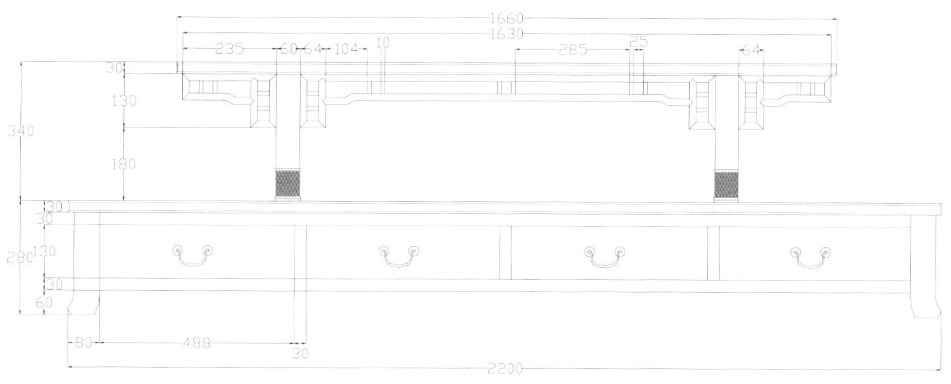

主视图

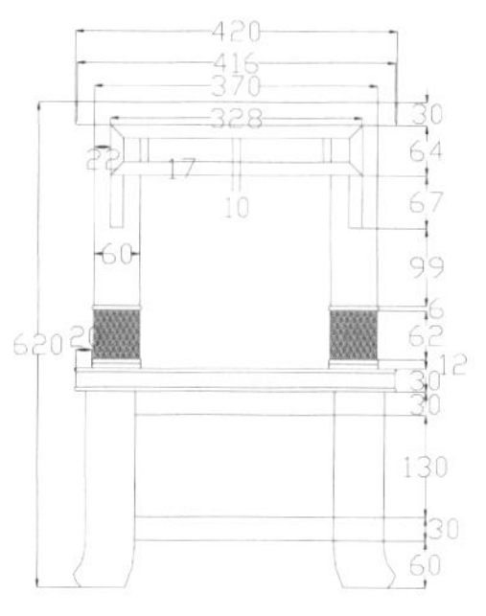

左视图

图版清单（现代中式双层电视柜）：
主视图
左视图

现代中式扯不断纹电视柜

材质：缅甸花梨

年款：现代

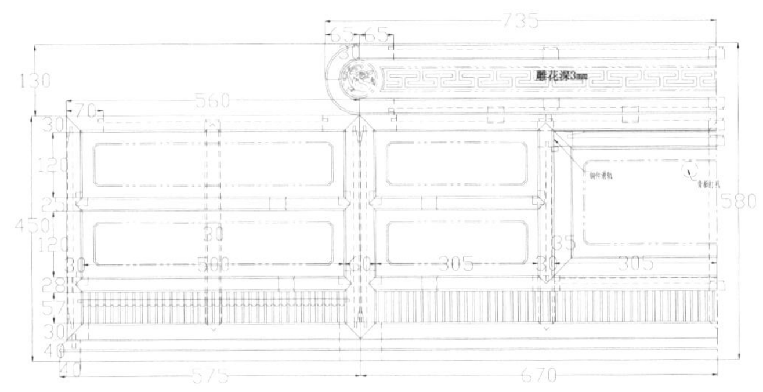

主视图

左视图

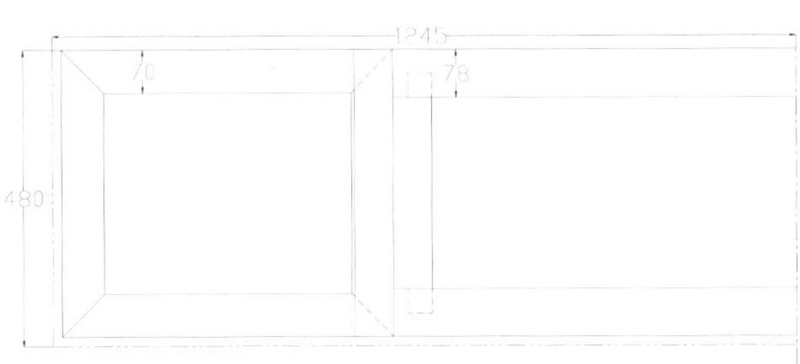

俯视图

图版清单（现代中式扯不断纹电视柜）：

主视图

左视图

俯视图

注：主视图和俯视图采用轴对称绘法，省略了对称部分。

现代中式拐子夔龙纹海棠开光电视柜

材质：缅甸花梨

年款：现代

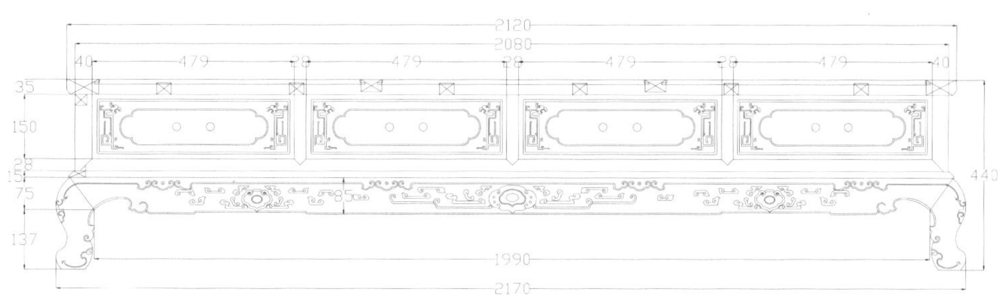

主视图

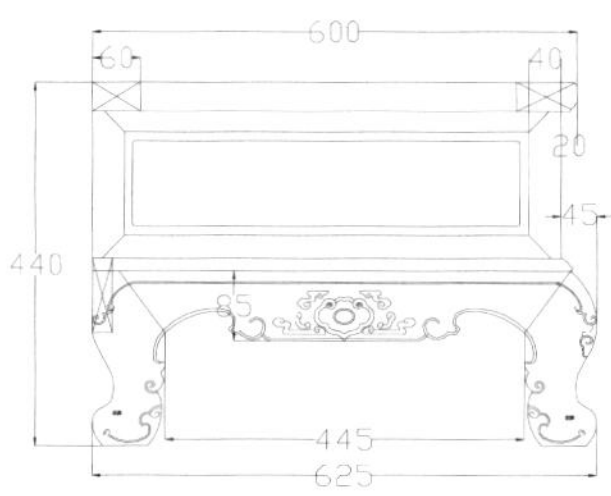

左视图

图版清单（现代中式拐子夔龙纹海棠开光电视柜）：
主视图
左视图

现代中式拐子纹电视柜

材质：缅甸花梨

年款：现代

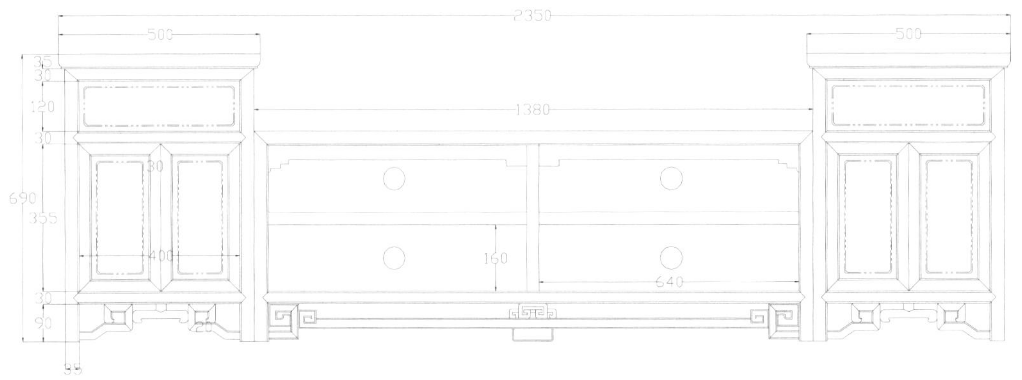

主视图

左视图

图版清单（现代中式拐子纹电视柜）：
主视图
左视图

现代中式竹节纹梅兰竹菊图电视柜

材质：缅甸花梨

年款：现代

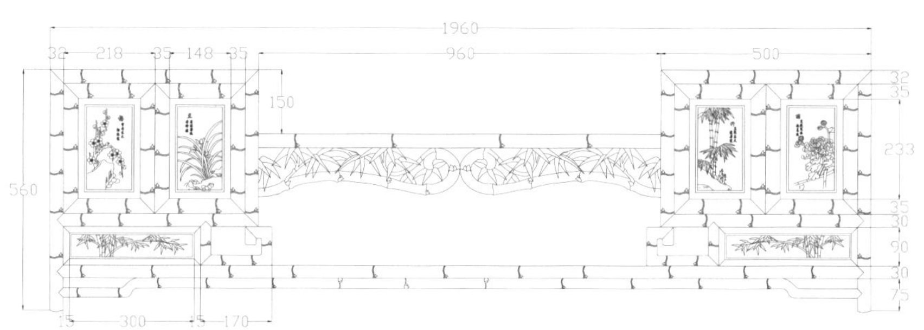

主视图

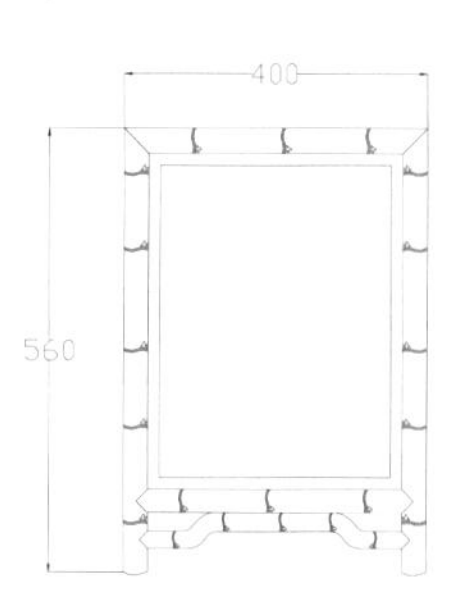

左视图

俯视图

图版清单（现代中式竹节纹梅兰竹菊图电视柜）：
主视图
左视图
俯视图

现代中式松鹤延年图电视柜

材质：白酸枝

年款：现代

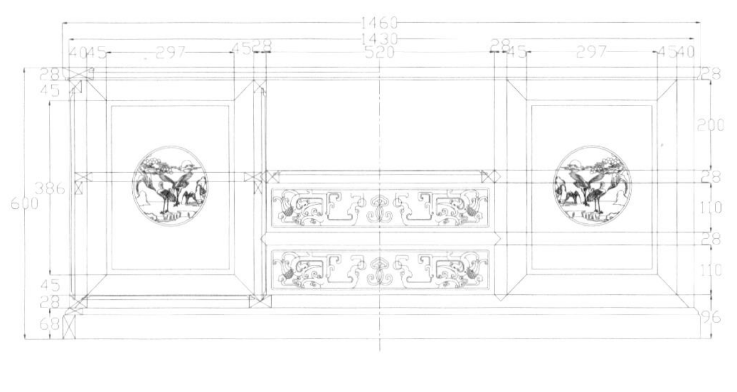

主视图

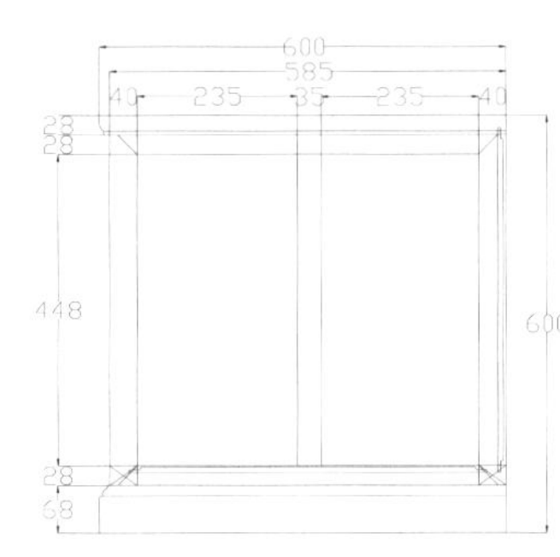

左视图

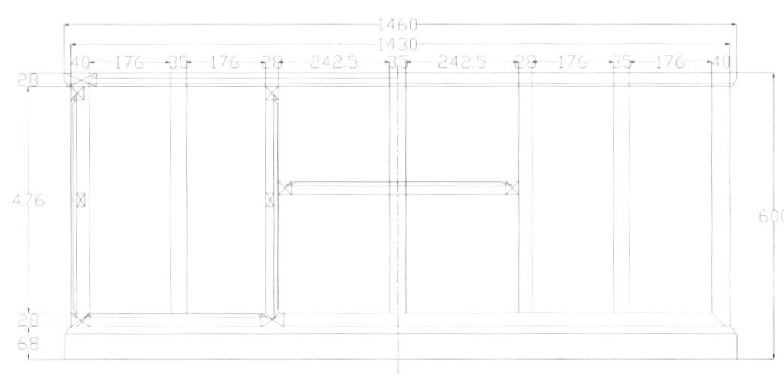

俯视图

图版清单（现代中式松鹤延年图电视柜）：
主视图
左视图
俯视图

现代中式拐子纹电视柜

材质：黄花梨

年款：现代

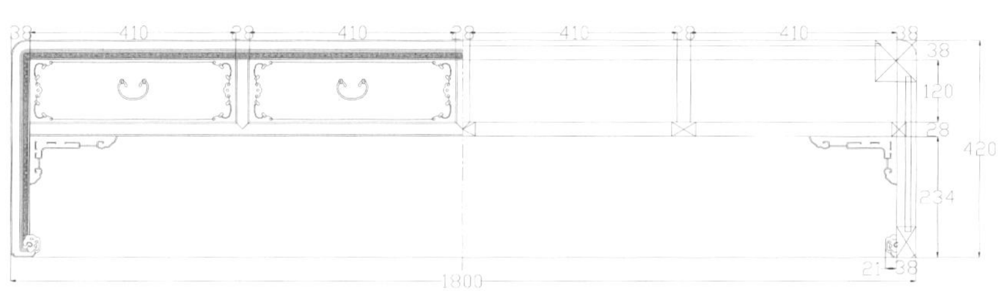

主视图

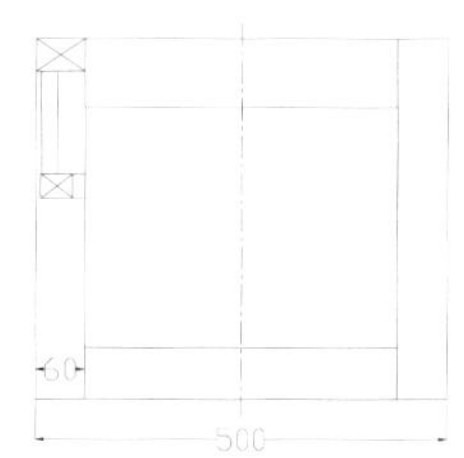

左视图

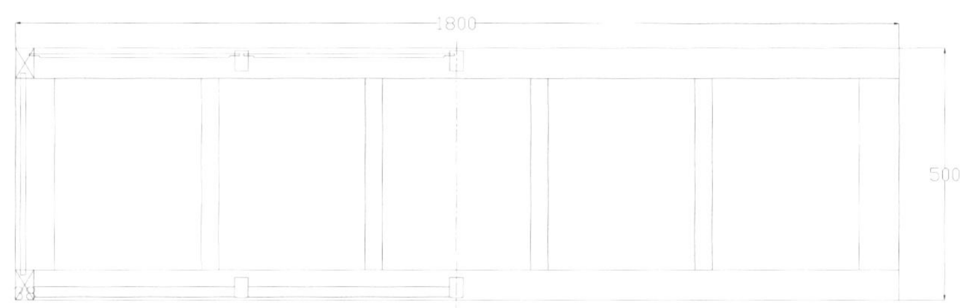

俯视图

图版清单（现代中式拐子纹电视柜）：
主视图
左视图
俯视图

现代中式云龙纹电视柜

材质：红酸枝

年款：现代

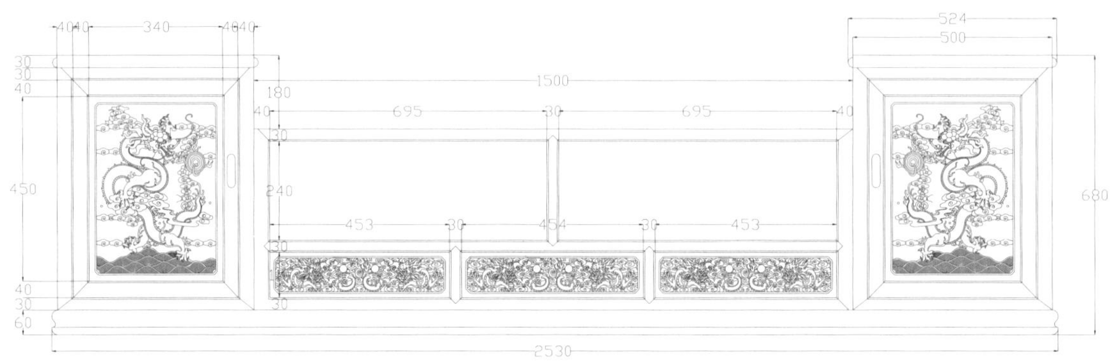

主视图

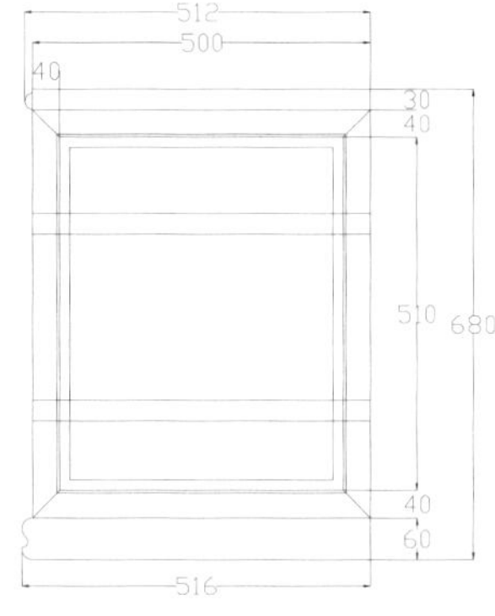

右视图

图版清单（现代中式云龙纹电视柜）：
主视图
右视图

现代中式暗八仙纹电视柜

材质：缅甸花梨

年款：现代

主视图

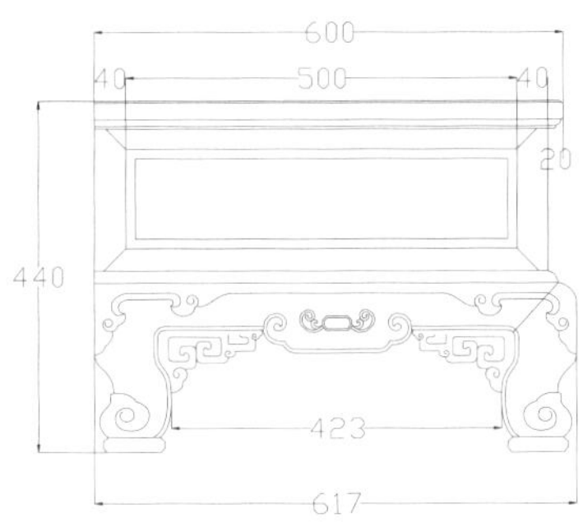

左视图

图版清单（现代中式暗八仙纹电视柜）：
主视图
左视图

现代中式三屉电视柜

材质：缅甸花梨

年款：现代

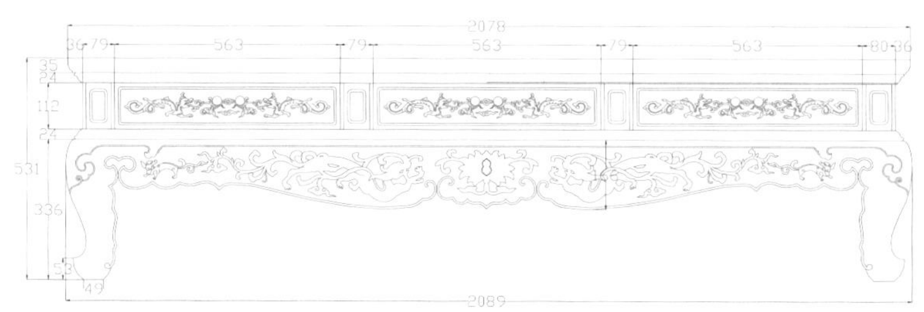

主视图

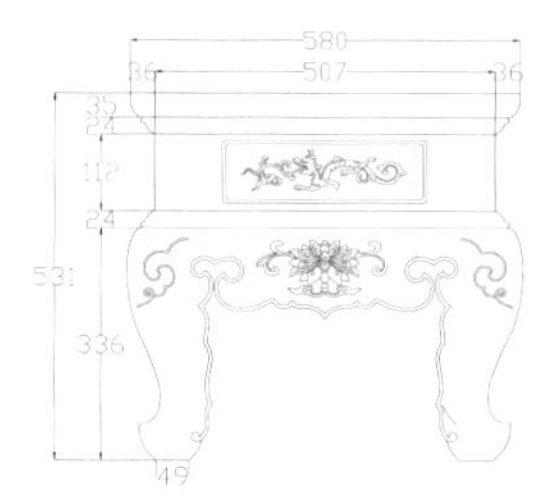

左视图

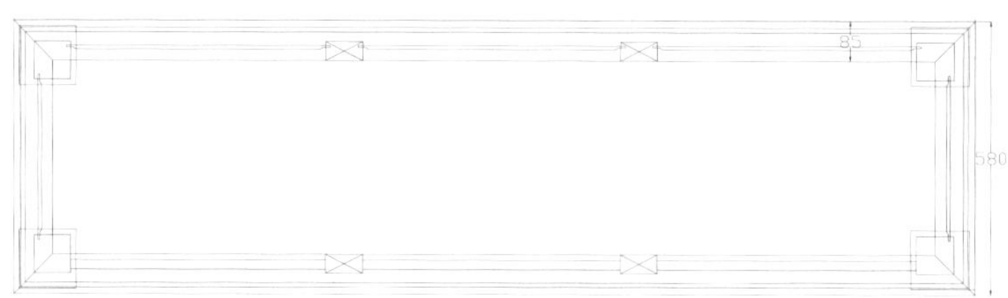

俯视图

图版清单（现代中式三屉电视柜）：
主视图
左视图
俯视图

现代中式福在眼前纹电视柜

材质：缅甸花梨

年款：现代

主视图

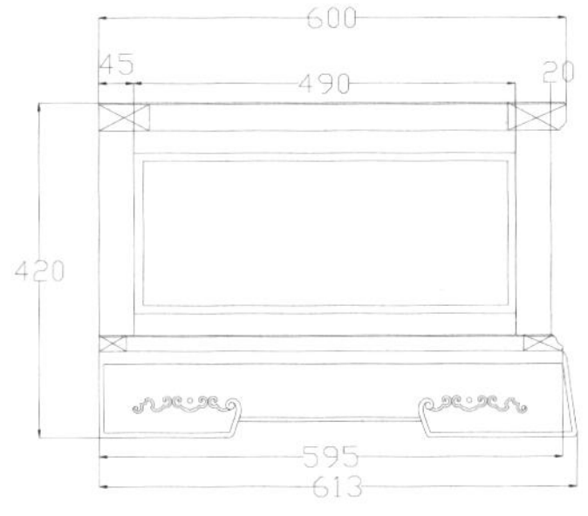

左视图

图版清单（现代中式福在眼前纹电视柜）：
主视图
左视图

现代中式拐子回纹带翘头电视柜

材质：缅甸花梨

年款：现代

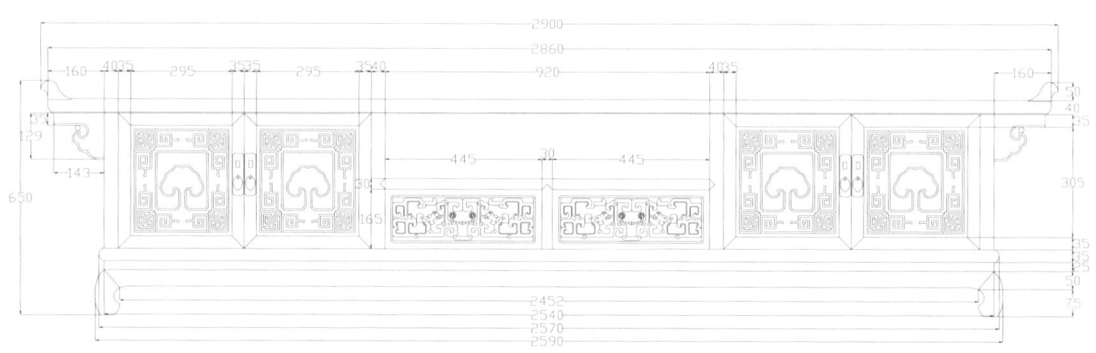

主视图

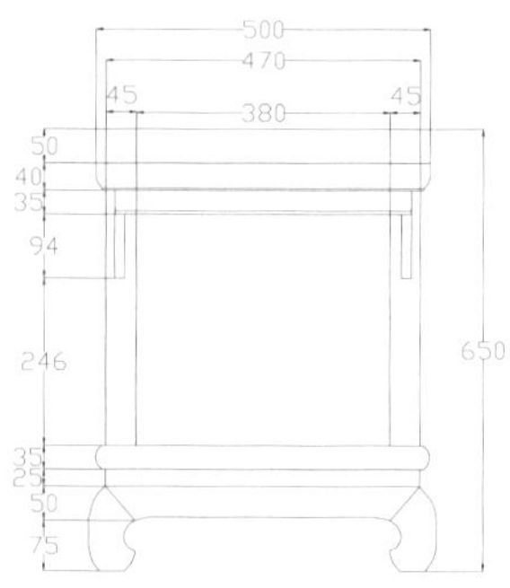

左视图

图版清单（现代中式拐子回纹带翘头电视柜）：
主视图
左视图

现代中式福喜拐子纹电视柜

材质：缅甸花梨

年款：现代

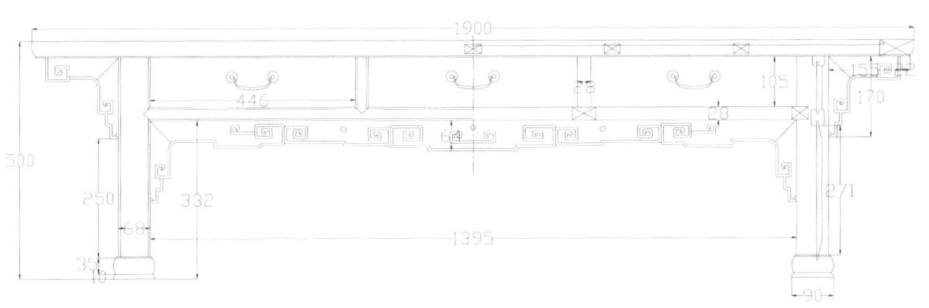

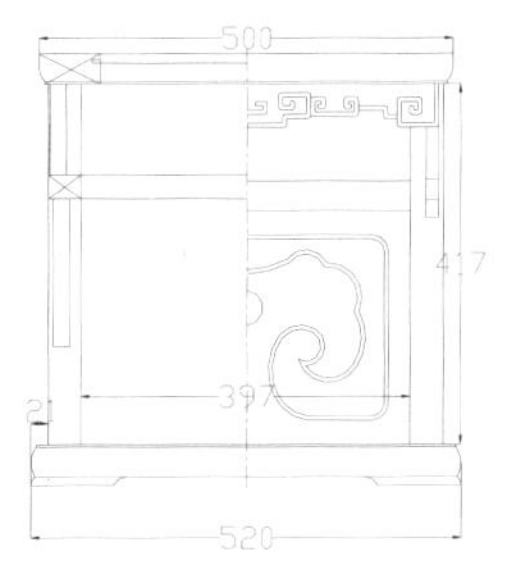

主视图

左视图

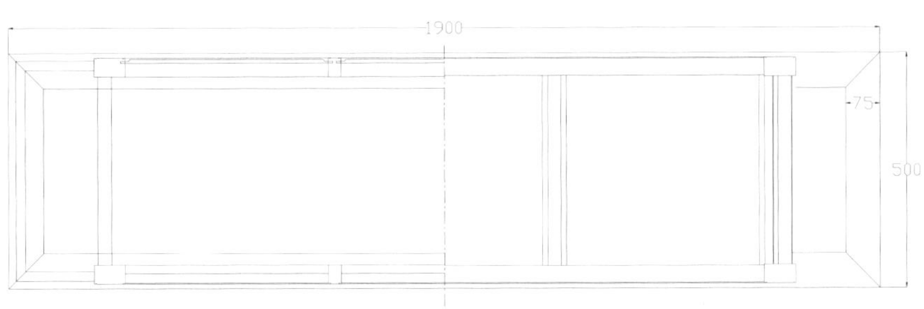

俯视图

图版清单（现代中式福喜拐子纹电视柜）：
主视图
左视图
俯视图

现代中式夔龙纹电视柜

材质：缅甸花梨

年款：现代

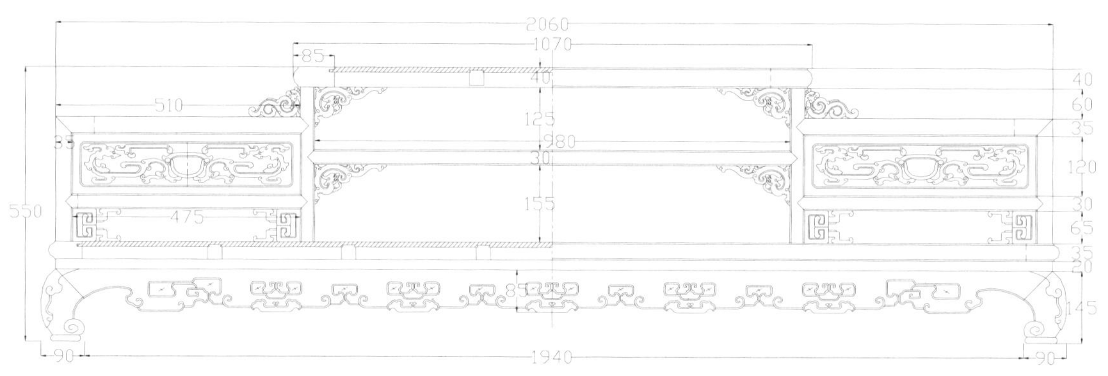

主视图

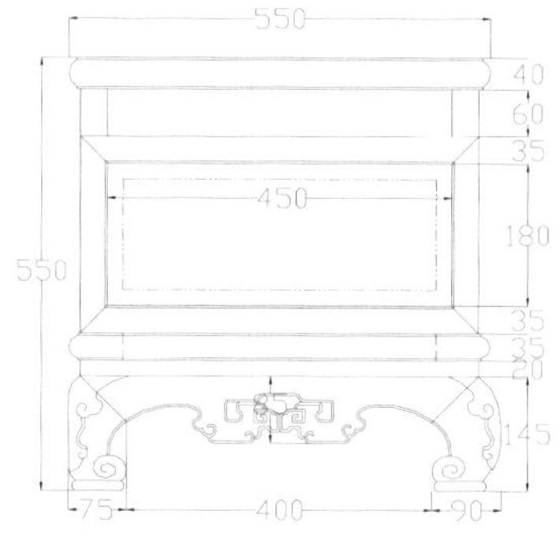

左视图

图版清单（现代中式夔龙纹电视柜）：
主视图
左视图

现代中式静远电视柜

材质：缅甸花梨

年款：现代

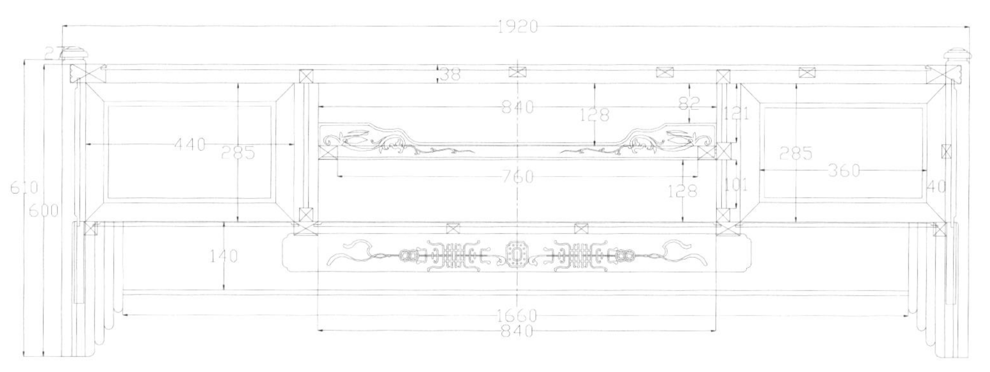

主视图

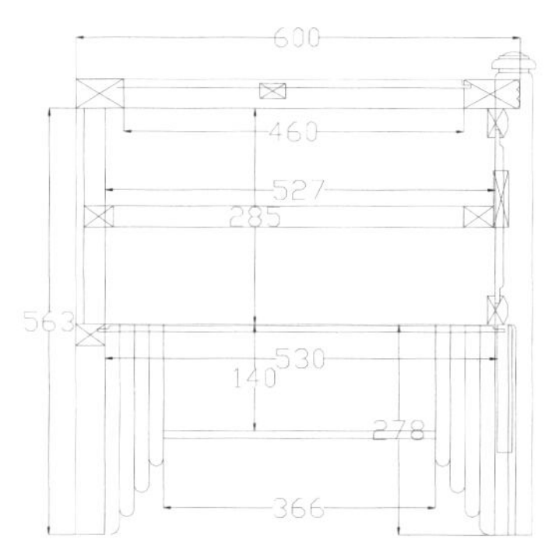

左视图

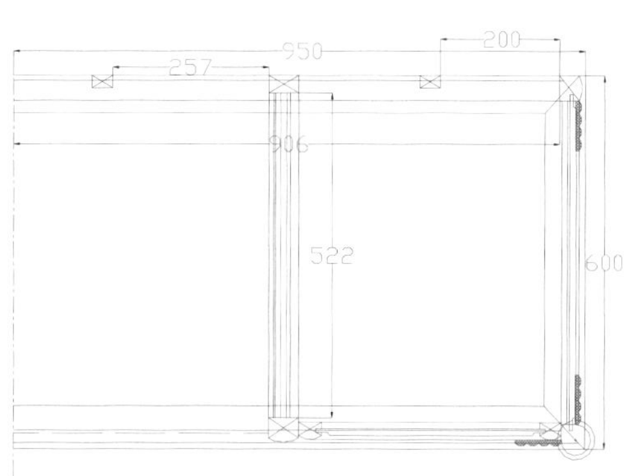

俯视图

图版清单（现代中式静远电视柜）：
主视图
左视图
俯视图

注：俯视图采用轴对称绘法，省略了对称部分。

现代中式夔龙纹电视柜

材质：缅甸花梨

年款：现代

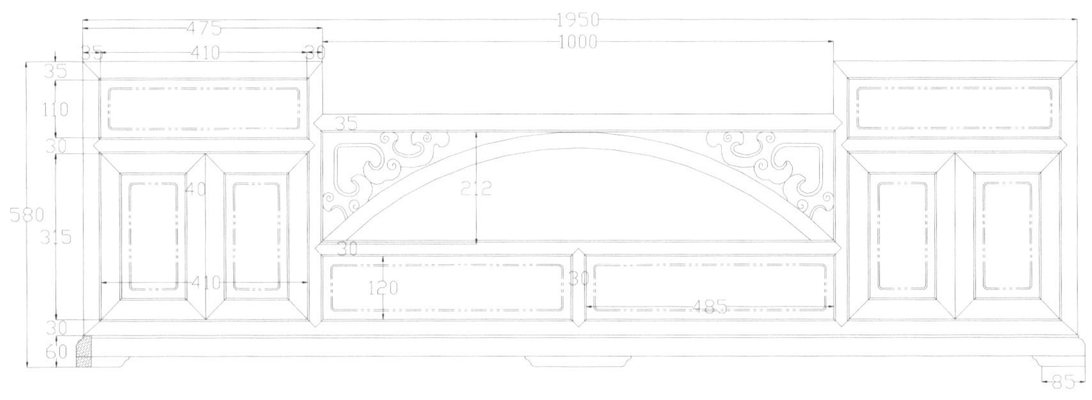

主视图

左视图

图版清单（现代中式夔龙纹电视柜）：
主视图
左视图

现代中式带翘头四合云纹电视柜

材质：缅甸花梨

年款：现代

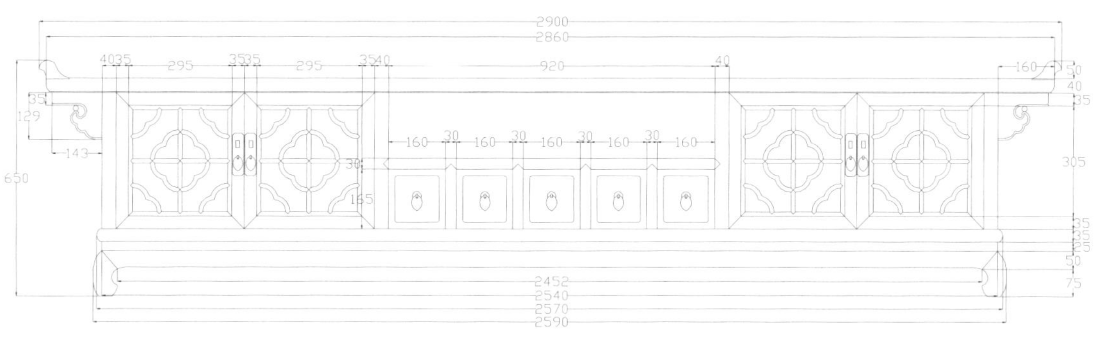

主视图

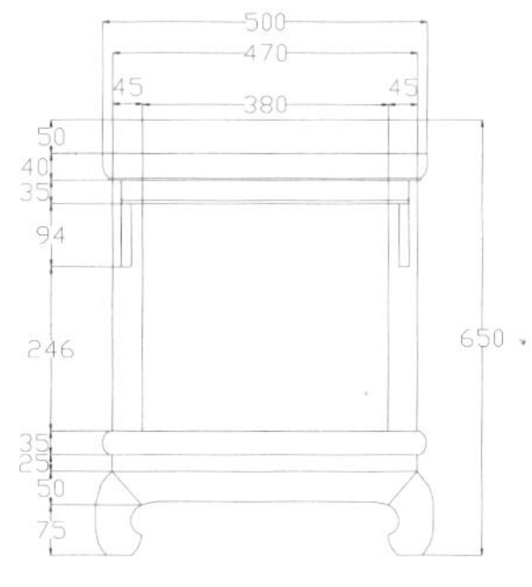

左视图

图版清单（现代中式带翘头四合云纹电视柜）：
主视图
左视图

现代中式直棂电视柜

材质：缅甸花梨

年款：现代

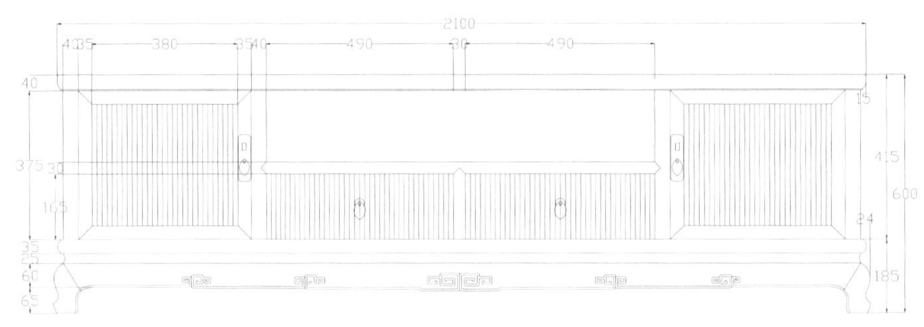

主视图

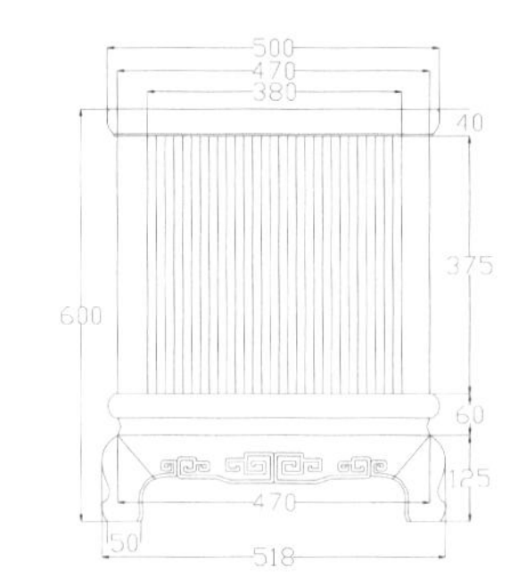

左视图

俯视图

图版清单（现代中式
直棂电视柜）：
主视图
左视图
俯视图

现代中式拐子纹电视柜

材质：刺猬紫檀

年款：现代

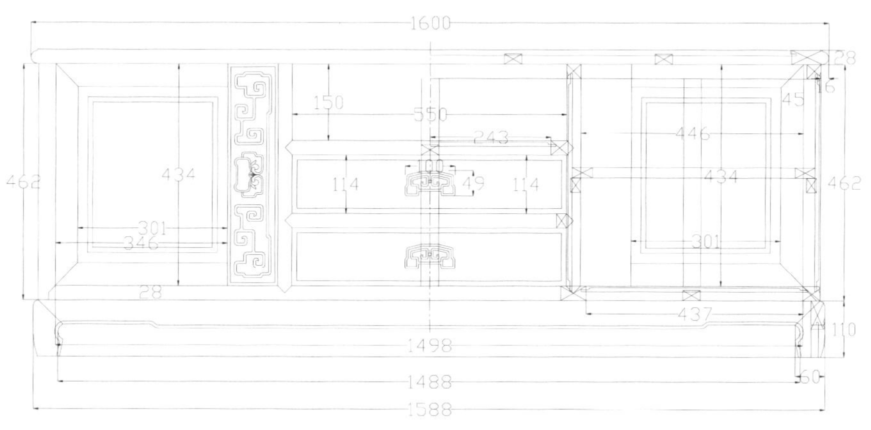

主视图

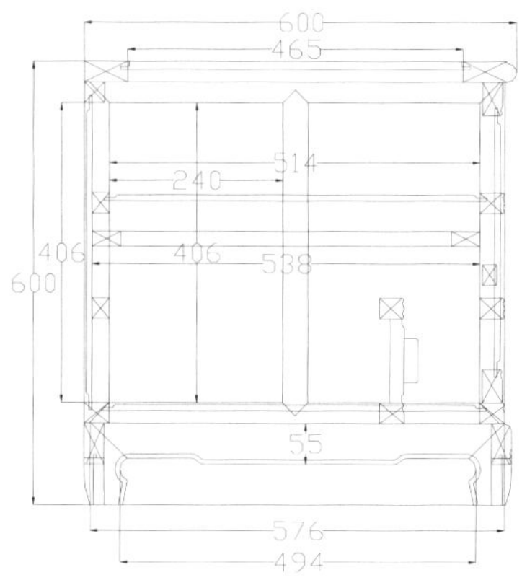

左视图

图版清单（现代中式拐子纹电视柜）：
主视图
左视图

现代中式床头柜

材质：紫檀

年款：现代

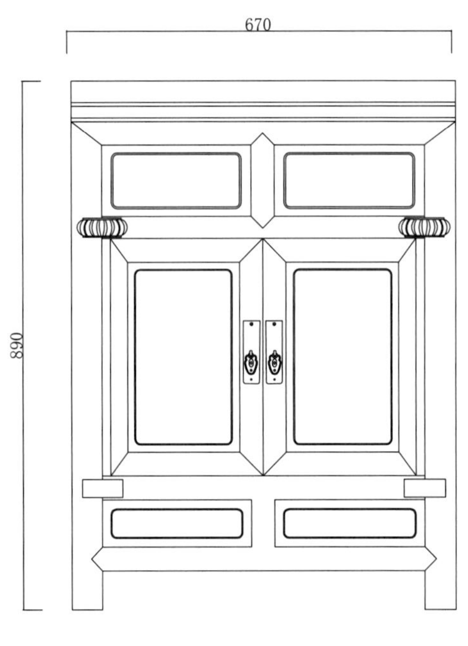

主视图

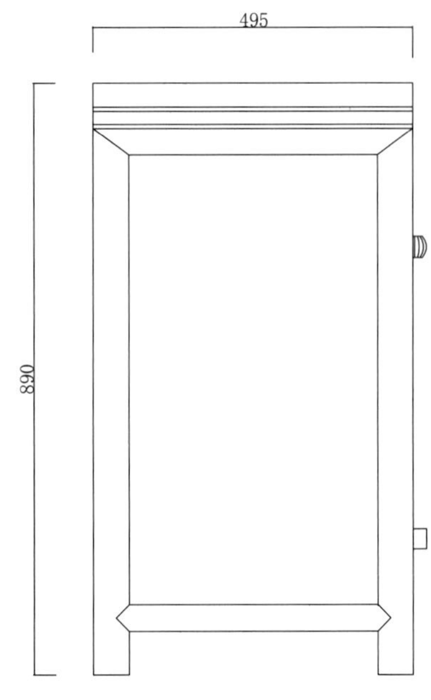

左视图

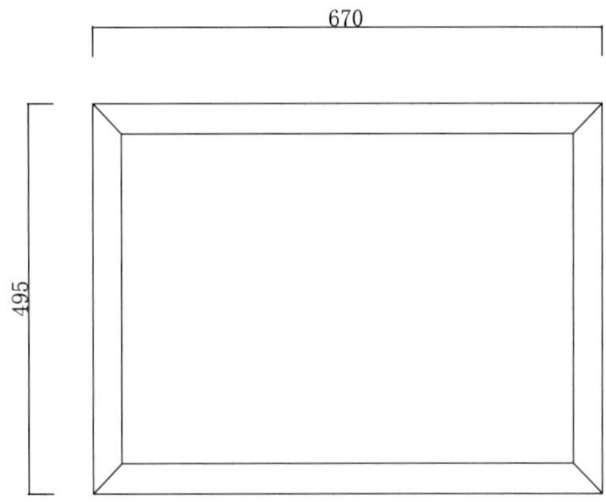

俯视图

图版清单（现代中式床头柜）：
主视图
左视图
俯视图

现代中式三屉矮柜

材质：缅甸花梨

年款：现代

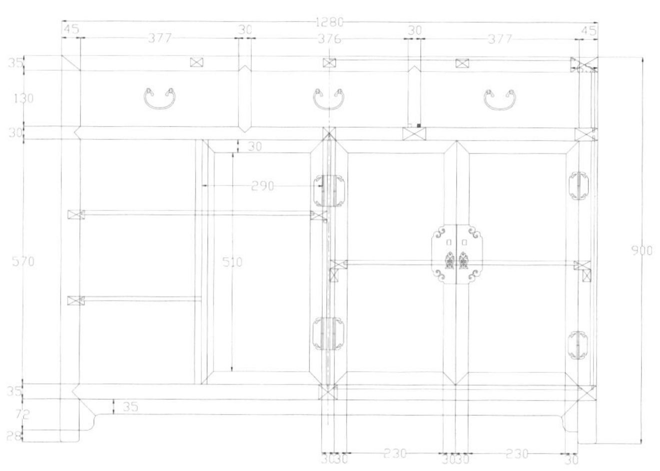

主视图

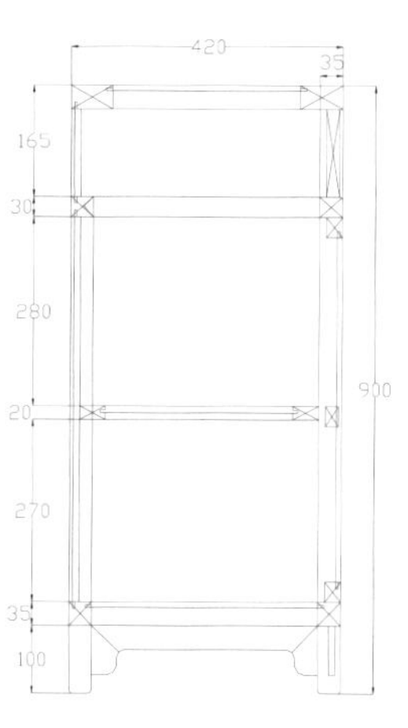

左视图

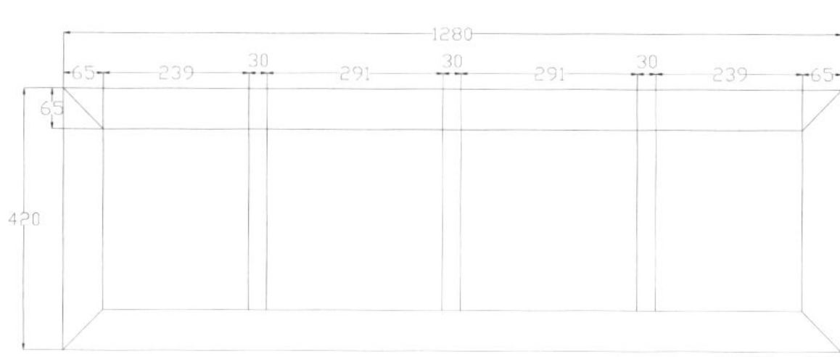

俯视图

图版清单（现代中式三屉矮柜）：
主视图
左视图
俯视图

现代中式立柱大衣柜

材质：缅甸花梨

年款：现代

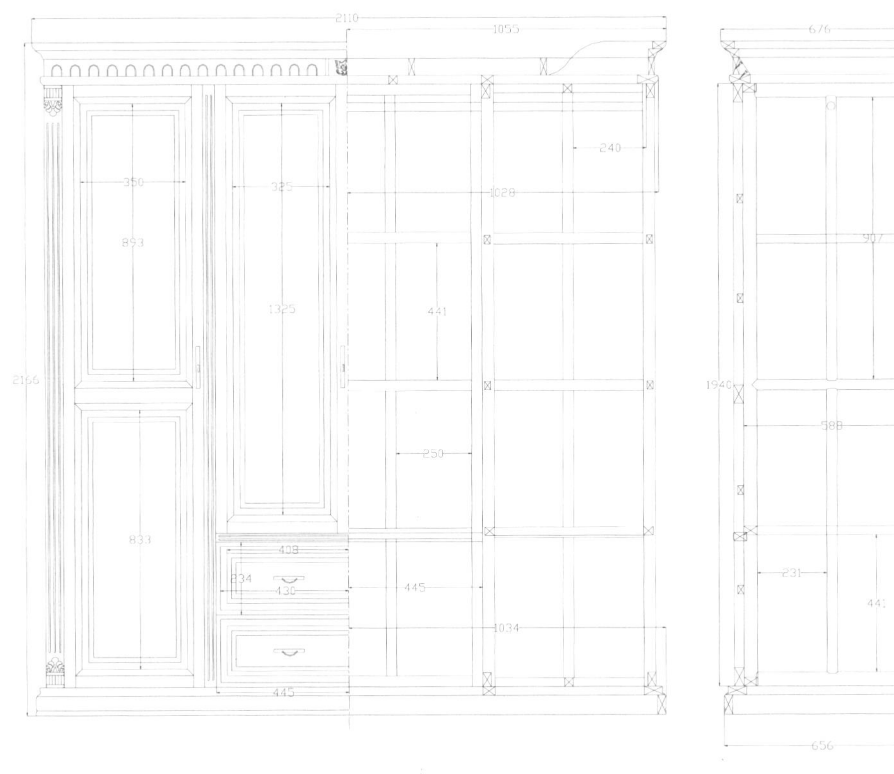

主视图　　　　右视图

图版清单（现代中式立柱大衣柜）：
主视图
右视图

现代中式四季花鸟竹节纹大衣柜

材质：紫檀

年款：现代

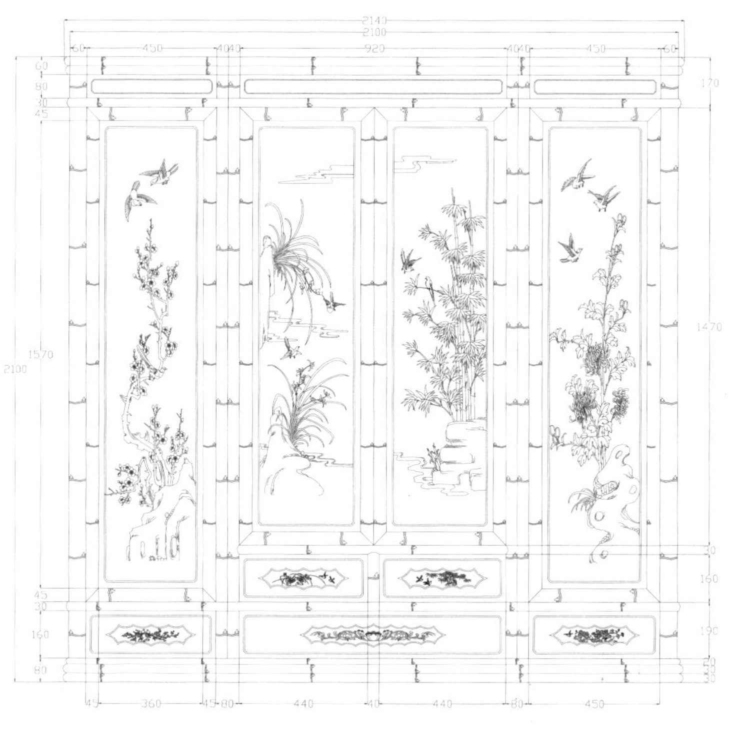

主视图

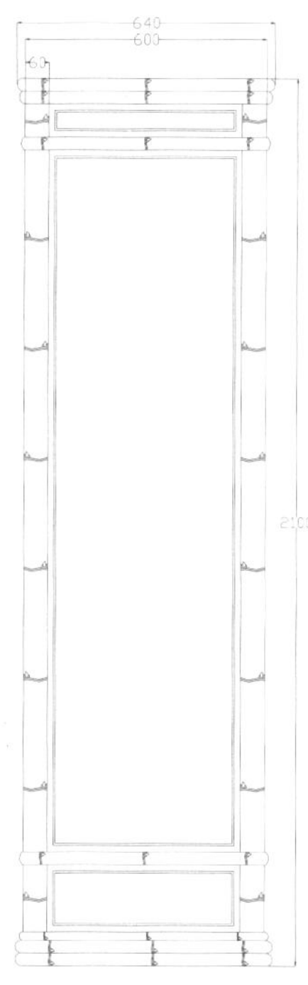

左视图

图版清单（现代中式四季花鸟竹节纹大衣柜）：
主视图
左视图

现代中式夔龙纹花板大衣柜

材质：缅甸花梨

年款：现代

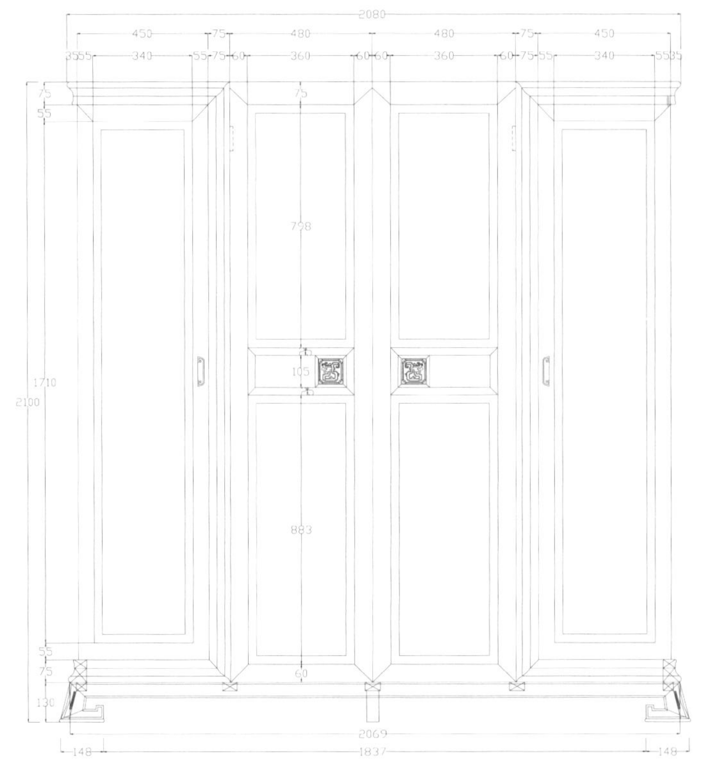

主视图

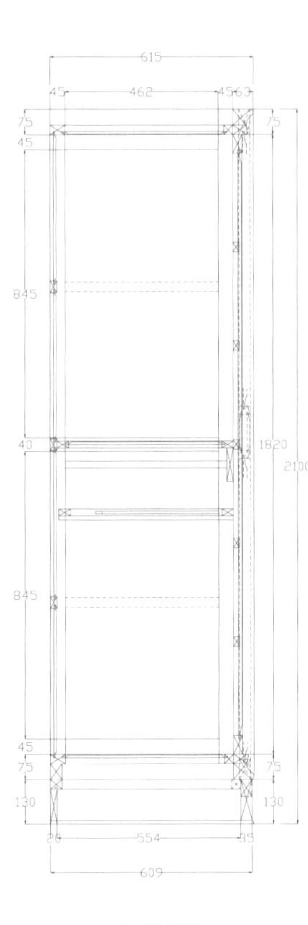

左视图

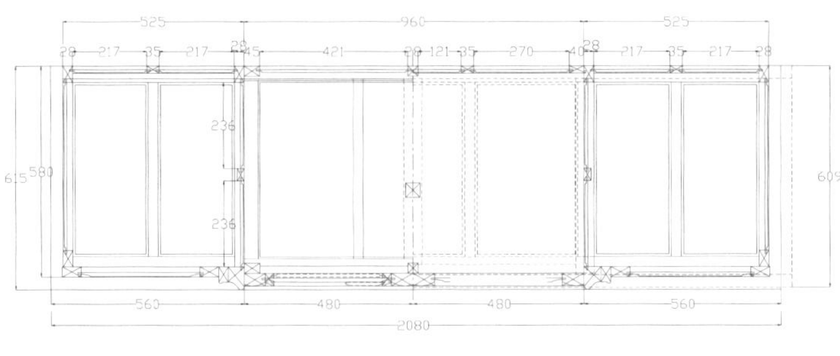

俯视图

图版清单（现代中式夔龙纹花板大衣柜）：
主视图
左视图
俯视图

现代中式如意卷草纹大衣柜

材质：缅甸花梨

年款：现代

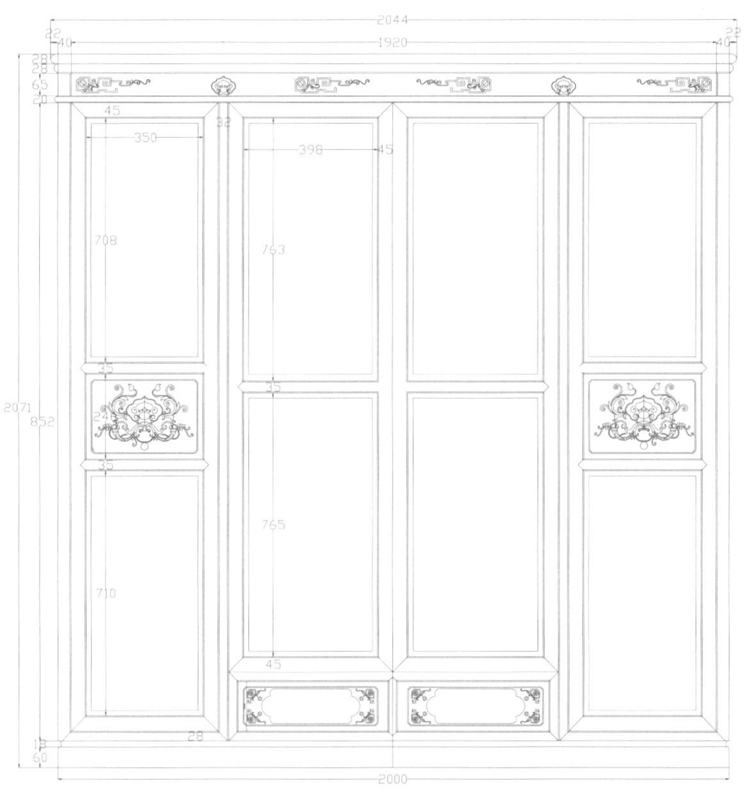

主视图

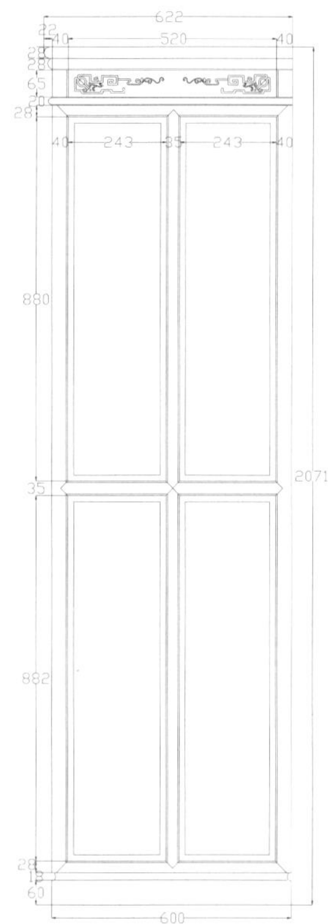

右视图

图版清单（现代中式如意卷草纹大衣柜）：
主视图
右视图

现代中式卷草拐子纹大衣柜

材质：缅甸花梨

年款：现代

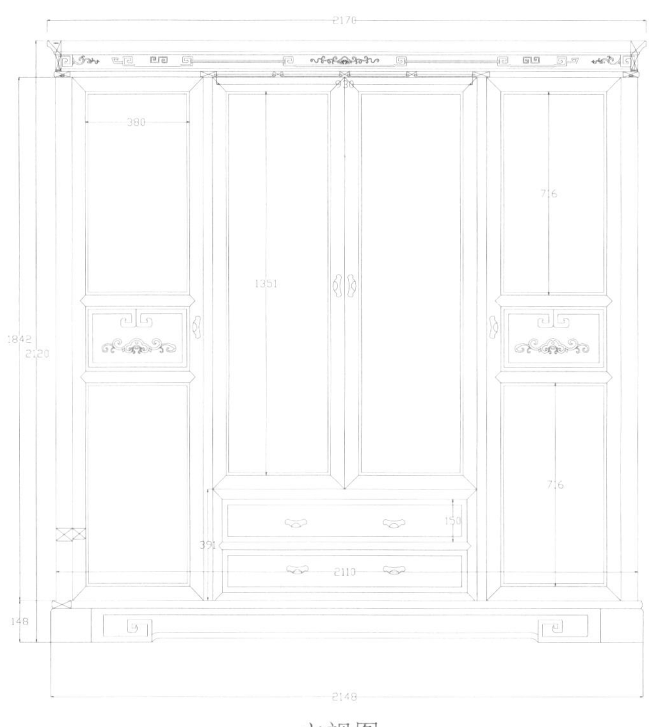

主视图

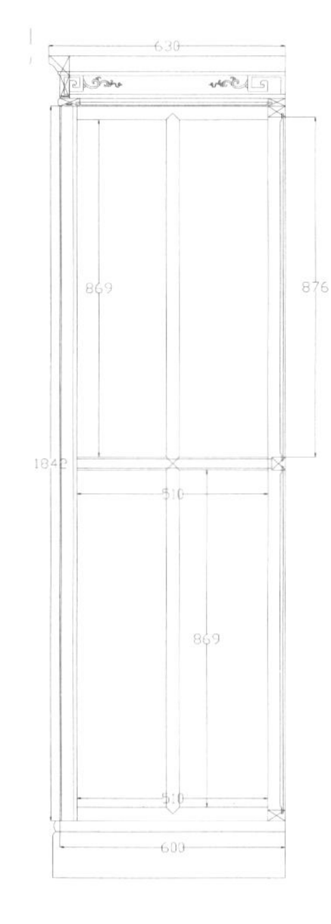

右视图

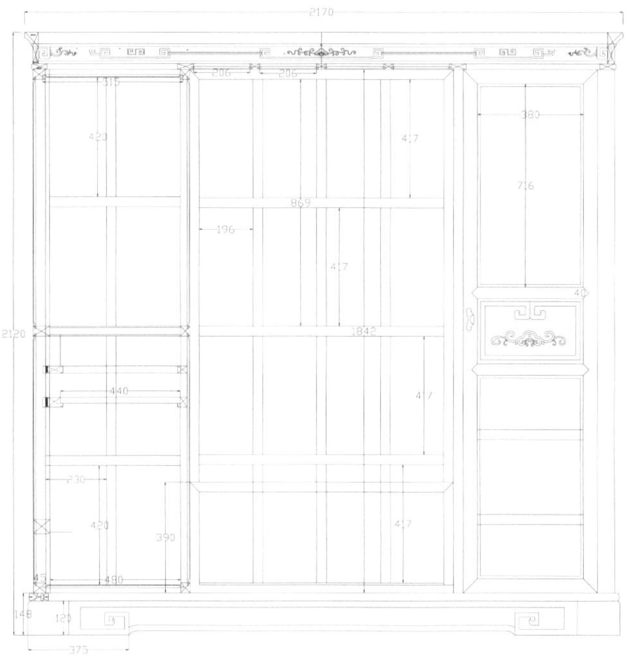

剖视图

图版清单（现代中式卷草拐子纹大衣柜）：
主视图
右视图
剖视图

现代中式旭日东升大衣柜

材质：缅甸花梨

年款：现代

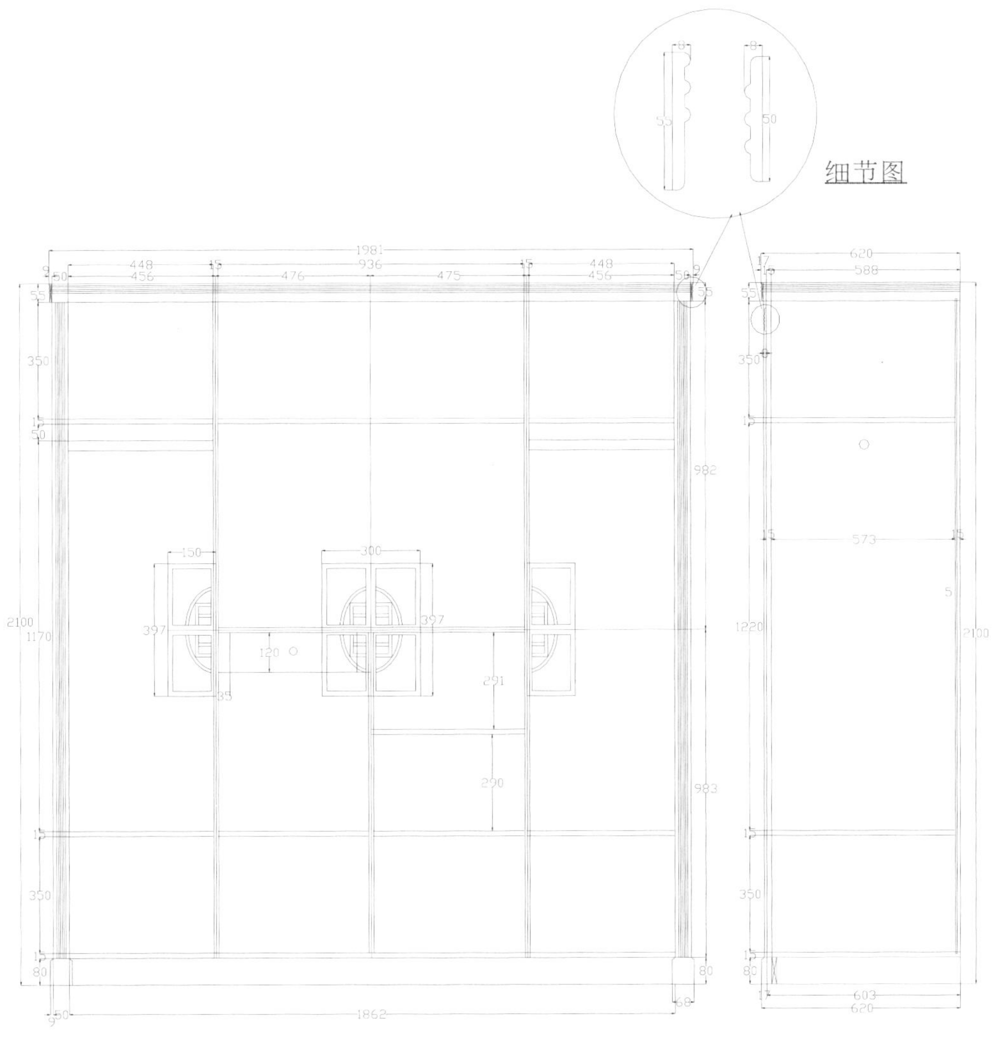

图版清单（现代中式旭日东升大衣柜）：
主视图
右视图
细节图

现代中式冰裂纹月洞门罩隔断柜

材质：红酸枝

年款：现代

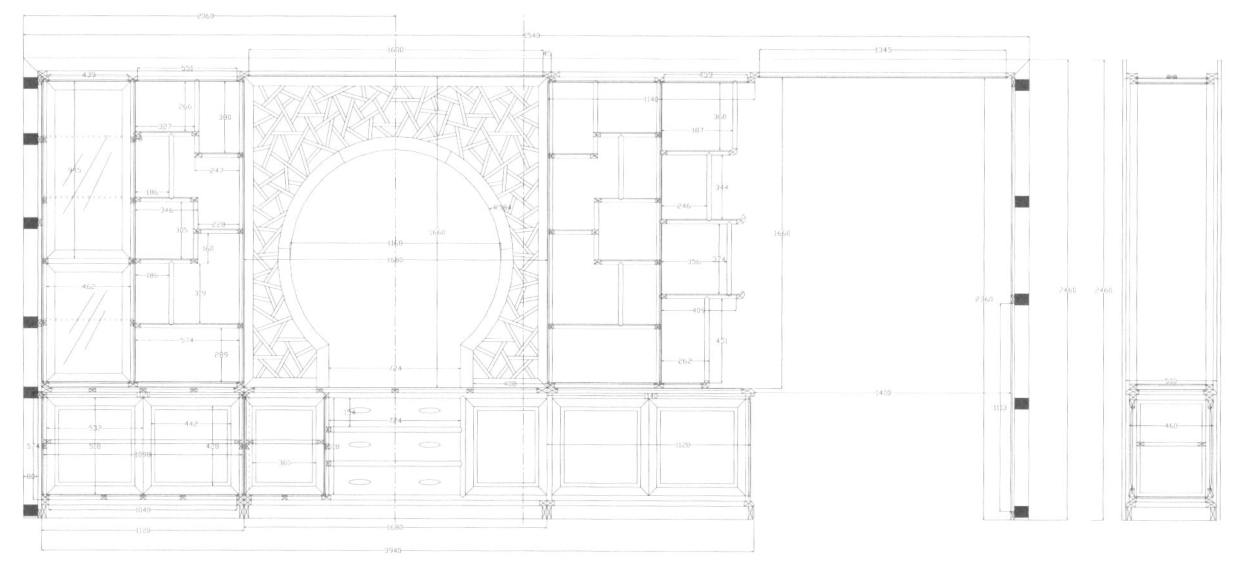

主视图

左视图

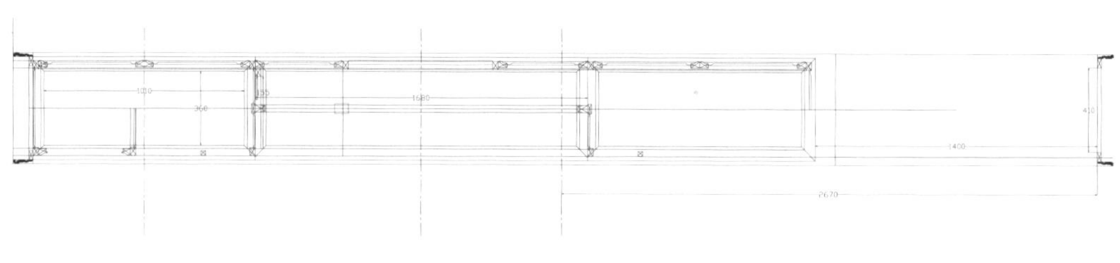

俯视图

图版清单（现代中式冰裂纹月洞门罩隔断柜）：
主视图
左视图
俯视图

现代中式福寿纹隔断柜

材质：缅甸花梨

年款：现代

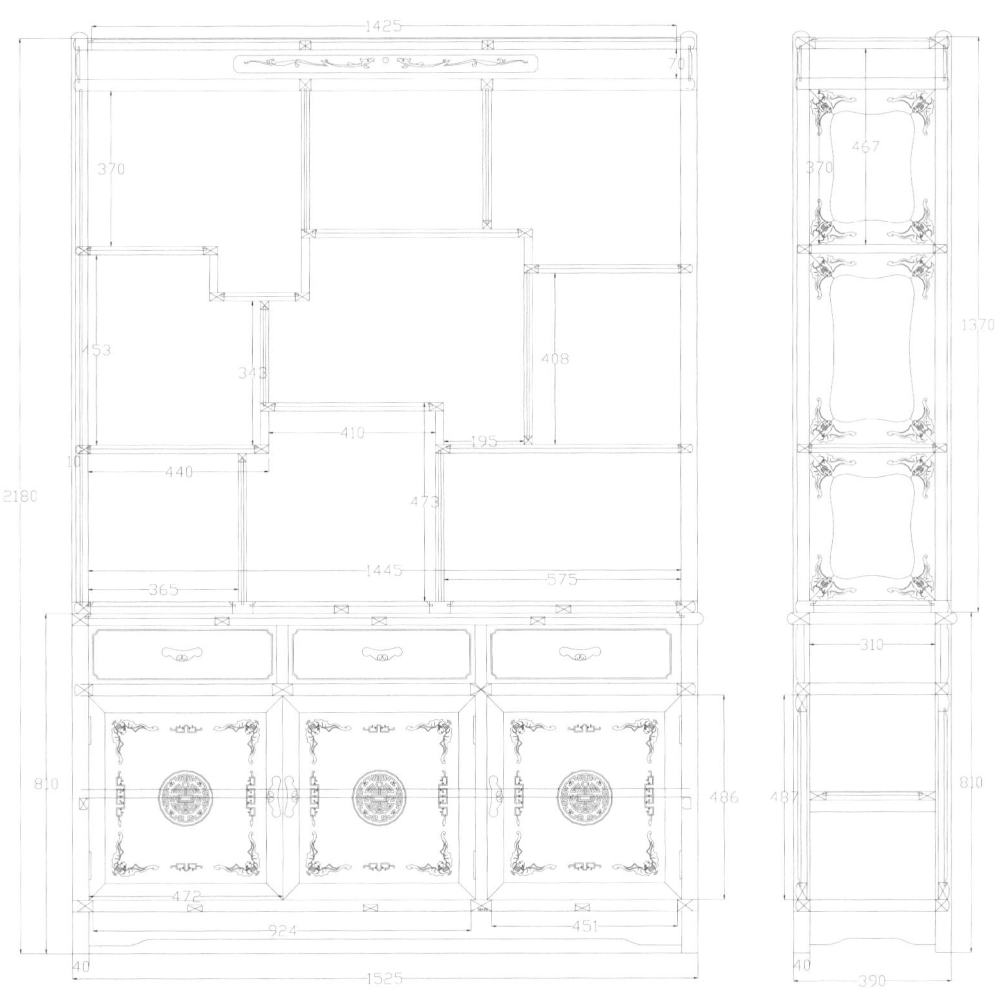

主视图　　　　左视图

图版清单（现代中式福寿纹隔断柜）：
主视图
左视图

现代中式五屜柜

材质：缅甸花梨

丰款：现代

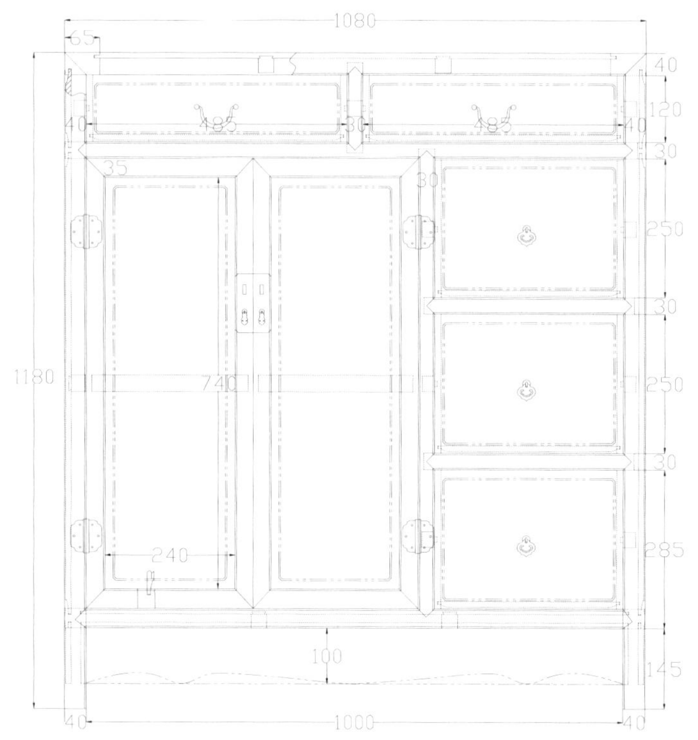

主视图

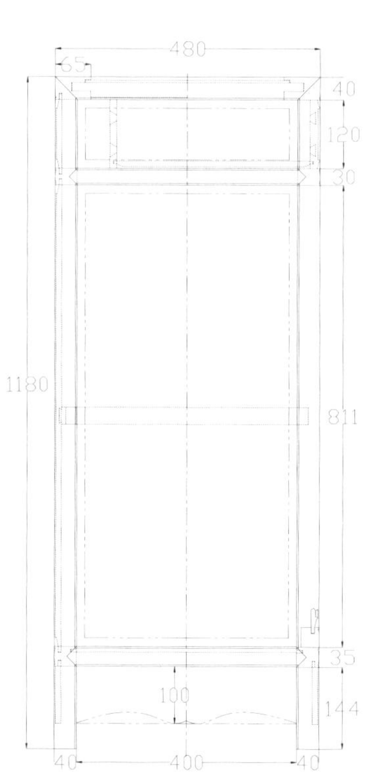

左视图

图版清单（现代中式五屜柜）：

主视图

左视图

现代中式餐边柜

材质：缅甸花梨

年款：现代

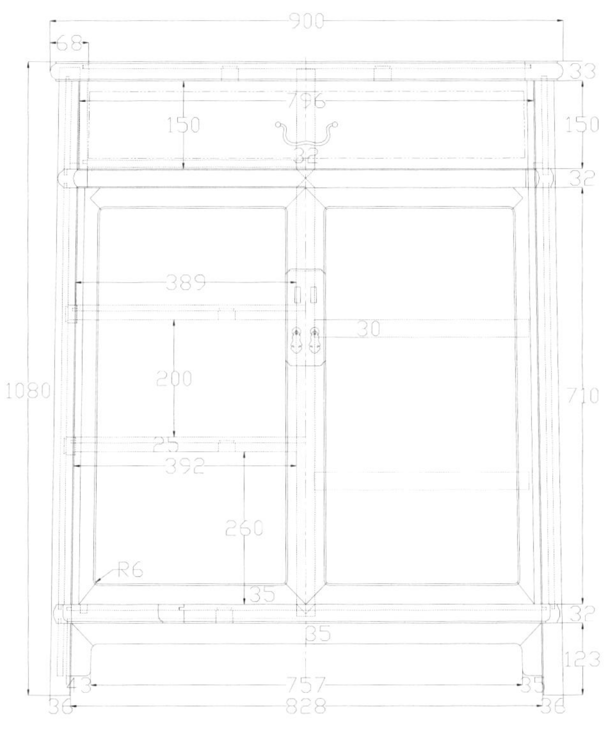

主视图

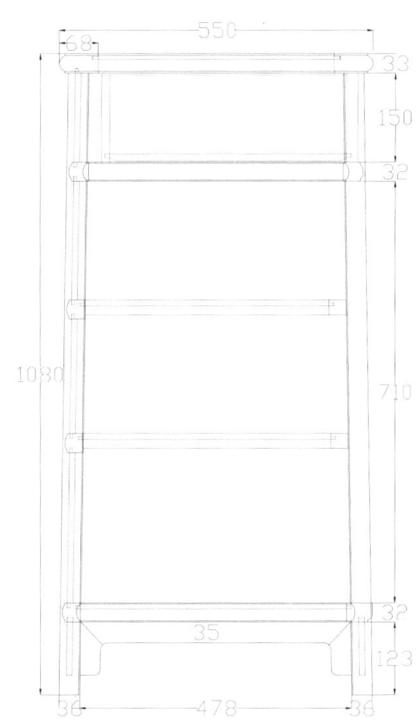

左视图

图版清单（现代中式餐边柜）：
主视图
左视图

现代中式二龙戏珠茶叶柜

材质：缅甸花梨

年款：现代

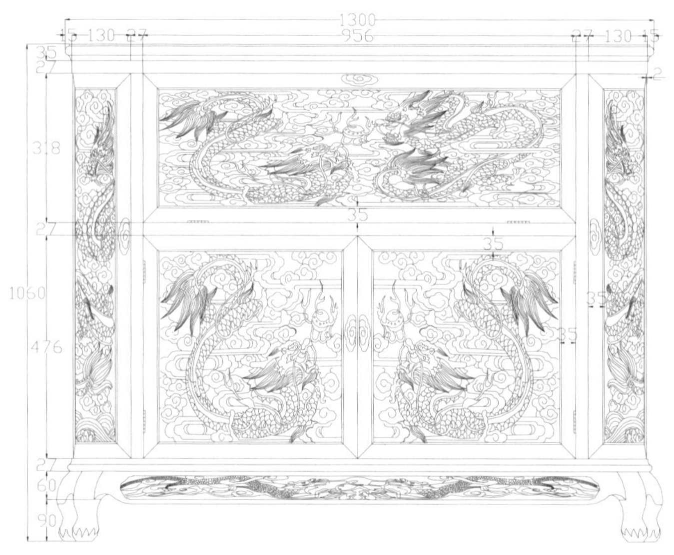

主视图

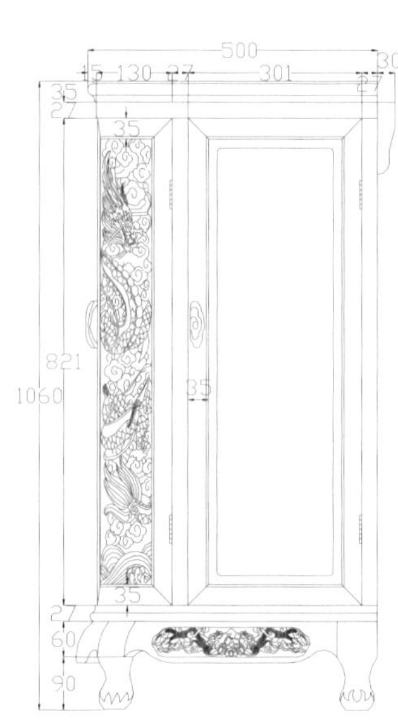

右视图

俯视图

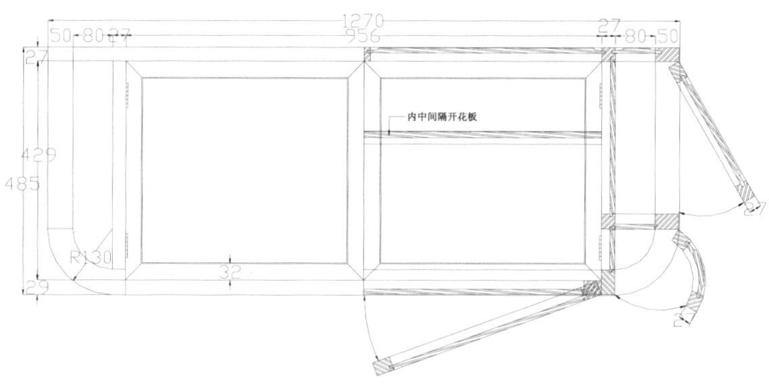

结构展示图 1

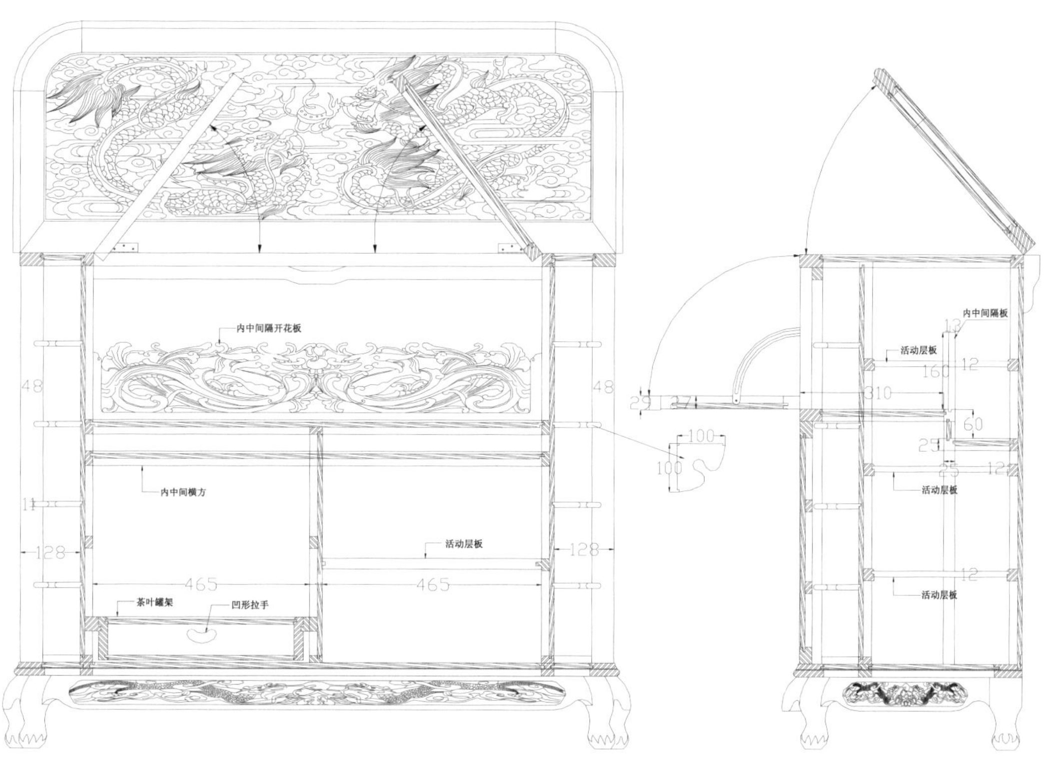

结构展示图 2

结构展示图 3

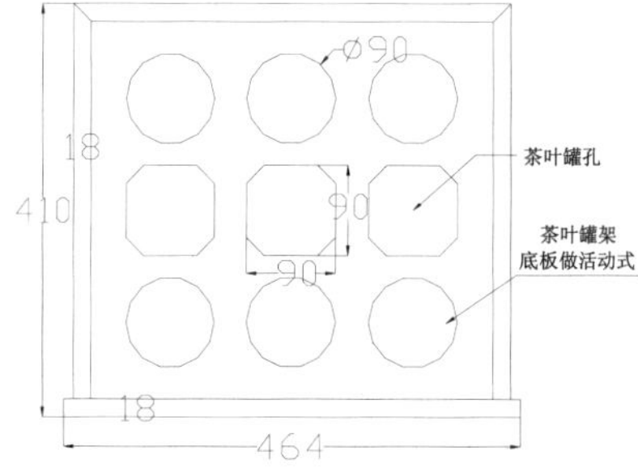

细节图

图版清单（现代中式二龙戏珠茶叶柜）：
主视图
右视图
俯视图
结构展示图 1
结构展示图 2
结构展示图 3
细节图

现代中式福寿纹酒柜

材质：缅甸花梨

年款：现代

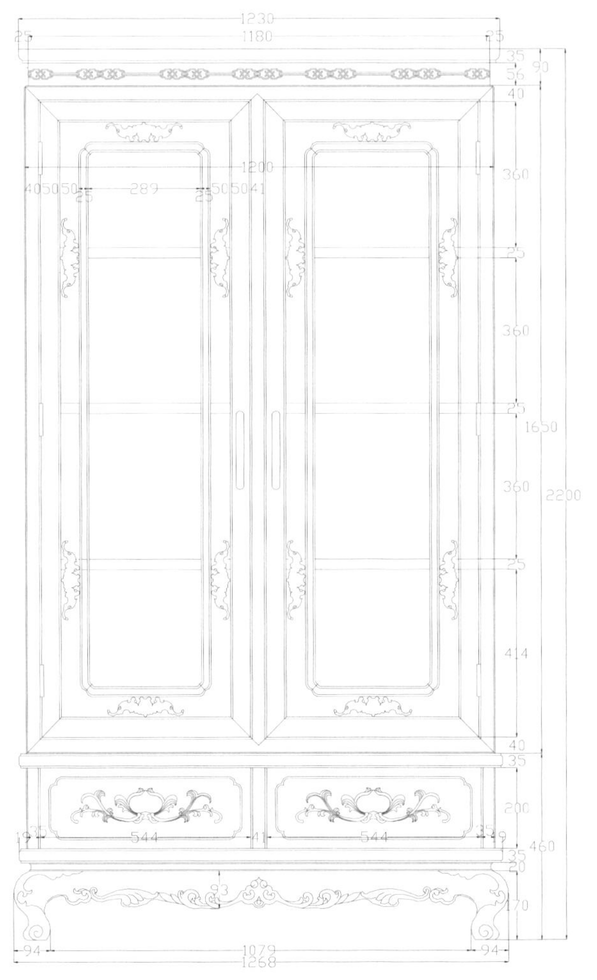

主视图

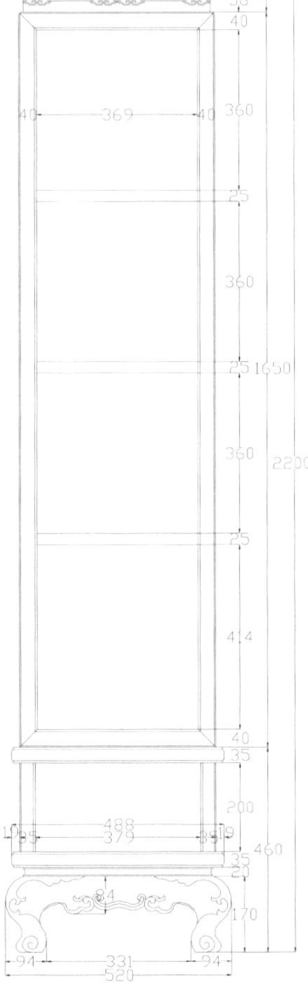

左视图

图版清单（现代中式福寿纹酒柜）：
主视图
左视图

现代中式花卉拐子纹玻璃酒柜

材质：缅甸花梨

年款：现代

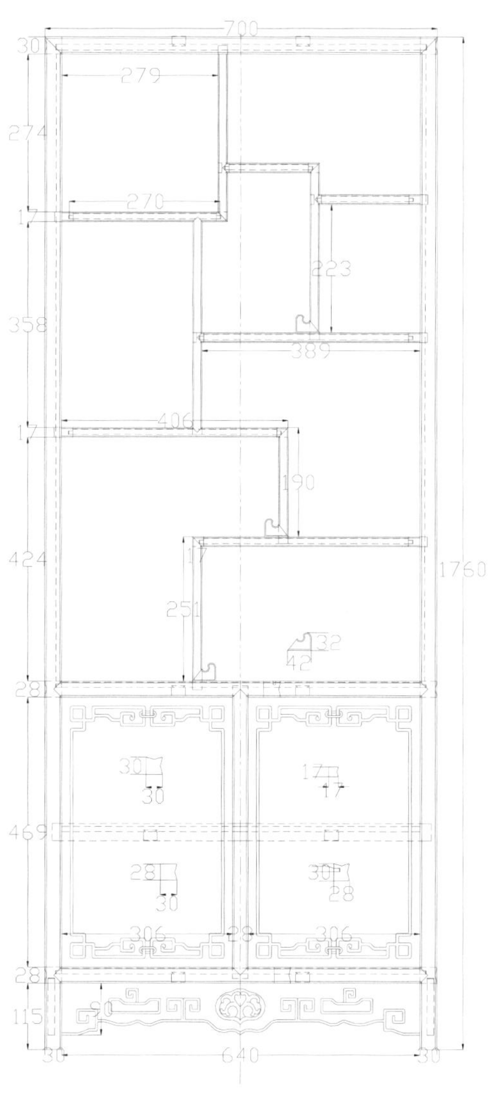

主视图

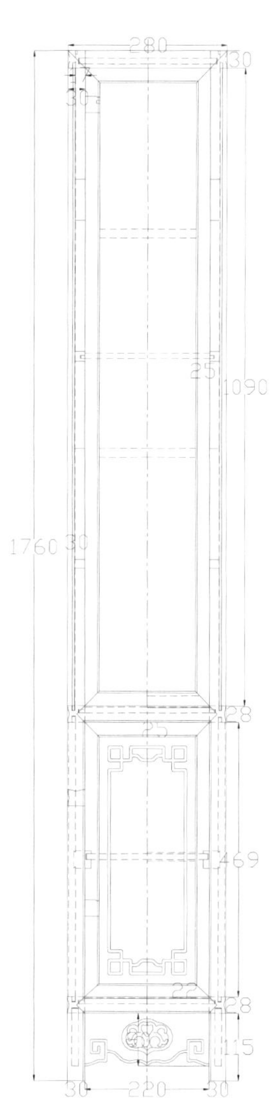

左视图

图版清单（现代中式花卉拐子纹玻璃酒柜）：
主视图
左视图

现代中式六角形酒柜

材质：缅甸花梨

年款：现代

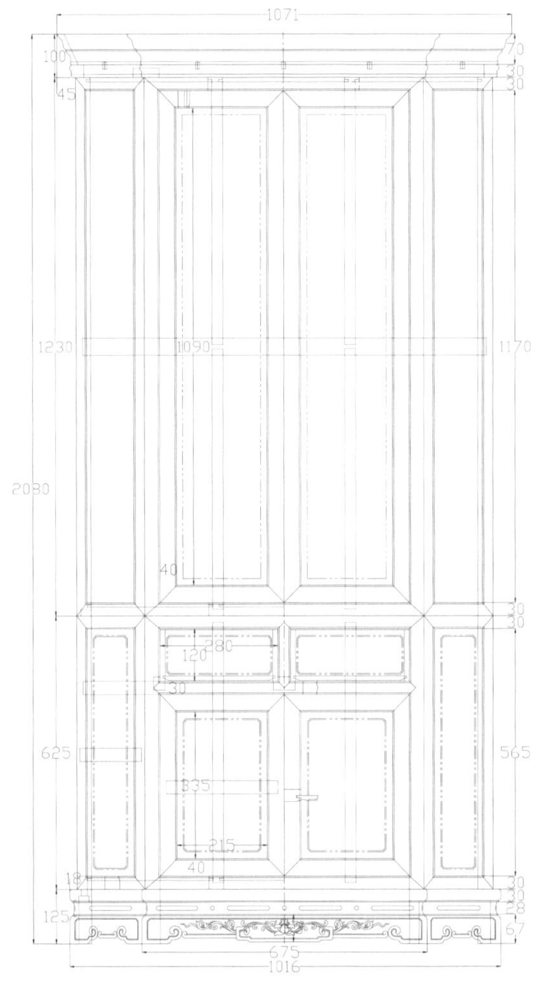

主视图

左视图

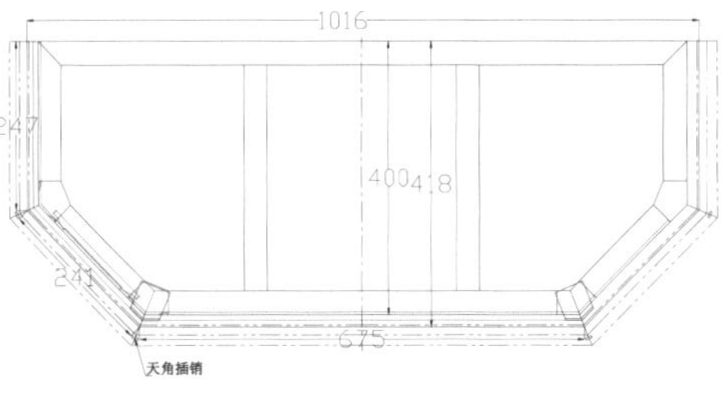

俯视图

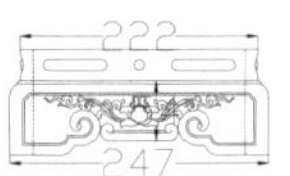

细节图（足）

图版清单（现代中式六角形酒柜）：
主视图
左视图
俯视图
细节图（足）

现代中式如意拐子纹梳妆台

材质：缅甸花梨

年款：现代

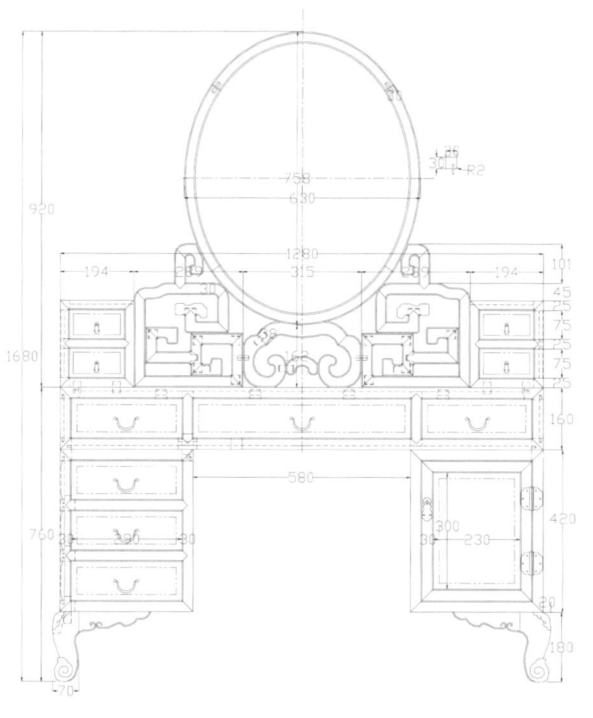

主视图

左视图

图版清单（现代中式如意拐子纹梳妆台）：
主视图
左视图

现代中式六屉梳妆台

材质：缅甸花梨

年款：现代

主视图

左视图

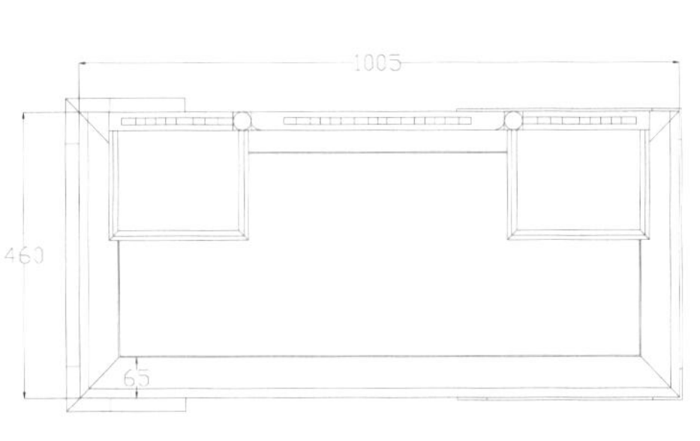

俯视图

右视图

图版清单（现代中式六屉梳妆台）：
主视图
左视图
俯视图
右视图

现代中式拐子夔龙纹梳妆台两件套

材质：缅甸花梨

年款：现代

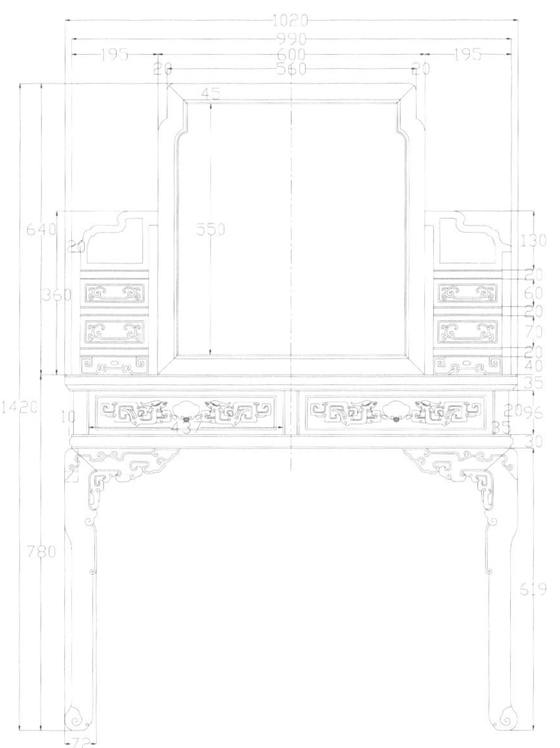

台－主视图

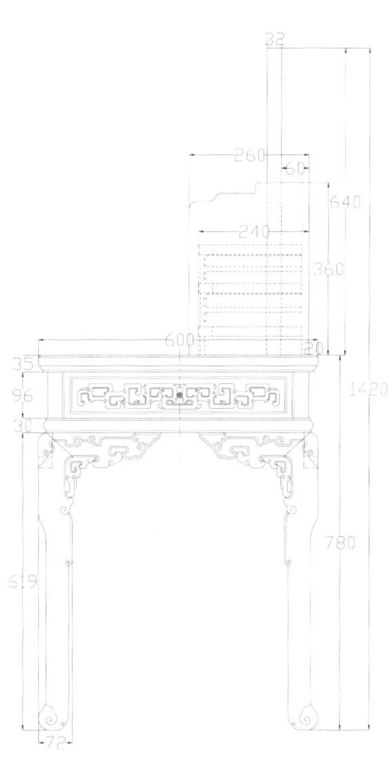

台－右视图

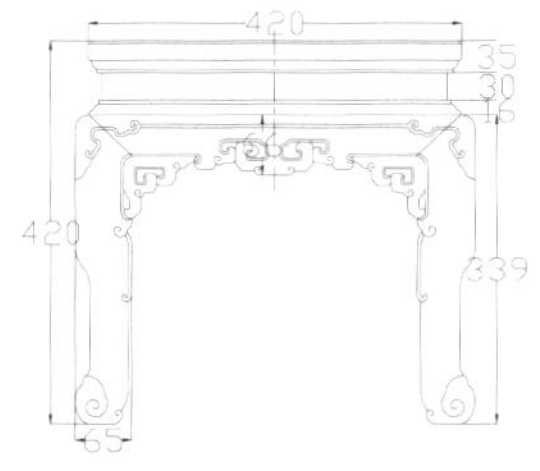

凳－主视图

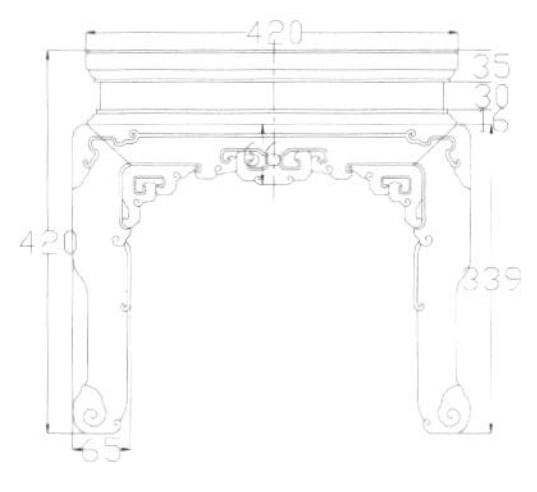

凳－右视图

图版清单（现代中式拐子夔龙纹梳妆台两件套）：

台—主视图

台—右视图

凳—主视图

凳—右视图

注：此两件套中梳妆台为 1 件，梳妆凳为 1 件。

现代中式五屉卷草纹梳妆台两件套

材质：缅甸花梨

年款：现代

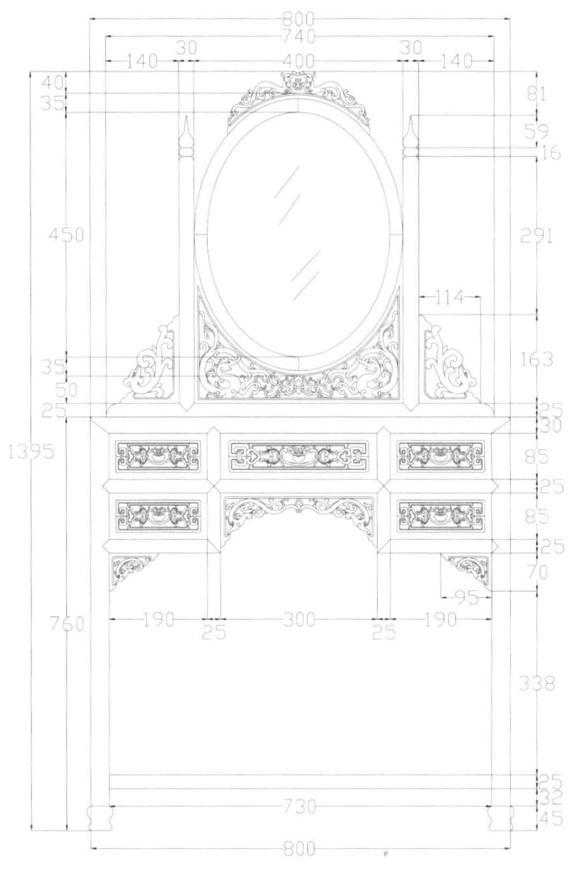

台－主视图

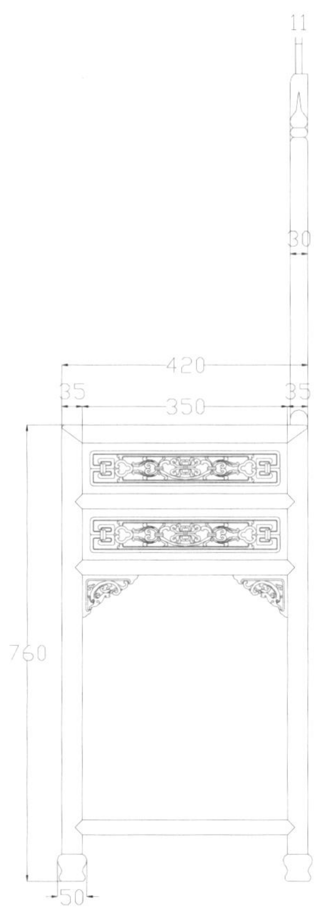

台－右视图

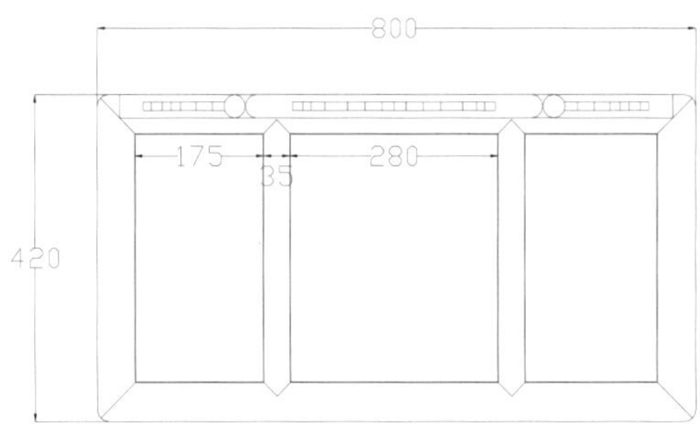

台－俯视图

注：此两件套中梳妆台为 1 件，梳妆凳为 1 件。

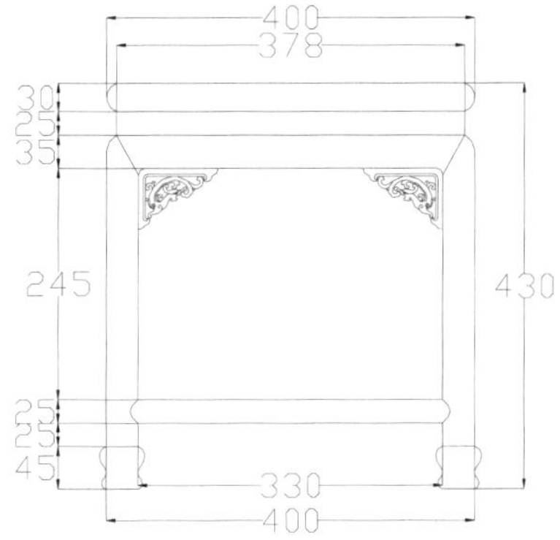

凳－主视图

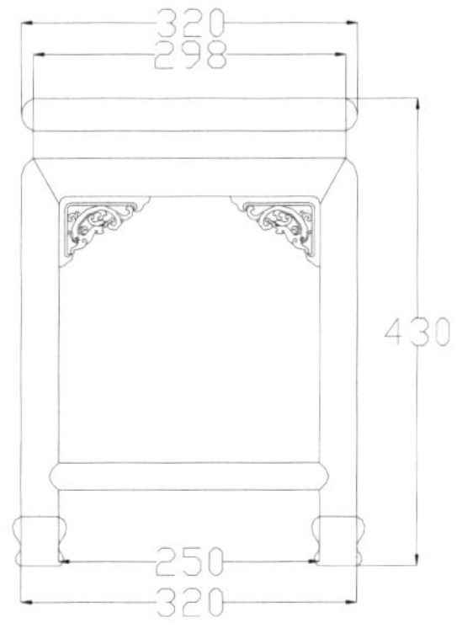

凳－左视图

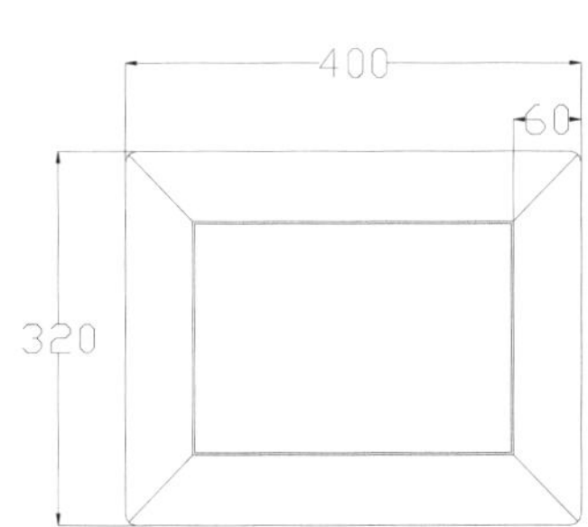

凳－俯视图

图版清单（现代中式五屉卷草纹梳妆台两件套）：
台－主视图
台－右视图
台－俯视图
凳－主视图
凳－左视图
凳－俯视图

现代中式五屉三弯腿梳妆台两件套

材质：缅甸花梨

年款：现代

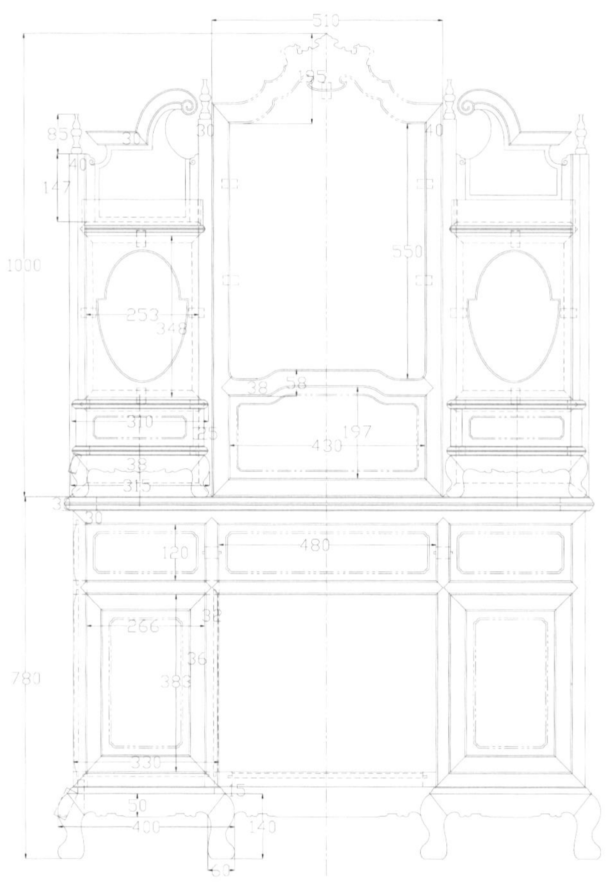

台－主视图

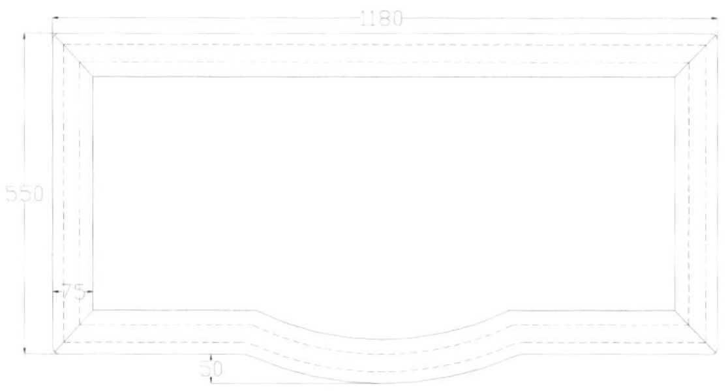

台－俯视图

注：此两件套中梳妆台为 1 件，梳妆凳为 1 件。

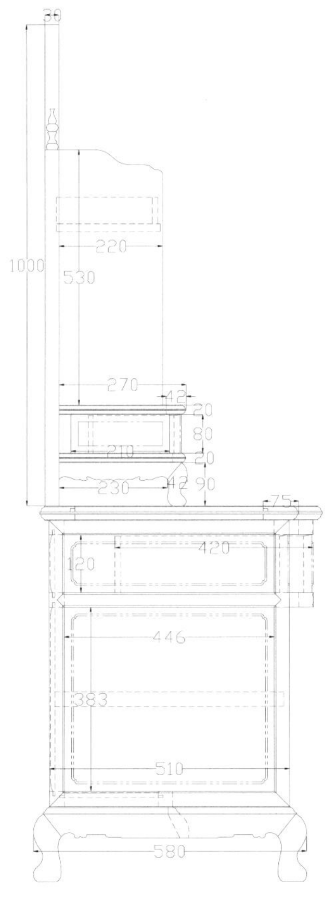

台—左视图

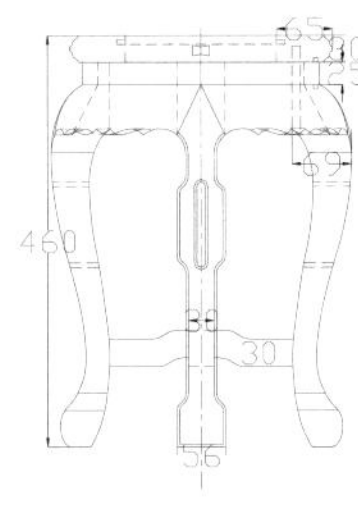

凳—主视图

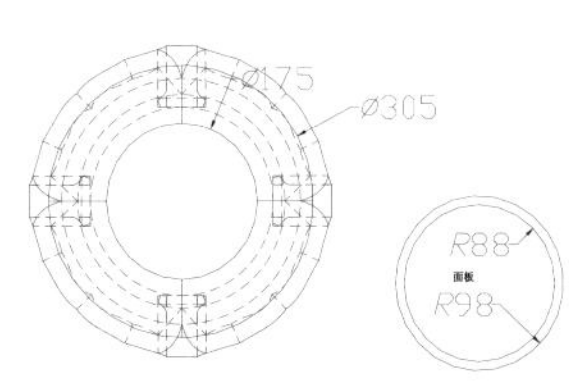

凳—俯视图

图版清单（现代中式五屉三弯腿梳妆台两件套）：

台—主视图

台—俯视图

台—左视图

凳—主视图

凳—俯视图

现代中式五屉梳妆台两件套

材质：缅甸花梨

年款：现代

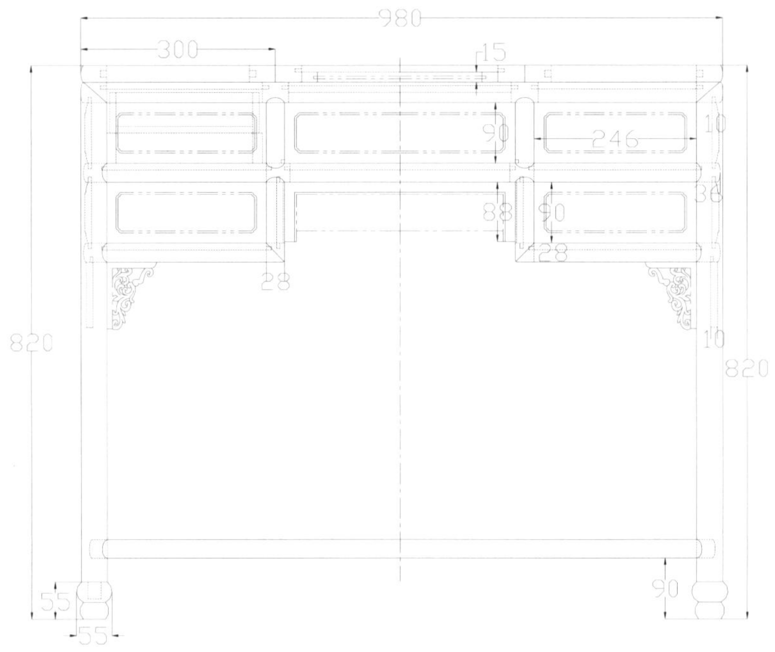

台－主视图

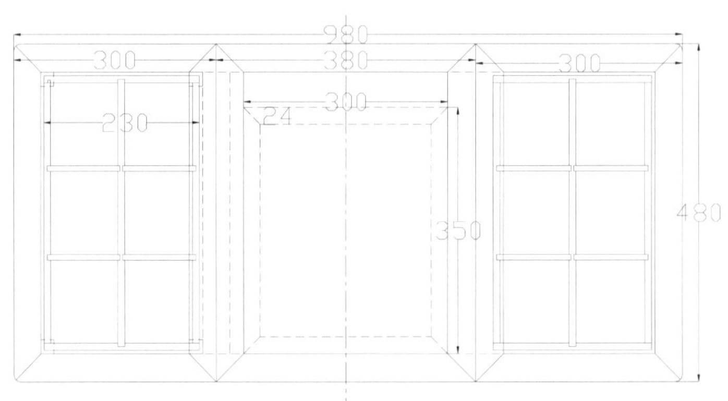

台－俯视图

注：此两件套中梳妆台为 1 件，梳妆凳为 1 件。

477
25
30
40
300
28
90

台－左视图

40
40
28
16*20

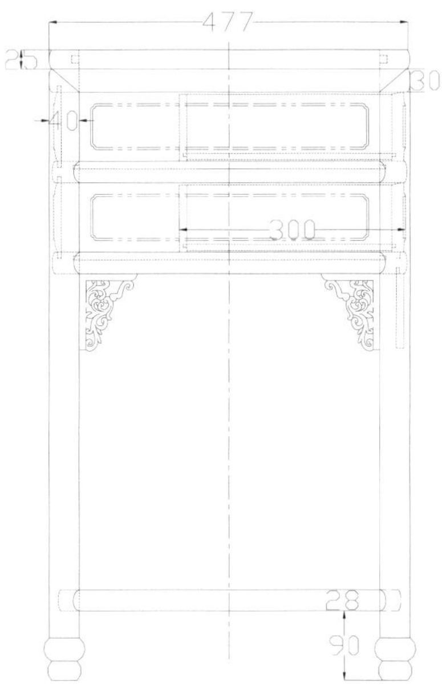

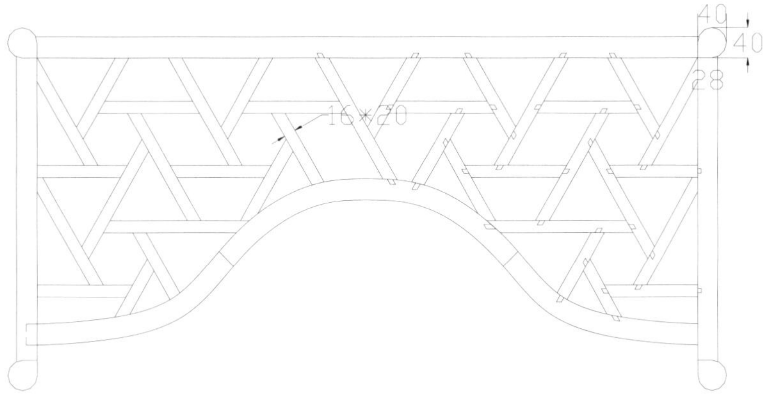

台－剖视图（屉板）

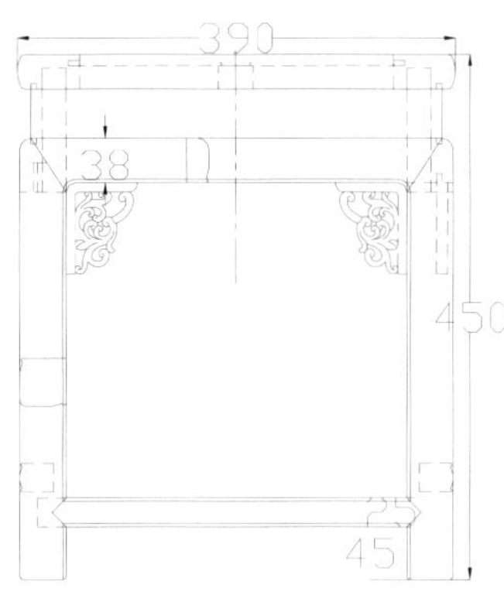

凳一主视图

凳一左视图

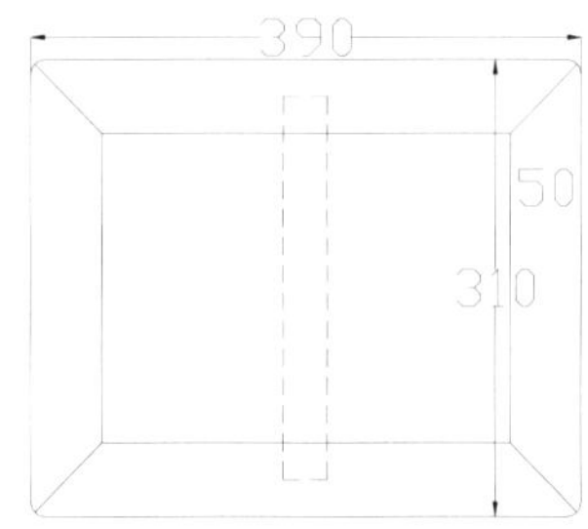

凳一俯视图

图版清单（现代中式五屉梳妆台两件套）：
台一主视图
台一俯视图
台一左视图
台一剖视图（屉板）
凳一主视图
凳一左视图
凳一俯视图

中国古典家具木工营造图解之杂具

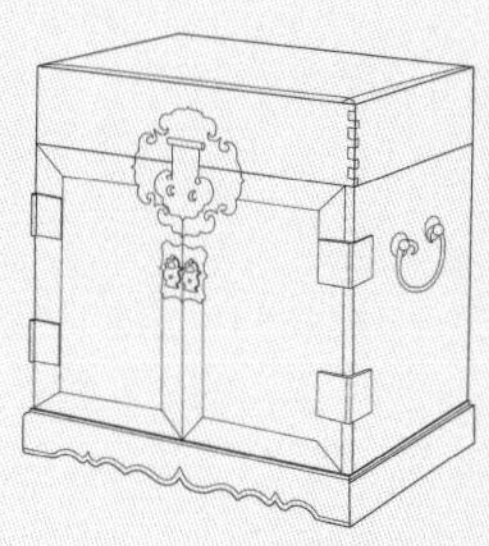

六、中国古典家具木工营造图解之杂具

（一）杂具

杂具主要包括：书箱、印匣、提盒、屏风、盆架、镜台、笔筒、雕件等。在此全部归纳其中。

按照杂项的功能和作用，大致分为以下“四个类别”：

（1）置物类：书箱、衣箱、官皮箱、百宝箱、文具箱、印匣、其他箱匣、都承盘、提盒等；

（2）屏风类：地屏、床屏、梳头屏、灯屏、挂屏、曲屏风等；

（3）架具类：衣架、面盆架、镜台、烛台、承足（脚踏）等；

（4）摆件类：笔筒、墨盒、棋罐、瓶座、碟架、烟具、雕件等。

（二）古典家具木工营造图解之杂具

本章选取杂具中的清式代表性家具，对其木工营造图进行深度解读和研究，并形成珍贵而翔实的图片资料。

主要研究的器形如下：

清式拐子云纹宫灯、清式四方毗卢帽卷云纹宫灯等。

图版资料详见 P240 ～ 264。

说明：在杂具的测量和绘制过程中存在少量国标允许的误差。

杂具图版

清式拐子云纹宫灯

材质：紫檀

年款：清代（清宫旧藏）

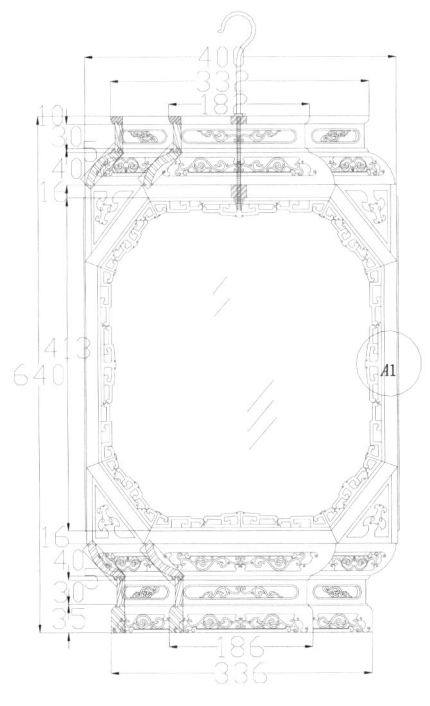

主视图

左视图

俯视图

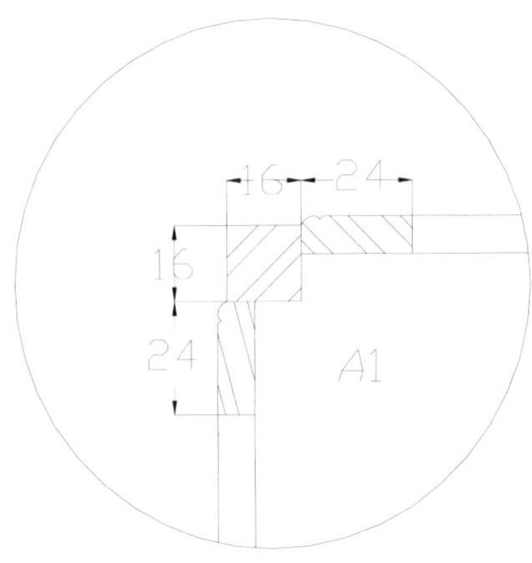

细节图

图版清单（清式拐子云纹宫灯）：
主视图
左视图
俯视图
细节图

清式四方毗卢帽卷云纹宫灯

材质：紫檀

年款：清代（清宫旧藏）

主视图

左视图

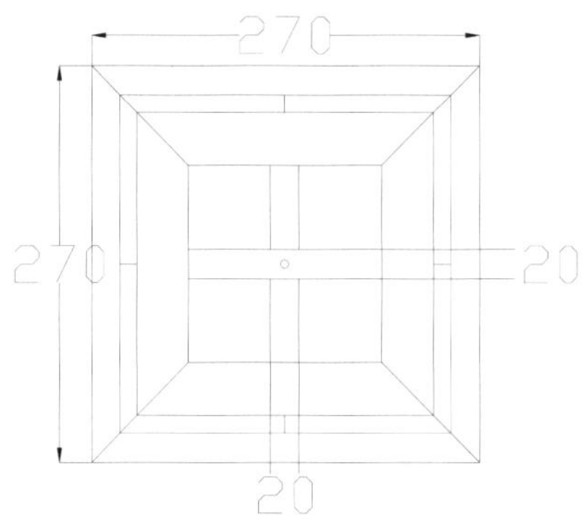

俯视图

图版清单（清式四方毗卢帽卷云纹宫灯）：
主视图
左视图
俯视图

清式六角龙凤纹宫灯

材质：紫檀

年款：清代（清宫旧藏）

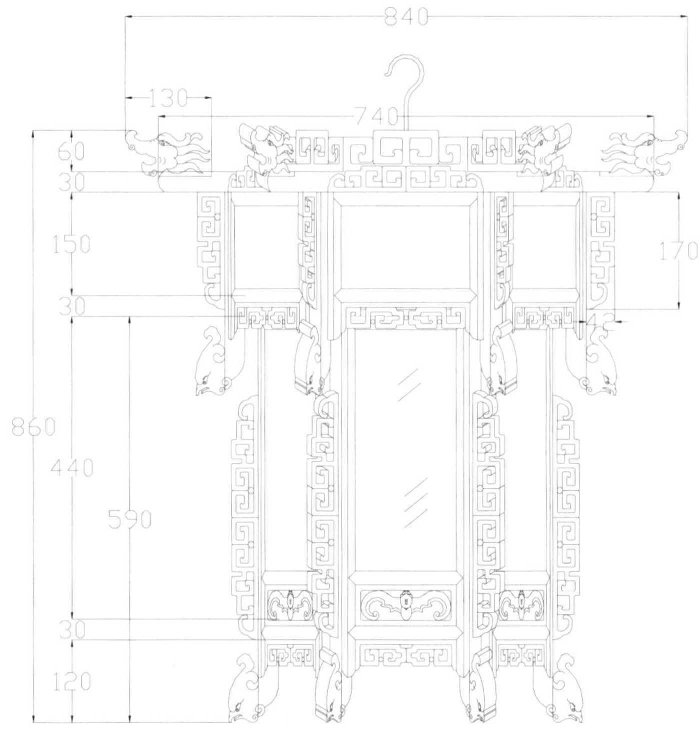

主视图

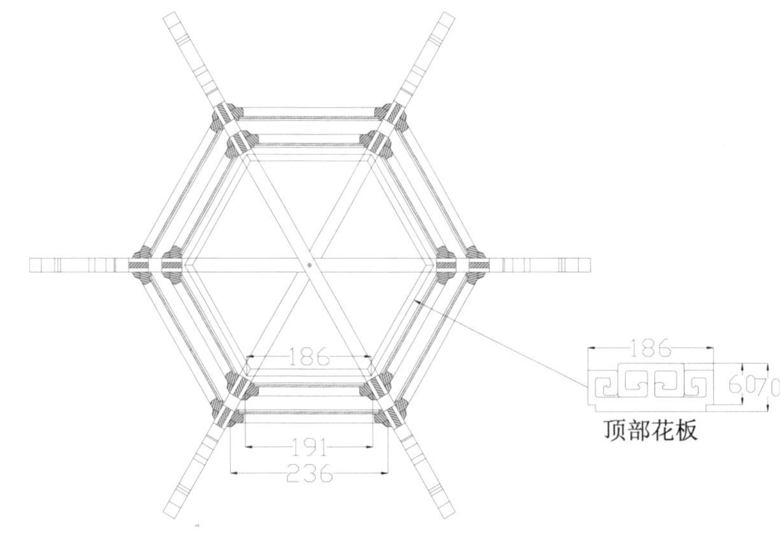

俯视图

细节图

图版清单（清式六角龙凤纹宫灯）：
主视图
俯视图
细节图

清式牡丹纹灯架

材质：花梨木

年款：清代（清宫旧藏）

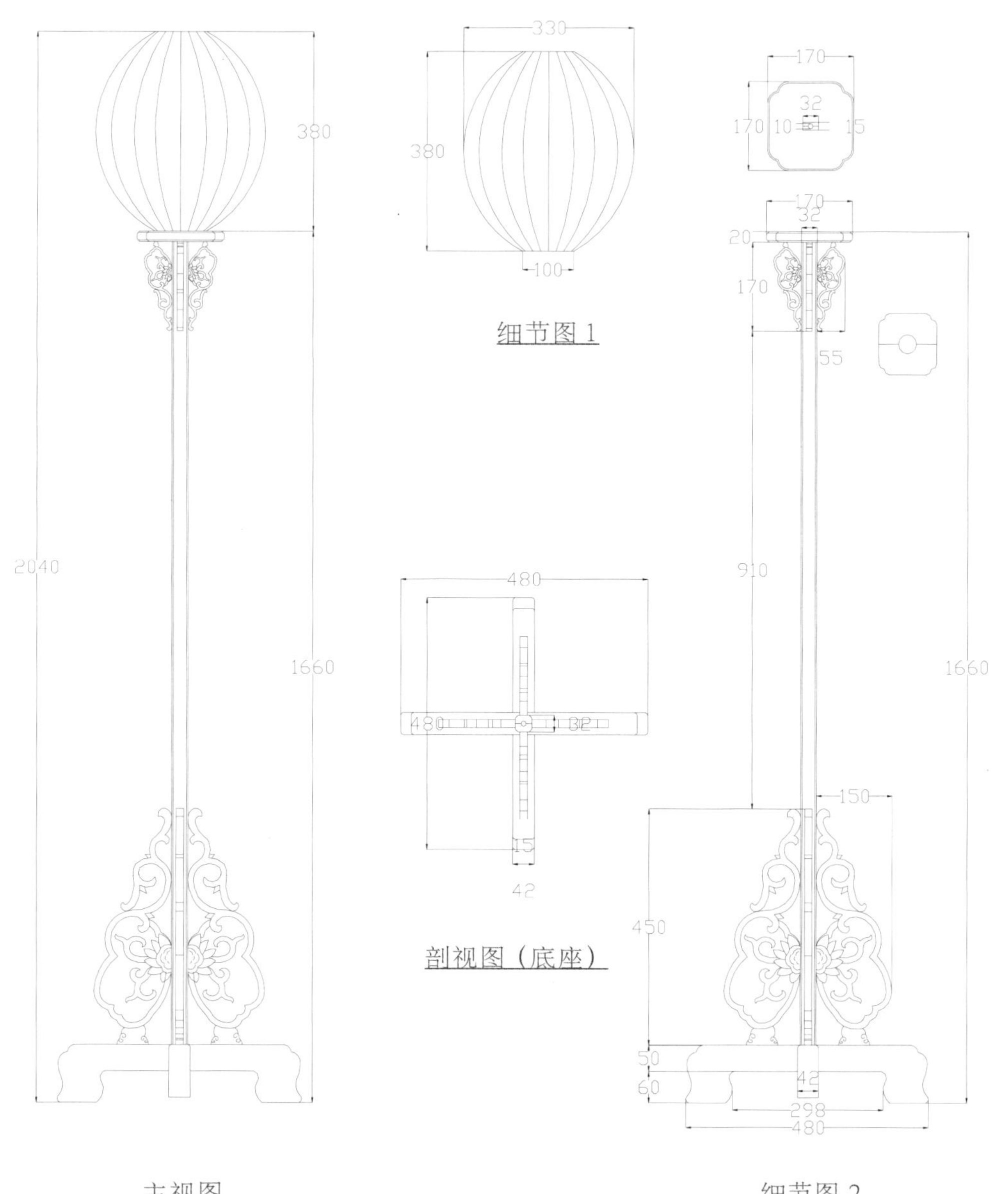

主视图

细节图 2

图版清单（清式牡丹纹灯架）：
主视图
剖视图（底座）
细节图 1
细节图 2

清式夔龙纹花瓶架

材质：黄花梨

年款：清代（清宫旧藏）

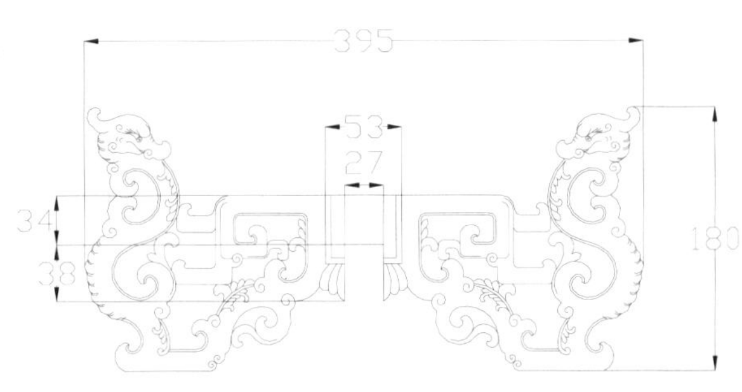

主视图

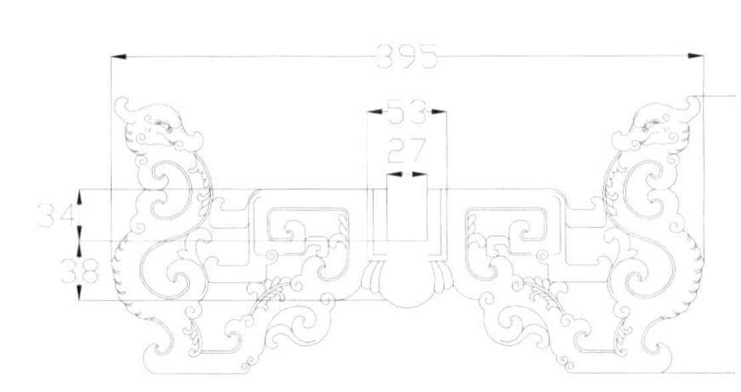

左视图

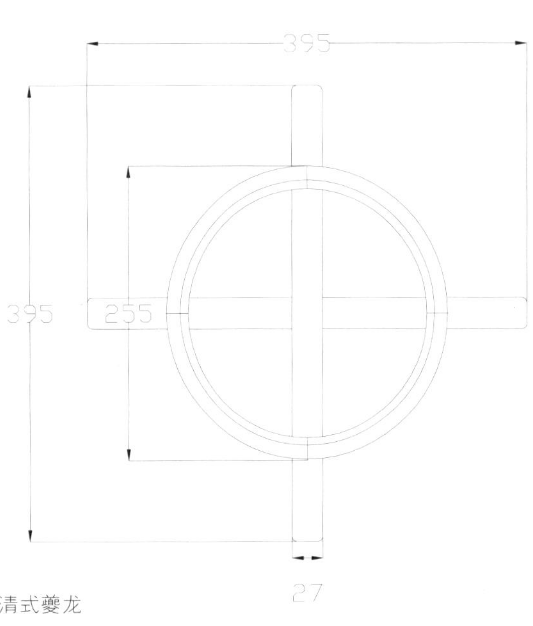

俯视图

图版清单（清式夔龙纹花瓶架）：
主视图
左视图
俯视图

清式螭龙纹笔架

材质：紫檀

年款：清代（清宫旧藏）

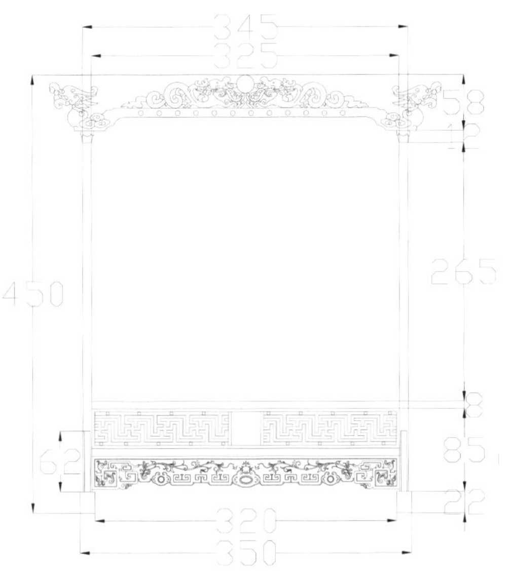

主视图

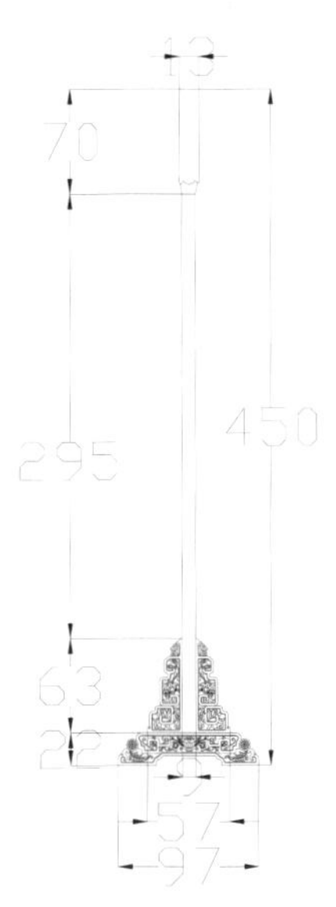

右视图

图版清单（清式螭龙纹笔架）：
主视图
右视图

清式凤首衣架

材质：紫檀

年款：清代

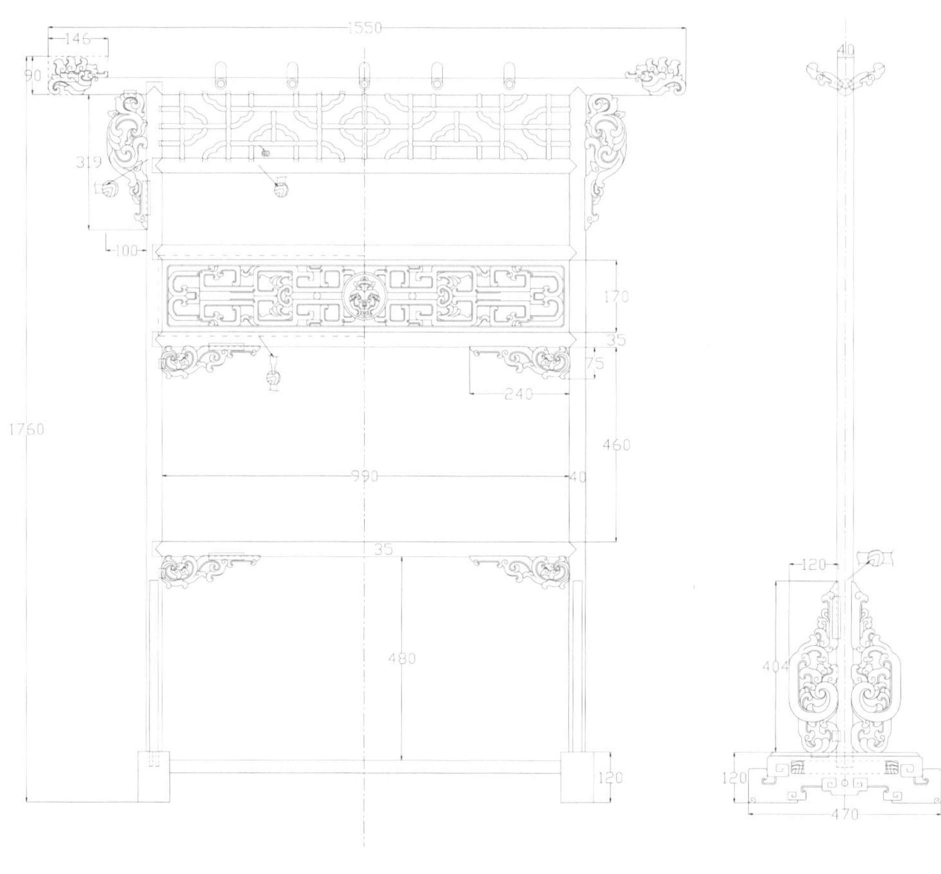

主视图　　左视图

图版清单（清式凤首衣架）：
主视图
左视图
剖视图（底座）

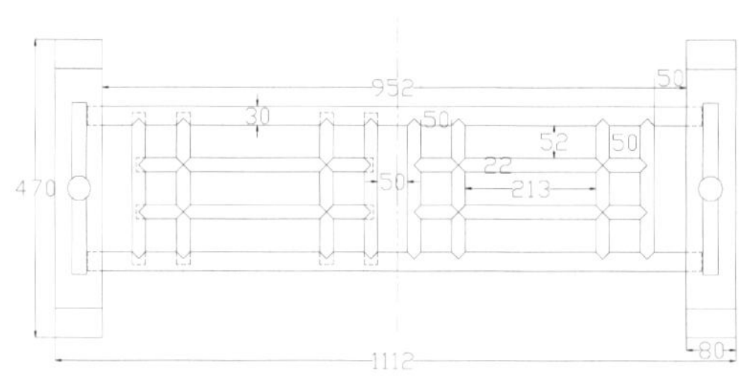

剖视图（底座）

清式夔龙纹衣架

材质：紫檀

年款：清代（清宫旧藏）

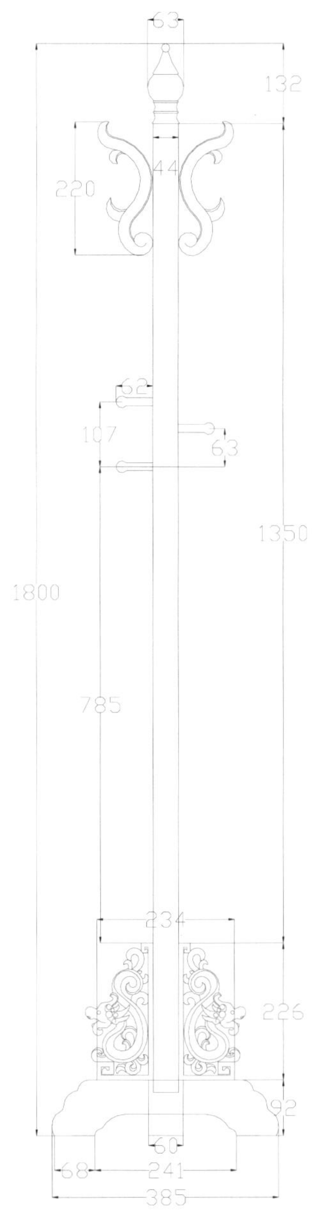

主视图

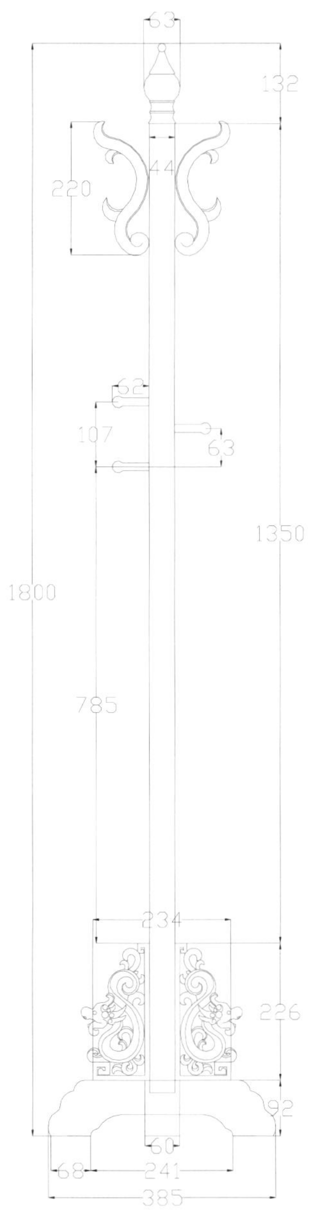

左视图

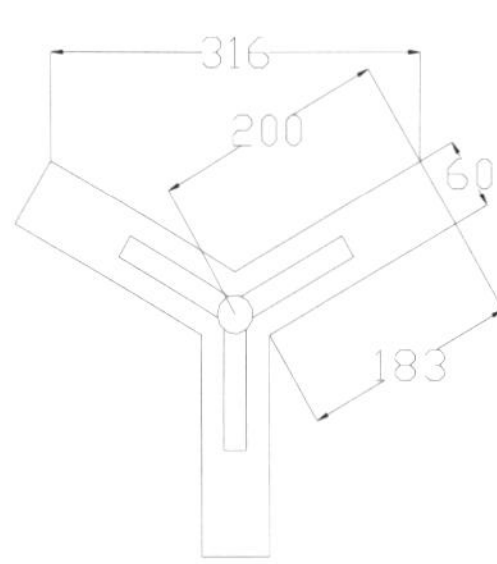

俯视图

图版清单（清式夔龙纹衣架）：
主视图
左视图
俯视图

清式夔龙纹衣架

材质：紫檀

年款：清代（清宫旧藏）

主视图

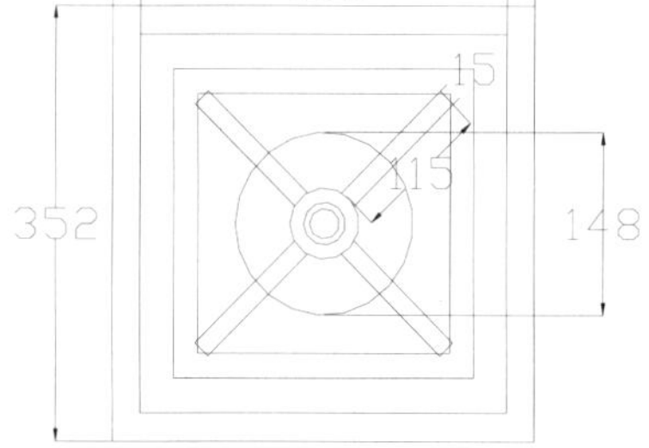

俯视图

图版清单（清式夔龙纹衣架）：
主视图
俯视图

清式螭龙纹衣架

材质：老红木

年款：清代（清宫旧藏）

主视图

图版清单（清式螭龙纹衣架）：主视图

清式螭龙万字纹衣架

材质：黄花梨

年款：清代（清宫旧藏）

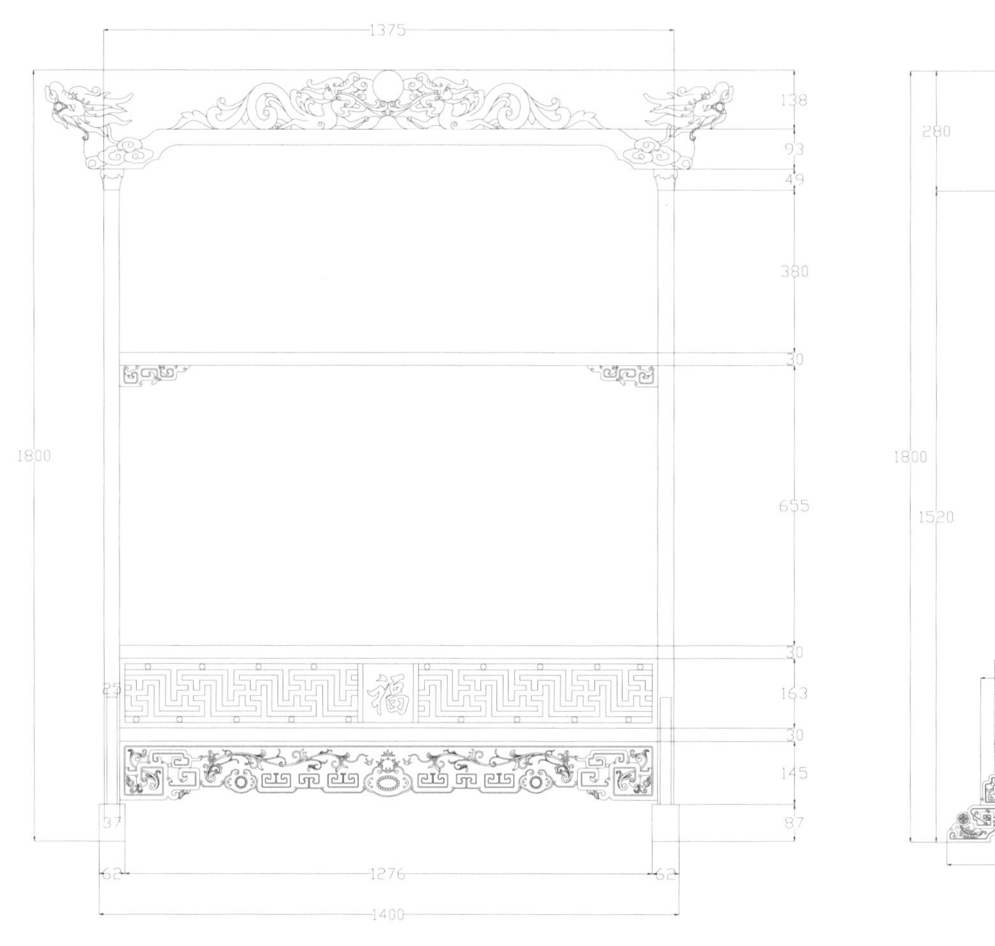

主视图

左视图

图版清单（清式螭龙万字纹衣架）：

主视图

左视图

清式二龙戏珠纹衣架

材质：紫檀

年款：清代（清宫旧藏）

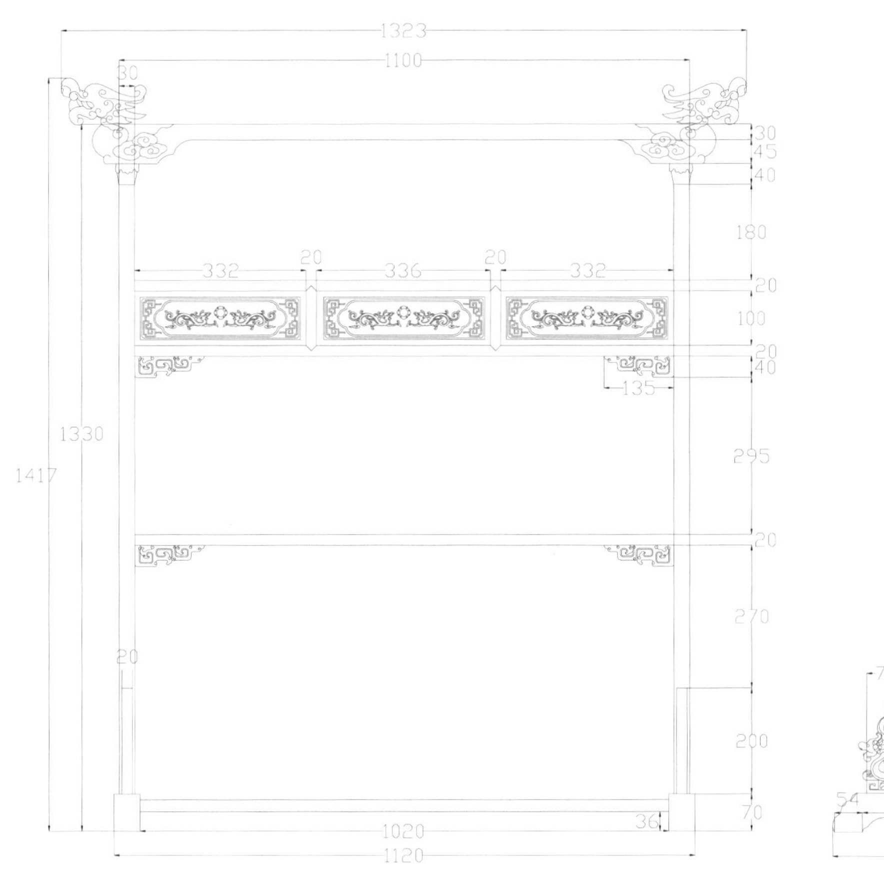

图版清单（清式二龙戏珠纹衣架）：
主视图
左视图

清式螭龙纹中牌子衣架

材质：花梨木

年款：清代（清宫旧藏）

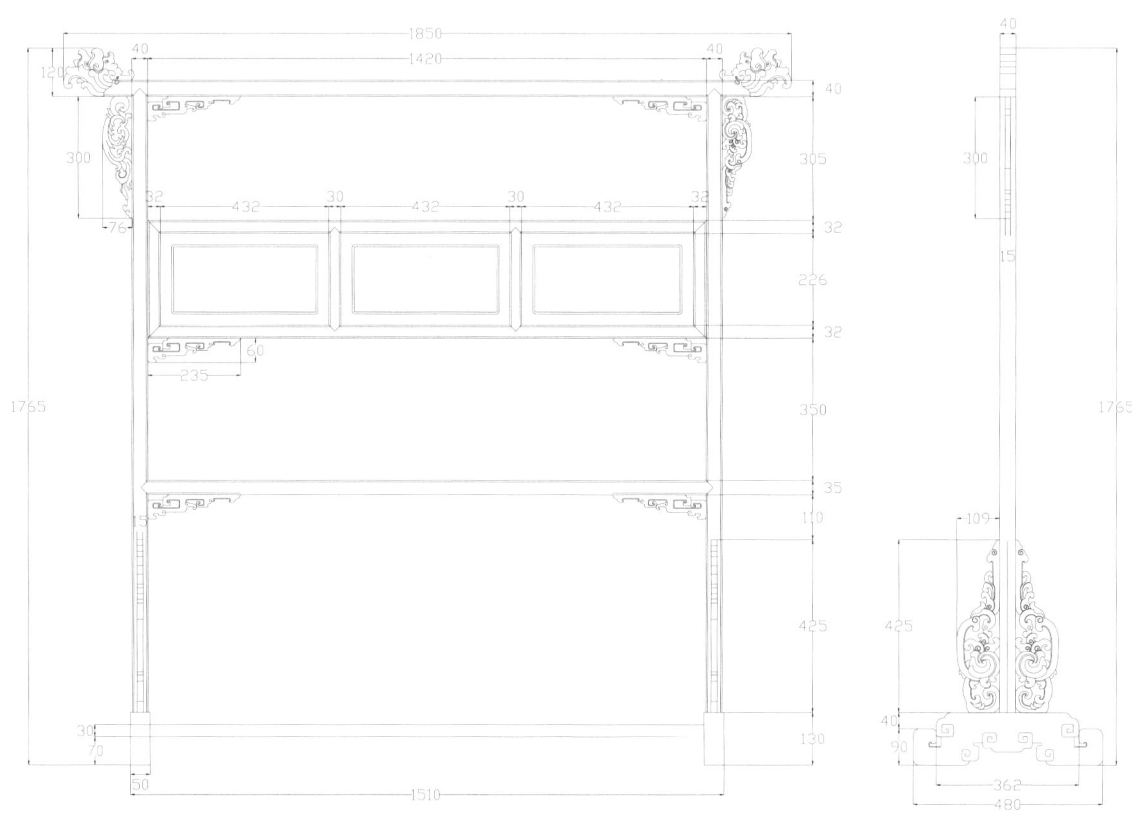

主视图　　左视图

图版清单（清式螭龙纹中牌子衣架）：
主视图
左视图

清式衣帽镜

材质：老红木

年款：清代（清宫旧藏）

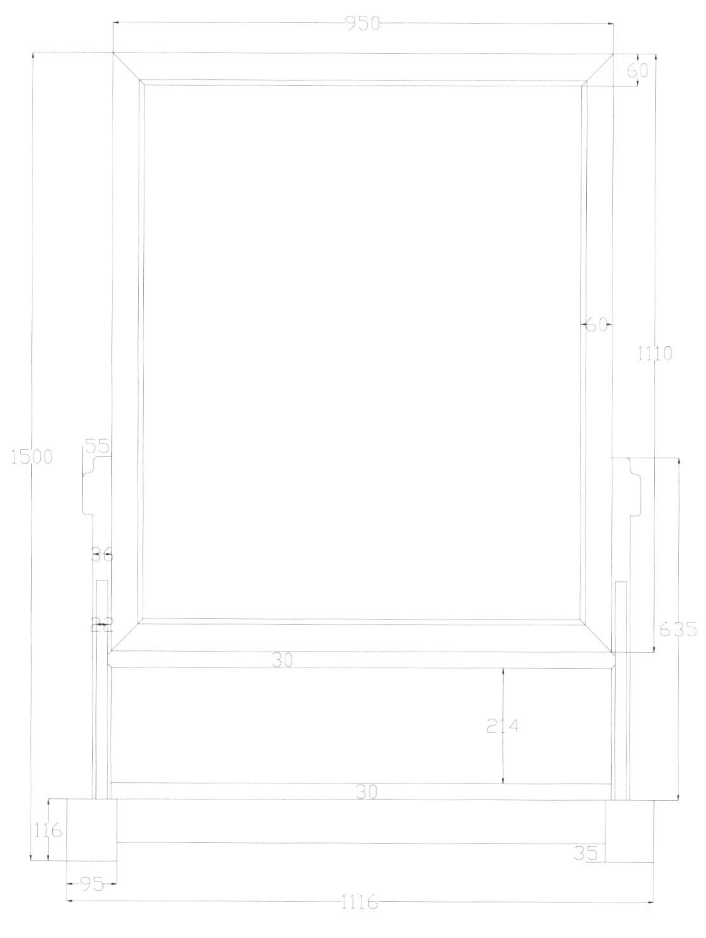

主视图

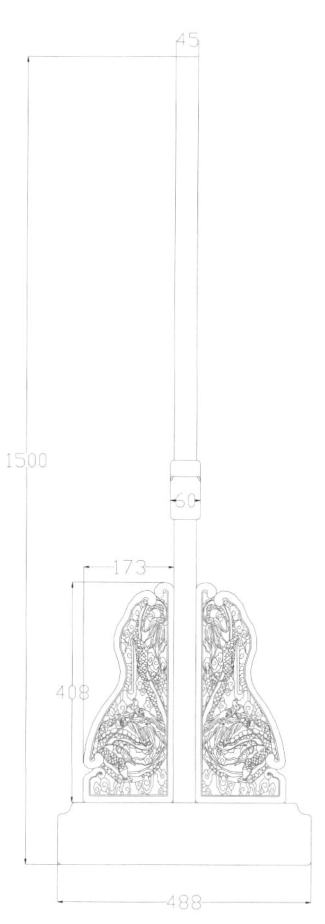

左视图

图版清单（清式衣帽镜）：
主视图
左视图

清式海屋添筹图落地屏

材质：紫檀

年款：清代

主视图

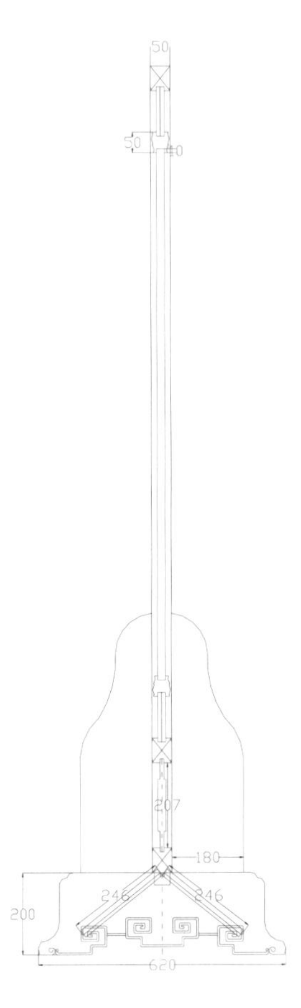

左视图

图版清单（清式海屋添筹图落地屏）：
主视图
左视图

清式海屋添筹图落地屏

材质：紫檀

年款：清代

主视图

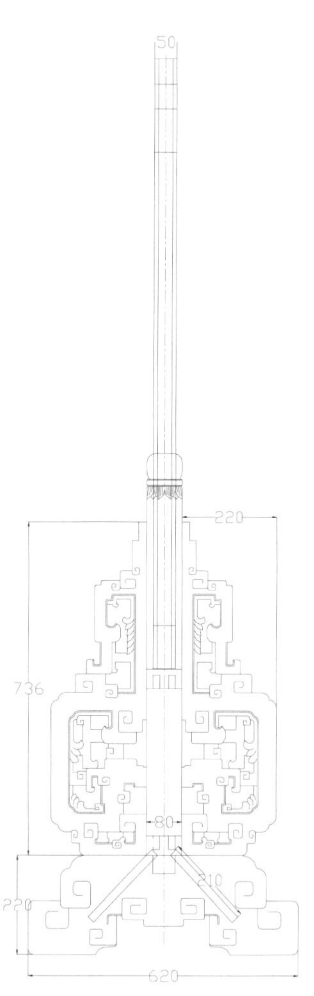

左视图

图版清单（清式海屋添筹图落地屏）：
主视图
左视图

清式素面落地屏

材质：花梨木

年款：清代

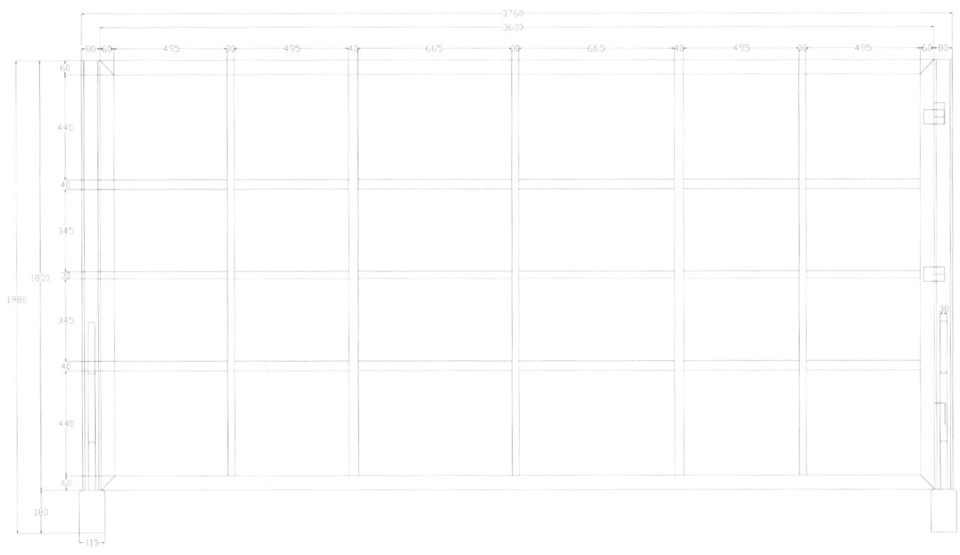

主视图

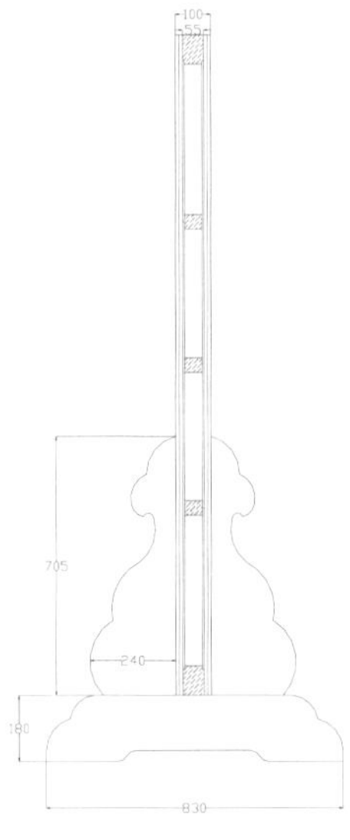

左视图

图版清单（清式素面落地屏）：
主视图
左视图

清式黑漆描金边纳绣屏

材质：榉木（大漆）

年款：清代（清宫旧藏）

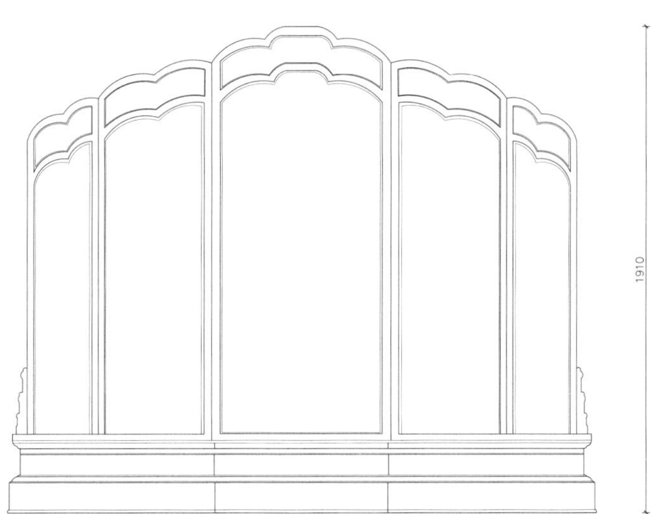

主视图

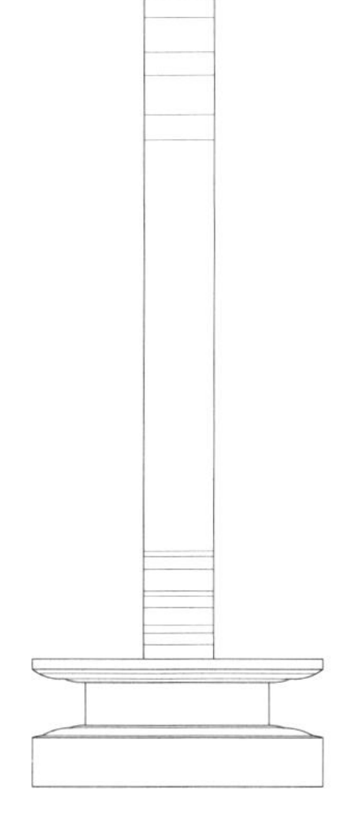

左视图

俯视图

图版清单（清式黑漆描金边纳绣屏）：
主视图
左视图
俯视图

清式莲花边嵌玉鱼插屏

材质：老红木

年款：清代（清宫旧藏）

主视图

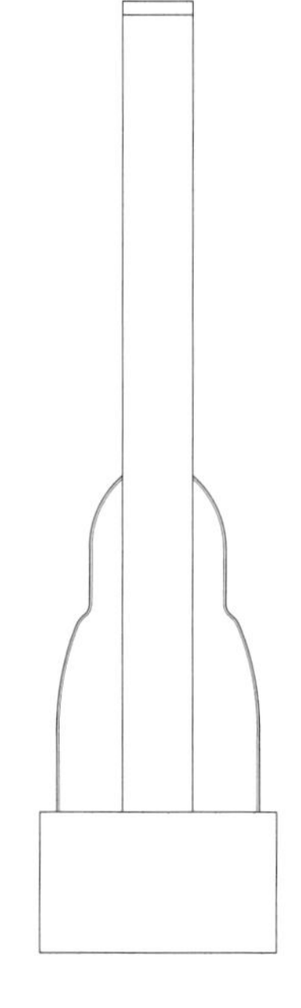

左视图

俯视图

图版清单（清式莲花边嵌玉鱼插屏）：
主视图
左视图
俯视图

清式嵌螺钿进宝图插屏

材质：老红木

年款：清代（清宫旧藏）

主视图

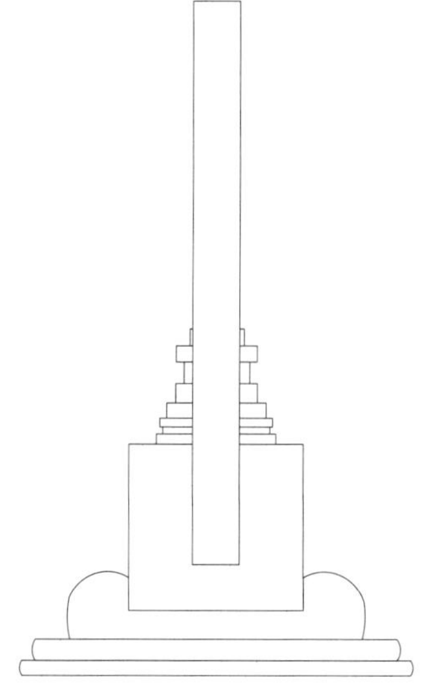

左视图

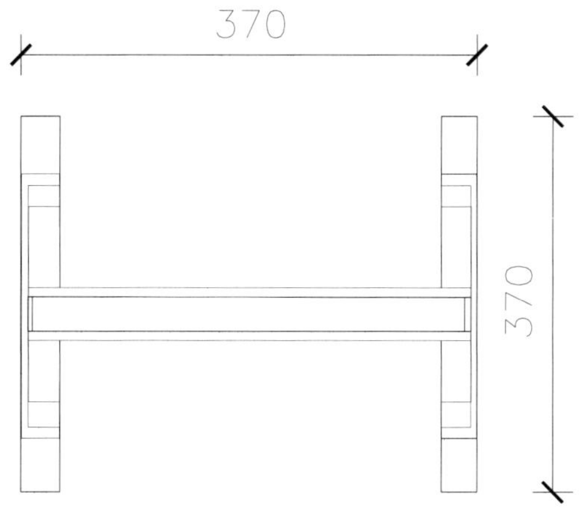

俯视图

图版清单（清式嵌螺钿进宝图插屏）：
主视图
左视图
俯视图

清式提盒

材质：花梨木

年款：清代（清宫旧藏）

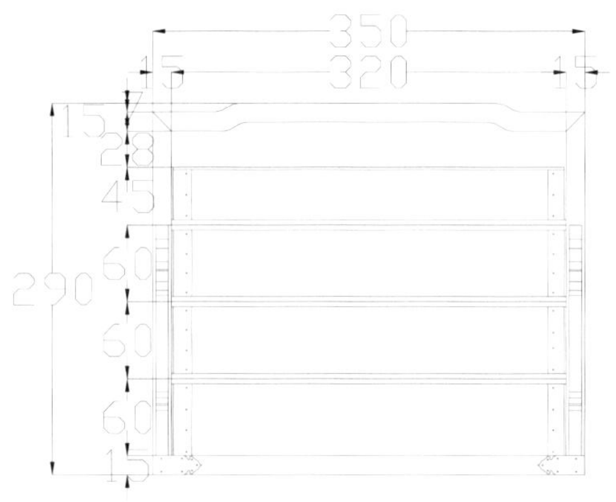

主视图

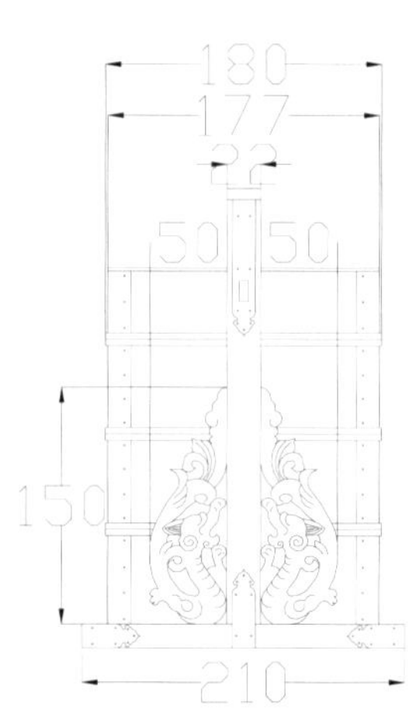

左视图

俯视图

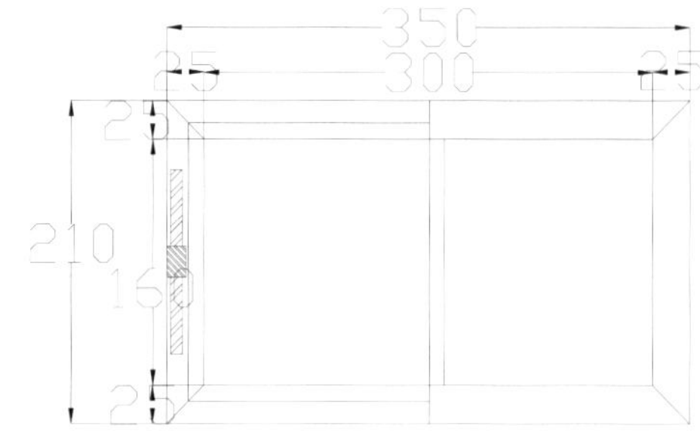

剖视图

图版清单（清式提盒）：
主视图
左视图
俯视图
剖视图

清式莲花纹首饰盒

材质：紫檀

年款：清代（清宫旧藏）

主视图

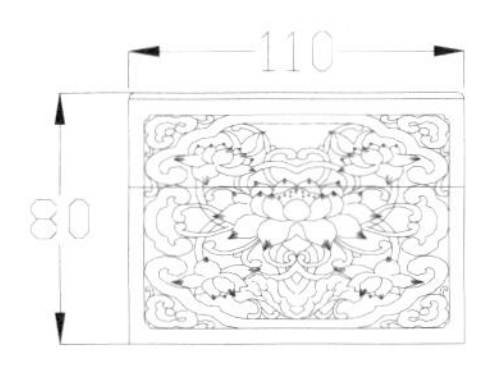

左视图

俯视图

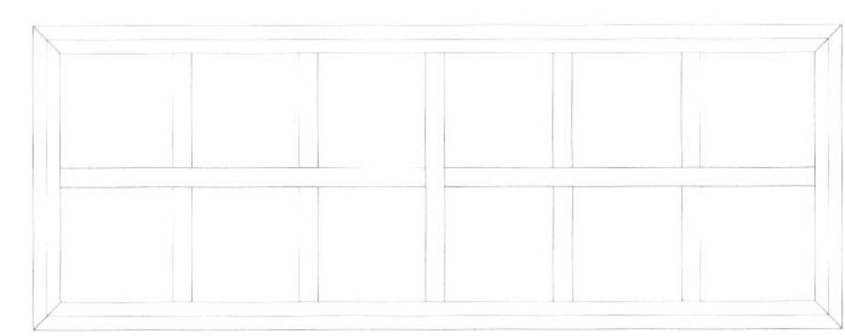

剖视图

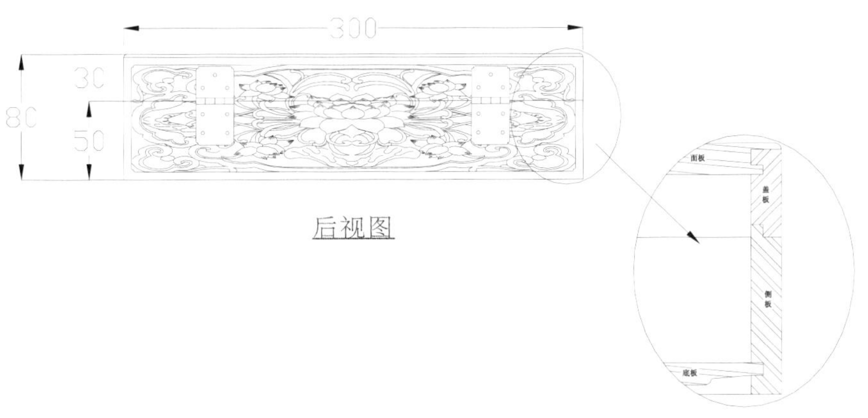

后视图

细节图

图版清单（清式莲花纹首饰盒）：
主视图
左视图
俯视图
剖视图
后视图
细节图

清式盝顶官皮箱

材质：老红木

年款：清代（清宫旧藏）

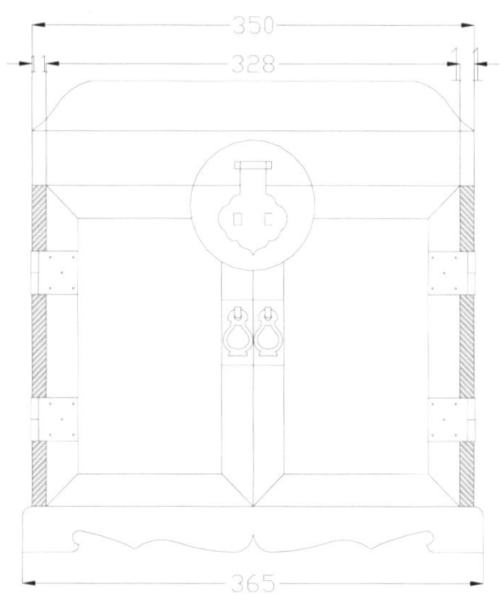

主视图

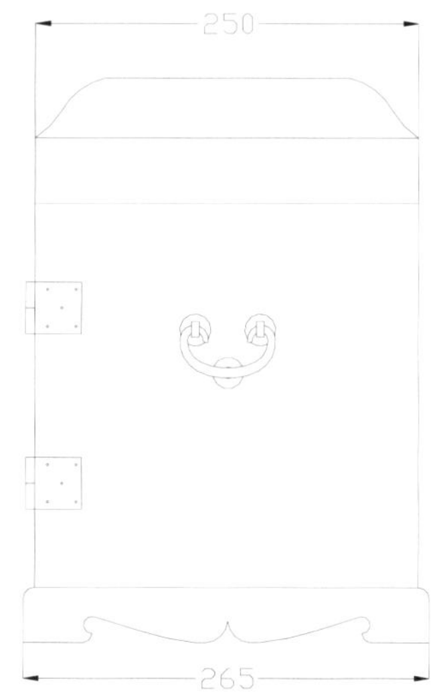

右视图

俯视图

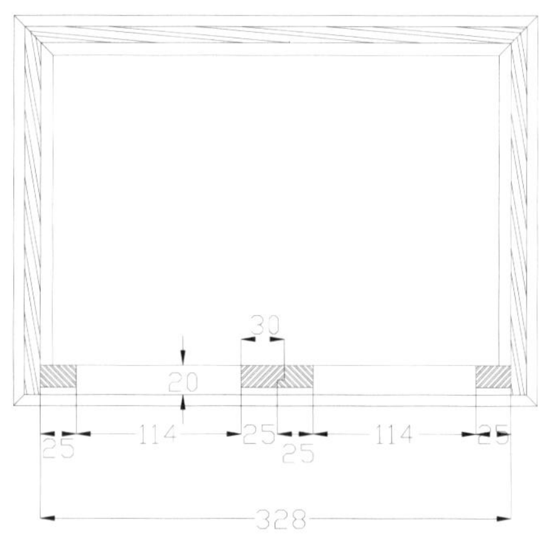

剖视图 1

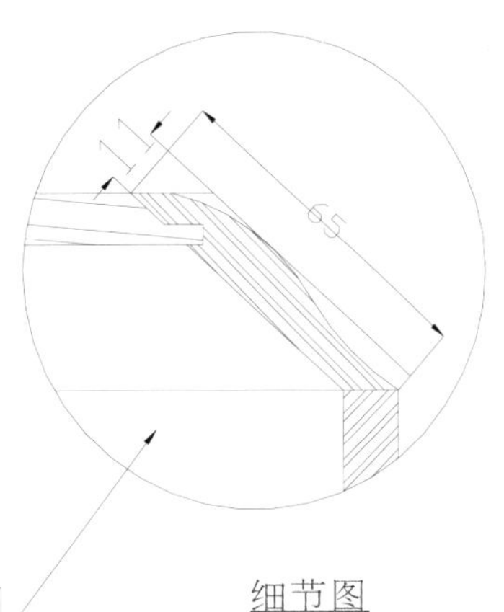

细节图

剖视图 2

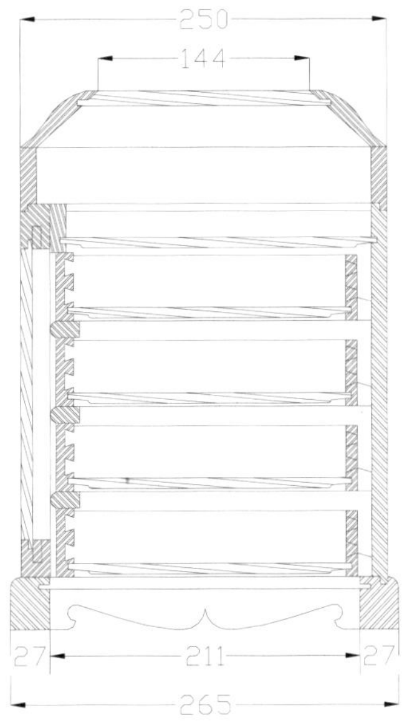

剖视图 3

图版清单（清式盝顶官皮箱）：
主视图
右视图
俯视图
剖视图 1
剖视图 2
剖视图 3
细节图

清式平顶官皮箱

材质：黄花梨

年款：清代（清宫旧藏）

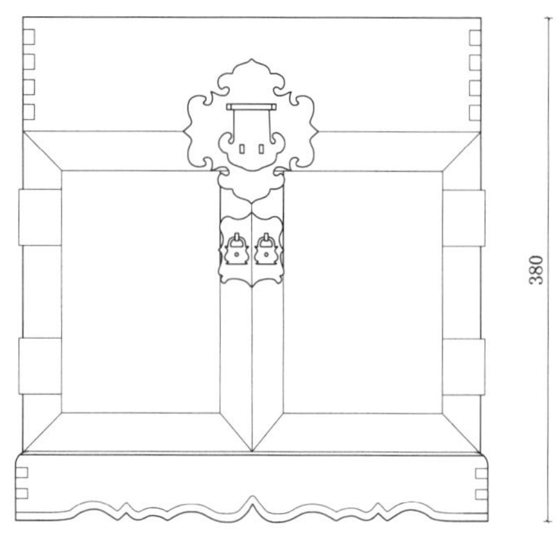

主视图

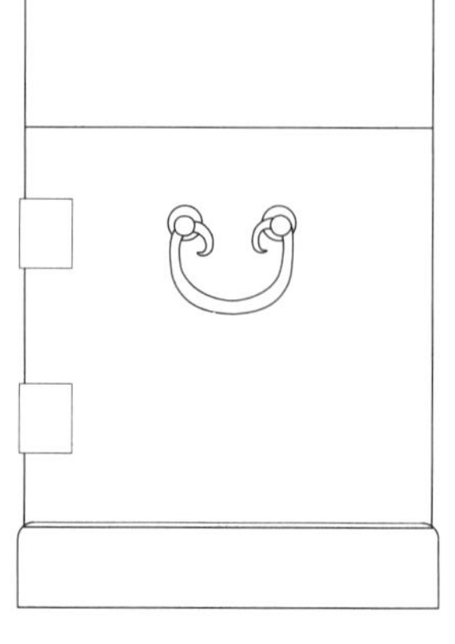

右视图

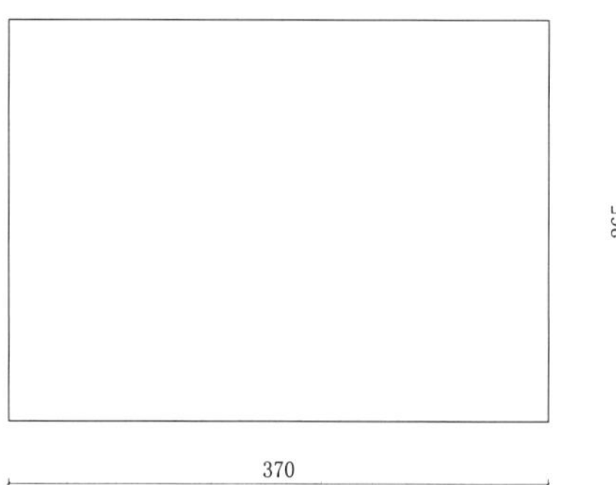

俯视图

透视图

图版清单（清式平顶官皮箱）：
主视图
右视图
俯视图
透视图

注：为便于读者理解，增加透视图。

附录：图版索引

图版索引

图版清单（现代中式拐子螭龙纹沙发九件套）：
三人沙发－主视图 4
单人沙发－主视图 4
单人沙发－左视图 4
茶几－主视图 5
茶几－左视图 5
茶几－剖视图（屉板） 5
炕桌－主视图 5
炕桌－左视图 5
小几－主视图 5
小几－左视图 5
小几－剖视图（屉板） 5
图版清单（现代中式如意拐子纹卷书式沙发九件套）：
三人沙发－主视图 6
单人沙发－主视图 6
单人沙发－左视图 6
茶几－主视图 7
茶几－左视图 7
炕桌－主视图 7
炕桌－左视图 7
小几－主视图 7
小几－左视图 7
图版清单（现代中式拐子云纹沙发九件套）：
三人沙发－主视图 8
单人沙发－主视图 8
单人沙发－右视图 8
炕桌－主视图 9
炕桌－左视图 9
小几－主视图 9
小几－左视图 9
茶几－主视图 9
茶几－左视图 9
图版清单(现代中式拐子纹沙发九件套)：
三人沙发－主视图 10
单人沙发－主视图 10
单人沙发－左视图 10
茶几－主视图 11
茶几－左视图 11
小几－主视图 11
小几－左视图 11
炕桌－主视图 11
炕桌－左视图 11
图版清单(现代中式卷云纹沙发九件套)：
三人沙发－主视图 12
单人沙发－主视图 12
单人沙发－右视图 12
茶几－主视图 13
茶几－左视图 13
炕桌－主视图 13
炕桌－左视图 13
小几－主视图 13
小几－左视图 13
图版清单（现代中式福寿吉祥沙发九件套）：
三人沙发－主视图 14
单人沙发－主视图 14
单人沙发－左视图 14
茶几－主视图 15
茶几－左视图 15
茶几－剖视图（屉板） 15
小几－主视图 15
小几－左视图 15
炕桌－主视图 15
炕桌－左视图 15
炕桌－剖视图（屉板） 15
图版清单（现代中式山水园林图沙发九件套）：
三人沙发－主视图 16
三人沙发－右视图 16
三人沙发－俯视图 16
茶几－主视图 16
茶几－左视图 16
单人沙发－主视图 17
单人沙发－右视图 17
单人沙发－俯视图 17
炕桌－主视图 17
炕桌－左视图 17
小几－主视图 17
小几－左视图 17
图版清单（现代中式吉祥狮纹沙发十件套）：
三人沙发－主视图 18
单人沙发－主视图 18
单人沙发－左视图 18
茶几－主视图 19
茶几－左视图 19
长方凳－主视图 19
长方凳－左视图 19
小几－主视图 19
小几－左视图 19
图版清单(现代中式婴戏图沙发十件套)：
三人沙发－主视图 20
单人沙发－主视图 20
单人沙发－左视图 20
茶几－主视图 21
茶几－左视图 21
小几－主视图 21
小几－左视图 21
长方凳－主视图 21
长方凳－左视图 21
图版清单（现代中式松鹤延年沙发十件套）：
三人沙发－主视图 22
单人沙发－主视图 22
单人沙发－左视图 22
茶几－主视图 23
茶几－左视图 23
小几－主视图 23
小几－左视图 23
长方凳－主视图 23
长方凳－左视图 23
图版清单（现代中式岁朝图沙发十一件套）：
三人沙发－主视图 24
单人沙发－主视图 24
单人沙发－左视图 24
茶几－主视图 25
茶几－左视图 25
长方凳－主视图 25
长方凳－左视图 25
小几－主视图 25
小几－左视图 25
炕桌－主视图 25
炕桌－左视图 25
图版清单（现代中式云龙纹沙发十一件套）：
三人沙发－主视图 26
单人沙发－主视图 26
单人沙发－右视图 26
茶几－主视图 27
茶几－左视图 27
香几－主视图 27
香几－左视图 27
炕桌－主视图 27
炕桌－左视图 27
长方凳－主视图 27
长方凳－左视图 27
图版清单（现代中式竹节竹叶纹沙发十一件套）：
三人沙发－主视图 28
单人沙发－主视图 28
单人沙发－右视图 28
茶几－主视图 29
茶几－左视图 29
炕桌－主视图 29
炕桌－左视图 29
小几－主视图 29

小几－左视图 29
小几－剖视图（屉板） 29
方凳－主视图 29
方凳－剖视图（屉板） 29
图版清单（现代中式螭龙纹沙发十一件套）：
三人沙发－主视图 30
三人沙发－右视图 30
三人沙发－剖视图（座面） 30
单人沙发－主视图 31
单人沙发－右视图 31
方凳－主视图 31
方凳－左视图 31
方凳－俯视图 31
小几－主视图 32
小几－左视图 32
小几－俯视图 32
茶几－主视图 32
茶几－左视图 32
脚踏－主视图 32
脚踏－左视图 32
图版清单（现代中式四季花卉沙发十一件套）：
三人沙发－主视图 33
单人沙发－主视图 33
单人沙发－左视图 33
茶几－主视图 34
茶几－左视图 34
茶几－俯视图 34
小几－主视图 35
小几－左视图 35
小几－俯视图 35
长方凳－主视图 35
长方凳－左视图 35
炕桌－主视图 35
炕桌－左视图 35
图版清单(现代中式狮纹沙发十一件套)：
三人沙发－主视图 36
单人沙发－主视图 36
单人沙发－左视图 36
茶几－主视图 37
茶几－左视图 37
炕桌－主视图 37
炕桌－左视图 37
小几－主视图 37
小几－左视图 37
长方凳－主视图 37
长方凳－左视图 37
长方凳－剖视图（屉板） 37
图版清单（现代中式双龙戏珠沙发十一件套）：
三人沙发－主视图 38
单人沙发－主视图 38
单人沙发－右视图 38
茶几－主视图 39
茶几－左视图 39
炕桌－主视图 39
炕桌－左视图 39
长方凳－主视图 39
长方凳－左视图 39
小几－主视图 39
小几－左视图 39
图版清单(现代中式吉祥沙发十一件套)：
三人沙发－主视图 40
单人沙发－主视图 40
单人沙发－左视图 40
茶几－主视图 41
茶几－左视图 41
炕桌－主视图 41
炕桌－左视图 41
小几－主视图 41
小几－左视图 41
长方凳－主视图 41
长方凳－左视图 41
图版清单（ 现代中式卷草拐子纹沙发十三件套）：
三人沙发－主视图 42
单人沙发－主视图 42
单人沙发－左视图 42
茶几－主视图 43
茶几－左视图 43
小几－主视图 43
小几－左视图 43
炕桌－主视图 44
炕桌－左视图 44
圆凳－主视图 44
圆凳－左视图 44
方凳－主视图 44
方凳－左视图 44
图版清单（明式品字围栏架格）：
主视图 48
左视图 48
图版清单（明式风车式棂格架格）：
主视图 49
左视图 49
俯视图 49
图版清单（明式三面围栏架格）：
主视图 50
左视图 50
俯视图 50
图版清单（明式双抽屉架格）：
主视图 51
左视图 51
图版清单（明式铜钱纹卡子花架格）：
主视图 52
左视图 52
俯视图 52
剖视图 1 53
剖视图 2 53
剖视图 3 53
细节图 53
图版清单（明式拐子纹亮格柜）：
主视图 54
左视图 54
剖视图 54
图版清单（明式三抽屉亮格柜）：
主视图 55
左视图 55
俯视图 55
图版清单（明式带栏杆亮格柜）：
主视图 56
左视图 56
俯视图 56
图版清单（明式带几座圆角柜）：
主视图 57
左视图 57
图版清单（明式圆角柜）：
主视图 58
左视图 58
俯视图 58
图版清单（明式带柜膛圆角柜）：
主视图 59
左视图 59
俯视图 59
图版清单（明式方角柜）：
主视图 60
左视图 60
图版清单（明式圆包圆罗锅枨方角柜）：
主视图 61
左视图 61
俯视图 61
细节图 61
图版清单（明式棂格柜门方角柜）：
主视图 62
左视图 62
图版清单（明式直棂小方角柜）：
主视图 63
左视图 63
图版清单（明式万字纹小方角柜）：
主视图 64
左视图 64
图版清单（明式双屉柜橱）：
主视图 65

图版索引

左视图 65
俯视图 65
图版清单（明式带闩杆四件柜）：
主视图 66
左视图 66
细节图 66
剖视图 1 67
剖视图 2 67
剖视图 3 67
图版清单（明式扯不断纹顶箱柜）：
主视图 68
左视图 68
俯视图 68
图版清单（明式洼堂肚牙板顶箱柜）：
主视图 69
左视图 69
俯视图 69
图版清单（明式卷草纹联二橱）：
主视图 70
左视图 70
俯视图 70
图版清单（明式带翘头螭龙纹联二橱）：
主视图 71
左视图 71
俯视图 71
图版清单（明式带翘头联三橱）：
主视图 72
左视图 72
俯视图 72
图版清单（明式直棂条碗柜）：
主视图 73
左视图 73
俯视图 73
剖视图 73
图版清单（清式品字围栏架格）：
主视图 74
左视图 74
俯视图 74
图版清单（清式棂格柜门架格）：
主视图 75
左视图 75
俯视图 75
图版清单（清式镶玻璃架格）：
主视图 76
左视图 76
俯视图 76
图版清单（清式拐子夔龙纹亮格柜）：
主视图 77
左视图 77
图版清单（清式三弯腿亮格柜）：
主视图 78
左视图 78
俯视图 78
图版清单（清式卷草纹亮格柜）：
主视图 79
左视图 79
俯视图 79
图版清单（清式竹节纹亮格柜）：
主视图 80
左视图 80
俯视图 80
图版清单（清式三抽屉亮格柜）：
主视图 81
左视图 81
俯视图 81
图版清单（清式冬瓜桩圈口亮格柜）：
主视图 82
左视图 82
俯视图 82
图版清单（清式螭龙纹亮格柜）：
主视图 83
左视图 83
图版清单（清式琴棋书画文士图亮格柜）：
主视图 84
左视图 84
图版清单（清式山水人物图亮格柜）：
主视图 85
左视图 85
俯视图 85
图版清单（清式西番莲纹万历柜）：
主视图 86
左视图 86
剖视图 86
图版清单（清式壶门开光柜门圆角柜）：
主视图 87
左视图 87
俯视图 87
图版清单（清式云龙纹喷面圆角柜）：
主视图 88
左视图 88
俯视图 88
图版清单（清式圆月方角柜）：
主视图 89
左视图 89
俯视图 89
图版清单（清式四合如意团龙纹方角柜）：
主视图 90
左视图 90
图版清单（清式龙凤纹方角柜）：
主视图 91
左视图 91
俯视图 91
图版清单（清式夔龙蝙蝠纹方角柜）：
主视图 92
左视图 92
图版清单（清式十字连方纹小方角柜）：
主视图 93
左视图 93
图版清单（清式嵌竹丝小方角柜）：
主视图 94
左视图 94
俯视图 94
图版清单（清式山水图多宝格）：
主视图 95
左视图 95
俯视图 95
图版清单（清式月洞门式多宝格）：
主视图 96
左视图 96
剖视图 97
细节图 97
图版清单（清式龙凤纹多宝格）：
主视图 98
左视图（左柜） 98
右视图（左柜） 98
图版清单（清式圆形多宝格）：
主视图 99
右视图 99
左视图 99
图版清单（清式卷草纹多宝格）：
主视图 100
左视图 100
俯视图 100
图版清单（清式暗八仙纹多宝格）：
主视图 101
左视图 101
右视图 101
图版清单（清式卷云纹多宝格）：
主视图 102
左视图 102
右视图 102
图版清单（清式八角形多宝格）：
主视图 103
左视图 103
图版清单（清式填漆描金芦雁图多宝格）：
主视图 104
右视图 104
俯视图 104
图版清单（清式半月形多宝格）：
主视图 105

右视图 105
图版清单（清式四季花卉多宝格）：
主视图 106
左视图 106
细节图（立墙） 106
图版清单（清式描金夔凤纹多宝格）：
主视图 107
左视图 107
俯视图 107
图版清单（清式博古图多宝格）：
主视图 108
左视图（左柜） 108
右视图（左柜） 108
图版清单（清式云蝠纹多宝格）：
主视图 109
右视图 109
俯视图 109
图版清单（清式拐子纹圈口多宝格）：
主视图 110
左视图 110
右视图 110
细节图（腿足） 110
图版清单（清式描金夔凤纹多宝格）：
主视图 111
右视图 111
俯视图 111
图版清单（清式天圆地方多宝格）：
主视图 112
左视图 112
细节图 1（立墙） 113
细节图 2 113
图版清单（清式拐子纹多宝格）：
主视图 114
右视图（左柜） 114
俯视图 114
图版清单（清式盘长纹多宝格）：
主视图 115
左视图 115
右视图 115
俯视图 115
图版清单（清式葵花形开光多宝格）：
主视图 116
左视图 116
俯视图 116
图版清单（清式梅花纹多宝格）：
主视图 117
右视图 117
俯视图 117
图版清单（清式月洞门式多宝格）：
主视图 118
左视图 118
图版清单（清式夔龙纹多宝格）：
主视图 119
左视图 119
图版清单（清式云纹圈口多宝格）：
主视图 120
左视图 120
俯视图 120
图版清单（清式卷云纹梯状小多宝格）：
主视图 121
底座 － 左视图 121
图版清单（清式回纹多宝格）：
主视图 122
左视图 122
右视图 122
细节图（立墙） 122
图版清单（清式勾云纹多宝格）：
主视图 123
左视图 123
俯视图 123
图版清单（清式十字枨攒四合如意纹书柜）：
主视图 124
剖视图 124
左视图 124
图版清单（清式博古纹书柜）：
主视图 125
右视图 125
图版清单（清式福寿拐子纹柜橱）：
主视图 126
左视图 126
图版清单（清式福寿拐子纹书柜）：
主视图 127
左视图 127
图版清单（清式冰梅纹顶箱柜）：
主视图 128
左视图 128
俯视图 128
图版清单（清式西番莲纹顶箱柜）：
主视图 129
左视图 129
俯视图 129
图版清单（清式拐子纹顶箱柜）：
主视图 130
左视图 130
俯视图 130
图版清单（清式雍正耕织图四件柜）：
主视图 131
左视图 131
俯视图 131
图版清单（清式西番莲纹四件柜）：
主视图 132
左视图 132
图版清单（清式暗八仙纹四件柜）：
主视图 133
左视图 133
图版清单（清式螭龙纹联二橱）：
主视图 134
左视图 134
俯视图 134
图版清单（清式三屉柜橱）：
主视图 135
左视图 135
俯视图 135
图版清单（清式夔龙纹五斗橱）：
主视图 136
左视图 136
俯视图 136
图版清单（清式三屉带翘头柜橱）：
主视图 137
左视图 137
俯视图 137
图版清单（清式云纹牙子柜橱）：
主视图 138
左视图 138
俯视图 138
图版清单（清式福寿双全纹柜橱）：
主视图 139
左视图 139
俯视图 139
图版清单（清式素面带翘头柜橱）：
主视图 140
左视图 140
剖视图 1 140
剖视图 2 140
图版清单（清式夔龙纹柜橱）：
主视图 141
左视图 141
图版清单（清式带柜门闷户橱）：
主视图 142
左视图 142
俯视图 142
图版清单（清式宝相花纹圆角炕柜）：
主视图 143
左视图 143
俯视图 143
图版清单（清式拐子纹五斗柜）：
主视图 144
左视图 144
后视图 144

图版索引

图版清单（清式拐子纹六斗柜）：
主视图 145
左视图 145
图版清单（现代中式拐子纹亮格柜）：
主视图 146
左视图 146
图版清单（现代中式园林湖景图方角柜）：
主视图 147
左视图 147
俯视图 147
图版清单（现代中式四美图多宝格）：
主视图 148
左视图 149
右视图 149
图版清单（现代中式拐子夔龙纹多宝格）：
主视图 150
左视图 150
俯视图 150
右视图 151
后视图 151
图版清单（现代中式松鹤延年图多宝格）：
主视图 152
左视图 153
右视图 153
图版清单（现代中式福庆有余纹书柜）：
主视图 154
左视图 154
图版清单（现代中式卷叶拐子纹书柜）：
主视图 155
左视图 155
图版清单（现代中式福在眼前纹书柜）：
主视图 156
左视图 156
图版清单（现代中式福寿双全纹书柜）：
主视图 157
右视图 157
图版清单（现代中式口字棂格书柜）：
主视图 158
左视图 158
剖视图 1 159
剖视图 2 159
图版清单（现代中式攒万字纹书柜）：
主视图 160
左视图 160
图版清单（现代中式致远书柜）：
主视图 161
左视图 161
图版清单（现代中式双龙拱璧纹书柜）：
主视图 162
左视图 162
图版清单（现代中式暗八仙纹书柜）：
主视图 163
左视图 163
剖视图 163
图版清单（现代中式卷草卡子花组合书柜）：
主视图 164
左视图 164
图版清单（现代中式七屉五层书桌）：
主视图 165
左视图 165
图版清单（现代中式云龙纹写字台）：
主视图 166
左视图 166
俯视图 166
剖视图 1（脚踏） 166
剖视图 2（屉板） 166
图版清单（现代中式写字台）：
主视图 167
左视图 167
俯视图 167
图版清单（现代中式莲花拐子博古图写字台）：
主视图 168
右视图 168
图版清单（现代中式花开富贵写字台）：
主视图 169
左视图 169
后视图 169
剖视图（脚踏） 169
图版清单（现代中式拐子夔龙纹写字台）：
主视图 170
左视图 170
俯视图 170
剖视图 170
图版清单（现代中式冰裂纹写字台）：
主视图 171
左视图 171
俯视图 171
图版清单（现代中式清韵写字台）：
主视图 172
左视图 172
图版清单（现代中式写字台）：
主视图 173
左视图 173
俯视图 173
图版清单（现代中式八屉花鸟图写字台）：
主视图 174
左视图 174
俯视图 174
图版清单（现代中式攒棂格花鸟图写字台）：
主视图 175
俯视图 175
图版清单（现代中式七屉花开富贵办公台）：
主视图 176
俯视图 176
左视图 177
剖视图（脚踏） 177
后视图 177
图版清单（现代中式十屉拐子龙纹办公台）：
主视图 178
俯视图 178
后视图 179
左视图 179
剖视图（踏脚） 179
图版清单（现代中式福在眼前拐子纹大班台）：
主视图 180
俯视图 180
左视图 180
后视图 181
剖视图（脚踏） 181
图版清单（现代中式清韵大班台）：
主视图 182
左视图 182
图版清单（现代中式一帆风顺大班台）：
主视图 183
右视图 183
俯视图 183
图版清单（现代中式佛八宝纹大班台）：
主视图 184
后视图 184
俯视图 185
左视图 185
图版清单（现代中式外翻马蹄足卷草纹办公桌两件套）：
桌－主视图 186
桌－左视图 186
椅－主视图 187
椅－左视图 187
椅－俯视图 187
图版清单（现代中式双夔如意纹多层办公桌）：
主视图 188
左视图 188
俯视图 188
细节图 188

图版清单（现代中式四合卷云纹电脑桌两件套）：
桌－主视图 189
桌－左视图 189
椅－主视图 189
椅－左视图 189
图版清单（现代中式对开门电视柜）：
主视图 190
俯视图 190
右视图 190
细节图（立柱） 190
图版清单（现代中式双层电视柜）：
主视图 191
左视图 191
图版清单（现代中式扯不断纹电视柜）：
主视图 192
左视图 192
俯视图 192
图版清单（现代中式拐子夔龙纹海棠开光电视柜）：
主视图 193
左视图 193
图版清单（现代中式拐子纹电视柜）：
主视图 194
左视图 194
图版清单（现代中式竹节纹梅兰竹菊图电视柜）：
主视图 195
左视图 195
俯视图 195
图版清单(现代中式松鹤延年图电视柜)：
主视图 196
左视图 196
俯视图 196
图版清单（现代中式拐子纹电视柜）：
主视图 197
左视图 197
俯视图 197
图版清单（现代中式云龙纹电视柜）：
主视图 198
右视图 198
图版清单（现代中式暗八仙纹电视柜）：
主视图 199
左视图 199
图版清单（现代中式三屉电视柜）：
主视图 200
左视图 200
俯视图 200
图版清单(现代中式福在眼前纹电视柜)：
主视图 201
左视图 201
图版清单（现代中式拐子回纹带翘头电视柜）：
主视图 202
左视图 202
图版清单(现代中式福喜拐子纹电视柜)：
主视图 203
左视图 203
俯视图 203
图版清单（现代中式夔龙纹电视柜）：
主视图 204
左视图 204
图版清单（现代中式静远电视柜）：
主视图 205
左视图 205
俯视图 205
图版清单（现代中式夔龙纹电视柜）：
主视图 206
左视图 206
图版清单（现代中式带翘头四合云纹电视柜）：
主视图 207
左视图 207
图版清单（现代中式直棂电视柜）：
主视图 208
左视图 208
俯视图 208
图版清单（现代中式拐子纹电视柜）：
主视图 209
左视图 209
图版清单（现代中式床头柜）：
主视图 210
左视图 210
俯视图 210
图版清单（现代中式三屉矮柜）：
主视图 211
左视图 211
俯视图 211
图版清单（现代中式立柱大衣柜）：
主视图 212
右视图 212
图版清单（现代中式四季花鸟竹节纹大衣柜）：
主视图 213
左视图 213
图版清单(现代中式夔龙纹花板大衣柜)：
主视图 214
左视图 214
俯视图 214
图版清单(现代中式如意卷草纹大衣柜)：
主视图 215
右视图 215
图版清单(现代中式卷草拐子纹大衣柜)：
主视图 216
右视图 216
剖视图 216
图版清单（现代中式旭日东升大衣柜）：
主视图 217
右视图 217
细节图 217
图版清单（现代中式冰裂纹月洞门罩隔断柜）：
主视图 218
左视图 218
俯视图 218
图版清单（现代中式福寿纹隔断柜）：
主视图 219
左视图 219
图版清单（现代中式五屉柜）：
主视图 220
左视图 220
图版清单（现代中式餐边柜）：
主视图 221
左视图 221
图版清单（现代中式二龙戏珠茶叶柜）：
主视图 222
右视图 222
俯视图 222
结构展示图 1 223
结构展示图 2 223
结构展示图 3 223
细节图 223
图版清单（现代中式福寿纹酒柜）：
主视图 224
左视图 224
图版清单（现代中式花卉拐子纹玻璃酒柜）：
主视图 225
左视图 225
图版清单（现代中式六角形酒柜）：
主视图 226
左视图 226
俯视图 226
细节图（足） 226
图版清单(现代中式如意拐子纹梳妆台)：
主视图 227
左视图 227
图版清单（现代中式六屉梳妆台）：
主视图 228
左视图 228

图版索引

俯视图 228
右视图 228
图版清单（现代中式拐子夔龙纹梳妆台两件套）：
台－主视图 229
台－右视图 229
凳－主视图 229
凳－右视图 229
图版清单（现代中式五屉卷草纹梳妆台两件套）：
台－主视图 230
台－右视图 230
台－俯视图 230
凳－主视图 231
凳－左视图 231
凳－俯视图 231
图版清单（现代中式五屉三弯腿梳妆台两件套）：
台－主视图 232
台－俯视图 232
台－左视图 233
凳－主视图 233
凳－俯视图 233
图版清单(现代中式五屉梳妆台两件套):
台－主视图 234
台－俯视图 234
台－左视图 235
台－剖视图（屉板） 235
凳－主视图 236
凳－左视图 236
凳－俯视图 236
图版清单（清式拐子云纹宫灯）：
主视图 240
左视图 240
俯视图 240
细节图 240
图版清单(清式四方毗卢帽卷云纹宫灯):
主视图 241
左视图 241
俯视图 241
图版清单（清式六角龙凤纹宫灯）：
主视图 242
俯视图 242
细节图 242
图版清单（清式牡丹纹灯架）：
主视图 243
剖视图（底座） 243
细节图 1 243
细节图 2 243
图版清单（清式夔龙纹花瓶架）：
主视图 244
左视图 244
俯视图 244
图版清单（清式螭龙纹笔架）：
主视图 245
右视图 245
图版清单（清式凤首衣架）：
主视图 246
左视图 246
剖视图（底座） 246
图版清单（清式夔龙纹衣架）：
主视图 247
左视图 247
俯视图 247
图版清单（清式夔龙纹衣架）：
主视图 248
俯视图 248
图版清单（清式螭龙纹衣架）：
主视图 249
图版清单（清式螭龙万字纹衣架）：
主视图 250
左视图 250
图版清单（清式二龙戏珠纹衣架）：
主视图 251
左视图 251
图版清单（清式螭龙纹中牌子衣架）：
主视图 252
左视图 252
图版清单（清式衣帽镜）：
主视图 253
左视图 253
图版清单（清式海屋添筹图落地屏）：
主视图 254
左视图 254
图版清单（清式海屋添筹图落地屏）：
主视图 255
左视图 255
图版清单（清式素面落地屏）：
主视图 256
左视图 256
图版清单（清式黑漆描金边纳绣屏）：
主视图 257
左视图 257
俯视图 257
图版清单（清式莲花边嵌玉鱼插屏）：
主视图 258
左视图 258
俯视图 258
图版清单（清式嵌螺钿进宝图插屏）：
主视图 259
左视图 259
俯视图 259
图版清单（清式提盒）：
主视图 260
左视图 260
俯视图 260
剖视图 260
图版清单（清式莲花纹首饰盒）：
主视图 261
左视图 261
俯视图 261
剖视图 261
后视图 261
细节图 261
图版清单（清式盝顶官皮箱）：
主视图 262
右视图 262
俯视图 262
剖视图 1 262
剖视图 2 263
剖视图 3 263
细节图 263
图版清单（清式平顶官皮箱）：
主视图 264
右视图 264
俯视图 264
透视图 264